作名解名

박흥식 지음

삼한

나쁜 이름을 좋은 이름으로 바꾸면

　사주가 흉하더라도 이름이 좋으면 행운을 부를 수 있다. 굳이 호적을 고치지 않아도 되고, 자(字)나 호(號)를 만들어 보충해 주어도 흉이 변하여 길해진다. 그러나 개명했다고 해서 즉시 효과가 나타나는 것이 아니라 일년 이상 사용해야 좋은 이름의 운기가 작용한다.

- 액을 피하고 행운을 얻을 수 있다.
- 병약한 사람은 건강해 질 수 있다.
- 좋은 배우자를 만나고 좋은 직장을 얻을 수 있다.
- 부부사이가 좋아지고 가정이 화목해 질 수 있다.
- 불효자가 효도하고 인간관계도 좋아질 수 있다.
- 사업이 순조워지고 집안이 번창할 수 있다.
- 자손이 없는 사람은 자식을 얻을 수 있다.
- 가난했던 사람이 부자가 될 수 있다.
- 단명한 사람은 부귀하게 장수할 수 있다.
- 낙방자는 시험에 합격할 수 있다.

▨ 이 책을 읽기 전에

　우리나라에서 사람에게 이름을 사용하기 시작한 것은 고조선시대부터였다. 성(姓)은 삼국시대 초기에 생겼으나 일부 특권층만이 사용하다가, 삼국시대 말에서 고려 초에 이르러서야 대부분의 사람이 성(姓)과 이름을 갖게 되었다. 그러나 그때까지만 해도 천민이나 노비는 성(姓)은 없고 아무렇게나 부르는 이름만 있다가 조선 초기에 이르러서야 비로서 제대로 된 성명을 사용하게 되었다.

　이름이 중요한 이유는 이름 속에 생명영동(生命靈動)이 있기 때문이다. 생명은 움직이는 것이기 때문에 성음(聲音)이 발하면 반사작용이 생겨 신명(身命)의 안위와 이해득실 관계에 중대한 역할을 한다. 성명(姓名)이 같아도 운명이 다르고, 사주팔자(四柱八字)가 같아도 운명은 다르다. 왜냐하면 출생한 년월일시(年月日時)와 부모형제와 그외 모든 환경이 다르기 때문이다.

　간단한 작명법(作名法)만을 알고 싶은 사람은 76쪽의 수리오행(數理五行)과 음령오행(音靈五行), 그리고 23쪽의 오격(五格)만 익혀도 충분하다. 그러나 전문적인 부분까지 공부하고 싶다면 이 책을 끝까지 여러번 되풀이 해서 공부해야 된다.

일반적인 성명법으로는 부모, 형제, 배우자, 자식, 재물, 직업, 관록 등을 자세하게 알 수 없지만, 이 책에서는 사주와 대조하여 풀 수 있도록 육수법(六獸法), 육친법(六親法), 십이신살(十二神殺) 등을 체계적으로 기술하였으니 이름의 길흉을 확실하게 파악할 수 있을 것이다.

더불어 용신법(用神法)을 모르는 사람들을 위하여 사주에서 무슨 오행(五行)이 필요한가를 쉽게 파악할 수 있도록 희신표(喜神表)와 희기표(喜忌表)를 작성해 놓았고, 인명용한자(人名用漢字)와 성자(姓字)를 발음 별로 나누어 획수를 적어놓았으니 참고하기 바란다.

물론 성명학(姓名學)이란 학문을 처음 대하는 사람은 난해하게 느껴질 것이다. 그러나 차분한 마음으로 불운한 이름(159쪽)과 실제 해명(190쪽) 등을 비교하면서 끝까지 공부한다면 얼마든지 터득할 수 있으리라고 믿는다.

마지막으로 다시 한번 강조하고 싶은 것은 사주는 선천운(先天運)이라 바꿀 수 없지만, 후천운(後天運)인 이름은 몇번이라도 바꿀 수 있다. 그러니 설사 사주에서 부족한 부분이 있더라도 이름에서 보충한다면, 훨씬 보람되고 향상된 삶을 살 수 있을 것이다.

차
례

작명론

차례

해명론

사주론

차례

차
례

作名論

1장. 음양(陰陽)의 작용

음양(陰陽)은 우주만물의 운행법칙으로 음양(陰陽)의 조화로 인하여 만물이 생성된다. 우주의 본체가 되는 것을 태극(太極)이라 하며 태극(太極)은 음양(陰陽)으로 양분되고, 음양(陰陽)은 다시 사상(四象)으로 화하며, 사상(四象)은 다시 팔괘(八卦)로 나뉘어진다. 이와같은 순서로 만물이 성립되며, 이 모든 것은 상대성원리로 이루어진다. 예를 들면 하늘과 땅, 낮과 밤, 밝음과 어둠, 아버지와 어머니, 남자와 여자, 겉과 속, 높음과 낮음, 더위와 추위, 강과 약, 물과 불 등이다.

양(陽)의 성질은 동적이고 강하고 적극적이며, 음(陰)의 성질은 정적이며 연약하고 소극적이다. 음기(陰氣)는 여성의 도(道)요, 양기(陽氣)는 남성의 도(道)다. 이 음(陰)과 양(陽)의 이기(二氣)가 교감하여 만물이 생하는 것이며 삼라만상은 모두가 음양(陰陽)이라는 상대성원리로 이루어진다.

성명학(姓名學)에서는 성명(姓名)의 획수가 각각 1, 3, 5, 7, 9로 홀수가 되면 양(陽)이니 ○로 표시하고, 2, 4, 6, 8, 10의 짝수가 되면 음(陰)이니 ●로 표시한다.

金	大	中
8	3	4
●	○	●

朴	順	天
6	12	4
●	●	●

白	斗	鎭
5	4	18
○	●	●

宋	鴻	子
7	17	3
○	○	○

李	敏	雨
7	11	8
○	○	●

全	斗	煥
6	4	13
●	●	○

성명(姓名)이 양(陽)으로만 구성되어 있으면 하늘은 있는데 땅이 없는 없는 것과 같고, 남자는 여자가 없는 홀아비와 같다. 햇빛은 비치는데 물기가 없으니 동식물이 갈증으로 인해 곤혹스런 형상이라, 강건하고 활동적이며 정신은 강하나 차분하게 생각하는 면이 부족하여 실패가 많으며, 빈곤단명하는 운으로 일생이 고독하다.

또한 성명(姓名)이 음(陰)으로만 구성되어 있으면, 햇빛이 들지 않는 그늘지고 습한 대지에 자라난 연약한 초목과 같아서 춥고 병약한 형상이라, 추진력과 독립심이 부족하여 고독하거나 빈곤하며 병이 많이 따르고 단명한다.

그러므로 이름을 지을 때 음양(陰陽)이 잘 조화되어야 모든 일이 순조롭게 이루어지며 건강하고 행복하게 장수할 수 있다. 그러나 음양(陰陽)이 조화가 되지 않았거나 어느 한쪽으로 너무 기울면 중화가 되지 않아 불명의 재난, 수난, 검난, 발광, 형벌, 쟁투, 재화,

불구, 급사, 단명 등의 우려가 있고 불평불만이 생긴다.

　음양(陰陽)이 아래와 같이 배열되면 복을 누리며 건강하게 장수할
수 있다.

　음양(陰陽)이 다음과 같이　배열되면 재난, 수난, 검난, 발광, 형
벌, 재화 등을 초래한다.

음양(陰陽)이 아래와 같이 배열되면 불구가 되거나 발광, 급사,
단명 등의 우려가 있다.

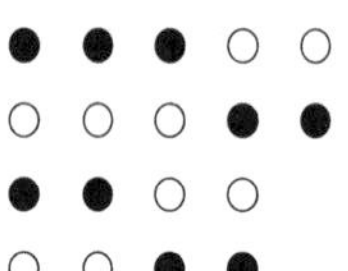

음양(陰陽)이 아래와 같이 배열되면 일시적으로는 성공할 수 있으
나, 몸이 점점 쇠약해지고 불평불만을 가져온다.

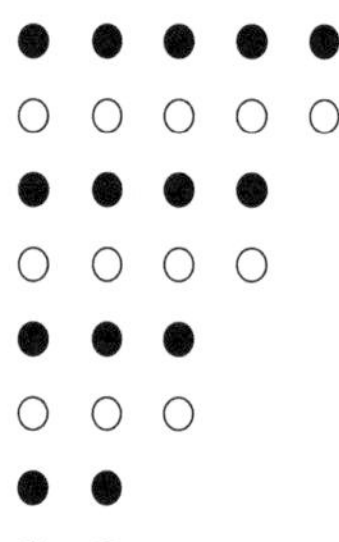

음양(陰陽)이 아래와 같이 배열되면 빈곤하고 단명한다.

착오하기 쉬운 획수

심방변(忄)은 3획이나 4획 (마음심 心)으로 계산한다.
아래물수 삼수변(氵)은 3획이나 4획(물수 水)으로 계산한다.
재방변(扌)은 3획이나 4획(손수 手)으로 계산한다.
고기육변 육달월변(月)은 4획이나 6획(고기육 肉)으로 계산한다.
개견(犭)은 3획이나 4획(개견 犬)으로 계산한다.
구슬옥변(王)은 4획이나 5획(구슬옥 玉)으로 계산한다.
보일시변(礻)은 4획이나 5획(보일시 示)으로 계산한다.
옷의변(衤)은 5획이나 6획(옷의 衣)으로 계산한다.
그물망변(罒)은 5획이나 6획(그물망 网)으로 계산한다.
초두(艹)는 4획이나 6획(풀초 艸)으로 계산한다.
고을읍 우부방(阝)은 3획이나 7획(고을읍 邑)으로 계산한다.
언덕부변 좌부방(阝)은 3획이나 8획(언덕부 阜)으로 계산한다.
책받침 쉬엄쉬엄갈착(辶)은 4획이나 7획(떨착 辵)으로 계산한다.

- 一은 1획
- 二는 2획
- 三은 3획
- 四는 4획
- 五는 5획
- 六은 6획
- 七은 7획
- 八은 8획
- 九는 9획
- 十은 10획
- 百은 6획
- 千은 3획
- 萬은 15획
- 億은 15획
- 兆는 6획

2장. 오행(五行)의 작용

오행(五行)이란 목(木), 화(火), 토(土), 금(金), 수(水)를 말한다. 상생(相生)에는 목생화(木生火), 화생토(火生土), 토생금(土生金), 금생수(金生水), 수생목(水生木)이 있고, 상극(相剋)에는 금극목(金剋木), 목극토(木剋土), 토극수(土剋水), 수극화(水剋火), 화극금(火剋金)이 있다.

목(木)이 화(火)를 생하나 화(火)가 너무 많으면 나무가 타버리고, 화(火)가 토(土)를 생하나 흙이 너무 많으면 불이 꺼지고, 토(土)가 금(金)을 생하나 금(金)이 너무 많으면 토(土)가 못쓰게 되고, 금(金)이 수(水)를 생하나 수(水)가 너무 많으면 금(金)이 물에 가라앉고, 수(水)가 목(木)을 생하나 목(木)이 너무 많으면 물이 말라버린다.

금(金)이 목(木)을 극하나 목(木)이 너무 강하면 금(金)이 일그러져 마모되고, 목(木)이 토(土)를 극하나 흙이 많으면 목(木)이 꺾어지며, 토(土)가 수(水)를 극하나 수(水)가 많으면 흙이 무너져 흩어지고, 수(水)가 화(火)를 극하나 화(火)가 강하면 물이 말라버리고, 화(火)가 금(金)을 극하나 금(金)이 강하면 불이 꺼진다.

금(金)이 약한데 왕한 화(火)를 만나면 금(金)이 녹아버리고, 화(火)가 약한데 왕한 수(水)를 만나면 불이 꺼지며, 수(水)가 약한데 왕한 토(土)를 만나면 물이 흙에 흡수되어 버리고, 토(土)가 약한데 왕한 목(木)을 만나면 흙이 무너지고, 목(木)이 약한데 강한 금(金)을 만나면 나무가 꺾어지거나 쪼개진다.

왕한 금(金)이 수(水)를 만나면 강한 것을 설기해주니 좋고, 왕한 수(水)가 목(木)을 만나면 세력을 설기하여 좋고, 강한 목(木)이 화(火)를 만나면 활력을 불어넣으니 좋고, 왕한 화(火)가 토(土)를 만나면 열기를 통제하여 좋고, 왕한 토(土)가 금(金)을 만나면 좋은 전답이 되어 좋다.

목(木)이 왕성한데 금(金)을 만나면 좋은 재목이 되고, 화(火)가 왕성한데 수(水)를 만나면 조화가 잘 되어 공을 얻고, 토(土)가 왕성한데 목(木)을 만나면 좋은 물품이 이루어지고, 수(水)가 왕성하여 물결치며 흐를 때 토(土)를 만나면 연못, 저수지, 댐 등을 이루어 공을 얻는다.

성명학(姓名學)에서는 수리오행(數理五行)과 음령오행(音靈五行)을 사용한다. 수리오행(數理五行)에서는 1과 2는 목(木), 3과 4는 화(火), 5와 6은 토(土), 7과 8은 금(金), 9와 10은 수(水)로 붙이고 10수 이상은 10을 제하고 나머지 수로 정한다.

음령오행(音靈五行)은 발음으로 정하는데 소리에는 궁상각치우(宮商角徵羽)의 5음이 있다. 궁음(宮音)은 목구멍소리인 후음(喉音)으

로 토(土)에 속하며 ㅇ, ㅎ으로 발음하고, 상음(商音)은 잇소리인
치음(齒音)으로 금(金)에 속하며 ㅅ, ㅈ, ㅊ으로 발음하고, 각음
(角音)은 어금니소리인 아음(牙音)으로 목(木)에 속하며 ㄱ, ㅋ으
로 발음하고, 치음(徵音)은 혓소리인 설음(舌音)으로 화(火)에 속
하며 ㄴ, ㄷ, ㄹ, ㅌ으로 발음하고, 우음(羽音)은 입술소리인 순음
(脣音)으로 수(水)에 속하며 ㅁ, ㅂ, ㅍ으로 발음한다.

이철승　노태우　박정희　　전두환　김대중
火金金　火火土　水金土　　金火土　木火金

획수	1, 2	3, 4	5, 6	7, 8	9, 10
五行	木	火	土	金	水

자음	ㄱㅋ (가카)	ㄴㄷㄹㅌ (나다라타)	ㅇㅎ (아하)	ㅅㅈㅊ (사자차)	ㅁㅂㅍ (마바파)
五行	木	火	土	金	水

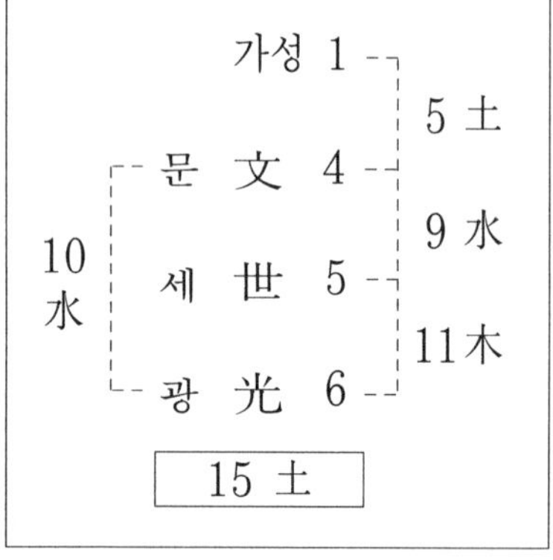

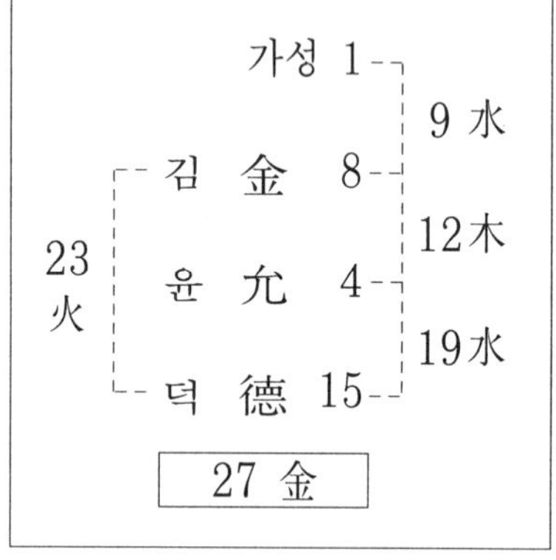

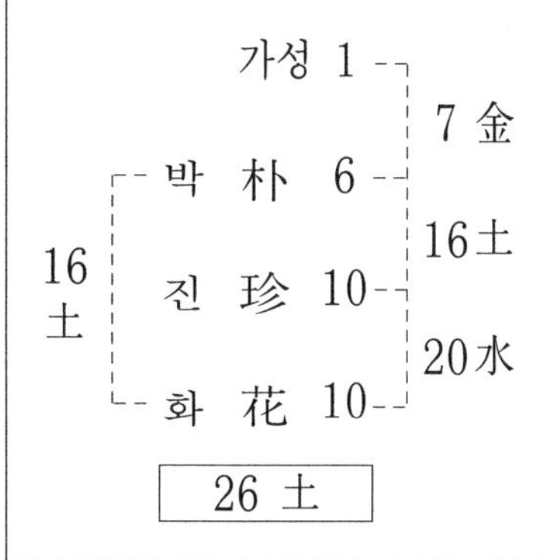

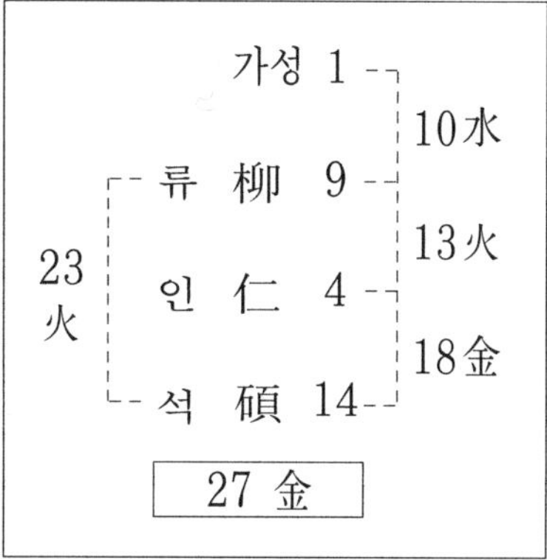

수리삼원오행(數理三元五行)을 정할 때 가성수(假成數) 1을 더하는 것은, 1은 수의 시작이요 만물의 시초로 무극(無極)과 태극(太極)을 나타내며 천지창조의 조물주를 뜻하기 때문이다. 1은 천수(天數)라고도 하는데 조물주께서 인간을 만들었으므로 성명 석자에 천수(天數)인 태극수(太極數) 1을 가산하는 것이다.

또 역(易)의 원리에 입각한 천인지(天人地) 삼재(三才)를 맞추기 위한 방편이요, 원회운세(元會運世)를 맞추는 것이다. 원(元)은 천(天)을 말하고, 회(會)는 인(人)을 말하며, 운(運)은 지(地)를 말하고, 세(世)는 총(總)을 말한다. 단 이자성(二字姓) 이자명(二字名)은 가성수(假成數)를 사용하지 않으니 예를 잘 보고 착오없기를 바란다.

3장. 삼재(三才)보는 방법

삼재(三才)란 천(天), 지(地), 인(人)을 말하는데 천격(天格)은 조상, 부모, 상사, 남편 등 윗사람으로 보고, 인격(人格)은 본인으로 보며, 지격(地格)은 아내, 자식, 부하직원 등 아랫사람으로 본다.

삼재(三才)는 성명자(姓名字)의 획수로 계산하는데 천격(天格)은 성(姓)의 획수와 태극수(太極數)인 가성(假成) 1수를 합한 수다. 그러나 이자성(二字姓)인 경우에는 가성수(假成數) 1을 합하지 않고, 성(姓) 두자를 합한 수로 천격(天格)을 삼는다. 단 이자성(二字姓) 삼자명(三字名)인 경우에는 성자(姓字) 위에 가성수(假成數) 1을 사용한다.

지격(地格)은 명자(名字) 상하를 합한 획수다. 단 일자성(一字姓) 일자명(一字名)인 경우에는 이름 아래에 가성수(假成數) 1을 붙여서 이름자와 합한다. 그리고 인격(人格)은 성자(姓字)와 명자(名字) 위의 글자를 합한 획수다.

천격(天格)이 인격(人格)을 생하면 조상의 음덕이 있고, 윗사람의

총애를 받거나 귀인의 도움을 얻는다. 인격(人格)이 천격(天格)을
생하면 부모에게 효도하며 윗사람을 공경하고, 나라와 상사에게 충
성을 다하며 신의와 의리를 중히 여긴다. 인격(人格)이 지격(地格)
을 생하면 아내와 아랫사람과 인연이 두텁고 화목하며 자식도 잘
키운다. 지격(地格)이 인격(人格)을 생하면 아랫사람에게 힘을 얻
으며 자식에게 효도를 받는다.

 천격(天格)이 인격(人格)을 극하면 부모와 윗사람의 혜택이 적고,
고통을 당하며 서로 화합하지 못한다. 인격(人格)이 천격(天格)을
극하면 부모나 윗사람에게 불효하고 불충하며, 자기 마음대로 하다
가 역경에 처하여 실패하거나 좌절하기 쉽다. 지격(地格)이 인격
(人格)을 극하면 자식에게 괄시받고, 부하의 모함과 비방을 받으며
아내에게 억압을 받는다. 인격(人格)이 지격(地格)을 극하면 처자
식과 인연이 약하고, 부하와 불화하는 등 아랫사람이 거역한다. 또
한 한가지 일에 집중하지 못한다.

 오격(五格)이란 천격(天格), 인격(人格), 지격(地格), 외격(外格),
총격(總格)을 말하고, 사격(四格)이란 원격(元格), 형격(亨格), 이
격(利格), 정격(貞格)을 말한다.

 원격(元格)은 지격(地格)을 말하고, 형격(亨格)은 인격(人格)을
말하고, 이격(利格)은 성자(姓字)와 이름 아랫자를 합한 수를 말하
고, 정격(貞格)은 총격(總格)을 말한다.

 천격(天格)의 수리로는 길흉을 따지지는 않으나 인격(人格)의 수
리와 어떤 관계인가를 파악한다. 이 책에서는 가성수(假成數) 1과
이름 아랫자를 합한 외격(外格)은 따지지 않고, 성자(姓字)와 이름

아랫자를 합한 외격(外格)의 논법을 사용한다. 왜냐하면 경험상 후자가 적중률이 높기 때문이다.

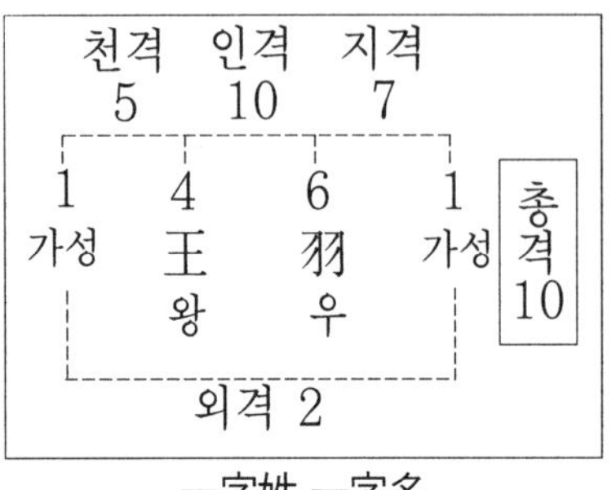

一字姓 一字名

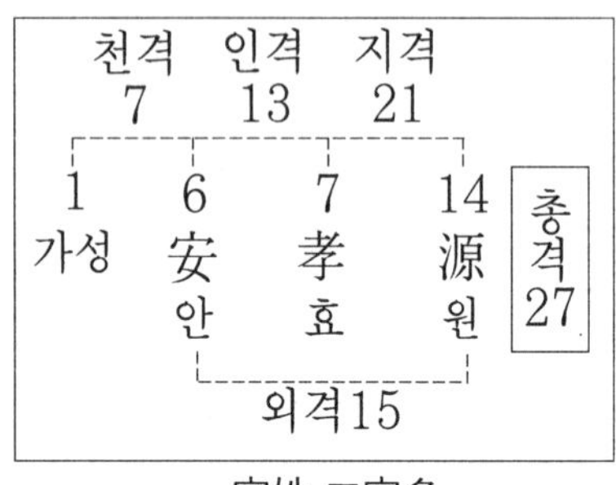

一字姓 二字名

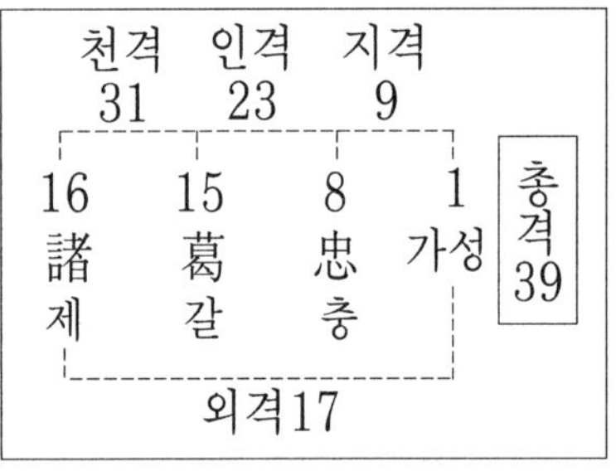

二字姓 一字名

一字姓 三字名

二字姓 二字名

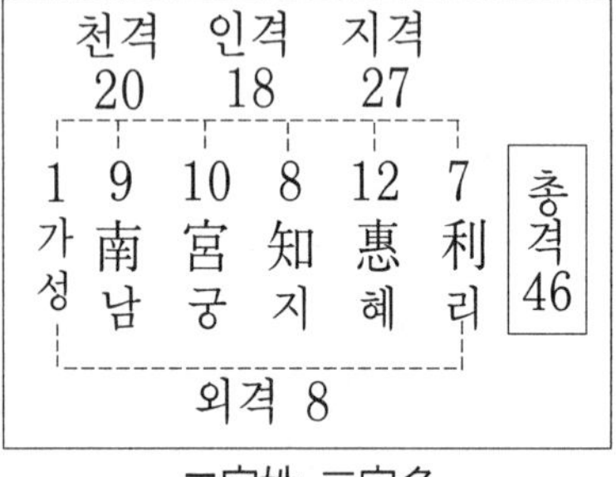

二字姓 三字名

가성 1
水 박 7 ── 8金
火 나 3 ── 10水
火 리 4 ── 7金
14

가성 1
水 박 7 ── 8金
金 정 6 ── 13火
土 희 5 ── 11木
18

가성 1
金 차 6 ── 7金
金 지 4 ── 10水
金 철 9 ── 13火
19

가성 1
木 김 5 ── 6土
木 구 3 ── 8金
가성 1 ── 4火
8

가성 1
金 최 7 ── 8金
土 영 5 ── 12木
가성 1 ── 6土
12

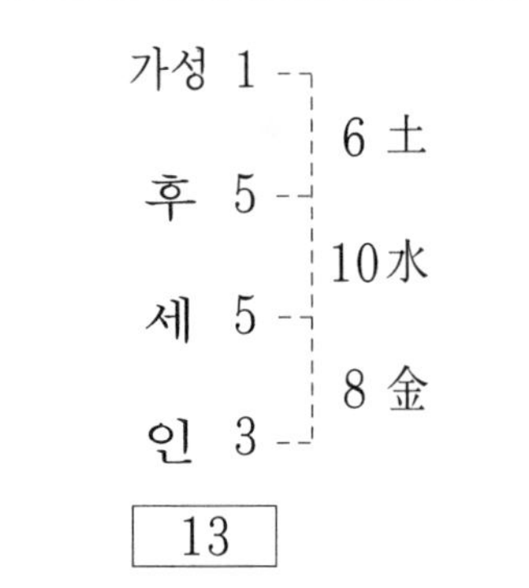
가성 1
후 5 ── 6土
세 5 ── 10水
인 3 ── 8金
13

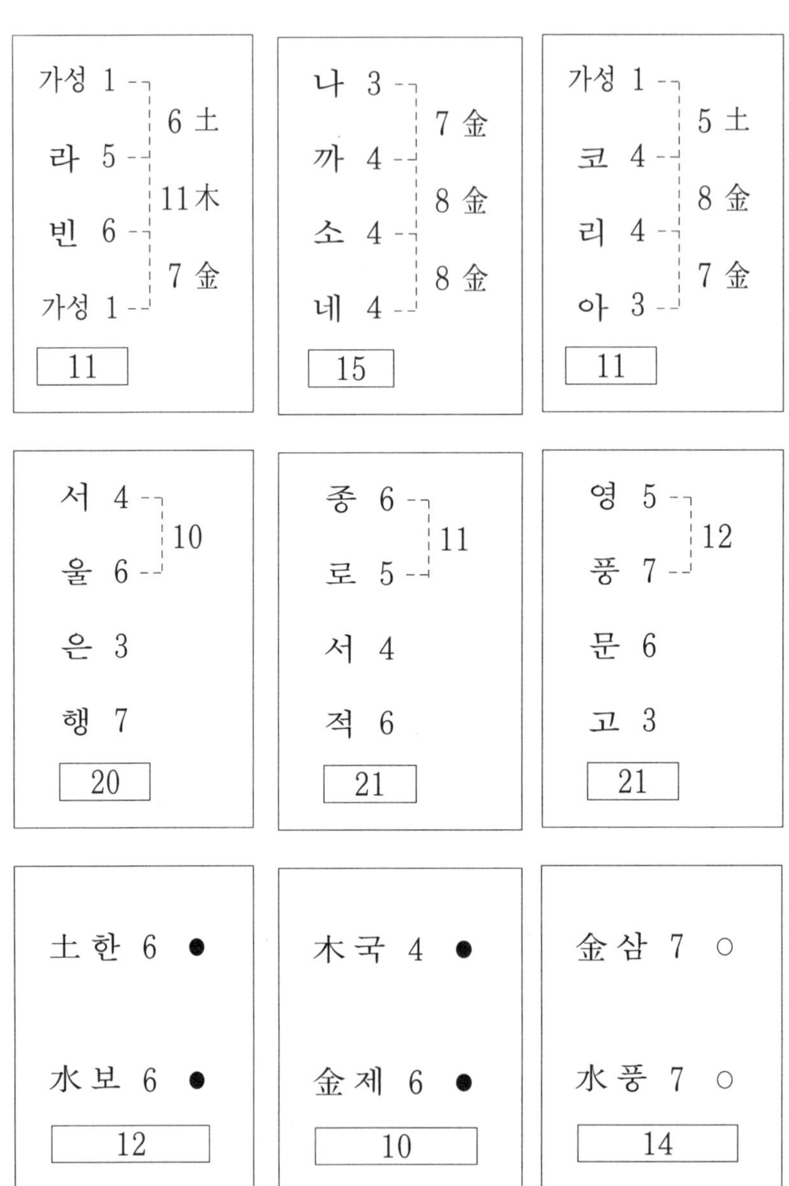

가성 1
라 5
빈 6
가성 1
6 土
11 木
7 金
11

나 3
까 4
소 4
네 4
7 金
8 金
8 金
15

가성 1
코 4
리 4
아 3
5 土
8 金
7 金
11

서 4
울 6
은 3
행 7
10
20

종 6
로 5
서 4
적 6
11
21

영 5
풍 7
문 6
고 3
12
21

土 한 6 ●
水 보 6 ●
12

木 국 4 ●
金 제 6 ●
10

金 삼 7 ○
水 풍 7 ○
14

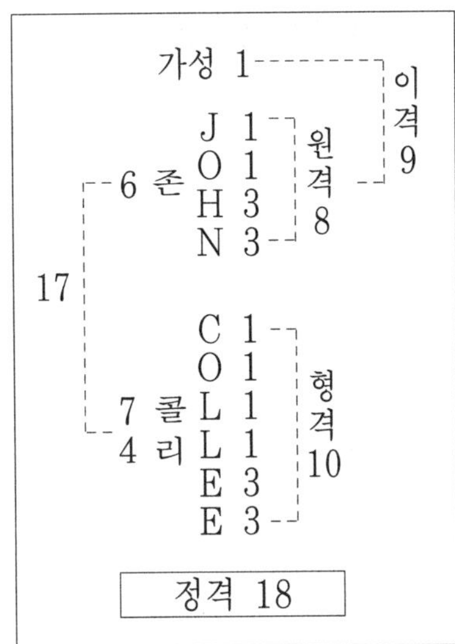

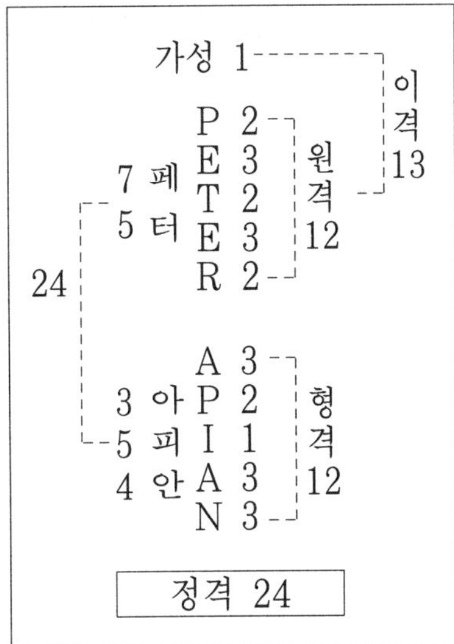

한글 획수

자음	ㄱ	ㄴ	ㄷ	ㄹ	ㅁ	ㅂ	ㅅ
	1획	1획	2획	3획	3획	4획	2획
	ㅇ	ㅈ	ㅊ	ㅋ	ㅌ	ㅍ	ㅎ
	1획	3획	4획	2획	3획	4획	3획

모음	ㅏ	ㅑ	ㅓ	ㅕ	ㅗ	ㅛ	ㅜ	ㅠ	ㅡ	ㅣ
	2획	3획	2획	3획	2획	3획	2획	3획	1획	1획

영문자 획수

A	B	C	D	E	F	G	H	I	J	K	L	M
3획	3획	1획	2획	3획	3획	3획	3획	1획	1획	3획	1획	3획
N	O	P	Q	R	S	T	U	V	W	X	Y	Z
3획	1획	2획	2획	2획	1획	2획	1획	1획	2획	2획	2획	1획

4장. 팔십일수(八十一數) 영동운(靈動運)

■ 1數 : 태초격(太初格), 시두운(始頭運)

삼라만상의 기본수요 우주본원의 기초수로 만사의 시작과 출발을 나타내는 최대의 길상수다. 성공하여 부귀공명을 누리며 행복하게 장수한다.

■ 2數 : 분산격(分散格), 고독운(孤獨運)

파란, 분리, 고독, 근심, 병난, 조난, 불구, 불안, 공허, 조업파산, 재액 등이 따른다. 부부나 자녀와 생사이별로 인한 가정망실이 있으며, 객지에서 허송세월하고 심하면 단명한다.

■ 3數 : 명예격(名譽格), 복록운(福祿運)

음양(陰陽) 성형의 길수로 지혜가 뛰어나다. 용감하고 명민하며 처세에 탁월해 일찍 출세하여 만인을 통솔하는 인물이 된다. 성격은 온후하며 침착하고 예민하다.

■ 4數 : 사멸격(死滅格), 파괴운(破壞運)

독립심이 부족하며 하는 일마다 실패한다. 일시적인 성공도 중도에 실패해 패가망신하니 고생이 많다. 대홍수로 병난, 조난, 사고, 불구, 형액, 발광, 변사, 단명 등이 우려된다. 부부나 자식과 생사이별하며 간혹 효자나 효부, 열녀가 나오기도 한다.

■ 5數 : 통어격(統御格), 명재운(名財運)

음양화합(陰陽和合)의 길수로 지혜와 덕을 겸비하여 사방을 통솔한다. 일가가 흥성하며 명진사해하니 부귀영화를 누리며 장수한다. 심신이 건전하고 재물과 녹과 권위가 겸전하는 대길수다.

■ 6數 : 계승격(繼承格), 덕후운(德厚運)

온후독실한 기풍으로 만인과 화애하며, 확고부동한 신념과 굳센 의지로 노력하여 대업을 성취한다. 하늘의 덕과 땅의 상서로움으로 재록이 풍성하고, 가정이 화락하여 천부적인 행복을 누린다. 늦게까지 편안한 길수다.

■ 7數 : 강성격(剛成格), 발전운(發展運)

독립단행하고 권위가 왕성하다. 모든 일에 조리가 있으며 굴하지 않는 인내로 노력하여 대업을 성취한다. 그러나 자존심과 고집이 지나치게 강하여 동화력이 부족할 수 있고, 부부간에 불화하기 쉬우니 온화함으로 인화하도록 노력해야 한다.

■ 8數 : 발달격(發達格), 전진운(前進運)

노력과 의지가 강하여 초지관철하는 기백으로 목적을 이루어 성공한다. 다만 성명자(姓名字) 배치여하에 따라 망진이나 조난 등이 있을 수 있으니 항상 조심하고 유순하도록 노력해야 한다.

■ 9數 : 종국격(終局格), 시휴운(時虧運)

일시적인 성공은 있을지라도 재해가 다난하여 일이 여의치 않다. 병약, 고독, 불구, 조난, 형액, 폐질 등으로 중도에 좌절할 수 있다. 조실부모하고 부부와 자식간에 생사이별하니 고독하다. 심하면 단명할 우려도 있다.

■ 10數 : 귀공격(歸空格), 공허운(空虛運)

매사가 머리는 있으나 꼬리가 없다. 일시적인 성공도 중도좌절하고 좋은 기회를 놓친다. 질병, 조난, 병약, 형벌 등이 있고 처자식과 이별수가 있다. 그러나 이 수가 중복되면 크게 성공하거나 장수할 수는 있으나 가정적으로는 불행하다.

■ 11數 : 갱신격(更新格), 재흥운(再興運)

명철한 두뇌, 이지적인 사고, 그리고 진취적인 기상으로 목적을 달성한다. 음양(陰陽) 화합수로 만사가 순조롭게 이루어지고 집안이 재흥된다. 천부적으로 부귀영화를 누리는 대길수로 높은 위치에서 여러사람의 우러름을 받는다. 그러나 양자나 양녀를 두는 수가 있다.

■ 12數 : 유약격(柔弱格), 고수운(孤愁運)

무리하게 신장하다 실패를 초래하는 경우가 많다. 비록 일시적으로 성공하더라도 중도에 실패한다. 가족연이 약하여 부부상별, 자녀상실 등이 따르니 고독하다. 병액, 불구, 형액, 변사, 단명 등 비운을 면하기 어렵다. 특히 여자는 과부가 되거나 형식적인 부부생활을 하게 된다.

■ 13數 : 총명격(聰明格), 지달운(智達運)

두뇌가 명철하고 지혜가 총명하며 처세에 탁월하다. 선견지명이 있어 능히 대업을 성취하여 입신양명한다. 특히 예술방면에 재능이 있고 문학이나 철학에 발전이 있다. 부귀영화를 누리는 대길수다.

■ 14數 : 이산격(離散格), 파괴운(破壞運)

범사에 파조가 있어 만사가 여의치 못하여 성공도 일시적이다. 가정적 파탄을 일으켜 부모, 처자, 형제와 분리되니 고독하다. 병약하거나 불구의 흉조가 있고 심하면 단명할 수도 있다. 만난을 극복한 다음 인내성을 기르면 어느 정도는 출세할 수 있다.

■ 15數 : 통솔격(統率格), 복수운(福壽運)

지혜와 덕을 겸비하니 부귀쌍전하고 복수겸전하다. 자립으로 대성하여 상하의 신망을 얻는다. 온순하고 아량이 깊으며 덕이 높아 여러사람에게 추앙을 받는다. 부귀영화와 수복이 무궁한 길수다.

■ 16數 : 덕망격(德望格), 유재운(裕財運)

흉이 변하여 복이 된다. 인망과 재록이 풍성하고 아량이 풍후하여 상하의 신망을 얻는다. 부귀영화와 공명이 따르며 천부적인 행복을 누리는 길수다.

■ 17數 : 용진격(勇進格), 창달운(暢達運)

의지가 견고하여 만난을 극복하고 큰 일을 이룬다. 자립으로 대성하여 이름을 천하에 떨치고 여러사람의 존경을 받는다. 그러나 지나치게 강한 고집 때문에 화를 자초하기 쉬우니 마음을 수양하는데 힘써라.

■ 18數 : 발건격(發展格), 융창운(隆昌運)

의지와 노력이 강하며 권위와 지모가 겸비되어 목적을 이룬다. 여러사람의 존경을 받으며 명진사해하고 부귀영달하는 수리다. 그러나 지나치게 강하면 가정이 화목하지 못하거나 사회적으로 비난받을 일이 생긴다. 여자는 남성적인 기질이 있기 쉬우니 유순하도록 힘써라.

■ 19數 : 성패격(成敗格), 병악운(病惡運)

뛰어난 지혜로 성공하지만 중도에 장애가 생겨 실패한다. 조난, 병난, 불구, 폐질, 형액, 단명 등의 흉조가 있다. 육친(六親)의 덕이 없어 부부나 자식과 생사이별하기 쉽다.

■ 20數 : 공허격(空虛格), 허망운(虛妄運)

일시적으로 성공하더라도 쇠퇴하고 범사가 파멸되기 쉽다. 늘 평안을 얻지 못하며 재화가 속출하고 심신이 허약하다. 불구, 폐질, 살상, 형벌, 조난, 횡액, 조실부모, 부부자식간에 생사이별, 단명 등이 따르는 흉수다. 특히 여자는 과부나 첩이 되는 수가 있다.

■ 21數 : 자립격(自立格), 두령운(頭領運)

광명존귀의 호운격으로 부귀공명하고 명진사해하는 대길수다. 탁월한 지모와 덕량으로 만인의 존경을 받으며 권위를 세운다. 그러나 여자는 부부인연이 약하여 과부가 되거나 독신이 되는 경우가 있지만 사주(四柱)에 잘 맞으면 무방하다.

■ 22數 : 중절격(中折格), 단명운(短命運)

뜻하는 바가 중도좌절하니 성공하기 어렵다. 병약, 무력감, 불신, 실의, 형액, 조난, 고독, 가정망실, 부부와 자식간의 생사이별, 단명 등이 다르는 흉수다. 특히 여자는 과부가 되는 경우가 많다.

■ 23數 : 혁신격(革新格), 왕성운(旺盛運)

욱일승천의 왕성운으로 명철한 두뇌와 풍부한 덕량으로 출세한다. 지도자적인 지위와 권세를 얻어 여러사람이 우러러 보는 대길수다. 그러나 이 수가 중복되면 너무 강하기 때문에 중도좌절이나 조난, 유혈 등의 위험이 따른다. 특히 여자는 과부가 되기 쉽다.

■ 24數 : 출세격(出世格), 축재운(蓄財運)

지모와 재략이 출중하고 노력이 강하다. 무에서 유를 창조하며 부귀영달하는 대길수로 그 여경을 자손에게까지 전한다.

■ 25數 : 안강격(安康格), 재록운(財祿運)

영민하고 재주가 뛰어나다. 능란한 수완으로 재록을 쌓으며 명진사해하여 명예와 재물을 함께 얻는 대길수다. 그러나 주운(主運)에 있으면 간혹 남에게 비난을 받아 큰 지장을 초래하니 겸양을 지켜야 한다.

■ 26數 : 만달격(晩達格), 영웅운(英雄運)

일대 파란을 암시하는 수리로 가정망실, 병난, 단명, 부부와 자식 간에 생사이별, 고독, 조난, 변사 등의 흉조가 있어 일생 동안 평안을 얻기 어렵다. 변괴운으로 어려운 난관을 극복한 후 대성하는 경우가 많다. 영웅호걸, 위인, 열사, 지사, 괴력자 등이 이 수에서 많이 나온다.

■ 27數 : 대인격(大人格), 중절운(中折運)

지혜와 노력이 있어 상당한 명망과 권세를 떨치며 부귀영화를 누린다 그러나 자아심의 재액으로 불화를 일으키는 경우가 많다. 비난, 공격, 조난, 형액 등으로 실패할 수 있으며 불구, 사고, 단명, 고독, 부부 생사이별 등의 흉조가 있다.

■ 28數 : 풍파격(風波格), 파란운(波瀾運)

파란변동이 많은 조난운으로 일시적인 성공도 물거품이 된다. 조실부모, 불화쟁론, 좌절, 형액, 비난, 상해, 불구, 변사, 부부와 자식간의 생사이별 등의 흉운을 초래한다. 특히 여자에게는 과부운으로 고독한 사람이 많다.

■ 29數 : 성공격(成功格), 향복운(享福運)

지혜와 사람됨이 뛰어나고 모든 면에 능숙하다. 왕성한 활동력과 투지로 큰 일을 이루어 부귀장수하는 길수이며, 사회적으로도 지위와 명망이 있는 수리다. 그러나 여자는 황망, 시의심, 불평불만 등이 있기 쉬우니 자중해야 한다.

■ 30數 : 불측격(不測格), 불안운(不安運)

일시적인 성공은 있으나 대체적으로 불안하다. 고독과 수심을 면하기 어렵고 일확천금을 꿈꾸는 투기성이 있으니 허사다. 그러나 한가지 일에 전념하면 작은 성공은 할 수 있다. 불운이 시작되면 부부와 자식간에 생사이별이 따르고 질병, 불구, 단명 등의 흉조가 있다.

■ 31數 : 세찰격(世察格), 흥가운(興家運)

지혜가 있고 성품이 어질며 용맹하다. 온후평정하며 노력심이 강하여 백절불굴하는 자립의 의지로 대업을 일으켜 성공한다. 부귀영화를 누리는 복수쌍전의 두령격으로 지도자적 위치를 확립한다. 학문이나 예술방면에 큰 발전이 있다.

■ 32數 : 순풍격(順風格), 왕성운(旺盛運)

순풍에 돛단배격으로 의외의 요행이 있어 생재하고, 파죽지세로 만사가 형통하여 성공한다. 일가가 융창하며 부귀영화를 누린다. 그러나 정격(貞格)에 있고 선천명(先天命)과 잘 부합되지 않으면 형액, 급변, 조난 등의 우려가 있다. 여자는 과부운으로 불길하다.

■ 33數 : 등룡격(登龍格), 융성운(隆盛運)

빛나는 태양이 하늘로 떠오르는 형상의 대길수다. 결단력이 출중하고 대업을 이루어 만인의 우러름을 받으며 명진사해한다. 그러나 타격(他格)의 배치가 나쁘거나 선천운(先天運)과 조화되지 않으면 의외의 불상사가 생긴다. 특히 여자는 과부가 되거나 고독한 경우가 있다.

■ 34數 : 변란격(變亂格), 파멸운(破滅運)

범사가 쇠퇴하고 파멸한다. 흉사가 중중하여 불측의 화란을 초래한다. 일시적인 성공도 실패하고 부부와 자식간에 상별한다. 조난, 형액, 병난, 발광, 사고, 단명 등의 흉조가 있다.

■ 35數 : 태평격(泰平格), 안강운(安康運)

지달유능하고 온화양순하다. 문학, 예술, 기술방면으로 발전할 수 있다. 자기가 맡은 일에 성실하고 근면하여 편안한 삶을 누린다. 부귀, 행복, 장수하는 대길수이지만 소극적인 경향이 있어 큰 일을 하기에는 약한 부분이 있다. 특히 여자는 현모양처격이다.

■ 36數 : 영웅격(英雄格), 파란운(波瀾運)

의협심이 강하고 파란곡절이 많아 불안하다. 실패, 조난, 급병, 피살, 사고, 과부 등의 흉운을 암시한다. 움직이면 움직일수록 파함이 크다.

■ 37數 : 정치격(政治格), 출세운(出世運)

충실하고 강한 결단력으로 권위를 누리며 대업을 이루어 명진사해한다. 만사형통하는 천부적인 행복과 부귀영화를 누리는 대길수다.

■ 38數 : 문예격(文藝格), 학사운(學士運)

두뇌가 총명하고 재능이 뛰어나다. 문학, 예술, 기술방면으로 대단한 성공을 이루어 입신양명하고 부귀공명하는 대길수다. 그러나 마음은 있으나 힘과 위망이 약하여 목적을 이루기에는 역량이 부족한 점도 있다.

■ 39數 : 장성격(將星格), 지휘운(指揮運)

높은 인격과 품위를 갖춰 때를 잘 만나면 파죽시세로 대성한다. 권위와 재록이 왕성하고 덕망이 높아 부귀영화를 자손에게까지 전하는 대길수다. 그러나 삼재(三才)의 배합이 잘못되거나 선천운(先天運)과 조화되지 못하면 극쇠에 빠지는 수가 있다. 특히 여자는 과부운이므로 불길하다.

■ 40數 : 변화격(變化格), 공허운(空虛運)

지모와 담력이 있어 일시적으로 대성하나 운기가 공허하고 변화무

상하다. 덕망이 부족하여 비난을 받고 투기심이 강하여 실패하는 수가 있다. 조업을 지키기 어렵고 형액, 병난, 단명하는 수도 있으나 급진을 피하면 면할 수도 있다. 길흉의 분기점에 있는 수리이니 좋은 일을 하도록 힘써라.

■ 41數 : 고명격(高名格), 제중운(濟衆運)

인품과 지모를 겸비했다. 대성하여 부귀영화를 누리고 명진사해하는 길상경복의 대길수다. 중생을 제도하여 이름을 천추에 전하며 자손이 번창한다.

■ 42數 : 신고격(辛苦格), 수난운(受難運)

박학다식하고 지혜와 재주가 뛰어나므로 한가지 일에 전심전력하면 성공할 수 있다. 그러나 불급과 편견, 완강한 고집으로 집착하면 고난이 따르니 너무 일방적으로 생각하지 않도록 주의해야 한다. 부부간에 생사이별, 형벌, 불구, 조난, 병난, 단명 등의 흉운을 초래하는 흉수다.

■ 43數 : 성쇠격(盛衰格), 산재운(散財運)

일시적인 성공으로 행복한 것 같지만 내면은 불우하고 신고가 많으며 파하는 조짐이 있다. 재능이 있어 세상 일이 뜻대로 되는 것 같지만 성사되는 일이 없다. 정신적 실의, 불의의 재난, 산재파란 등을 당한다. 특히 여자는 방탕한 생활을 하기 쉽다.

■ 44數 : 침마격(侵魔格), 파멸운(破滅運)

잡귀가 해를 입히니 망상이 생기고, 성공도 일조에 파멸하니 범사가 여의치 못하다. 가족연이 약하고 패가망신, 조난, 병난, 불구, 발광, 피살, 급병, 단명 등의 우려가 있다. 이 수에서 극히 드물게 위인, 열사, 지사, 대발명가 등이 나오기도 한다.

■ 45數 : 대각격(大覺格), 현달운(顯達運)

뛰어난 지모와 덕량과 깊은 경륜으로 순풍에 돛단듯이 대업을 이룬다. 부귀영화를 누리며 명진사해하는 대길수로 만사형통한다.

■ 46數 : 미운격(未運格), 비수운(悲愁運)

때를 만나지 못한 영웅이며, 진흙 속의 구슬격이라 만사가 여의치 못하여 곤고하다. 병약, 고독, 단명 등의 흉운을 초래한다. 드물게 대난을 극복한 후 크게 성공하는 경우가 있으나, 정신력이 부족하여 불행을 면하기 어렵다.

■ 47數 : 출세격(出世格), 득시운(得時運)

꽃이 피는 형상으로 천부적인 행운을 받아 재주와 권세를 사해에 떨치는 길수다. 뜻한 바를 순조롭게 발전시켜 대업을 이룬다. 권위와 재산이 풍부하고 자손에게까지 여경을 전하는 대길수다.

■ 48數 : 제중격(濟衆格), 영달운(榮達運)

지모와 재능이 있으며 견고하고 인덕이 있어 만인을 제도하는 위치에 올라 이름을 사해에 떨친다. 공명영달하여 평생 어려운 일 없이 편안하게 지내는 대길수다.

■ 49數 : 변화격(變化格), 성패운(盛敗運)

 길하면 공명영달하고, 흉하면 재액이나 흉해가 속출한다. 길흉이 상반되어 대성하면 실패하고, 실패하면 다시 성공한다. 타격(他格)의 배치여하에 따라 길흉이 좌우된다.

■ 50數 : 상반격(相半格), 길흉운(吉凶運)

 한번은 대성할 수 있으나 멸망의 징조가 있어 일시적인 성공도 공허하니 실의에 빠지고 패가망신한다. 형액, 조난, 병난, 곤액, 살상, 재화 등을 일으키는 흉수다.

■ 51數 : 길흉격(吉凶格), 성패운(盛敗運)

 일시적으로는 명리영달하는 성운이 있으나 부침, 파란, 쇠운 등의 흉패한 조짐이 있다. 처음은 곤란하나 불굴의 노력으로 후반생을 편안히 지낼 수도 있으나, 중간에 자연적으로 이산의 흉조로 유도되기 쉽다.

■ 52數 : 승룡격(昇龍格), 시승운(時乘運)

 무에서 유를 창조하니 그 세력은 크고 강하다. 선견지명이 있어 시세를 달관하며 대업을 이루고 공명영달하는 대길수다. 비상한 두뇌로 매사를 철두철미하게 처리하여 편안하게 지낸다.

■ 53數 : 내허격(內虛格), 반길운(半吉運)

의지가 약하여 이루는 일이 없다. 겉으로는 길한 것처럼 보이나 내적으로는 재액과 장애가 많다. 운기가 불측이고 패가할 수리다.

■ 54數 : 무공격(無功格), 패가운(敗家運)

의지가 약하여 만사가 이루어지지 않으니 근심과 고난이 따른다. 일시적인 성공을 기할 수는 있으나 도로무공이다. 패가망신, 형액, 불구, 병액, 변사, 단명 등이 따르는 흉수다.

■ 55數 : 미달격(未達格), 불안운(不安運)

겉으로는 매우 융성하며 행복한 것 같지만 내적으로는 근심과 재액이 많다. 매사가 불안정하며 이별의 슬픔 등이 따른다. 그러나 배치가 좋거나 인내력을 기르면 길하다.

■ 56數 : 한탄격(恨歎格), 패망운(敗亡運)

실천력이 없고 진취력이 부족하여 재주가 좋아도 만사가 이루어지지 않는다. 노력해도 공이 없으니 출세하기 어렵고, 재액이 거듭되어 흉운을 탄식하는 수리다. 단명, 불구, 패가망신, 부모나 처자와 생사이별하는 경우가 있다.

■ 57數 : 봉시격(逢時格), 강성운(剛盛運)

재주와 지혜를 겸비하여 만사형통한다. 크게 발전하여 부귀영화를 누리며 행복하게 살지만, 배치가 흉하면 대난을 초래한다.

■ 58數 : 선곤격(先困格), 후복운(後福運)

 파란이 극하여 재액을 당한 다음에야 길한 징조가 나타난다. 패가
망신한 후에 길해지며 길흉이 겹치는 운이다. 끈기있는 인내와 노
력으로 성공하는 운이므로 실패와 난관을 잘 극복해야 복록을 누릴
수 있다.

■ 59數 : 재화격(災禍格), 불성운(不成運)

 인내와 용기와 의지가 부족하니 모든 일이 이루어지지 않는다. 재
화가 속출해서 실의와 역경에 빠지며, 가산을 탕진하거나 병액, 단
명 등이 따르는 비운의 수리다.

■ 60數 : 동요격(動搖格), 재난운(災難運)

 어둡고 불안한 형상이다. 매사가 기준이 없고 하는 일이 성사되지
않으니 정처없는 인생이다. 형액, 병약, 재화, 단명 등의 흉조가
있고 화란을 헤아리기 어려우니 곤고하다.

■ 61數 : 이지격(理智格), 재리운(財利運)

 지혜가 있어 명예와 재물을 얻어 부귀영화를 누린다. 그러나 불손
하여 부부가 불화하고 형제와 가족간에 반목한다. 겉으로는 행복하
게 보이지만 속으로는 근심과 불안이 있다.

■ 62數 : 화락격(花落格), 쇠퇴운(衰退運)

 운기가 쇠퇴하여 만사불성이다. 부부가 불화하며 사회적으로도 신
망이 떨어진다. 불시의 재액으로 패가망신하며, 병약, 곤고 등의

흉조가 따른다.

■ 63數 : 순성격(順成格), 발전운(發展運)

 범사가 순조롭게 풀리므로 쉽게 목적을 이룬다. 공명영달의 행복을 누리는 대길수다.

■ 64數 : 봉상격(逢霜格), 쇠멸운(衰滅運)

 운기가 쇠퇴하여 파망할 조짐이 있다. 좋은 계획도 불시의 재액으로 실패하고, 가족이 흩어지며 재난이 끊이지 않아 패가망신한다. 병난, 불구, 단명 등의 흉조가 있으나 형격(亨格)이 길하면 좋다.

■ 65數 : 휘양격(輝陽格), 흥가운(興家運)

 천지가 무량광대한 상이며, 태양이 충천한 격으로 만사형통한다. 집안에 금과 옥이 가득하고 사회적으로 상당한 지위에 오른다. 가문이 번창하는 대길수다.

■ 66數 : 암야격(暗夜格), 실등운(失燈運)

 행인이 어두운 밤에 등불을 잃은 격으로 앞길이 암담하고 진퇴양난이다. 부부간에 불화하고 재액이 속출하며 패가망신, 병약, 곤고함 등이 있다.

■ 67數 : 천복운(天福運), 영달운(榮達運)

 강함과 부드러움을 겸비했다. 윗사람의 도움을 받아 순조롭게 발전하며, 타고난 운으로 만사형통하여 부귀영화를 누리는 대길수다.

■ 68數 : 명지격(明智格)), 발명운(發明運)

지혜와 창의력이 뛰어나며 근면하여 창작이나 발명으로 대성한다. 명리(名利)를 겸하여 행복을 누리는 길수다.

■ 69數 : 종말격(終末格), 정지운(停止運)

모든 일이 실패하여 막히니 실의에 빠진다. 병난, 조난, 불구, 폐질, 단명 등이 있으며, 부부와 자식간에 생사이별하는 흉수다.

■ 70數 : 공허격(空虛格), 암야운(暗夜運)

매사가 흉하여 근심과 걱정이 끊이지 않으니 일생이 곤고하다. 공허, 형액, 불구, 횡액, 단명 등의 흉조가 있다.

■ 71數 : 현룡격(見龍格), 발전운(發展運)

부귀와 영예를 얻는 운으로 착실하게 노력하면 대업을 성취한다. 덕망과 능력을 사해에 떨치는 길수다. 그러나 배치가 흉하면 가정의 평안을 얻지 못하고 일생이 참담하다.

■ 72數 : 상반격(相半格), 후곤운(後困運)

겉으로는 길하나 속으로는 불안하며, 길흉이 상반이라 처음에는 부하지만 나중에는 곤하다. 병약, 단명, 패가망신 등의 흉운으로 빠져든다.

■ 73數 : 평길격(平吉格), 안과운(安過運)

큰 뜻을 지니고 있으나 실천력과 인내력이 부족하여 처음에는 약간의 장애가 있으나 나중에는 대길해지는 운이다. 순조롭게 발전하여 부귀와 명예를 얻고 편안하게 지낸다.

■ 74數 : 우매격(愚昧格), 불우운(不遇運)

동요가 많아 성공과 실패를 반복한다. 무능하여 무위도식하는 건달과 같으니 일생이 곤고하다. 재액이나 역경에 처하여 탄식하는 불운한 수리다.

■ 75數 : 적시격(適時格), 평화운(平和運)

흉으로 나가면 길함이 물러가고, 전반생이 흉하면 후반생이 길한 격이다. 늦게는 명리(名利)와 부귀영화를 누리는 길한 수리다. 망동하면 흉하고 급하면 재액과 실패를 초래하니 시기를 잘 파악하고 계획을 세워서 처신해야 된다.

■ 76數 : 선곤격(先困格), 후성운(後盛運)

부부가 화목하지 못하고 병약하여 처자와 생사이별할 징조가 있으니 가정파탄이 염려된다. 전반에는 모든 일이 중도좌절하는 불운이나, 점차적으로 좋아져서 후반은 평범한 복을 누린다.

■ 77數 : 전후격(前後格), 길흉운(吉凶運)

전반운은 성공하여 가정이 안정되고 사회적인 자립을 세우지만, 후반운은 점차 쇠퇴하여 곤고하고 암담해진다. 그러나 전반운이 흉운이면 후반운은 반드시 길해져 복을 누린다.

■ 78數 : 선길격(先吉格), 평복운(平福運)

 지능이 발달하여 중년에 성공했다가, 다시 중년 이후에 점차로 쇠퇴하여 늦게 고생한다. 그러나 비교적 평범한 복은 누릴 수 있다.

■ 79數 : 종극격(終極格), 종말운(終末運)

 실천력이 부족하여 사회적으로 신망을 상실하므로 비방과 공격으로 역경에 빠진다. 무위도식하는 건달이지만 신체는 건강하다.

■ 80數 : 종결격(終結格), 종지운(終止運)

 음흉하여 고난이 많고 운기가 쇠진하여 병난, 단명 등이 있는 흉수다. 그러나 입산수도하면 안심입명하여 재화를 면할 수 있다.

■ 81數 : 환원격(還元格)), 갱희운(更喜運)

 최극수로 일수에 환원하여 사해에 이름을 날리는 복이 많은 운이다. 부귀를 누리며 건강하고 편안하게 장수한다.

5장. 수리(數理)의 작용

 각각의 수리는 지정된 격 외에 어느 격에 있어도 해당된다. 흉수가 중복되면 더욱 흉하고 길수가 중복되면 더욱 길하며, 같은 수리가 종이나 횡으로 중복되면 매우 나쁜 작용을 한다.

■ 남녀 모두 미모의 수리는 4, 12, 14, 18, 22, 24, 31, 37, 41이다. 4, 12, 14, 22 등의 수리는 비록 용모는 아름다우나 색정의 재난이 있고, 가족과 인연이 약하며 신체가 허약하고 번민과 고뇌가 그치지 않는다.

■ 남녀 모두 20, 23, 24, 31, 36, 40수는 대단한 바람둥이고, 17, 23, 26, 27, 33, 33, 48, 52 등의 수리는 놀기를 좋아하며, 성욕이 지나치게 강한 호색수로 여자는 화류계로 전락하거나 추문을 많이 일으킨다. 그리고 21과 27은 성(性) 능력이 뛰어난 수리다. 이것은 활동력과도 통하여 지칠 줄 모르는 인내가 있다.

■ 10, 12, 20, 22는 미모를 약속하는 수리다. 이 수리는 박행을 암시하지만 그 보상으로 수려한 미모를 받은 것이다. 특히 22수가 남자 이름에 배치되면 미남자란 소리를 듣고, 20수가 여자 이름에 배치되면 미스코리아감이다.

■ 요염한 여자의 수리는 15, 19, 20, 24, 25, 28, 32, 33, 42 등으로 천성적으로 용모와 언행이 매력적이고, 애교의 수리는 15, 19, 24, 25 등이다. 총격(總格) 32와 42는 천성적으로 애교가 많다. 그리고 창녀나 기생이 되기 쉬운 수리는 9, 10, 19, 20수다.

■ 여자가 형격(亨格)에 20, 21, 22, 23, 26, 27, 28, 32, 33, 34수 등이 있고, 타격(他格)이 불리하면 과부가 된다. 또 형격(亨格)에 흉수가 있고 정격(貞格)에 21수가 있으면 말년에 과부로 종신하거나, 남편이 첩을 얻어 별거하게 된다.

■ 여자가 형격(亨格)에 21, 23, 26, 27, 28, 30, 32, 33, 39수가 있고, 인(寅 : 범띠),진(辰 : 용띠), 오(午 : 말띠), 신(申 : 원숭이띠) 생이면 청춘과부가 되거나 남편이 첩을 둔다. 그렇지 않으면 자신이 첩생활을 한다.

■ 여자가 형격(亨格)에 10, 이격(利格)에 30, 원격(元格)에 26, 정격(貞格)에 33수가 같이 있으면 자식이 없으며 과부로 종신한다.

■ 21, 23, 33 등의 과부수리는 수령(首領)의 수리로 어려서는 질

병이 많아 병약한 경우가 있다. 이 우두머리 운은 남자에게만 해당되고 여자에게는 부적합하여 과부가 되거나 자식이 질환이 많다.

■ 여자에게 21, 23, 32, 33, 39 등은 부부운이 불길한 수리다. 특히 형격(亨格)과 정격(貞格)에 배치되면 과부가 되는 경우가 많다. 그리고 9, 10, 19, 20, 27, 28, 29, 34수는 출가하여 과부가 되거나 짝을 잃는 경우가 많다.

■ 형격(亨格)에 14, 20, 22, 26, 27, 28 등의 수리가 있고, 이격(利格)에도 이와같은 수리나 흉수가 있으면 부부나 자식과 생사이별하는 경우가 많다. 특히 형격(亨格)에 14, 이격(利格)에 26수가 있으면 부부간에 파란이 많고 두세번 재혼한다.

■ 여자에게 형격(亨格)에 길한 배치는 3, 5, 6, 7, 8, 11, 13, 15, 16, 17, 18, 24, 25, 31, 35, 37, 38, 41 등이고, 남자에게 형격(亨格)에 길한 배치는 3, 5, 6, 7, 8, 11, 13, 15, 16, 17, 18, 21, 23, 24, 25, 31, 35, 37, 38, 41 등이다.

■ 9, 10, 12, 14, 17, 20, 27, 34 등의 수리는 결혼을 늦게해야 좋다. 상대가 나를 좋아하면 내가 싫고, 내가 좋으면 상대가 나를 외면하는 등 혼담이 좀처럼 성사되지 않으며, 결혼생활도 원만하지 못하다. 이름에 위의 획수가 2개 이상(오격 가운데 두 군데 이상 나타남을 말함) 있으면 정도가 더 심하다. 특히 부부의 이름에 두 명 모두 위의 획수가 2개 이상 있으면 한 이불 속에서 각자 다른

꿈을 꾸며 사는 격이 된다.

■ 형격(亨格)에 19, 원격(元格)에 19, 20, 22, 27, 28, 30 등의 수리가 있으면 소아마비나 꼽추 등의 불구나, 신체에 수술로 인한 흉상이 있다. 그렇지 않으면 중한 병난을 겪거나 단명하는 수가 많다. 유아기나 청년기에 이와같은 흉운을 많이 당한다.

■ 형격(亨格)과 이격(利格)에 22수가 같이 있으면 30세 이전에 요사하는 수가 있다. 그리고 형격(亨格)에 20과 22, 원격(元格)에 19가 있으면 불구 또는 신체상해, 단명 등의 흉운을 당한다. 특히 3세, 4세, 6세, 13세, 19세, 28세, 29세에 많이 당한다.

■ 형격(亨格)에 19, 이격(利格)에 19, 20, 22수가 같이 있으면 청년기에 불구가 되거나 단명한다. 그리고 형격(亨格)에 19, 원격(元格)에 21, 정격(貞格)에 27이 같이 있어도 불구자가 되거나 단명한다.

■ 23은 길한 수리지만 중복되면 대량의 유혈을 초래하고, 목극토(木剋土), 토극수(土剋水), 수극화(水剋火)가 있으면 혈압으로 인한 뇌출혈을 조심해야 한다.

■ 36수는 말년이 아주 나쁘다. 영동(靈動)은 급병, 조난, 형액, 피해, 고과(孤寡) 등의 뜻을 내포하고 있다.

■ 27수는 대인군자가 탄생하는 수리지만, 조난과 중절(中折)을 강하게 내포하고 있으며 자살하는 사람도 많다.

■ 명격(名格) 23획과 주격(主格) 18획이 겹치면 조난을 당할 확률이 90%이며, 명격(名格) 8획은 자칫하면 손발상해를 입는다.

■ 10, 12, 20, 22, 30 등의 수는 위장병을 불러오기 쉽고, 7, 8, 17, 18수는 호흡기질환으로 고생하는 수리다.

■ 2개의 수(水)가 2개의 화(火)를 극하면 심장이나 혈압, 냉병 등으로 고생한다. 그렇지 않으면 불치병으로 위기에 처할 수도 있다.

■ 목목수(木木水)는 한때는 순조롭게 발전하지만, 오래가지 않아 파가망산하고 병약단명한다. 특히 신장염이나 골수염 등을 주의해야 한다.

■ 4, 9, 10, 19, 20, 34는 부상과 고난의 수리다. 이 수리들 중 비록 일시적인 재물이 있으나 가정파괴와 불행을 암시하며, 살상이나 유혈의 참사도 종종 있다.

■ 비난, 중상, 형벌을 받는 수리는 27, 28 등으로 부부 생사이별의 재난이 많다.

■ 과격하고 격렬한 수리는 7, 8, 17, 18 등으로 겉으로는 강경하

게 보여도 속으로는 신경과민이다. 이런 수리가 많으면 심장병이나 폐질환에 걸리기 쉽고, 팔다리를 크게 손상 당하는 수가 많다.

■ 교통사고 등 불의의 사고를 입는 수리는 17, 18, 19, 27, 28 등이다. 사고의 암시가 가장 짙은 수리는 27, 28이며, 17, 18, 19 등이 함께 있으면 90% 이상 사고를 당한다.

■ 34수는 최대의 흉수로 인생의 종말이 참극 내지는 비극, 유혈, 병난, 흉사 등으로 장식된다. 위인, 열사, 대인에게서 이 수가 종종 나타나지만 한결같이 비극적이다. 더구나 34에 28수가 겹치면 발광하기 쉽고, 여기에 화금(火金)이 가세하면 100% 발광한다.

■ 4, 7, 8, 9, 10, 12, 14, 17, 18, 19, 20, 27, 28, 30, 34, 36, 39, 40, 44, 45, 54 등의 수리에 해당하면 많은 문제와 사고가 발생하여 평생 동안의 운명이 오도되기 쉽다.

■ 12, 14, 15, 16, 20, 23, 24, 27, 28, 31, 33, 35, 36, 37, 40 등의 수리가 몇개씩 중복되어 있거나, 17, 20, 36, 40 등의 수리가 단독 또는 중복되면 남녀간에 황음무도하기가 이를데 없다.

■ 형격(亨格)에 19, 정격(貞格)에 22수가 같이 있으면 요사하고, 형격(亨格)에 22, 정격(貞格)에 30, 34, 36 등의 수가 있으면 조난을 당하거나 단명한다.

■ 형격(亨格)에 34, 36 등의 수가 있으면 말년에 조난을 당하거나 급변사하고, 10, 12, 19, 20, 30, 34 등의 수가 2개 이상 배치되면 단명할 확률이 높다.

■ 4, 9, 10, 19, 20, 34, 44 등은 최고로 흉악한 단명수다. 이름의 어느 격이나 한개라도 있으면 재앙이나 재난이 몸을 덮치고 중상모략에 빠진다.

■ 재물이 풍부한 수리는 24, 29, 32, 33 등으로 맨손으로 큰 재물을 모은다. 특히 24수는 이익이 형통하고, 29수는 재물이 모이기는 하지만 남녀 모두 결혼을 두번 이상 하는 경우가 많다. 그리고 33수는 재물이 넉넉하며, 32수는 뜻밖의 큰 재물을 얻는다.

■ 크게 길하여 행복한 수리는 3, 5, 6, 11, 13, 15, 16, 21, 23, 24, 25, 29, 31, 33, 35, 37, 39, 41 등으로 건강, 번영, 명예, 행운을 약속한다.

■ 대단히 길하고 행복한 수리는 7, 8, 17, 18, 32, 45 등이다. 정의에 용감하고 근면성실하게 인내하며 노력한다.

■ 발전하여 부자가 되는 수리는 5, 15, 16, 24, 29, 32, 33 45 등으로 재물운이 왕성하므로 사업에 흥왕하여 금전복을 유도한다.

■ 재물이 인생의 목표인 사람은 15, 16, 24, 29, 31 등의 수리를

쓰면 길하다. 또 형격(亨格)에 29, 32, 35 등의 수리도 재물운이
좋다.

■ 형격(亨格)에 12, 원격(元格)에 19, 이격(利格)에 23, 정격(貞
格)에 27수는 어릴 때 불길하다. 장년에 한번 이루나 후운이 불길
하여 평생 파란이 많고 형액을 당한다. 형격(亨格)이 길하고 정격
(貞格)이 흉하면 일세에 명진사해하는 큰 인물일지라도 일시적인
성공으로 말년에는 대흉하다.

■ 형격(亨格)에 17, 18, 20, 23, 27, 28 등의 수가 있으면 정치
가나 문학가로 일세에 명성이 진동하는 큰 인물이 된다. 그러나 정
격(貞格)이 흉하면 조난, 형액, 급난, 피살 등의 비운을 초래한다.
정격(貞格)과 타격(他格)이 양호하면 조난, 형액, 병난, 피살은 면
할지라도 파란이 많다. 노력으로 매진해야 되는 운이다.

■ 노력하는 만큼 성공하는 수리는 11, 13, 21, 23, 31, 33, 37,
39, 48 등이다. 조상과 하늘의 축복을 마음껏 받으며 지혜와 영감
도 크게 발달한다.

■ 발복과 번영과 행복의 수리는 3, 5, 6, 11, 13, 15, 16, 21,
23, 24, 25, 29, 31, 33, 35, 39, 41 등이다. 명예가 상승하고
재물이 모여들어 발전과 행복을 강하게 유도한다. 특히 형격(亨格)
에 있으면 금상첨화로 더욱더 발전하여 창성한다.

■ 뜻과 소망의 일치를 보는 수리는 3, 5, 6, 7, 8, 15, 16, 17, 18, 24, 25, 29, 32, 39, 41, 45 등이다. 노력한 만큼 성과가 있고 초지일관의 목표를 정해 뜻을 품은 일이 반드시 성사된다. 주위의 덕망과 존경을 얻어 크게 성공할 수 있는 일을 유도한다.

■ 마침내 뜻을 이루는 수리는 3, 5, 6, 7, 8, 15, 16, 17, 18, 24, 25, 29, 32, 35, 37, 39, 41, 45, 47 등이다. 괴로움을 이기고 분투노력하여 끝내 목표를 달성하여 존경과 신망을 얻는다.

■ 이름의 어디든지 13, 14, 24, 25, 26, 29, 33, 35, 36, 38, 42, 68 등의 수리가 배치되면 예술방면에 뛰어나다.

■ 문학가와 발명가와 관직자가 형격(亨格)에 31, 37, 38 등의 수리가 있으면 호운을 향수한다.

■ 온화한 수리는 5, 6, 11, 15, 16, 24, 31, 32, 35 등으로 심성이 화평하고 선량하다. 상하의 신망과 존경을 받고 매사를 원만하고 훌륭하게 처리한다.

■ 현모양처의 수리는 5, 6, 15, 16, 25, 35 등이다. 아내의 덕을 갖추고 성품이 온화하고 덕망이 있으므로 자선을 행한다. 열녀나 효부는 대개 4, 26, 44수에서 나온다.

■ 파괴의 수리는 20, 36, 40 등으로 도덕적으로 부패하고 타락하

여 불량하다. 재난, 구설, 관재 등이 많다.

■ 38, 42, 49수는 좋은 일이 나쁜 일보다 훨씬 많고, 노력하는 만큼 성공을 거둔다. 그러나 30과 40수는 나쁜 일이 더 많고 노력하는 만큼 결과를 얻지 못한다.

■ 3, 13, 21, 23, 24, 25, 29, 31, 33, 35, 38, 39, 41, 45, 48, 52수 등은 머리회전이 빠르고 날카로우며 임기응변과 판단력이 강하고, 13, 14, 26, 29, 33, 38수 등은 예술적인 재능이 뛰어나며 심미안도 깊다.

■ 수령(首領)의 수리는 3, 16, 21, 23, 31, 33 등이다. 지인용덕(智仁勇德)을 겸전한 지도자로 많은 사람을 통솔하는 능력이 있다.

■ 천재의 수리는 13, 19, 25, 29, 33 등이다. 지모가 출중하여 하나를 들으면 열을 깨닫는다.

■ 배짱의 수리는 21, 23, 36 등으로 정력이 왕성하여 술과 여자를 좋아하기도 한다. 그러나 여자는 과부가 되거나 가정의 생계를 책임지게 된다.

■ 의지의 수리는 7, 8, 17, 18 등이다. 한번 결심하면 후회하거나 굽히지 않으며 지는 것을 죽기보다 싫어한다. 이 수리는 사고의 수리이기도 하며 문제나 괴벽을 뜻하기도 한다. 성품이 지나치게

강하면 불화, 논쟁, 비난, 공격, 조난, 형벌 등이 있기 쉬우니 항상 마음을 견제하여 온순하도록 노력해라. 건강은 대단히 길하다.

■ 41은 자선을 뜻하는 수리로 사재를 털어 양로원을 짓거나 육영사업을 벌이는 등 사회에 기여한다. 양자를 들이거나 양자로 가는 수리는 11, 13, 39, 41이다.

■ 처덕을 가장 많이 보는 수리는 24와 31수다. 염복도 대단하여 여자들이 돈을 싸들고 따라다닌다.

■ 학자는 명석함이 가장 중요시 되므로 13, 14, 19, 29 등의 수리가 적격이다.

■ 9, 10, 12, 14, 19, 20, 22수는 불운, 파탄, 고독, 단명, 허무, 이산 등을 뜻하지만 예술가나 특수한 기술을 갖고 있는 사람에게는 산실이 될 수도 있다. 그리고 30은 흉수이지만 변화가 많지 않은 조용한 직업을 가진 사람에게는 오히려 길하다.

■ 형격(亨格)에 3, 11, 15 등의 수가 있고, 정격(貞格)이 길하며 원격(元格)과 이격(利格)에 극흉수가 없으면, 대국자(大局者)는 정치가나 군인 등에 길하다. 또한 위정자나 장성으로 권위가 왕성하여 명진천하하는 수리다. 비록 소국자(小局者)라 할지라도 기국(器局)에 상응하는 호운을 누린다.

■ 형격(亨格)에 13, 16, 25 등의 수가 있고, 정격(貞格)이 길하며 타격(他格)이 조화하면 문학, 예술, 발명가, 철학가, 정치가 등으로 명성을 떨친다.

■ 형격(亨格)에 15, 17, 18, 21, 24 등의 수리가 있으면 실업가로 크게 성공한다.

■ 정치가의 이름에 17, 26, 27, 28의 수가 하나쯤 박혀있는 것을 나쁘게 해석할 수는 없다. 그러나 형격(亨格)이 흉하고 정격(貞格)이 길하면, 일세에 명성을 떨치는 큰 인물이라도 파란이 심하다. 전반생이 흉하면 후반생이 길하고, 전반생이 길하면 후반생이 부진하다.

■ 유약한 수리는 12, 14, 22, 32 등이다. 그러나 겉으로는 약하나 속으로는 매우 과격하고 강렬하여 극단적으로 흐를 수도 있다.

■ 안정과 덕망의 수리는 6, 15, 16, 35 등이다. 여자에게는 가장 바람직한 수리로 가정을 잘 지킨다. 그러나 16은 바람끼가 있는 수리로 21이나 23 등과 동반하면 대단한 난봉꾼이 될 수 있다.

■ 여자에게 3, 5, 6, 11, 13, 15, 16, 24, 31, 32 등의 수가 인격(人格)에서 나오면 온량하고 정숙하며 건강하다. 특히 출가한 후에 대길하다.

■ 여자에게 2, 4, 9, 10, 12, 14, 19, 20, 22, 26, 36 등의 수리가 있으면 질병이 많고 단명한다. 친족연이 약하며 자식과 남편운이 불길하므로 가정불화와 파탄이 따른다.

■ 원격(元格), 형격(亨格), 이격(利格), 정격(貞格)을 막론하고 21, 23, 33, 39의 수리는 성품이 강직하다. 그러나 남자에게는 최고의 길수이지만 여자에게는 불운한 수리다.

■ 남자에게 원격(元格), 형격(亨格), 이격(利格), 정격(貞格)을 막론하고 2, 4, 9, 10, 12, 14, 19, 20, 22, 27, 28, 34, 40, 42, 44수가 있으면 불행하다. 처자와 생사이별하며 실패, 조난, 고독, 빈곤, 단명, 살상, 피살 등의 비참한 운을 암시한다.

■ 26과 36은 영웅시비의 수리다. 만난의 사선을 극복한 후에 간혹 성공하는 수가 있다.

■ 인격(人格)에 2, 12, 14, 22, 27, 28수가 있으면 가족연이 약하거나 병약, 사업부진 등으로 빠지는 경우가 많다.

■ 여자의 성명자(姓名字) 주운(主運)에 21, 23, 33, 39수리가 있으면 남편과 생사이별하거나 자신이 죽는 수가 있다. 이 수를 가진 여자는 남성적인 성격을 갖고 있다. 마음의 수양으로 겉으로는 온유하게 보일지 모르지만 위압감을 주는 것은 피할 수 없다.

■ 1, 3, 5, 6, 8, 11, 13, 15, 16, 17, 18, 21, 23, 24, 25, 29, 31, 33, 35, 37, 38, 39, 41, 45, 47, 48수는 행복하다. 주운(主運)에 3, 5, 6, 11, 13, 15, 16, 21, 23, 24, 25, 31, 32, 37수가 있고, 천격(天格)과 지격(地格)의 관계가 양호하면 대단한 행복을 누린다.

■ 인격(人格)에 4, 9, 10, 19, 20, 26, 34수가 있으면 천격(天格)과 지격(地格)의 관계가 양호해도 병약, 불구, 단명, 부부와 자식과의 생사이별, 고독, 역경, 사업실패 등의 재화를 면하기 어렵다. 그러나 선천운(先天運)과 잘 부합되면 작은 구원은 받을 수 있다.

■ 불의의 재난과 실패를 초래하는 수리는 4, 9, 10, 14, 19, 20, 26, 28, 30, 34, 40, 44 등이다. 불행을 유도하여 마음에 갈등이 많고 금전으로 고초가 심하며, 의외의 사고나 횡액을 당할 수 있다. 이 수리가 원격(元格), 형격(亨格), 이격(利格), 정격(貞格)에 모두 있으면 단명한다.

■ 2, 4, 12, 19, 22, 26, 36, 40수는 노력해도 공덕이 없고 매사가 불안정하다. 역경과 고난의 반복으로 고생이 많다.

■ 인격(人格), 지격(地格), 총격(總格) 중에서 어느 하나라도 9, 10, 19, 20, 29, 30, 39, 40, 49, 50, 59, 60, 69, 70, 79, 80수가 있으면 공망수(空亡數)라고 한다. 조실부모, 이복형제, 이복

자식이 있을 수 있고, 부모와 형제덕이 없는 경우가 많다. 자신과 부모형제가 병고에 시달리거나 형제자매가 요절하며, 일찍부터 타향살이를 하지만 실패하여 고난이 많다. 부부운이 불길하며 자식을 상극(相剋)한다. 구설과 손재와 관재가 많은 수리로 매사가 실패하여 대흉하다. 단 남자의 29와 39, 여자의 29는 사주(四柱)와 잘 맞으면 흉한 일을 면할 수 있다.

■ 이지적인 수리는 3, 13, 21, 23, 24, 25, 29, 31, 33, 35, 38, 39, 41, 45, 48, 52, 63, 67, 68 등이고, 감정이 풍부한 길수는 1, 3, 5, 6, 10, 11, 15, 16, 21, 23, 32, 33 등이다.

■ 유혈의 수리는 34이고, 조난의 수리는 27과 28이며, 불치병과 난치병의 수리는 12와 20이다.

■ 의지가 강하고 질긴 길수는 7, 8, 11, 17, 18, 21, 25, 31, 37, 41, 47 등이고, 유약의 수리는 12, 14, 22, 32 등이다. 그러나 내심은 강하기 때문에 외유내강한 편이다.

■ 교육자나 학자의 수리는 5, 6, 11, 15, 16, 24, 31, 35 등이고, 예능의 수리는 13, 14, 26, 29, 33 등이다. 그러나 14나 26 등의 흉수가 격을 이룬 사람은 가정적으로 불행하다.

■ 강정의 수리는 7, 8, 17, 18 등이다. 그러나 중복되면 나쁘므로 인격(人格) 외에는 쓰지 않는 것이 좋다.

■ 수령(首領)의 수리는 3, 16, 23, 31, 33, 39 등으로 융성하게 번창하여 행복을 얻는다. 그러나 남자에게만 해당되고 여자에게는 적합하지 않다.

■ 초혼이 깨지기 쉬운 수리는 18이며, 여자가 늦게 결혼하는 수리는 16이다. 과부의 수리는 21, 23, 33이고, 재물이 풍족한 수리는 24, 29, 32, 33이다. 그러나 29수가 있는 여자는 남자를 자주 바꾼다.

■ 실업가는 인격(人格)의 수리가 11, 21, 31, 32 등이 되게 배치하면 집요하면서도 영리하여 좋다. 다음으로는 7, 8, 17, 18 등이 좋다.

■ 흡연을 좋아하는 수리는 14, 24, 33, 52, 등이며, 차와 음료수나 탕류 등을 좋아하는 수리는 11, 21, 22, 31, 32, 41이다.

■ 종교인의 수리는 1, 3, 5, 6, 11, 15, 16, 21, 23, 32, 33 등이고, 이인이나 기인, 위인의 수리는 4, 9, 19, 26, 30이고, 담력이 큰 수리는 36, 40이다.

■ 성명(姓名) 석자가 모두 좌우로 갈라지면 조실부모하기 쉽고 부모와 형제덕도 없다. 고난, 실패, 좌절 고통 등이 많으며 부부운과 자녀운이 매우 나쁘다. 또한 병고를 겪거나 단명하기 쉽다.

작명수리 길격표

姓	2	2	2	2	2	2	2	2	2	2	2	2	2	2	2	2
名	1	1	3	3	4	4	4	4	9	9	9	9	11	13	13	14
字	4	14	3	13	1	9	11	19	4	6	14	22	4	3	22	1

姓	2	2	2	2	2	2	2	2	3	3	3	3	3	3	3	3
名	14	14	14	19	19	19	22	23	2	2	3	3	3	8	8	8
字	9	19	23	4	14	16	9	14	3	13	2	10	12	5	13	24

姓	3	3	3	3	3	3	3	3	3	3	3	3	4	4	4	4
名	10	10	10	12	12	13	13	18	18	20	22	22	1	1	2	2
字	5	11	22	3	23	2	22	3	14	12	13	23	2	12	1	11

姓	4	4	4	4	4	4	4	4	4	4	4	4	4	4	4	4
名	3	3	4	4	4	9	9	9	11	11	11	12	12	12	13	13
字	4	14	3	13	21	2	12	22	2	14	22	1	13	21	4	12

姓	4	4	4	4	4	4	4	4	4	4	4	4	5	5	5	5
名	13	14	14	14	19	19	20	20	20	21	21	21	1	1	2	2
字	22	3	11	21	2	12	1	11	21	4	12	14	2	12	6	11

姓	5	5	5	5	5	5	5	5	5	5	5	5	5	5	5	5
名	2	3	3	8	8	8	10	10	10	16	10	11	12	12	13	19
字	16	3	13	3	8	24	3	6	8	16	23	2	6	12	3	13

姓	5	6	6	6	6	6	7	7	7	7	7	7	7	7	7	7
名	20	9	10	10	10	12	1	8	8	8	8	9	9	9	10	11
字	13	9	5	7	15	23	24	8	9	10	17	8	9	16	6	14

姓	7	7	8	8	8	8	8	8	8	8	8	8	8	9	9	9
名	18	22	3	9	9	9	10	10	10	10	13	13	24	2	2	2
字	6	16	13	7	8	16	5	7	15	27	3	8	7	4	14	22

姓	9	9	9	9	9	9	9	9	10	10	10	10	10	10	10
名	8	8	9	9	12	12	12	22	1	1	1	3	3	11	11
字	7	8	6	7	4	12	20	2	5	14	22	3	22	14	21

姓	10	10	10	10	10	10	10	10	10	11	11	11	4	12	12	12
名	13	13	14	14	14	14	21	22	23	2	10	20	21	1	1	3
字	8	22	1	7	11	21	14	1	6	4	14	4	20	4	20	3

姓	12	12	12	12	12	12	12	12	12	12	12	12	12	12	12	12
名	3	4	4	4	4	9	9	12	12	13	13	19	19	20	20	20
字	20	1	9	19	21	4	12	9	13	12	20	4	6	1	3	5

姓	12	13	13	13	13	13	13	13	13	13	13	13	13	14	14	14
名	20	2	2	3	8	8	8	10	12	12	19	20	22	1	2	2
字	13	3	22	2	8	16	18	22	4	12	16	12	2	2	1	15

작명수리 길격표

姓	14	14	14	14	14	14	14	14	14	14	14	14	14	14	14	14
名	2	2	3	3	4	4	4	9	10	10	10	10	11	11	19	21
字	21	23	4	15	3	11	21	2	1	11	15	21	4	7	2	2

姓	14	14	15	15	15	15	15	15	15	15	15	15	15	16	16	16
名	21	23	1	1	2	3	3	10	10	10	18	20	20	1	2	2
字	4	2	2	16	14	3	14	6	8	14	14	3	17	15	13	23

姓	16	16	16	17	17	17	17	17	18	18	18	18	18	18	19	19
名	9	9	9	1	8	8	12	20	5	6	6	14	14	15	2	2
字	7	8	16	14	7	8	6	15	6	5	15	7	15	6	4	14

姓	19	19	19	19	20	20	20	20	20	20	20	20	20	20	20	20
名	12	12	13	18	1	1	3	4	4	4	4	9	11	11	11	12
字	4	20	16	20	4	12	12	1	11	17	21	12	4	14	21	1

姓	20	20	20	20	20	20	21	21	21	21	21	21	21	21	22	22
名	12	12	12	13	21	21	3	8	10	11	12	12	20	20	1	2
字	3	9	13	12	4	11	8	3	14	20	4	14	4	11	10	9

姓	22	22	22	22	22	22	22	22	22	22	22	22	22	24	24	27
名	2	2	3	9	9	9	10	10	10	10	13	19	23	9	11	8
字	13	23	10	2	7	16	1	3	13	15	2	16	2	14	13	10

6장. 성공운과 기초운

1. 성공운

성공운이란 인격(人格)과 천격(天格)과의 생극관계(生剋關係)를 말한다.

■ 천격(天格) 목(木), 인격(人格) 목(木)
외유내강한 성격이다. 협력을 얻어 순조롭게 성공하여 희망을 이룬다. 평안하게 장수한다

■ 천격(天格) 화(火), 인격(人格) 목(木)
의기양양하게 발전하여 목적을 이룬다. 만사가 순조롭다.

■ 천격(天格) 토(土), 인격(人格) 목(木)
겉으로는 길한 것 같으나 고난으로 고심한다. 성공이 더디며 가족

연이 박하다. 위장병을 조심해야 한다.

■ 천격(天格) 금(金), 인격(人格) 목(木)

운명이 억압되어 성공하기 힘들다. 불신, 불만, 불평, 의심이 많고 민감하다. 신경쇠약, 폐, 호흡기질환, 뇌질환 등이 염려된다.

■ 천격(天格) 수(水), 인격(人格) 목(木)

초목이 단비를 만난 격이므로 점차 발전하여 순조롭게 성공한다.

■ 천격(天格) 목(木), 인격(人格) 화(火)

윗사람의 도움으로 순조롭게 성공한다. 단 색난을 조심해라.

■ 천격(天格) 화(火), 인격(人格) 화(火)

장애가 없어 순조롭게 성공하나 급진적인 감정을 주의해야 한다. 지격(地格)이 토(土)이면 일시적으로 성운이 오지만 흉조로 변한다.

■ 천격(天格) 토(土), 인격(人格) 화(火)

순조롭게 성공하여 명예를 얻지만 수리가 나쁘면 불운하다.

■ 천격(天格) 금(金), 인격(人格) 화(火)

지나친 자만심으로 성공이 곤란하다. 심신과로, 신경쇠약, 폐병 등이 염려되고 심하면 발광하거나 변사한다.

■ 천격(天格) 수(水), 인격(人格) 화(火)

급변, 급난, 재해가 돌발하여 성공이 불가능하다. 심장마비, 뇌일혈, 자살, 변사 등이 따르고 잘못하면 무기로 살상행위를 저지르기도 한다.

■ 천격(天格) 목(木), 인격(人格) 토(土)

억압으로 성공하지 못하여 불평불만이 있으나 덕망이 있어 큰 화는 당하지 않는다. 그러나 위장병이나 복부질환이 생기기 쉽다.

■ 천격(天格) 화(火), 인격(人格) 토(土)

조상의 여덕이나 선배, 장상(長上)의 애호를 받아 순조롭게 성공한다. 평안하게 장수한다.

■ 천격(天格) 토(土), 인격(人格) 토(土)

성실하지만 성격이 약간 둔중하다. 쉽게 친하고 쉽게 헤어지며, 성공운은 더디지만 대체로 행복하다.

■ 천격(天格) 금(金), 인격(人格) 토(土)

성공이 순조로워 융창하며 평안하고 행복하다.

■ 천격(天格) 수(水), 인격(人格) 토(土)

복종심이 부족하고 장애가 자주 발생하여 성공이 곤란하다. 허영심이 있고 자신의 잘못을 인정하지 않는다. 그러나 간혹 점차 노력하여 성공하는 사람도 있다.

■ 천격(天格) 목(木), 인격(人格) 금(金)

침묵하는 성격으로 순조롭지는 않지만 노력하면 성공할 수도 있다. 심신과로나 불우불평 등이 있다.

■ 천격(天格) 화(火), 인격(人格) 금(金)

명운이 억압되어 불우불만이다. 신경쇠약, 뇌질환, 폐병 등이 있고 심하면 발광이나 자살을 하기도 한다. 의외로 성공하는 사람도 있으나 극히 드물다.

■ 천격(天格) 토(土), 인격(人格) 금(金)

장상(長上)의 혜택을 받아 평안하다. 노력으로 발전하고 심신이 건강하다.

■ 천격(天格) 금(金), 인격(人格) 금(金)

성격이 완고하며 편협하여 불화와 불측의 재화를 유발한다. 비난, 조난, 병액 등과 부부간의 불화로 불행을 겪기 쉽다. 그러나 지격(地格)에 토(土)가 있으면 길하다.

■ 천격(天格) 수(水), 인격(人格) 금(金)

만사여의하여 쉽게 성공하고 정신도 화창하다. 건강하게 장수하지만 간혹 재혼하거나 불의의 조난을 당하는 수도 있다.

■ 천격(天格) 목(木) 인격(人格) 수(水)

반흉반길격으로 순조롭게 성공하지만 가정적으로 나쁜 일이 생긴다. 수리가 흉하면 조만간에 재화가 있다.

■ 천격(天格) 화(火), 인격(人格) 수(水)

복종하는 마음이 부족하고 곤궁, 급화, 병액, 역경 등에 빠지기 쉽다. 간혹 의지가 견고하면 성공할 수 있으나 극히 드물다.

■ 천격(天格) 토(土), 인격(人格) 수(水)

성공이 억압되어 노력해도 공이 없고, 역경에 부딪치면 재난과 조소를 받는다. 불평불만이 있고 갑작스런 재화가 염려된다.

■ 천격(天格) 금(金), 인격(人格) 수(水)

조상이나 귀인의 도움으로 희망을 이룬다. 단 수리가 흉하면 건강과 가정에 어려움을 초래한다.

■ 천격(天格) 수(水), 인격(人格) 수(水)

자신을 과신하여 분에 넘치는 행동을 하므로 비애가 생긴다. 가정은 적막하고 성공하더라도 물거품으로 변한다. 지격(地格)이 목(木)이면 성공하여 부자가 되지만 드문 일이다.

2. 기초운

기초운이란 인격(人格)과 지격(地格)과의 생극관계(生剋關係)를 말한다.

■ 인격(人格) 토(土), 지격(地格) 금(金)

 다소 소극적이고 감각이 불안하나 신용이 있어 안정되고 순조롭게
발전한다. 그러나 잘못하면 이혼을 하는 수가 있다.

■ 인격(人格) 토(土), 지격(地格) 수(水)

 불안정하여 재화가 생기기 쉽다. 하루아침에 건강과 사업을 잃을
수가 있다. 소화기관이나 뇌일혈이 염려되고 심하면 급변사한다.

■ 인격(人格) 토(土), 지격(地格) 수(水)

 겉으로는 안정된 것 같으나 속으로는 불안하다. 근신하지 않으면
토대가 무너진다. 신경쇠약이나 폐병 등 난치병에 걸리기 쉽다.

■ 인격(人格) 금(金), 지격(地格) 화(火)

 환경이 불안하고 아랫사람에게 억압을 받는다. 생각이 짧고 심하
면 자포자기한다. 폐병, 뇌질환, 신경쇠약 등에 걸리기 쉽다.

■ 인격(人格) 금(金), 지격(地格) 토(土)

 환경이 안정되고 심신이 건강하며, 아랫사람의 협조를 얻어 성공
한다. 천격(天格)이 수(水)이면 더욱 길하다.

■ 인격(人格) 금(金), 지격(地格) 금(金)

 재능과 지략은 우수하지만 지나치게 강하여 동화력이 부족하므로
고독해지기 쉽다. 불화, 비난, 조난 등이 염려되며, 천격(天格)이
금(金)이면 건강에 상해와 재해가 생긴다. 그러나 천격(天格)이 토

(土)이면 길하다.

■ 인격(人格) 금(金), 지격(地格) 수(水)

스스로 얽매어 평안을 얻기 어렵다. 급변, 파란, 전복, 몰락의 비운에 빠지기 쉽다.

■ 인격(人格) 수(水), 지격(地格) 목(木)

환경이 안정되어 순조롭게 성공하지만 불의의 사고로 좌절할 수 있다. 폐병이나 신장병을 조심해라.

■ 인격(人格) 수(水), 지격(地格) 화(火)

불안하고 신경질적이며 예민하다. 액난, 급변, 급화의 재액이 있거나 심장병에 걸리기 쉽다. 그러나 수리가 모두 음수(陰數)이면 생명에는 지장이 없다.

■ 인격(人格) 수(水), 지격(地格) 토(土)

겉으로는 안정된 것 같으나 정신적으로는 불안하여 실망과 역경이 따른다. 갑작스런 변화로 항상 불안하다.

■ 인격(人格) 수(水), 지격(地格) 금(金)

기초가 튼튼하므로 발전하여 재물과 명예를 얻을 수 있다. 그러나 언행의 조화가 부족하여 불평불만이 생기고, 가정에 불행이나 병액이 생긴다.

■ 인격(人格) 수(水), 지격(地格) 수(水)

일시적으로 성공하여 큰 세력을 얻지만 끝내는 독과 병액, 재난에
빠진다. 그러나 천격(天格)이 목(木)이면 부자가 된다.

■ 인격(人格) 목(木), 지격(地格) 목(木)

기초가 튼튼하며 귀인을 만난다. 외유내강하며 노력형이고 자식복
이 있다.

■ 인격(人格) 목(木), 지격(地格) 화(火)

기초가 튼튼하여 무사평안하다. 그러나 천격(天格)이 수(水)이면
흉으로 변한다.

■ 인격(人格) 목(木), 지격(地格) 토(土)

기초가 안전하고 변동이 적다. 모든 일이 순조롭게 성공하며 다른
사람의 존경을 받는다.

■ 인격(人格) 목(木), 지격(地格) 금(金)

환경의 변화로 이동이 많고 박해를 받는다. 아랫사람이 불량하고
자식이 불효하므로 늘 불안하다. 폐병을 주의해야 한다.

■ 인격(人格) 목(木), 지격(地格) 수(水)

순조롭게 발전하지만 일시적이다. 부동유망수(浮動流亡數)가 있고
병약하다.

■ 인격(人格) 화(火), 지격(地格) 목(木)

환경이 견고하고 아랫사람의 힘을 얻는다. 명예와 재물의 발전이 있으며 여자는 유화하고 매력적이다.

■ 인격(人格) 화(火), 지격(地格) 화(火)

일시적으로 성운이 있지만 뿌리가 매우 약하여 인내심이 부족하다. 그러나 천격(天格)이 목(木)이나 토(土)이면 안전하고 길하다.

■ 인격(人格) 화(火), 지격(地格) 토(土)

기초가 견실하고 심신이 편안하다. 단 천격(天格)이 화(火)이면 비운을 겪거나 단명한다.

■ 인격(人格) 화(火), 지격(地格) 금(金)

겉으로는 편안한 것 같지만 속으로는 불안하며, 가정이나 아랫사람과 분쟁이 생긴다. 정신적인 과로나 호흡기질환을 주의해라.

■ 인격(人格) 화(火), 지격(地格) 수(水)

매우 불안정하고 의외의 재화가 발생하여 생명과 재산을 잃기 쉬우며, 아랫사람에게 해를 당한다.

■ 인격(人格) 토(土), 지격(地格) 목(木)

주거이동과 여러차례 변동이 있어 환경이 불안하니 마음이 산란하다. 아랫사람의 힘을 얻지 못하며 위장질환이 염려된다.

■ 인격(人格) 토(土), 지격(地格) 화(火)

아랫사람의 도움으로 안정을 얻어 점차 발전하며, 의외의 진전과
수확이 있다. 성격은 매력적이다.

■ 인격(人格) 토(土), 지격(地格) 토(土)

평안하며 행복하다. 그러나 천격(天格)이 토(土)이면 용렬하고 헤
어짐이 무상하며 정조관념이 부족하다.

7장. 수리오행 (數理五行)과 음령오행 (音靈五行)

1. 목(木)

■ 목목목(木木木)

총명하며 인내력이 강하고 기초가 튼튼하여 순조롭게 발전하므로 희망이 이루어진다. 부부간에 화목하고 자식덕도 있으며 가문이 융창한다. 건강하게 장수한다.

■ 목목화(木木火)

총명하고 착실하며 감수성이 예민하다. 외유내강하며 기초가 안전하고 튼튼하여 순조롭게 성공한다. 행복하게 장수한다.

■ 목목토(木木土)

총명하고 착실하며 인내심이 강하다. 성격이 친절하며 사교적이고, 기초가 튼튼하여 순조롭게 발전하며 성공한다. 가정이 평안하고 화목하며 건강하게 장수한다.

■ 목목금(木木金)

정직하고 의리가 있으나 완고하고 오만하여 반감을 사기도 한다. 비록 성공하더라도 박해를 많이 받아 변동이 생기므로 평안을 얻기 어렵다. 그리고 아랫사람에게 배신을 당하며 재물운도 없다. 위장, 간장, 뇌, 흉부, 호흡기질환 등이 염려된다.

■ 목목수(木木水)

온순하고 이해심이 많으며 감수성이 풍부하다. 일시적으로 성공하는 운이나 한번은 실패한다. 병약하고 방종과 유랑을 초래할 불안한 징조가 있다. 귀, 신장, 골수염 등이 염려된다.

■ 목화목(木火木)

감정이 예민하며 기초가 튼튼하고 심신이 건강하다. 인덕이 있어 상하의 도움으로 순조롭게 발전하여 성공한다. 행복하고 편안하게 장수하며 자손이 번영한다.

■ 목화화(木火火)

용맹하고 결단력이 있으나 성격이 급하다. 순조롭게 성공하지만 인내력이 부족하여 실패하는 경우가 많다. 병약한 징조가 있어 심장병이나 고혈압이 염려된다.

■ 목화토(木火土)

 온순하고 예의가 바르며 친절한 성격이므로 대인관계가 원만하다. 기초가 튼튼하고 심신이 편안하여 건강하게 장수하며 가정이 행복하다. 윗사람의 덕으로 직장에서나 사업으로나 순조롭게 발전한다.

■ 목화금(木火金)

 성격이 극단적이며 낭비가 심하다. 비록 일시적으로 성공하지만 기초가 불안하여 항상 불행이 따른다. 가정불행, 심신피로, 호흡기질환, 대장, 뇌질환, 피부병 등의 흉조가 있다.

■ 목화수(木火水)

 남에게 지기 싫어하는 성격으로 잘 다툰다. 윗사람의 덕으로 일시적으로 성공하나 기초가 불안하여 의외의 재난을 당한다. 급변, 급사, 횡액, 사고 등으로 재산을 잃는 수가 있다. 심장병이나 동맥경화 등이 염려된다.

■ 목토목(木土木)

 마음이 약하고 호기심이 많아 쓸데없는 일을 잘 벌인다. 부모덕, 부부덕, 자식덕이 모두 없어 고독하며, 여기 저기로 이동이 잦아 성공하기 어렵다. 호흡기질환, 위장병, 신경쇠약, 발광 등이 염려된다.

■ 목토화(木土火)

 호기심과 인내력은 있으나 마음이 약하다. 초년에는 불평불만이 많고 고독하게 지내지만 중년에는 자수성가한다. 호흡기, 위장, 고혈압 등을 주의해라.

■ 목토토(木土土)

마음은 진실하지만 활발하지 못하여 뜻을 펴지 못한다. 불평불만으로 쉽게 가정불화를 초래한다. 중년부터는 좋아지지만 불행과 고뇌를 면하기 어렵다. 위장, 눈, 호흡기질환 등을 주의해야 한다.

■ 목토금(木土金)

소극적이고 활발하지 못하여 뜻을 이루기 어렵다. 중년 이후에는 평온한 생활을 누릴 수 있으나 두뇌에 손상을 입기 쉽다. 위장병 등의 병난이 염려된다.

■ 목토수(木土水)

꽁한 성격으로 사교성이 없고 심신이 억압되어 성공하기 힘들다. 육친(六親)의 덕이 없고 변화와 재난이 자주 생긴다. 복부질환, 위장, 뇌일혈, 심장마비 등을 조심해야 한다.

■ 목금목(木金木)

친절하고 인정이 많으나 고집이 강하고 의심이 많다. 성공운이 희박하므로 노심초사한다. 과로, 곤고, 불구, 폐, 위장, 코, 시력, 재난 등이 염려된다.

■ 목금화(木金火)

언행이 경솔하고 쉽게 자포자기한다. 육친(六親)의 덕이 없고 기초가 불안하여 성공하기 어렵다. 신경쇠약, 호흡기질환, 발광, 자살, 변사, 불구 등의 염려가 있다.

■ 목금토(木金土)

불평불만을 드러내지 못하고 혼자서 끙끙앓는 성격으로 큰 성공은 어렵다. 중년에는 다소 안정되지만 쉽게 불행을 자초한다. 간장질환, 근시 등의 염려가 있다.

■ 목금금(木金金)

재주가 뛰어나지만 나서는 것을 좋아한다. 윗사람과 충돌이 많고 심하면 부모에게 불경스런 행동을 하기도 한다. 성공운이 좋지 않고 비난, 조난, 불화논쟁, 가정파란, 고독, 심신과로, 신경쇠약, 근시, 두통 등이 염려된다.

■ 목금수(木金水)

말수는 적으나 질투와 반발이 심하다. 성공운이 좋지 않아 중도좌절하므로 불행하다. 비운, 번뇌, 불안, 조난, 재난, 뇌일혈, 급사, 병고 등이 염려된다.

■ 목수목(木水木)

온순한 성격으로 윗사람을 존경하고 아랫사람을 사랑한다. 수리가 길하면 성공하여 사방에 이름을 떨치지만, 그렇지 못하면 가정이 불행하다. 조난, 병고, 번뇌, 단명 등의 흉조가 있다. 신장, 방광, 귀, 폐, 골절 등의 질환에 주의해야 한다.

■ 목수화(木水火)

감정이 예민하며 신경질적이다. 기초가 튼튼하지 못하여 성공도 일시적이다. 가정이 불행하고 처자식을 극하며 급변, 화액, 병난, 변사 등의 흉조가 있다. 특히 심장병을 조심해라.

■ 목수토(木水土)

자신을 모르고 잘난체하며 거만하다. 일시적인 성공은 있으나 점점 무너져서 실패한다. 평생 안정하지 못하고 돌발적으로 급변한다. 직업이나 거주지의 변동이 잦고 조난, 병난 등의 재화가 있으며 신장병이 염려된다.

■ 목수금(木水金)

사람은 좋지만 조심성이 없어 실수를 자주한다. 수리가 길하면 생활이 안정되고 재물과 영예를 얻어 성공하지만, 그렇지 않으면 변동이 심하고 불안하다. 신장병이 염려된다.

■ 목수수(木水水)

물욕이 많으며 이기적이다. 일시적인 성공운이 있어 발전할 수 있으나 파란변동이 심하다. 병난이나 불행 등의 성패가 엇갈리지만 수리가 길하면 부유하고 편안하게 장수한다.

2. 화(火)

■ 화목목(火木木)

 외유내강하지만 담력이 없으며 남과 시비를 잘한다. 기초가 튼튼하여 순조롭게 성공하여 복을 누리며 건강하게 장수한다.

■ 화목화(火木火)

 외유내강하고 근면하며 기초가 튼튼하여 성공한다. 가정이 행복하고 부귀영화를 누리며 건강하게 장수한다.

■ 화목토(火木土)

 운세가 순조로우며 윗사람을 존경한다. 기초가 튼튼하고 심신이 건강하여 가정이 원만하다. 진취적으로 성공하여 부귀를 누리며 건강하게 장수한다.

■ 화목금(火木金)

 신경이 예민하고 강하나 박력과 인내력이 부족하다. 기초가 불안하여 성공운은 일시적이며 박해와 변화가 있다. 아랫사람의 배신과 과로, 뇌일혈, 살상 등의 재난이 우려된다.

■ 화목수(火木水)

 시기심이 많지만 의지가 굳고 노력하는 형이다. 일찍 성공하여 부귀영화를 누리나 성공과 실패가 상반되고 가정적으로 불화가 있다. 목숨을 잃을까 염려된다.

■ 화화목(火火木)

 명랑하며 애교가 있어 대인관계가 원만하다. 기초가 튼튼하고 심신이 건강하며 아랫사람의 덕이 많다. 순조롭게 발전하여 순풍에 돛단듯이 성공하며 건강하게 장수한다.

■ 화화화(火火火)

 용감하고 과감하지만 성격이 불같아 참을성이 부족하다. 급진적인 발전이 있지만 인내심 부족으로 실패한다. 가정이 불화하고 고독하다. 심장병과 중풍을 주의해라.

■ 화화토(火火土)

 거짓이 없고 양심적이지만 인내력이 부족하다. 겉으로는 좋으나 속으로는 곤고함이 많아서 비록 성공하더라도 분리작용이 생겨 실패한다. 파란이나 단명 등이 염려된다.

■ 화화금(火火金)

 허영심이 많아 겉치레에만 신경쓴다. 초년에는 일시적으로 발전하지만 심신과로 등으로 불안하다. 처자식을 극할 수 있고 뇌질환, 호흡기질환, 피부병 등이 염려된다.

■ 화화수(火火水)

 성격이 급하고 신경질적이므로 의외의 재앙이 있다. 급성질환, 뇌일혈, 심장마비, 급사, 급변 등을 당하여 재물과 목숨을 잃을 수도 있다. 가정불화가 염려된다.

■ 화토목(火土木)

온순한 성격으로 대인관계가 좋다. 부모와 조상의 덕으로 성공할 수 있으나 기초가 불안하여 변화가 많고, 가정운도 좋지 못하다. 위장병, 복부질환 등이 염려된다.

■ 화토화(火土火)

이해심이 많고 공손하여 대인관계가 원만하다. 기초가 튼튼하고 부모와 조상의 덕으로 쉽게 성공한다. 가정이 화목하며 심신이 건강하다. 부귀영화를 누리며 장수한다.

■ 화토토(火土土)

근면하며 원만한 성격이다. 기초가 튼튼하고 부모와 조상의 덕으로 발전하여 가정이 행복하다. 건강하고 행복하게 장수한다.

■ 화토금(火土金)

신용이 있고 원만한 성격이지만 소극적이다. 부모와 조상, 그리고 윗사람의 도움으로 발전하지만 기초가 튼튼하지 못하여 큰 성공은 어렵다. 과로, 위장병, 복부질환 등의 우려가 있고 가정불화가 염려된다.

■ 화토수(火土水)

진실하지 못하고 거짓이 많다. 부모덕으로 일시적인 성공을 하지만 급변하여 몰락한다. 곤고, 병난, 급사, 심장병 등을 조심해야 한다.

■ 화금목(火金木)

소심하며 예민한 성격이다. 심신이 억압되어 초년부터 만사가 잘 풀리지 않아 성공하기 어렵다. 부부와 자식간에 불화하고 이별한다. 신경쇠약, 발광, 폐병, 변사, 자살 등의 흉조가 있다.

■ 화금화(火金火)

언행이 경솔하고 쉽게 자포자기한다. 심신이 억압되어 뜻을 펴지 못하므로 고생이 많다. 뇌질환, 호흡기질환, 불구, 발광, 자살, 변사 등의 흉액이 염려된다.

■ 화금토(火金土)

남의 비평을 잘하며 잘난체한다. 기초가 약하고 심신이 억압되어 성공하기 어렵다. 과로, 번뇌, 가정불화, 뇌질환, 폐병, 불구, 단명 등의 우려가 있다.

■ 화금금(火金金)

재주는 출중하나 거만하다. 기초가 불안하고 심신이 억압되어 성공이 더디고 가정적으로 불행하다. 재난을 만나고 불평, 불화, 처자와의 이별, 고독, 뇌질환, 호흡기질환 등이 염려된다.

■ 화금수(火金水)

감정이 예민하며 남을 비평하기 좋아한다. 기초가 불안하고 심신이 억압되어 성공하기 어렵고, 가정이 불행하여 고독하다. 파란, 재난, 심장마비, 뇌일혈, 조난, 부상, 폐병, 발광, 자살, 급사 등의 홍조가 있다.

■ 화수목(火水木)

 성격이 소심하며 윗사람에게 순종하지 않는다. 기초가 불안하고 심신의 억압으로 가정적으로나 사회적으로 어려움과 실패가 따른다. 몸이 쇠약하여 질병으로 고생하며 급변, 폐, 심장, 혈관, 신장 질환 등이 염려된다.

■ 화수화(火水火)

 감정이 예민하며 신경질적이고 거칠다. 매우 불안정하여 가정적인 불행이 따르고 조난, 병난, 급변, 급사, 발광, 자살, 뇌일혈, 심장마비 등의 횡액이 염려된다.

■ 화수토(火水土)

 잘난체하는 성격으로 방자하고 거만하다. 불안정하여 번뇌, 고생, 몰락, 병약, 단명, 급변, 급사, 조난, 재난 등이 있으며 가족연이 약하다. 위장, 심장, 신장병 등이 염려된다.

■ 화수금(火水金)

 성격이 거만하여 순종하는 면이 없다. 가정적으로 불행하며 불안정하다. 번뇌, 몰락, 병약, 조난, 재난, 고질병, 변사, 단명 등이 우려된다.

■ 화수수(火水水)

자존심이 강하고 나서기를 좋아한다. 기초가 불안하여 만사가 이루어지지 않으므로 고난을 면하기 어렵다. 불의의 재난, 곤고, 병난, 급사, 가정불행 등의 흉조가 있다. 그러나 간혹 성공하는 사람도 있다.

3. 토(土)

■ 토목목(土木木)

외유내강하고 노력형이나 순종하는 마음이 없다. 운기가 양호하게 보이지만 번뇌가 따른다. 성패가 상반하여 발전이 더디고 부모자식운이 나쁘나 점차 평안해진다. 위장병과 신경통이 염려된다.

■ 토목화(土木火)

적극적인 성격으로 겉보기에는 운이 좋은 것 같지만 곤고와 번민이 따른다. 운세가 약하지만 수리가 길하면 성공하여 편안하고 자식운도 좋다. 위장병을 조심해라.

■ 토목토(土木土)

강인한 성격으로 근면하나 만사가 여의치 못하여 성공하기 어려워 번뇌가 따르고 곤고하다. 병난, 신경쇠약, 위장병 등이 염려된다.

■ 토목금(土木金)

놀기를 좋아하고 순종하는 마음이 없다. 약간의 성공은 있으나 아랫사람에게 배신당하며 항상 박해와 노고가 많다. 신경쇠약, 위장병, 폐질환 등이 염려되며 가정운도 불길하다.

■ 토목수(土木水)

근면하고 정직하여 약간의 성공은 있으나 육친(六親)의 덕이 없다. 번뇌, 파란, 재난, 병난, 호흡기질환 등을 주의해라.

■ 토화목(土火木)

인내력이 강하며 적극적이고 활동적이다. 기초가 튼튼하고 심신이 건강하여 순조롭게 성공하여 복을 누린다. 직업운과 재물운이 좋고 가정도 화목하다.

■ 토화화(土火火)

일시적인 성공운으로 발전지만 인내력과 기초가 부족하여 쉽게 실패하여 실의에 빠진다. 가정운이 나빠 고독하지만 사주(四柱)에 화(火)가 적게 있으면 길하다.

■ 토화토(土火土)

적극적이고 친절한 성격으로 기초가 튼튼하여 쉽게 성공한다. 심신이 건강하고 부귀영화를 누리며 장수한다. 그러나 고혈압을 주의해야 한다.

■ 토화금(土火金)

강직하고 책임감이 강하다. 일시적으로 순조로운 성공을 하지만 가정불화가 있다. 과로, 폐질환, 피부병 등의 흉조로 고생한다.

■ 토화수(土火水)

신경이 과민하고 변덕스러우며 운세가 나빠 성공하기 어렵다. 사업부도, 조난, 사고, 급사, 변사, 뇌일혈, 심장마비, 가정불화 등의 흉조가 있다.

■ 토토목(土土木)

정직하지만 거만한 성격이다. 일시적으로 성공하나 기초가 불안하여 변화와 이동이 잦다. 위장질환, 복부질환, 신경쇠약 등의 병난과 가정불화가 우려된다.

■ 토토화(土土火)

정직하고 부지런하다. 기초가 튼튼하여 뜻밖의 발전과 성공을 거둔다. 가정운도 좋아 부귀를 누리며 건강하게 장수한다.

■ 토토토(土土土)

성격이 괴팍하고 융통성이 부족하다. 비록 성공운은 더디나 목적과 희망을 이룬다. 그러나 수리가 나쁘면 곤고함을 면치못하며, 여자는 정조관념이 부족하다.

■ 토토금(土土金)

정직하지만 소극적인 성격이다. 의외로 발전하여 성공한다. 심신이 건강하고 가정이 원만하며 장수한다.

■ 토토수(土土水)

성격은 완강하며 순종하는 마음이 없다. 일시적으로 성공할 수는 있으나 끝내는 실패한다. 급화, 실재, 뇌일혈, 심장마비, 위장병, 급사, 변사 등이 염려된다.

■ 토금목(土金木)

감정이 예민하고 소심한 성격이다. 일시적인 행운으로 성공하지만 재난을 만난다. 처자식으로 인한 근심이 있고 뇌질환, 신경쇠약, 폐질환, 불구, 단명 등의 우려가 있다.

■ 토금화(土金火)

분수를 모르는 경향이 있으며, 기초가 불안하여 성공하더라도 일시적이다. 파산, 가정불화, 병난, 폐질환, 뇌질환 등이 우려된다.

■ 토금토(土金土)

소극적인 면이 있으나 원만한 성격이다. 기초가 튼튼하고 인덕이 있어 순조롭게 성공한다. 가정이 화목하고 부귀하게 장수한다.

■ 토금금(土金金)

나서기를 좋아하는 성격이지만 대범하지는 못하다. 기초가 튼튼하여 성공하며 장수한다. 그러나 수리가 흉하면 거만한 면이 있어 불화쟁론, 비난공격 등의 화를 초래한다.

■ 토금수(土金水)

성격이 거만하여 남을 무시하는 경향이 있으나 가정이 화합하고 순조롭게 발전하여 성공한다. 그러나 수리가 나쁘면 의외의 재난으로 몰락하거나 곤경에 처하게 된다.

■ 토수목(土水木)

침착하고 재주가 있으나 생활력이 약하다. 심신이 억압되어 성공하기 어려우며 부모와 형제덕이 없으므로 도로무공이다. 과로, 병약, 신경쇠약, 폐질환, 신장질환 등의 병난과 재화가 돌발한다. 심하면 단명할 수도 있다.

■ 토수화(土水火)

예민한 성격으로 기회를 잘 놓쳐 성공하기 어렵다. 파란, 불행, 재난으로 재물과 생명을 잃는 수가 있으며 처자식을 극한다.

■ 토수토(土水土)

소극적인 성격으로 활동력이 부족하고 성공운이 부족하므로 도로무공이다. 불의의 재난과 뇌일혈, 심장마비, 신경쇠약 등의 병난이 있다. 수리가 나쁘면 급변이나 사망하는 수도 있다.

■ 토수금(土水金)

나서기를 좋아하며 거만하고 불평불만이 많다. 일시적으로 성공하지만 가정에 파탄이 생기고 재액이 따른다. 병난, 급변 등이 염려된다.

■ 토수수(土水水)

행동은 민첩하지만 심신이 억압되고 장애가 많아 성공하기 어렵다. 파란, 병난, 부상 등의 우려가 있다.

4. 금(金)

■ 금목목(金木木)

근면하지만 남을 믿지 못하는 성격이다. 성공운이 부족하고 불평불만이 많다. 가정불행, 병난, 신경쇠약, 간장질환, 근시 등의 흉액과 반신불수나 불구가 되는 수가 있다.

■ 금목화(金木火)

감정이 예민하고 의심이 많으며 남에게 지기 싫어한다. 불평불만이 많고 심신이 억압되어 성공하기 어렵다. 심신쇠약, 재난, 뇌병, 폐병, 두통, 신경쇠약, 발광, 변사, 단명 등의 흉조가 있다.

■ 금목토(金木土)

의심이 많고 까다로운 성격이며 성공운이 약하다. 심신과로, 신경쇠약, 호흡기질환 등의 병난이 있고 불평불만이 많다,

■ 금목금(金木金)

감정이 풍부하며 행동이 민첩하지만 성공운이 약하여 실패가 잦다. 불안하고 불만이 많으며 뇌질환, 신경쇠약, 폐병, 파란, 급사, 발광, 변사 등의 흉조가 있다.

■ 금목수(金木水)

 감정이 예민하고 인내심이 많으며 근면하다. 성공운이 약하여 실패하므로 역경에 처해 불행하다. 처자식과 인연이 약하고 신경쇠약, 호흡기질환, 난치병 등의 병난과 재화가 있으며 단명할 수도 있다.

■ 금화목(金火木)

 대인관계는 원만하나 잘난체하는 성격이다. 불평불만이 심하고 순조롭게 성공하더라도 변동이 생겨 실패한다. 부부간에 불화하기 쉽고 폐병, 자살, 변사, 단명 등의 흉조가 있다.

■ 금화화(金火火)

 잘난체하며 거만하고 남을 잘 유혹한다. 뇌질환, 폐병, 발광, 변사 등이 염려되고 불평불만이 많아 자살하기도 한다.

■ 금화토(金火土)

 잘난체하고 사람을 잘 유혹한다. 일시적으로 성공하지만 가정불화, 신경쇠약, 폐병, 발광, 변사, 단명 등의 흉조가 있다.

■ 금화금(金火金)

 오만하며 과장을 잘한다. 심신과로, 병난, 폐병, 조난, 변사, 신경쇠약, 횡사 등이 따르며 가정불화로 처자식과 이별수가 있다.

■ 금화수(金火水)

외유내강하나 불안정한 운세로 성공하지 못한다. 재난, 실패, 신경쇠약, 발광, 조난, 변사, 부상 등의 위험이 있다.

■ 금토목(金土木)

자존심이 강하고 비판적이다. 조상덕으로 일시적인 성공을 하지만 차차 몰락하여 파탄에 빠지고 가정에 불화가 생긴다. 위장병을 조심해야 한다.

■ 금토화(金土火)

수리가 길하면 의외로 발전하여 성공하지만 나쁘면 실패한다. 질병, 뇌일혈, 변사 등의 흉조가 있다.

■ 금토토(金土土)

의지가 굳고 근면하여 순조롭게 성공한다. 심신이 건강하며 행복하게 장수한다.

■ 금토금(金土金)

성격이 원만하고 명예를 중요하게 생각하며, 순조롭게 성공하여 목적을 달성한다. 가정이 원만하고 심신이 건강하여 행복하게 장수한다.

■ 금토수(金土水)

인내심이 부족하고 경망스럽다. 일시적으로 발전하지만 돌발적인 재난, 조난, 외상, 급사 등의 흉조가 있고 가정불화가 염려된다.

■ 금금목(金金木)

감정이 예민하고 마음이 좁다. 일시적인 성공은 있으나 변동이 심하다. 성격이 지나치게 강하여 불화논쟁하며 처자식과 이별할 우려가 있다. 질병이나 부상 등이 염려된다.

■ 금금화(金金火)

마음이 좁고 자신의 분수를 모른다. 비록 성공한다 하더라도 불평불만으로 의외의 조난을 당하여 매사에 실패하므로 곤경에 처한다. 심신과로, 뇌일혈, 폐병, 불구, 변사 등의 우려가 있다.

■ 금금토(金金土)

이해심이 부족하며 성격이 강하다. 조상덕으로 순조롭게 성공하여 권위를 얻지만, 수리가 흉하면 실패하며 가정적으로 불행하거나 의외의 재난을 만날 우려가 있다.

■ 금금금(金金金)

지혜로우며 재주가 있으나 자신의 재주만 믿고 잘난체하는 것이 결점이다. 성공운이 있으나 성격적인 결함으로 불화쟁론, 시비, 폐병 등이 우려된다. 부부가 불목하거나 가족과 이별할 수가 있다.

■ 금금수(金金水)

편벽된 성격으로 남을 무시한다. 순조롭게 성공하여 이름을 사방에 떨치지만 성격이 지나치게 강하여 고독하다. 급변, 몰락, 조난, 가정불화, 고생 등이 염려된다.

■ 금수목(金水木)

온순하고 재주가 있으나 활동력이 부족하다. 부모나 조상의 덕으로 의외의 성공을 할 수는 있으나 가정운이 나쁘다. 병약하여 단명할 우려가 있다.

■ 금수화(金水火)

예민하고 신경질적이나 노력형이다. 조상의 덕으로 일시적으로 성공하지만 의외의 재변을 당하여 곤경에 빠진다. 처자식을 극하며 심장병, 급사 등의 염려가 있다.

■ 금수토(金水土)

거만하며 잘난체하는 성격이다. 일시적으로 성공하지만 점차 재난을 당하여 붕괴한다. 처자식을 극하고 급사할 수도 있다.

■ 금수금(金水金)

재치있고 명랑하며 사교적이다. 기초가 튼튼하고 부모덕이 있어 성공한다. 가정이 화목하며 행복을 누리지만 수리가 나쁘면 재화를 당한다.

■ 금수수(金水水)

성격이 쾌활하고 사교적이나 욕심이 많다. 조상덕으로 발전하여 성공하지만 중반에 들어서면 재난이 중중하여 실패할 염려가 있다.
가정불행, 병약, 단명 등이 염려된다.

5. 수(水)

■ 수목목(水木木)

근면하고 강인하나 의타심이 많다. 기초가 튼튼하고 심신이 건강
하여 순조롭게 성공하여 행복하게 장수한다. 그러나 수리가 나쁘면
자식궁이 좋지 않고 고독하다.

■ 수목화(水木火)

겉으로는 어질게 보이지만 예민하고 음험하다. 부모와 조상의 덕
으로 순조롭게 성공하지만, 수리가 나쁘면 가정적인 재화와 파란으
로 불행하고 고독하게 될 염려가 있다.

■ 수목토(水木土)

온순하고 이해심이 많으며 감수성이 풍부하다. 윗사람의 도움과
왕성한 운세로 순조롭게 성공한다. 가정생활이 행복하며 건강하게
장수한다.

■ 수목금(水木金)

신경질적인 성격이지만 봉사정신이 강하다. 성공하더라도 일시적
이며 변동과 박해가 있다. 심신과로, 병난, 조난, 폐병, 부상, 불
구 등의 흉조가 있다.

■ 수목수(水木水)

 머리가 좋고 감정도 풍부하다. 운이 좋아 비교적 순탄하게 성공하지만 사치와 방종에 빠지면 실패할 수 있다. 병난, 단명, 가정파란 등이 염려된다.

■ 수화목(水火木)

 상냥하고 친절하나 남의 눈치를 잘 살핀다. 바람 앞의 등불같아 뜻밖의 변란을 당하여 성공하기 어렵다. 뇌일혈, 심장마비, 급사 등이 우려된다. 그러나 욕심을 부리지 않는다면 비교적 안정을 누릴 수 있다.

■ 수화화(水火火)

 급하고 포악한 성격이나 정직하다. 일시적인 성공은 있으나 급변, 재화, 가정풍파, 뇌일혈, 심장마비, 살상, 변사, 단명 등의 흉조가 있다. 세번 성공하고 세번 실패하는 운이다.

■ 수화토(水火土)

 조급하고 민감하며 용기가 부족하다. 만사가 잘 풀리지 않아 성공하기 어려우니 불평불만이 따른다. 심장마비, 뇌일혈, 병난, 단명, 급사, 자살 등의 흉조가 있다.

■ 수화금(水火金)

 감정이 예민하고 성격이 급하며 용기가 없다. 육친(六親)의 덕이 없고 고독하며 성공하기 힘들다. 심신과로, 병난, 발광, 급사, 해

수병, 불구, 단명 등의 흉조가 있다.

■ 수화수(水火水)

 잘난체하는 성격이며, 운세가 불안하여 매사가 이루어지지 않으니 성공하기 어렵다. 뇌일혈, 심장마비, 발광, 살상, 변사, 피살, 익사 등의 흉액이 있다.

■ 수토목(水土木)

 거만하고 무례하며 허영심이 많아 실패를 초래한다. 성공운이 부족하고 기초가 불안정하여 실패하기 쉽다. 장애. 파란, 위장병, 폐질환, 단명, 가정불행 등이 염려된다.

■ 수토화(水土火)

 기분파로 허영심이 많다. 일시적으로 성공하지만 점차 쇠락하여 궁지에 빠지므로 곤고하다. 병약, 불행, 단명 등의 흉조가 있다.

■ 수토토(水土土)

 마음이 좁고 활발하지 못하며 허영심은 많다. 성공운이 약하여 항상 곤란과 장애가 있어 붕괴된다. 위장병, 복부질환, 급변재화 등이 염려된다.

■ 수토금(水土金)

 자존심은 강하나 소극적이다. 성공은 일시적이며 의외의 재난을 당한다. 심신과로, 신장, 간장병 등을 조심해야 한다.

■ 수토수(水土水)

 허영심이 많고 예의가 없으며, 가정이 불안하여 장애와 재화가 따른다. 조난, 변사, 급병, 급사 등이 따르고 위장병을 조심해라.

■ 수금목(水金木)

 편협된 성격으로 감정이 예민하다. 일생 동안 변동이 심하여 성패가 자주 엇갈린다. 처자식을 극하고 조난, 질병, 외상, 단명 등의 우려가 있다.

■ 수금화(水金火)

 분수를 모르며 언행이 제멋대로다. 초년에는 성공하지만 얼마 못가서 다시 불행해진다. 과로와 폐질환과 급변 등으로 급사하는 흉조가 따른다.

■ 수금토(水金土)

 총명하고 주관이 강하며 배짱이 좋고 통솔력도 있다. 의외로 부귀영화를 누리며 순조롭게 성공한다. 가정이 행복하며 건강하게 장수한다. 그러나 수리가 흉하면 완강하고 불의의 조난으로 몸을 다치거나 불화쟁론한다.

■ 수금금(水金金)

 지혜와 재주가 출중하다. 성공운이 순조롭고 심신이 건강하여 행복과 영화를 누리며 장수한다.

■ 수금수(水金水)

성격이 온순하여 대인관계가 원만하다. 인덕이 있어 성공하지만 불의의 재난으로 급변몰락할 수 있으니 고생이 염려된다.

■ 수수목(水水木)

자신을 너무 믿어 방탕하기 쉽다. 부모덕으로 성공하여 안정되지만 대개 파란이 따라 변이적으로 몰락한다. 병약, 조난, 비명, 단명, 심장병, 부상 등이 염려된다.

■ 수수화(水水火)

예민하고 신경질이 많으며 자기 자신을 너무 믿는다. 대업을 실패하고 파란이 중중하여 처자식을 극하며 고독하다. 병약하여 단명할 우려가 짙고 방탕함을 고치지 않으면 실패를 초래한다.

■ 수수토(水水土)

총명하나 자신을 너무 믿어 방종하기 쉽다. 성공이나 발전은 없고 가정불화가 심하며 불의의 재난과 실패가 따른다. 병약이나 단명 등의 우려가 있다.

■ 수수금(水水金)

자신을 과신하는 성격이지만 노력형이다. 간혹 크게 성공하는 경우가 있지만, 대개 사치와 방종으로 가정에 불화가 생긴다. 고독, 병약, 단명 등의 흉조가 있다.

■ 수수수(水水水)

자신을 과신하여 자화자찬하며 거만하다. 성공운이 있어도 점차 기울고 변화가 많아 가정이 파탄에 빠진다. 고독, 병약, 단명 등이 있으나 수리가 길하면 크게 성공하여 행복을 누린다.

★ 자변오행(字邊五行)

목(木)	목(木) 두(艹, 艸) 화(禾) 생(生) 의(衣, 衤) 죽(竹) 미(米) 사(糸) 각(角) 청(靑) 혈(頁) 풍(風) 향(香) 식(食) 마(麻) 서(黍) 용(龍)
화(火)	심(心, 忄) 화(火, 灬) 일(日) 목(目) 시(示) 견(見) 적(赤) 마(馬) 고(高) 조(鳥) 비(飛)
토(土)	토(土) 기(己) 산(山) 우(牛) 혈(穴) 전(田) 석(石) 양(羊) 진(辰) 간(艮) 곡(谷) 리(里) 읍(邑, 阝) 부(阜, 阝) 황(黃)
금(金)	도(刀, 刂) 과(戈) 백(白) 옥(玉) 패(貝) 신(辛) 유(酉) 금(金)
수(水)	수(水) 구(口) 자(子) 여(女) 정(井) 월(月) 현(玄) 수(水, 氵) 혈(血) 어(魚) 흑(黑)

자변오행(字邊五行)이란 글자의 변으로 오행을 정하는 것을 말한다. 예를 들면 임(林), 근(根), 계(桂), 식(植) 등의 글자는 목(木)이요, 경(炅), 병(炳), 열(烈), 환(煥) 등의 글자는 화(火)요, 규(圭), 균(均), 곤(坤), 배(培) 등의 글자는 토(土)요, 은(銀), 금

(錦), 석(錫), 진(鎭) 등의 글자는 금(金)이요, 강(江), 심(沈), 영(泳), 법(法) 등의 글자는 수(水)에 속한다.

 사주에 결함이 있는 오행(五行)을 보충하거나 지나치게 왕한 오행(五行)을 설기시킬 때 자변오행(字邊五行)으로 중화시키면 된다. 수리삼원오행(數理三元五行)과 음령오행(音靈五行)과 자변오행(字邊五行) 모두를 맞춰 이름을 짓는다면 금상첨화겠지만 두가지만이라도 맞춰야 한다.

8장. 태세간지(太歲干支)와 명자(名字)의 상호운

 일반적인 작명(作名)은 성자(姓字)가 몇 획인가를 파악한 다음, 63쪽의 작명수리길격표(作名數理吉格表)에 나와있는 획수대로 글자를 선정하여 작명(作名)하면 된다.

 사격(四格) 모두 길한 수리로 배치하고, 그 다음 수리오행(數理五行)과 음령오행(音靈五行)을 길하게 배치시키면 된다. 여기서 주의할 점은 같은 수리라도 남자에게 길하지만 여성에게 흉한 경우가 있으니 잘 살펴야 한다.

 해명(解名)은 성명자(姓名字)의 뜻과 어감을 살피고, 사격(四格)의 수리가 길수인지 흉수인지를 28쪽의 팔십일수 영동운(八十一數靈動運)에서 찾아보고, 음령오행(音靈五行)과 수리오행(數理五行)은 76쪽에서 각각 찾아보면 된다. 더 자세한 것은 뒤에 나오는 실제해명(190쪽)을 읽어보면 이해가 될 것이다.

 전문적인 작명(作名)은 만세력(萬歲曆)을 보고 사주팔자(四柱八字) 네기둥을 세워서 용신(用神)과 희신(喜神)이 무엇인가를 찾은 다음,

작명수리길격표(作名數理吉格表)에 나와있는 획수를 선정하고, 용신(用神)과 희신(喜神)에 해당되는 오행(五行)의 글자를 찾아 작명(作名)하면 된다. 그러나 초보자들이 용신(用神)을 찾는다는 것은 지극히 어려운 일이므로 희신표(356쪽)와 희기표(358쪽)를 참고하기 바란다.

그리고 전문적인 해명(解名)은 사주팔자(四柱八字)를 뽑고, 성명자(姓名字)를 오행(五行)과 육친(六親), 육수(六獸), 십이지(十二支), 십이신살(十二神殺)과 기타 신살(神殺) 등을 적용하여 사주와 성명을 비교 검토하면 된다. 더 자세한 해명(解名)을 하려면 231쪽에 나와있는 육십사괘(六十四卦)를 이용하면 된다.

■ 갑년생(甲年生)이 이름에 「경」자를 쓰면 불구가 되거나 단명할 염려가 있으며 배우자와 이별하기 쉽다.

■ 을년생(乙年生)이 이름에 「신」자를 쓰면 객사하거나 행방불명되기 쉽다.

■ 병년생(丙年生)이 이름에 「임」자를 쓰면 패가망신하기 쉽다. 특히 여자는 가정부나 화류계로 나가기 쉽다.

■ 정년생(丁年生)이 이름에 「계」자를 쓰면 조실부모하거나 몸에 상처가 생기기 쉽다.

■ 무년생(戊年生)이 이름에 「기」자나 「갑」자를 쓰면 수술, 조실부

모, 무자식이 되거나 자식이 있더라도 불구자가 되기 쉽다.

■ 기년생(己年生)이 이름에 「자」자나 「을」자를 쓰면 평생 동안 고생이 많다.

■ 경년생(庚年生)이 이름에 「병」자나 「갑」자를 쓰면 쇠약하며 성패가 많다. 오줌싸개, 식은땀, 불구, 소아마비, 신병 등이 생기기 쉽다.

■ 신년생(辛年生)이 이름에 「정」자를 쓰면 처음에는 곤고하나 뒤에는 태평하다. 그러나 큰 상처가 없으면 단명한다.

■ 임년생(壬年生)이 이름에 「병」자나 「무」자를 쓰면 여자는 평생과부로 살고 남자는 방탕하다. 또 일찍 낳은 자식은 기르기가 어렵고 여러번 결혼할 수도 있다.

■ 계년생(癸年生)이 이름에 「기」자, 「무」자, 「정」자를 쓰면 조실부모하며 객지생활을 한다. 또한 수술과 범법자가 되기 쉽고 명예는 있으나 인덕이 없다.

■ 자년생(子年生)이 이름에 「미」자, 「묘」자, 「오」자를 쓰면 부모덕이 없고 신경질적이며 불행해지기 쉽다.

■ 축년생(丑年生)이 이름에 「오」자를 쓰면 고독하며 풍파가 생기

기 쉬워 흉하다.

■ 인년생(寅年生)이 이름에 「유」자나 「신」자를 쓰면 신경질적이고 변동이 많으며 불길하다.

■ 묘년생(卯年生)이 이름에 「신」자나 「자」자, 「유」자를 쓰면 무자식이 되기 쉽고, 가정부나 종업원이 되기 쉬우며 관절염으로 고생한다.

■ 진년생(辰年生)이 「술」자나 「해」자를 쓰면 매우 불길하다.

■ 사년생(巳年生)이 이름에 「술」자를 쓰면 과부가 되거나 고독하여 일생이 불행하다.

■ 오년생(午年生)이 이름에 「자」자를 쓰면 병고에 시달리며, 이혼을 하거나 화류계로 나가기 쉽다.

■ 미년생(未年生)이 이름에 「자」자를 쓰면 조실부모하며 관절염을 앓기 쉽다.

■ 신년생(申年生)이 이름에 「인」자를 쓰면 객지에서 고생하며 정신병이 생기기 쉽다.

■ 유년생(酉年生)이 이름에 「묘」자를 쓰면 자식을 얻기 힘들다.

■ 술년생(戌年生)이 이름에 「갑」자나 「임」자를 쓰면 행방불명되기
쉽고, 「진」자나 「사」자를 쓰면 처궁이 흉하며 자식을 얻기 힘들다.

■ 해년생(亥年生)이 이름에 「진」자나 「사」자를 쓰면 불구, 단명,
파망, 고독, 고생 등이 따른다. 그러나 40세 이후에 조금 길하다.

9장. 좋은 글자와 나쁜 글자

1. 장자녀(長子女) 이외 불용문자

장자녀(長子女)만이 쓸 수 있는 글자를 말하며 형제와 쟁투불화, 반목, 이별, 양자 등을 암시한다. 만일 장자녀(長子女) 이외의 사람이 사용한다면 윗사람의 권위를 점유하게 되어, 장형(長兄)이 일찍 죽거나 멀리 떠나게 되는 등의 변화가 생겨 자신이 장자 구실을 하게 된다.

천(天)은 만물의 으뜸인 하늘이요, 건(乾) 역시 하늘이요 만물의 으뜸이다. 일(日)은 별의 으뜸인 태양이요, 동(東)은 동서남북 사방의 첫번째요, 춘(春)은 춘하추동 사계절의 첫번째요, 상(上)은 상하(上下)에서 위로 첫번째다.

대(大)는 만물의 대소(大小)에서 대(大)요, 인(仁)은 인의예지신(仁義禮智信) 오상(五常)의 으뜸이요, 갑(甲)은 십간(十干)의 첫번째요, 자(子)는 십이지(十二支)의 첫번째요, 장(長)은 장단(長短)에서 장(長)이요, 신(新)은 신구(新舊)에서 신(新)이요, 기(起)는 기와복(起臥伏) 기지(起止)의 기(起)로 맨처음이요, 맹(孟)은 맹중계(孟仲季)의 첫째로 우두머리를 뜻한다.

 원(元)은 원형이정(元亨利貞)의 첫번째요, 종(宗)은 장자나 장손을 나타내는 혈통의 첫번째요, 태(泰)는 태초나 태산이나 태두의 큰 으뜸이요, 시(始)는 시말(始末)의 시(始)요, 초(初)는 초종(初終)의 초(初)로 처음이요, 선(先)은 선후(先後)의 선(先)이요, 일(一)은 수의 첫번째다.

천(天) 건(乾) 일(日) 동(東) 춘(春) 상(上) 대(大) 인(仁) 갑(甲)
자(子) 장(長) 신(新) 기(起) 맹(孟) 원(元) 종(宗) 태(泰) 시(始)
초(初) 선(先) 일(一)

2. 강형문자(强形文子)

 힘이 있고 씩씩해 보이는 글자형으로 왕성하고 강한 활동력을 나타낸다. 과단성, 활동력, 용기, 독립심, 강인함 등을 암시한다.

 태(泰) 용(勇) 용(龍) 홍(弘) 광(光) 역(力) 성(成) 호(豪) 비(飛)
염(炎) 화(火) 극(克) 위(威) 마(馬) 남(男) 진(振) 의(義) 미(美)
혁(奕) 창(昶)

3. 약형문자(弱形文子)

쓰러질 것 같이 불안하고 허전하며 약해 보이는 글자형으로 이런
글자를 사용하면 운에서도 기반이 흔들리고 추진력이 없다. 뜻은
높지만 지나치게 곧아 고려하는 부분이 부족하고, 키가 크거나 몸
이 수척하다.

화(華) 근(斤) 양(羊) 소(小) 미(微) 간(干) 천(千) 백(帛) 평(平)
두(斗) 년(年) 시(市) 갑(甲) 신(申) 중(中) 행(幸) 과(科) 궁(弓)
호(戶) 유(柔) 퇴(退)

4. 실형문자(實形文字)

안정적이고 튼튼하며 짜임새가 있어 빈틈이 없어 보이는 글자형을
말한다. 충실하고 의지가 굳어 불요불굴의 정신으로 만난을 두려워
하지 않는 기백을 나타낸다.

익(益) 입(立) 옥(玉) 창(昌) 황(皇) 국(國) 주(周) 왕(王) 중(重)
광(廣) 봉(鳳) 수(樹) 기(基) 형(衡) 일(壹) 철(哲) 만(滿) 달(達)
연(蓮) 진(晉) 정(正) 수(秀) 환(煥) 승(承)

5. 허형문자(虛形文字)

글자의 모양과 뜻이 공허하거나 힘이 없어 텅 빈 것 같은 느낌이

드는 글자를 말한다. 담력이 없어 유약하고 우유부단하며 소극적이다. 판단력이 부족하고 통솔력이 없으며 실패 등을 나타낸다.

지(芝) 세(細) 점(占) 문(門) 행(行) 방(方) 궁(弓) 입(入) 공(孔)
거(去) 유(流) 팔(八) 무(戊) 허(虛) 약(弱) 공(空)

6. 사유팔덕문자(四維八德文字)

예의염치(禮義廉恥)를 사유(四維)라 하고, 인의예지(仁義禮智) 충신효제(忠信孝悌)를 팔덕(八德)이라고 한다. 도덕적인 의미가 있으며 명랑과 호감을 암시한다.

예(禮) 의(義) 염(廉) 치(恥) 충(忠) 효(孝) 인(仁) 애(愛) 신(信)
화(和) 평(平)

7. 비속문자(卑俗文字)

뜻이 비속하고 천박하여 혐오감을 주는 글자를 말한다. 이런 글자를 이름에 사용하면 천박, 구설, 시비, 관재, 살상, 이별, 소외감, 그늘진 생활 등의 곤고함을 겪는다.

걸(乞) 하(下) 노(奴) 비(卑) 구(垢) 족(足) 육(肉) 욕(浴) 회(灰)
혈(穴) 오(汚) 촌(村) 악(惡) 병(病) 망(妄) 간(姦) 루(淚) 몰(沒)

질(疾) 묘(墓) 부(腐) 흉(凶) 사(死) 시(尸) 시(屍) 패(敗) 망(亡)
범(犯) 액(厄) 재(災) 멸(滅) 구(仇) 살(殺) 상(傷) 빈(貧) 천(賤)
퇴(退) 형(刑) 낙(落) 침(侵) 탈(奪) 겁(劫) 통(痛) 파(破) 폐(廢)
비(悲) 상(喪) 손(損) 쇠(衰) 수(囚) 앙(殃) 욕(辱) 우(憂) 원(怨)
음(淫) 읍(泣) 곡(哭) 잡(雜) 적(賊) 쟁(爭) 절(絶) 절(折) 조(弔)
죄(罪) 첩(妾) 충(蟲) 취(臭) 무(巫) 광(狂) 한(恨) 비(非) 함(陷)
해(害) 박(薄) 험(險) 혼(昏) 화(禍) 곤(困) 음(陰) 환(患) 폐(弊)
훼(毁) 기(忌) 추(醜) 노(怒) 고(苦) 저(低) 애(哀) 치(恥) 우(寓)
실(失) 벌(罰) 후(朽) 송(訟) 옥(獄) 신(神) 망(忘) 암(暗) 후(後)
변(變) 마(魔) 경(驚) 전(顚)

8. 피해야 되는 문자

산천초목(山川草木), 조수충어(鳥獸蟲魚), 일월성신(日月星神), 신불(神佛), 보석과 패물, 물건이나 기구, 인체부위 등에 해당하는 글자나 지나치게 고상한 문자는 피하는 것이 좋다.

천(天) 지(地) 일(日) 월(月) 성(星) 진(辰) 풍(風) 운(雲) 상(霜)
설(雪) 무(霧) 홍(虹) 산(山) 석(石) 암(岩) 토(土) 구(丘) 악(岳)
파(坡) 제(堤) 양(壤) 굴(窟) 수(水) 강(江) 하(河) 해(海) 연(淵)
지(池) 당(塘) 항(港) 담(潭) 빙(氷) 목(木) 수(樹) 도(桃) 행(杏)
리(李) 지(芝) 송(松) 매(梅) 연(蓮) 난(蘭) 백(栢) 조(鳥) 구(鳩)
앵(鶯) 작(雀) 녹(鹿) 용(龍) 붕(鵬) 홍(鴻) 구(龜) 안(雁) 연(燕)

호(虎) 학(鶴) 웅(熊) 기(麒) 양(羊) 마(馬) 토(兎) 서(鼠) 저(狙)

구(狗) 계(鷄) 원(猿) 우(牛) 묘(猫) 사(獅) 낭(狼) 호(狐) 상(象)

어(魚) 선(鮮) 견(鵑) 린(麟) 봉(鳳) 황(凰) 취(翠) 난(鸞) 충(蟲)

문(蚊) 공(蚣) 인(蚓) 사(蛇) 오(蜈) 이(耳) 목(目) 구(口) 비(鼻)

수(手) 족(足) 간(肝) 위(胃) 두(頭) 견(肩) 배(背) 복(腹) 각(脚)

비(脾) 신(腎) 순(脣) 장(腸) 담(膽) 인(咽) 항(項) 정(頂) 항(肛)

신(神) 불(佛) 귀(鬼) 선(仙) 영(靈) 보(菩) 살(薩) 부(富) 귀(貴)

수(壽) 복(福) 길(吉) 행(幸) 고(高) 미(美) 희(喜) 가(嘉) 보(寶)

패(貝) 재(財) 화(貨) 금(金) 은(銀) 천(釧) 옥(鈺) 전(錢) 옥(玉)

정(晶) 진(珍) 마(瑪) 빈(玭) 규(珪)

9. 이름의 어감

수리오행(數理五行), 음령오행(音靈五行), 원격(元格), 형격(亨格), 이격(利格), 정격(貞格) 등이 아무리 골고루 잘 갖추어져 있다 해도 혐오스런 느낌을 주는 이름은 피하는 것이 좋다.

예를 들면「강경화」란 이름은 간경화란 느낌이 들어 흉하고,「고생만」은 고생만 죽도록 한다는 느낌이 들어 좋지 않고,「장기수」는 장기 복역하는 죄인이란 느낌이 들어 흉하고,「조진배」는 망가진 배라는 느낌이 들어 흉하고,「현상범」은 현상수배범이라는 느낌이 들어 흉하다. 이외에도 뜻이 불길하거나 어감이 혐오스런 이름은 길흉에 관계없이 피하도록 한다.

10. 불길한 문자

甲(갑)	겉은 실하나 속은 비었다. 부부궁 불길, 성질이 급함.
江(강)	고독, 과부, 화류계.
介(개)	성격이 괴팍, 부부운 불길, 고독, 과부, 홀아비, 패가망신.
京(경)	호화, 허영심.
卿(경)	여자는 애정번뇌, 부부운 불길, 고독, 과부.
庚(경)	부모형제 무덕, 부부와 자녀운 불길, 거친 성격, 가정분란, 고독, 신체허약, 부상, 수술, 불신, 재물운 장애, 두뇌는 명석.
慶(경)	재산운 불길, 자손불길, 홀아비, 고독, 화류계.
桂(계)	부부운 불길, 과부, 홀아비, 고독, 화류계.
坤(곤)	우둔, 정신이상, 좌절, 실패, 신체허약, 부상, 수술, 구설, 시비, 관재.
光(광)	성격 횡폭, 신경통, 치질, 시력약화, 잡귀, 형액, 박행, 부진, 단명, 재운풍파, 두뇌는 명석.
鑛(광)	불행, 파란, 고독, 불성, 신고, 두뇌회전이 느림.
九(구)	부부이별, 횡액, 조난, 재난, 수술, 부상, 관재, 구설, 시비.
龜(구,귀)	성공곤란, 박명, 불행, 재물풍파 많음.

國(국)	매사실패, 부모형제 인연 약함, 신체허약, 부상, 고통, 조난, 불행, 단명, 관재, 구설, 시비.
菊(국)	부부상별, 과부, 고독, 육친무덕, 박약, 화류계, 허무한 종말, 자손불길, 용기부족, 신체허약.
貴(귀)	매사에 노골적임, 천박, 미움, 가정불화, 곤고, 불우, 조난, 단명, 객사.
極(극)	부모형제 무덕, 가난, 위험, 방랑, 주거불안, 정신질환.
根(근)	신체허약, 부모무덕, 부부 생사이별, 자녀운 흉.
今(금)	직장과 주거 변동 많음, 부부와 자녀운 흉.
琴(금)	부부와 자녀운 흉, 과부, 화류계.
錦(금)	고독, 박약, 과부, 화류계, 부부상별, 자손불길, 무당, 육친무덕, 말년에 고생, 고독함.
吉(길)	인품이 천박함, 주색으로 망신, 불화, 조난, 형액, 교통사고, 행복이 불가능.
南(남)	불행, 부모를 극함, 무의무탁, 고난, 신체부상, 중, 박수, 무당, 점장이, 풍수, 여자는 부부이별.
男(남)	부모무덕, 부부운 흉, 신체허약, 고난, 고통, 천시받음.
女(녀)	고독, 천박, 재난, 불행, 불신, 과부, 무당, 화류계.

大(대)	엉뚱한 실패, 형을 극함, 박약, 조난, 단명, 장남은 무방하나 아우가 쓰면 형에게 해롭다.
代(대)	아우가 쓰면 형이 망한다. 여자는 과부, 고독.
德(덕)	박덕, 불행, 조난, 피살, 자살, 단명, 여자는 부부이별, 자손근심.
桃(도)	인내력 부족, 고난, 이별, 파란, 신고, 고질병, 허영, 기생.
乭(돌)	분별력 부족, 의협심, 고난, 고통, 천대받음, 석녀, 불우, 빈곤.
童(동)	시비, 구설, 관재, 고생, 불신, 곤궁, 욕심, 하천, 어리석음.
東(동)	고지식, 신체부상, 고난고통, 실패좌절, 형제불길, 이복형제, 고독, 자손근심, 장남은 무방하나 아우가 쓰면 형이 해롭다.
冬(동)	소극적, 무능, 적막, 부진, 자신감 부족, 부부파란.
蘭(란)	화무십일홍, 쇠퇴, 몰락, 화류계, 부부와 자녀운 흉, 과부, 고독, 병고, 형액, 단명.
良(량)	고난, 고독, 불신, 부부상별, 자손불행, 주거불안.
連(련)	의지박약, 불신, 부부이별, 과부, 무당, 화류계, 부부와 자녀운 흉.
蓮(련)	화무십일홍, 쇠퇴몰락, 부부자녀운 흉, 중, 무당, 과부, 화류계.

禮(례)	부부운 흉, 과부, 화류계, 무당, 고독, 조난, 피살, 객사, 형벌, 단명, 부부이별, 수술.
魯(로)	고집, 우둔, 주색.
了(료)	절손, 사물의 종말격.
龍(룡)	자만심, 허영, 조난, 불우, 주색, 부부 생사이별, 박명.
留(류)	부부불화, 상별, 육친무덕, 고독, 일찍 실패, 머리는 있으나 꼬리가 없는 격.
馬(마)	빈천, 고통, 괴로움, 어리석음.
滿(만)	중년 이후 패망수, 선부후빈격(先富後貧格).
萬(만)	영허무쌍(盈虛無雙), 부모형제 무덕, 고난고통, 부부 자녀운 불길, 남자는 정력이 약하고 여자는 난산.
末(말)	육친무덕, 재물에 애로, 신체 병약, 사물의 종말격.
梅(매)	부부이별, 육친무덕, 고독, 과부, 무당, 화류계, 박명, 불우, 무능, 질병으로 고생.
命(명)	부모형제 무덕, 부부와 자녀운 불길, 신체허약, 병난, 단명.
明(명)	좋은 운도 일시적, 고독, 산재, 조난, 불명, 부부이별, 불구, 객사, 단명, 시력과 심장이 약함.

武(무)	부부와 자녀운 불길.
默(묵)	일생 동안 고난이 많음, 신체허약.
文(문)	우왕좌왕, 혼미, 재운불길, 육친무덕, 부부무정, 불행.
未(미)	육친무덕, 고독, 불행.
美(미)	신체허약, 수술, 고독, 부부이별, 냉증, 파재, 조난, 객사, 피살, 단명.
敏(민)	예리한 성품, 정신박약, 불신, 박명, 인덕이 없다.
法(법)	편협된 성격. 재해, 곤고, 박명, 불구, 병치레, 부부이별,
丙柄炳 (병)	신체허약, 고난, 고통, 불의의 재난, 사고.
秉(병)	신체허약, 불의의 재난, 고난, 고통.
寶(보)	여자는 애정에 번뇌, 화류계
福(복)	천박, 박복, 욕심, 고독, 부부운 불길, 신체허약, 재액, 곤궁, 과부, 무당, 박수, 화류계, 홀아비, 금전실패.
鳳(봉)	성격이 거침, 허영, 자만심, 중도좌절, 고독, 조난, 피살, 단명, 사기꾼, 무당, 박수, 점장이, 과부, 홀아비, 화류계.

峯(봉)	고난, 고통, 중, 점장이, 무당.
富(부)	빈천, 욕심, 쇠패, 불행, 고독, 부부이별, 조난, 피살, 객사, 단명, 말년에 경제적 고통을 당함.
芬(분)	부부운 흉, 무당, 박수, 홀아비, 좌절실패, 고독, 수술, 부상.
分(분)	분리, 고독, 재산잃음, 부부운 흉, 무당, 박수, 과부, 홀아비, 수술, 부상, 병난, 재난.
絲(사)	부부의 불행으로 자손에게까지 박덕을 초래함. 고독, 무덕, 실패.
四(사)	조난, 흉운, 단명, 사이비 종교인.
山(산)	평생 불우, 고독, 곤고, 불성, 자손근심, 부부무정, 중, 박수, 무당, 점장이, 기인, 도사, 실패, 고집이 강함.
三(삼)	분열, 분쟁, 실패, 구설, 시비.
上(상)	아우가 사용하면 형에게 불행이 생긴다. 천품은 고결하나 자손에게 극흉을 초래한다.
霜(상)	매사 머리는 있으나 꼬리가 없다. 부부불화, 속패, 상별, 고독, 육친무덕.
生(생)	파란만장, 구사일생.
石(석)	부부와 자녀운 불길, 축재곤란, 고지식함, 신체부상, 허약, 박약, 불성, 병고, 박명, 대인관계 미숙, 좌절.
錫(석)	부부운 불길, 낭비가 많음, 신체부상, 수술, 모리배, 오입쟁이, 남창, 점장이, 가짜 성직자.

仙(선)	고독, 이별.
雪(설)	속성속패의 불행, 재물산재, 부부무정, 고독, 부진, 불행.
星(성)	가짜 교주, 퇴폐적, 광대, 박수, 무당, 점장이, 박약, 불행, 단명.
笑(소)	비애, 재화, 불행.
松(송)	박약, 고독, 산재, 박명, 은혜를 모름.
釗(쇠)	파란, 재액, 재앙, 하천인, 자손근심.
洙(수)	신체부상, 수술, 관재, 구설, 시비, 고난, 고통, 좌절, 실패, 신체허약.
壽(수)	부부이별, 허약, 부상, 조난, 객사, 요절, 고독, 박약, 빈천, 불행.
淑(숙)	애정번뇌, 부모형제 무덕, 부부운 불길, 고집, 고독, 고난, 고통, 신체허약, 수술.
順(순)	실패, 좌절, 하천인, 부부 생사이별, 과부, 홀아비, 냉증, 화류계, 박수, 무당, 비참, 피살, 객사, 단명.
純(순)	파란중중, 불모불성(不謀不成)의 흉을 면하지 못함.
勝(승)	실패, 파란, 온순, 고독, 곤고, 재액, 불행.

時(시)	흥망성쇠의 기복이 많음, 파란, 색정, 재난, 고독, 병고, 자손근심.
植(식)	부모무덕, 신체부상, 허약, 재물문제에 애로, 처자식운 흉.
新(신)	고독, 곤고, 병약, 단명, 천품은 온순하고 착하다.
伸(신)	불행, 고독, 번뇌, 자손운 흉, 과부, 홀아비.
實(실)	고독, 과부, 화류계, 부부와 자손운 불길, 매사불성, 불행, 조난.
心(심)	부부운 불길, 고독, 과부, 홀아비, 중, 박수, 무당, 화류계, 신체허약, 자손운 흉.
岩(암)	불운, 고난, 고통, 중, 박수, 무당, 점장이.
愛(애)	애정번뇌, 고독, 부부 생사이별, 부모형제연 약함, 부상, 수술, 재난, 조난, 피살, 객사, 단명, 관재, 시비, 구설, 냉증, 과부.
烈(열)	예리한 성품, 정신박약, 부모처자 무덕, 분신, 고독, 파란, 신체부상, 수술, 허약, 고난, 고통.
泳(영)	부부운 불길, 고난, 고통.
英(영)	여자는 자만심, 부부와 자녀운 불길, 성격이 거침.
榮(영)	재화, 허영, 불신, 부부이별, 조난, 피살, 객사, 단명, 자손흉사.

五(오)	고독, 부부와 혈육간의 생사이별, 고난, 고통, 수술, 허약, 단명, 시비, 구설, 관재.
沃(옥)	신체허약, 부상, 혈육손상, 재물손실.
玉(옥)	신체허약, 수술, 부상, 조난, 피살, 객사, 단명, 산재, 자손불길, 부부운 불길, 고독, 중, 무당, 박수, 화류계.
完(완)	장남은 무방하나 아우가 사용하면 형이 해롭다. 고독, 불신, 자손근심, 부부무정,
外(외)	부모형제 부부운 불길, 재물낭비, 색정, 고난, 구설.
隅(우)	불신, 부부불화, 육친무정, 불신, 고독, 고생, 노고, 객고, 자식근심.
雨(우)	신체허약, 수술, 부상, 구설, 시비, 관재수, 고난, 재난.
雲(운)	허무, 불행, 불운, 산재, 중, 무당, 박수, 점장이.
雄(웅)	불행, 고독, 천대, 멸시, 경솔.
元(원)	형제근심, 부부이별, 자손불길, 고독, 피난, 조난, 단명.
遠(원)	혈육의 생사이별, 불화, 실패, 인생행로가 고달픔, 좌절, 비난.
月(월)	낭만적임, 재난, 환란, 불우, 신체허약, 수술, 부상, 고독, 과부, 화류계, 무당, 부부운 불길.

殷(은)	객지에서 고생, 허무한 종말, 부부불화, 육친무정, 불신, 고독, 조난.
銀(은)	부부와 자녀운 흉, 재물운 건강운 흉, 불운, 불신, 불행, 박명, 고난, 수술, 부상, 시비, 관재, 형벌.
義(의)	대의를 위해 몸을 바침, 부부이별, 조난, 피살, 객사, 단명.
二(이)	부모 부부 자녀운 불길, 신체허약, 병고, 수술, 부상.
伊(이)	육친운 흉, 재연(再緣), 곤궁, 신체허약, 병고, 수술, 부상.
仁(인)	불우, 부부이별, 여난, 박약, 고질, 불구, 피살, 객사, 단명, 조난.
寅(인)	성격이 불손함, 신유생(申酉生)은 불길.
一(일)	이름 첫 글자에 사용하면 갈비씨가 된다. 고독, 불신, 곤고.
日(일)	부모상극, 불행, 조난, 집안몰락, 부부자녀운 흉, 고독, 무의무탁, 파란, 이별, 건강운 재물운 불길.
任(임)	신체허약, 수술, 부상, 재난, 부부운 불길.
子(자)	눈물과 근심, 재화, 부부운 불길, 신체허약, 불의의 재난, 남편과 자식이 불행해짐, 가정불혜, 오미생(午未生) 불길.
長(장)	허영과 욕심이 지나침, 변화가 심함, 불행, 불길, 실패, 손해.

宰(재)	신체허약, 부상, 수술, 관재, 구설, 시비.
在(재)	부부자녀운 흉, 신체허약, 구설, 시비, 관재, 수술, 부상.
載栽裁哉(재)	신체허약, 부상, 수술, 고난, 고통, 구설, 시비, 관재, 주거와 직장 변동이 많음.
占(점)	부부와 자녀운 불길, 무당, 박수, 점장이, 중, 홀아비, 과부.
点 點(점)	고독, 불구, 실패, 하천인, 부모 부부운 불길, 빈곤, 고난, 재난, 혈육손상, 관재, 시비, 수술, 부상, 무당.
貞(정)	자식근심, 부모형제 인연 약함, 부부운 불길, 손발이상, 고독, 병고.
晶(정)	부부운 불길, 파란, 중첩, 반파(反破), 과성(過盛), 고독.
柱(주)	불신, 육친무덕, 재물운에 애로, 부부이별, 자손근심, 고독.
珠(주)	신체허약, 부부와 자녀운 흉, 간음이나 강간을 당함, 애정번뇌.
中(중)	중도좌절, 실패, 부상, 수술, 재난, 시비, 구설, 관재.
重(중)	중복, 재연, 고독, 산재, 불의의 재난.
仲(중)	중도좌절, 실패, 부상, 수술, 재난, 시비, 구설, 관재.

枝(지)	불행, 불화, 조난, 불상사.
地(지)	천박, 고독, 재화, 쇠패, 조난, 병고.
進(진)	고난, 부진, 불행, 고독.
珍(진)	박약, 자손불길, 고독, 육친무덕, 부부상별.
眞(진)	화난, 불행, 고독, 박약.
鎭(진)	부모무덕, 중년에 재난.
昌(창)	부부운 불길, 육친무덕, 재혼, 고달픔, 실패, 조난, 불구, 피살, 객사, 단명.
天(천)	부모무덕, 고독, 불행, 축첩, 재혼, 색난, 간통, 성병, 에이즈, 천박, 관재, 박약.
千(천)	형을 극함, 육친무덕, 고독, 자손불길, 타향에서 고독.
川(천)	재산분산, 조업탕진, 형제무정, 곤고, 고독, 곤궁, 객사.
鐵(철)	불우, 불행, 고독, 부진, 재물의 발전이 미약함.
初(초)	고난, 고독, 불행중중, 인내력이 부족하고 태만함.

秋(추)	주색, 화류계, 초혼을 실패하는 경우가 많음, 불행, 불우, 박약, 단명.
春(춘)	초혼을 실패하는 경우가 많음. 왕하더라도 일시적임. 주색, 의지박약, 부부이별, 불우, 화류계, 조난, 피살, 단명,
忠(충)	박애정신, 비난, 조난, 단명.
七(칠)	의지력이 강함, 박력, 실패, 고난, 재난, 부상, 수술, 관재, 구설, 시비.
兌(태)	일조에 물거품, 큰 재난, 망신, 구설, 수술, 부상.
泰(태)	욕망이 지나쳐 길흉이 심함. 형제와 자손운 불길.
八(팔)	의지와 인내력은 있음. 부부자녀운 흉, 불구, 병약, 수술.
平(평)	경솔, 쇠약, 부진.
風 豐 (풍)	항산(恒産)이 일조에 사라짐. 재운과 자손운 불길, 육친무덕.
夏(하)	파란, 불성, 고난, 고통, 불구, 주색, 화류계.
鶴(학)	온유, 고독, 곤고, 박명, 불신, 귀천의 차이가 심함.
韓(한)	박약초래, 파란, 단명.

海(해)	파란만장, 부부와 자녀운 불길, 집안에 요절하는 사람이 많음.
幸(행)	불행, 고달픔, 물거품, 수술, 부상, 관재, 시비.
香(향)	부부운 흉, 건강불길, 과부, 화류계, 단명.
好(호)	속성속패의 불길, 곤고중중, 억울함, 눈물, 급난, 일시적으로 좋은 경우가 있다.
虎(호)	고독, 자만심이 강함, 조난, 병난, 수술, 부상, 재난, 단명, 자손불길, 구설, 시비, 관재.
鎬(호)	인품이 천박하고 경박함, 저축이 힘듬, 고난, 고통, 구설, 시비, 관재, 수술, 부상.
紅(홍)	고독, 불행, 부부자녀운 흉, 과부, 무당, 첩, 화류계, 침착하지 못하고 경솔함.
孝(효)	비애, 충직, 매사불길, 부모덕이 없음.
花(화)	허영, 부부와 자녀운 흉, 재난, 집안몰락, 고독, 과부, 화류계, 무당, 시비, 구설, 관재, 수술, 부상, 단명, 주관력이 약함.
華(화)	부부자녀운 흉, 고독, 과부, 홀아비, 화류계, 무당, 박수, 재난, 집안몰락, 시비, 구설, 관재, 부상, 불구, 광신자.
勳(훈)	매사불성, 신체허약, 부부자녀운 불길, 재난, 고난, 관재, 시비, 수술, 부상, 혈육손상, 무당, 박수, 점장이, 중.
輝(휘)	불우, 변화무쌍, 손해와 실패가 많음.

僖嬉熹 (희)	부부와 자녀운 흉, 불행, 과부, 화류계, 신체부상, 수술, 구설, 시비, 관재, 불구.
喜(희)	온순, 고독, 곤고, 재액, 박약, 비애, 불우.
熙(희)	부부와 자녀운 흉, 과부, 화류계, 신체부상, 수술, 시비, 구설, 관재, 불행, 여자는 성격이 거칠다.

解名論

1장. 육친법(六親法)

육친(六親)이란 대개 부모, 형제, 부부, 자녀, 직업을 말하지만 조상, 친구, 동료, 벼슬, 재물, 학문 등도 포함된다. 육친(六親)을 붙이는 법은 생년지(生年支)를 나(我)로 삼고, 성명(姓名)에 있는 주종 오행(五行)을 대조하여 붙인다.

나를 생(生)하는 것은 부모요,
내가 생(生)하는 것은 자손이요,
내가 극(剋)하는 것은 처재(妻財)요,
나를 극(剋)하는 것은 관귀(官鬼)요,
나와 같은 것은 형제다.

사주학(四柱學)에서는 일간(日干)을 나로 보지만 이 책에서는 년지(年支)를 나로 본다. 간혹 일간(日干)을 나로 볼 때도 있지만 주로 년지(年支)를 나로 삼는다는 것을 명심하기 바란다.

年日生 六親	寅卯年生 (甲乙日生)	巳午年生 (丙丁日生)	辰戌丑未年生 (戊己日生)	申酉年生 (庚辛日生)	亥子年生 (壬癸日生)
父	水(亥子)	木(寅卯)	火(巳午)	土(辰戌丑未)	金(申酉)
兄	木(寅卯)	火(巳午)	土(辰戌丑未)	金(申酉)	水(亥子)
財	土(辰戌丑未)	金(申酉)	水(亥子)	木(寅卯)	火(巳午)
孫	火(巳午)	土(辰戌丑未)	金(申酉)	水(亥子)	木(寅卯)
官	金(申酉)	水(亥子)	木(寅卯)	火(巳午)	土(辰戌丑未)

· 갑신년생(甲申年生)

李　正　吉
이　정　길
火　○　金　土　木　火
官　○　兄　父　財　官

· 병오년생(丙午年生)

姜　文　英
강　문　영
木　土　水　火　土　土
父　孫　官　兄　孫　孫

· 신축년생(辛丑年生)

鄭　愛　利
정　애　리
金　土　土　○　火　○
孫　兄　兄　○　父　○

· 신묘년생(辛卯年生)

高　斗　心
고　두　심
木　○　火　○　金　水
兄　○　孫　○　官　父

· 기묘년생(己卯年生)

金 仁 文
김 인 문
木 水 土 火 水 火
兄 父 財 孫 父 孫

· 무자일생(戊子日生)

安 重 根
안 중 근
土 火 金 土 木 火
兄 父 孫 兄 官 父

· 갑진일생(甲辰日生)

尹 致 暎
윤 치 영
土 火 金 ○ 土 土
財 孫 官 ○ 財 財

· 임자년생(壬子年生)

林 京 玉
임 경 옥
火 水 木 土 土 木
財 兄 孫 官 官 孫

· 기사일생(己巳日生)

崔 圭 夏
최 규 하
金 ○ 木 ○ 土 ○
孫 ○ 官 ○ 兄 ○

· 경오일생(庚午日生)

李 舜 臣
이 순 신
火 ○ 金 火 金 火
官 ○ 兄 官 兄 官

2장. 육수법(六獸法)

　육수(六獸)란 청룡(靑龍), 주작(朱雀), 구진(句陳), 등사(螣蛇), 백호(白虎), 현무(玄武)를 말하며 육신(六神)이라고도 한다. 생년간(生年干)을 기준으로 하여 밑에서부터 위로 붙여 나간다.

　갑을년생(甲乙年生)은 초효(初爻)에 청룡(靑龍), 병정년생(丙丁年生)은 주작(朱雀), 무년생(戊年生)은 구진(句陳), 기년생(己年生)은 등사(螣蛇), 경신년생(庚辛年生)은 백호(白虎), 임계년생(壬癸

六位 ＼ 年日干		甲乙	丙丁	戊	己	庚辛	壬癸
姓　主	上爻	玄	靑	朱	句	蛇	白
姓　從	五爻	白	玄	靑	朱	句	蛇
名上字主	四爻	蛇	白	玄	靑	朱	句
名上字從	三爻	句	蛇	白	玄	靑	朱
名下字主	二爻	朱	句	蛇	白	玄	靑
名下字從	初爻	靑	朱	句	蛇	白	玄

年生)은 현무(玄武)를 각각 붙여 나간다.

일간(日干)을 기준으로 붙일 때도 있으나 이 책에서는 주로 년간(年干)을 기준으로 하며, 붙일 때는 생략해서 기록한다. 앞에 나와 있는 도표를 참고하기 바란다.

1. 청룡(靑龍)

청룡(靑龍)은 희열지신(喜悅之神)으로 좋은 일이 생기며 매사가 순조롭다.

■ 관(官)에 붙으면 벼슬과 명예에 길하고, 선천명(先天命)과 잘 합국(合局)되면 고관, 군왕, 대통령, 수상, 군장성, 성인군자 등이 된다.

■ 손(孫)에 붙으면 자손이 많고 귀한 자식을 두며 복이 많다.

■ 부(父)에 붙으면 아버지덕이 있고 부모가 장수하며 사업이 길하게 된다.

■ 재(財)에 붙으면 어진 아내를 얻으며 재물운이 길하고 어머니덕도 길하다.

■ 형(兄)에 붙으면 형제가 많거나 우애가 있고 길하다.

■ 진(辰)에 붙으면 조실부모하고, 매사가 불성되며 납치나 유괴를 당할 수 있다.

■ 사오화세(巳午火世)에 붙으면 주색으로 패가한다.

■ 진사세(辰巳世)에 붙으면 포화의 위험이 따른다.

■ 사(巳)에 붙으면 조실부모하고 낙상이나 급사 등이 따른다.
■ 신유(申酉)에 붙으면 손발을 상한다.

2. 주작(朱雀)

주작(朱雀)은 구설지신으로 시비, 구설, 송사, 언쟁, 투쟁 등이 따르며, 남에게 욕을 먹는다.

■ 관(官)에 붙으면 법관 등의 벼슬이 좋고, 선천명(先天命)과 잘 합국(合局)되면 장관이나 법무장관이 될 수도 있다.
■ 손(孫), 재(財), 부(父), 형(兄)에 붙으면 길하다.
■ 형세(兄世)에 붙으면 집안이 다툼으로 어지럽고 구설이 따른다.
■ 사오화세(巳午火世)가 살을 띠면 화재를 당한다.
■ 축(丑)에 붙으면 매사가 불성되며 다리가 잘리거나 범법, 급변란 등이 생긴다.
■ 술(戌)에 붙으면 형벌을 당한다.

3. 구진(句陳)

구진(句陳)은 토지지신(土地之神)으로 이사나 매매 등의 부동산에 관계된 일이 생긴다.

■ 관(官)에 붙으면 하급관으로 일반 행정관이 길하다.

■ 부(父)나 형(兄)에 붙으면 부모형제와 일찍 생사이별하기 쉽다.

■ 재(財)나 손(孫)에 붙으면 처궁과 자식궁, 재물운이 약하여 근심이 따른다.

■ 토공(土空)에 붙으면 토지가 없다.

■ 해자(亥子)에 붙으며 살을 띠고, 공망(空亡)되면 수액사한다.

■ 묘(卯)에 붙으면 부부궁과 자손궁이 흉하며 매사가 어렵다.

■ 진(辰)에 붙으면 형벌을 당한다.

■ 술(戌)에 붙으면 형벌을 당하거나 손발을 상한다.

4. 등사(騰蛇)

등사(騰蛇)는 허언지신(虛言之神)으로 놀랄 일, 괴상한 일, 시끄러운 일, 구설수, 흉몽 등이 생긴다. 남에게 속임이나 사기를 당하며, 여행이나 이사 등 이동하는 일이 생긴다.

■ 관(官)에 붙으면 중급관으로 판사, 검사, 검찰, 내무장관, 경찰국장 등에 길하다.

■ 손(孫), 재(財), 형(兄)에 붙으면 길하다.

■ 자(子)에 붙으면 만사가 이루어지지 않는다.

■ 해자(亥子)에 붙으면 수액으로 급사하는 수가 있다.

■ 화세(火世)에 붙고 살을 띠면 화재가 두렵다.

■ 축술(丑戌)에 붙으면 맞아 죽는다.

5. 백호(白虎)

백호(白虎)는 혈광지신(血光之神)으로 숙살기(肅殺氣)가 있어 횡액, 관재, 구설, 재물파탄 등의 사고가 생기고, 교통사고나 질병으로 갑자기 수술하는 일이 생긴다.

■ 관(官)에 붙으면 무관에 길하며 고관격으로 내무장관, 군장성, 총리까지 될 수 있다.

■ 손(孫), 재(財), 형(兄), 부(父)에 붙으면 흉하다.

■ 오(午)에 붙으면 매사가 성사되지 않으며 부부와 자손이 흉하고 화액이 우려된다.

■ 신유금(申酉金)에 붙으면 흉작용이 강하다.

■ 신유(申酉)에 붙고 살을 띠면 호랑이나 맹수에게 잡아먹히거나, 벼락으로 몸을 다친다.

■ 유(酉)에 붙으면 부부와 자손이 흉하며 화액이 염려되고, 살을 띠면 칼에 맞아 죽는다.

■ 재(財)에 붙으면 늙을수록 공망(空亡)이다.

■ 인묘(寅卯)에 붙으면 낙상하거나 급사한다.

■ 오효신금(五爻申金)에 붙으면 길거리에서 불의의 사고를 당하거나 경찰과 시비하는 일이 생긴다.

6. 현무(玄武)

현무(玄武)는 도적지신(盜賊之神)으로 도난, 사기, 음사, 암매,

계약해결, 사업실패, 수표부도 등의 일이 생긴다.

■ 관(官)에 붙으면 무관, 경찰, 하급 공무원 등이 된다.
■ 재(財)나 손(孫)에 붙으면 하급격이다.
■ 육친(六親)에서 재(財), 손(孫), 부(父), 형(兄)에 임하면 좋지
않다.
■ 신(申)에 붙으면 매사가 불성되며 낙상하거나 급사한다.
■ 형세(兄世)에 붙으면 팔패주색(八敗酒色)한다.
■ 해자수(亥子水)에 붙으면 도둑이나 사기 등에 걸리기 쉽다.
■ 사(巳)에 붙으면 화액을 당하거나 급사한다.
■ 미(未)에 붙으면 낙상하거나 급사한다.

3장. 음령오행(音靈五行)을 지지(地支)로 표출하는 방법

　성명(姓名) 석자의 주종음(主從音) 오행(五行)에 지지(地支)를 붙이되 양목(陽木)은 인(寅), 음목(陰木)은 묘(卯), 양화(陽火)는 오(午), 음화(陰火)는 사(巳)를 붙인다.

　양토(陽土)는 1, 3, 5, 11, 13, 15, 21, 23, 25, 31, 33, 35, 41, 43, 45 등의 획수이면 진(辰)을 붙이고, 7, 9, 17, 19, 27, 29, 37, 39, 47 등의 획수이면 술(戌)을 붙인다. 음토(陰土)는 2, 4, 6, 12, 14, 16, 22, 24, 26, 32, 34, 36, 42, 44, 46 등의 획수는 미(未), 8, 10, 18, 20, 28, 30, 38, 40, 48 등의 획수는 축(丑)을 사용한다. 양금(陽金)은 신(申), 음금(陰金)은 유(酉), 양수(陽水)는 자(子), 음수(陰水)는 해(亥)를 각각 붙이면 된다.

陰陽五行	陽木	陰木	陽火	陰火	陽土 7,9	陽土 1,3,5	陰土 8,10	陰土 2,4,6	陽金	陰金	陽水	陰水
地支	寅	卯	午	巳	戌	辰	丑	未	申	酉	子	亥

庚壬壬庚					
戌子午申					

午	蛇	官	火	7	○	이 李
○	句	○	○			
酉	朱	兄	金	16	●	석 錫
卯	青	財	木			
辰	玄	父	土	13	○	영 暎
辰	白	父	土			

庚辛丙丁					
寅巳午丑					

申	青	孫	金	11	○	최 崔
○	玄	○	○			
酉	白	孫	金	8	●	창 昌
丑	蛇	兄	土			
卯	句	官	木	6	●	규 圭
○	朱	○	○			

庚己庚丁					
午巳戌亥					

申	青	父	金	17	○	장 蔣
戌	玄	官	土			
卯	白	孫	木	4	●	개 介
○	蛇	○	○			
申	句	父	金	5	○	석 石
寅	朱	孫	木			

壬丙己乙					
辰申丑丑					

卯	玄	官	木	8	●	김 金
亥	白	財	水			
辰	蛇	孫	金	17	○	종 鍾
戌	句	兄	土			
子	朱	財	水	9	○	필 泌
午	青	父	火			

음령오행(音靈五行)을 붙이는데 있어서 주의해야 하는 문자는 다음과 같다. 토(土)로 보기 쉬우나 모두 화(火)로 본다.

- 양(량 梁 良 樑 兩 糧 諒)
- 여(녀 女)
- 여(려 呂 侶 麗)
- 역(력 力 曆 歷)
- 연(련 連 戀 練 鍊 蓮 聯)
- 열(렬 列 烈 洌)

- ■ 영(령 令 伶 昤 姶 怜 玲
  領 鈴 齡 嶺 靈 寧 逞)
- ■ 염(념 念)
- ■ 용(룡 龍)
- ■ 유(류 劉 琉 柳 留 流 類)
- ■ 예(례 禮 例)
- ■ 육(륙 六 陸)
- ■ 윤(륜 侖 倫 崙 綸 輪)
- ■ 율(률 律 栗 率)
- ■ 융(륭 隆)
- ■ 이(리 李 利 梨 莉 里 俚
  理 離 履 璃 吏 裏)
- ■ 인(린 璘 隣 潾 麟)
- ■ 임(림 林 琳 霖 臨)
- ■ 입(립 立 笠 粒)

4장. 십이신살(十二神殺)

年日支＼十二神殺	劫殺	災殺, 囚獄	天殺	地殺	年殺, 桃花	月殺, 枯草
申子辰	巳	午	未	申	酉	戌
巳酉丑	寅	卯	辰	巳	午	未
寅午戌	亥	子	丑	寅	卯	辰
亥卯未	申	酉	戌	亥	子	丑

年日支＼十二神殺	亡身殺	將星	攀鞍	驛馬殺	六害殺	華蓋殺
申子辰	亥	子	丑	寅	卯	辰
巳酉丑	申	酉	戌	亥	子	丑
寅午戌	巳	午	未	申	酉	戌
亥卯未	寅	卯	辰	巳	午	未

십이신살(十二神殺)이란 겁살(劫殺), 재살(災殺), 천살(天殺), 지살(地殺), 년살(年殺), 월살(月殺), 망신살(亡身殺), 장성살(將星殺), 반안살(攀鞍殺), 역마살(驛馬殺), 육해살(六害殺), 화개살(華蓋殺)을 말하고, 년지(年支)를 기준으로 하지만 일지(日支)를 기준으로 할 때도 있다. 이 책에서는 년지(年支)를 기준으로 한다.

<table>
<tr><td colspan="5">壬丙己乙
辰申丑丑</td><td></td><td></td></tr>
<tr><td>災</td><td>卯</td><td>玄</td><td>官</td><td>木</td><td rowspan="2">8</td><td rowspan="2">김 金</td></tr>
<tr><td>驛</td><td>亥</td><td>白</td><td>財</td><td>水</td></tr>
<tr><td>亡</td><td>申</td><td>蛇</td><td>孫</td><td>金</td><td rowspan="2">17</td><td rowspan="2">종 鍾</td></tr>
<tr><td>攀</td><td>戌</td><td>句</td><td>兄</td><td>土</td></tr>
<tr><td>六</td><td>子</td><td>朱</td><td>財</td><td>水</td><td rowspan="2">9</td><td rowspan="2">필 泌</td></tr>
<tr><td>年</td><td>午</td><td>青</td><td>父</td><td>火</td></tr>
</table>

<table>
<tr><td colspan="5">庚辛丙丁
寅巳午丑</td><td></td><td></td></tr>
<tr><td>亡</td><td>申</td><td>青</td><td>孫</td><td>金</td><td rowspan="2">11</td><td rowspan="2">최 崔</td></tr>
<tr><td>○</td><td>○</td><td>玄</td><td>○</td><td>○</td></tr>
<tr><td>將</td><td>酉</td><td>白</td><td>孫</td><td>金</td><td rowspan="2">8</td><td rowspan="2">창 昌</td></tr>
<tr><td>華</td><td>丑</td><td>蛇</td><td>兄</td><td>土</td></tr>
<tr><td>災</td><td>卯</td><td>句</td><td>官</td><td>木</td><td rowspan="2">6</td><td rowspan="2">규 圭</td></tr>
<tr><td>月</td><td>未</td><td>朱</td><td>兄</td><td>土</td></tr>
</table>

<table>
<tr><td colspan="5">戊庚辛丁
寅申亥巳</td><td></td><td></td></tr>
<tr><td>驛</td><td>亥</td><td>青</td><td>官</td><td>水</td><td rowspan="2">6</td><td rowspan="2">박 朴</td></tr>
<tr><td>災</td><td>卯</td><td>玄</td><td>父</td><td>木</td></tr>
<tr><td>亡</td><td>申</td><td>白</td><td>財</td><td>金</td><td rowspan="2">5</td><td rowspan="2">정 正</td></tr>
<tr><td>天</td><td>辰</td><td>蛇</td><td>孫</td><td>土</td></tr>
<tr><td>天</td><td>辰</td><td>句</td><td>孫</td><td>土</td><td rowspan="2">13</td><td rowspan="2">희 熙</td></tr>
<tr><td>○</td><td>○</td><td>朱</td><td>○</td><td>○</td></tr>
</table>

<table>
<tr><td colspan="5">庚壬丁申
子戌卯午</td><td></td><td></td></tr>
<tr><td>六</td><td>酉</td><td>玄</td><td>財</td><td>金</td><td rowspan="2">4</td><td rowspan="2">조 趙</td></tr>
<tr><td>○</td><td>○</td><td>白</td><td>○</td><td>○</td></tr>
<tr><td>災</td><td>子</td><td>蛇</td><td>官</td><td>水</td><td rowspan="2">9</td><td rowspan="2">병 炳</td></tr>
<tr><td>華</td><td>戌</td><td>句</td><td>孫</td><td>土</td></tr>
<tr><td>月</td><td>辰</td><td>朱</td><td>孫</td><td>土</td><td rowspan="2">5</td><td rowspan="2">옥 玉</td></tr>
<tr><td>地</td><td>寅</td><td>青</td><td>父</td><td>木</td></tr>
</table>

<table>
<tr><td>

庚壬丁壬
戌子未寅

年 卯 白 兄 木　　8 김 金
劫 亥 蛇 父 水
月 辰 句 財 土　　5 홍 弘
月 辰 朱 財 土
六 酉 青 官 金　　12 집 集
劫 亥 玄 父 水

</td><td>

甲己癸乙
子未未亥

六 午 玄 財 火　　7 이 李
○ ○ 白 ○ ○
劫 申 蛇 父 金　　7 성 成
天 戌 句 官 土
將 卯 朱 孫 木　　10 계 桂
○ ○ 青 ○ ○

</td></tr>
<tr><td>

戊戊戊庚
午午子子

災 午 蛇 財 火　　7 이 李
○ ○ 句 ○ ○
將 子 朱 兄 水　　15 범 範
將 子 青 兄 水
地 申 玄 父 金　　15 석 奭
驛 寅 白 孫 木

</td><td>

乙乙庚乙
酉酉辰未

將 卯 玄 官 木　　8 김 金
地 亥 白 財 水
劫 申 蛇 孫 金　　9 준 俊
六 午 句 父 火
華 未 朱 兄 土　　12 연 淵
驛 巳 青 父 火

</td></tr>
</table>

5장. 질병론

■ 목(木)은 간장, 담, 신경계통, 정신, 뇌, 근골, 혈관, 수족 등을 뜻한다.

■ 화(火)는 심장, 소장, 눈, 뇌를 뜻한다.

■ 토(土)는 위장, 비장, 복부, 피부, 치아를 뜻한다.

■ 금(金)은 폐, 대장, 팔다리, 골격, 코, 가슴, 호흡기를 뜻한다.

■ 수(水)는 생식기, 신장, 방광, 혈액, 귀를 뜻한다.

■ 목(木)이 금(金)에게 극을 받으면 간장, 담, 신경통, 정신병, 두통, 불면증, 황달, 외상, 마비, 과로 등이 염려된다.

■ 화(火)가 수(水)에게 극을 받으면 심장, 소장, 안질, 중풍, 냉증, 혈압, 신경통, 기침, 관절염, 각기, 뇌일혈 등에 걸리기 쉽다.

■ 토(土)가 목(木)에게 극을 받으면 위장병, 위산과다, 위궤양, 위확장, 피부병, 비장, 식중독, 치통 등이 염려된다.

■ 금(金)이 화(火)에게 극을 받으면 폐, 대장, 기관지, 천식, 골절, 손발상해, 근시, 축농증, 늑막염, 산증 등에 걸리기 쉽다.

■ 수(水)가 토(土)에게 극을 받으면 귀, 신장, 방광, 부인병, 혈액
계통, 유정, 임질, 하부복통이 염려되고, 정력이 약해지기 쉽다.

■ 금(金)과 금(金)이 상비(相比)되면 외상, 타박상, 토혈, 유혈 등
이 따르지만 삼재(三才)의 배치 중에 토(土)가 있으면 무방하다.

■ 수(水)가 목(木)을 생하면 배설기관, 구토, 설사, 이질 등이 염
려된다.

<table>
<tr><td>공
孔
木</td><td>중
仲
金</td><td>인
仁
土</td></tr>
</table>

■ 토(土)의 생을 받은 강한 금(金)이 목(木)을 직극(直剋)하여 간암으로 사망했다. 목(木)은 간장에 속하기 때문이다.

<table>
<tr><td>이
李
火</td><td>현
鉉
土</td><td>구
九
木</td></tr>
</table>

■ 토(土)가 목(木)에게 극을 당하여 위암으로 사망했다. 토(土)는 위장이기 때문이다.

<table>
<tr><td>木
11</td><td>金
28</td><td>火
24</td></tr>
<tr><td>1
가성</td><td>10
秦
진
金</td><td>18
鎬
호
土</td><td>6
吉
길
木</td></tr>
</table>

■ 목(木)이 금(金)에게 극을 당하여 발광했다. 목(木)은 뇌, 정신, 신경이기 때문이다.

6장. 상호와 품명

　수리의 영동력(靈動力)은 성명(姓名)의 수리에만 국한되는 것은 아니다. 회사이름, 가게이름, 물건이름 등에도 크게 영향을 미쳐 사업의 흥망에 중요한 연관성을 갖고 있으므로 절대로 가볍게 보아서는 안된다.

　상호와 품명 등은 오격(五格)으로 분류하지 않는다. 호명(號名)의 의의와 기품을 고려하여 주구(主句)와 부구(副句)의 수리길흉, 오행(五行)의 상생(相生)관계, 주구(主句)와 부구(副句)를 합한 총합수인 총격(總格)의 수리를 갖고 길흉을 논한다. 연구자를 위해서 원형이정(元亨利貞) 사격(四格)도 실었으니 참고하기 바란다.

　호명(號名)을 짓는 요령은 다음과 같다. 회사의 경우는 사장의 사주(四柱)에서 용신(用神)과 희신(喜神)이 되는 오행(五行)을 선정하되 길한 수리로 맞추면 되고, 일반 상점 역시 업주의 사주(四柱)에서 필요한 용신(用神)과 희신(喜神)인 오행(五行)을 선택하되 길한 수리로 맞추면 된다.

  아호 역시 인간의 품위와 인격을 구현하는 일종의 부호이므로 자
신의 취향과 적성에 맞게 짓되 용신(用神)에 맞춘다.

商 司 상 사 11 6 17	商 事 상 사 11 8 19	物産株式會社 물산주식회사 8 11 10 6 13 8 56
會 社 회 사 13 8 21	株式會社 주식회사 10 6 13 8 37	實業社 실 업 사 14 13 8 35
公 司 공 사 4 6 10	公 社 공 사 4 8 12	工業社 공 업 사 3 13 8 24
産業社 산 업 사 11 13 8 32	文化社 문 화 사 4 4 8 16	商 店 상 점 11 8 19
商 會 상 회 11 13 24	百貨店 백 화 점 6 11 8 25	建 設 건 설 9 11 20

書 店
서 점
10 8
18

出 版 社
출 판 사
5 8 8
21

企 劃
기 획
6 14
20

寶 石
보 석
20 5
25

旅 館
여 관
10 17
27

藥 局
약 국
21 7
28

茶 房
다 방
12 8
20

不 動 産
부 동 산
4 11 11
26

學 院
학 원
16 15
31

飯 店
반 점
13 8
21

食 堂
식 당
9 11
20

貿 易
무 역
12 8
20

16土
(主句)
8 8
東 京
동 경
24火
(副句)
11 13
商 會
상 회
총격 40

15土
(主句)
9 6
美 光
미 광
24火
(副句)
11 13
商 會
상 회
총격 39

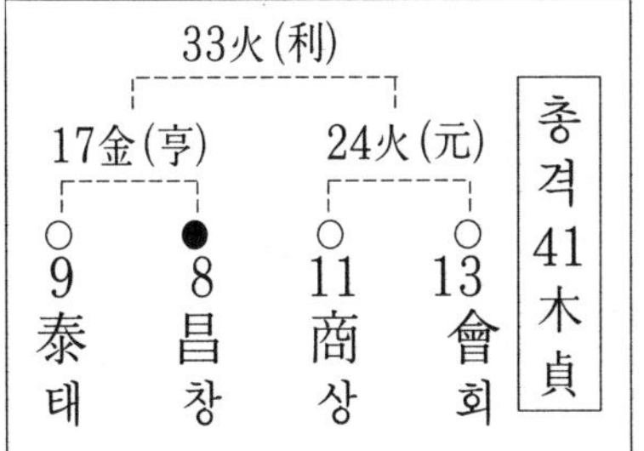

33火(利)
17金(亨)　24火(元)
총격 41 木貞
9 泰 태
8 昌 창
11 商 상
13 會 회

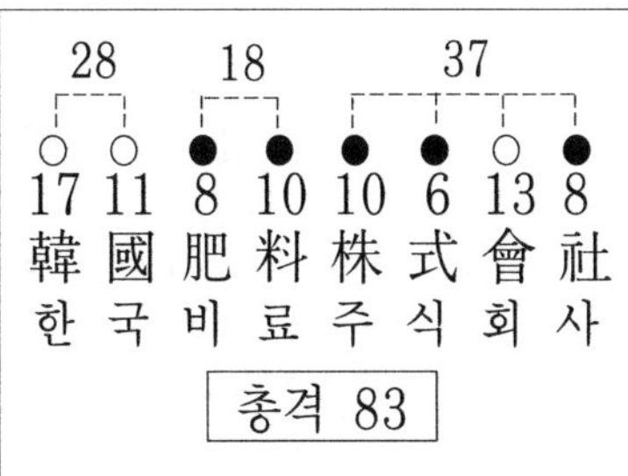

28　18　37
17 11 8 10 10 6 13 8
韓 國 肥 料 株 式 會 社
한 국 비 료 주 식 회 사
총격 83

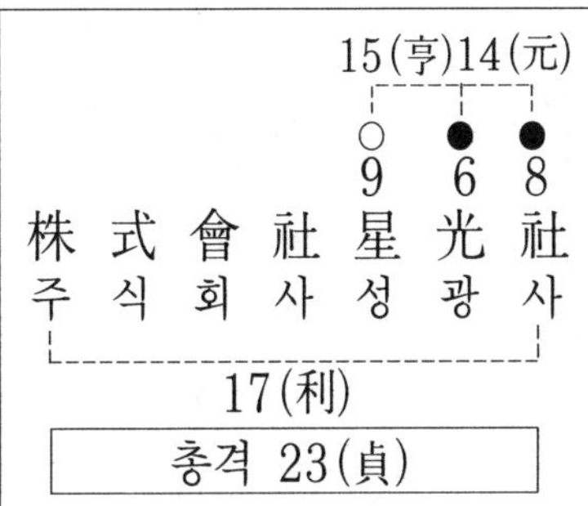

15(亨)14(元)
9 6 8
株 式 會 社 星 光 社
주 식 회 사 성 광 사
17(利)
총격 23(貞)

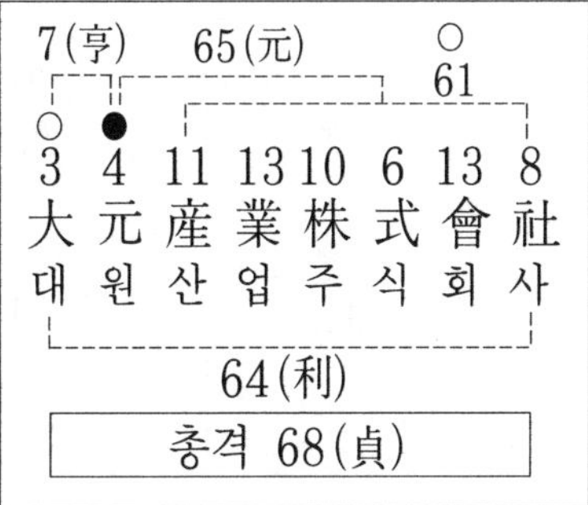

7(亨)　65(元)　○
61
3 4 11 13 10 6 13 8
大 元 産 業 株 式 會 社
대 원 산 업 주 식 회 사
64(利)
총격 68(貞)

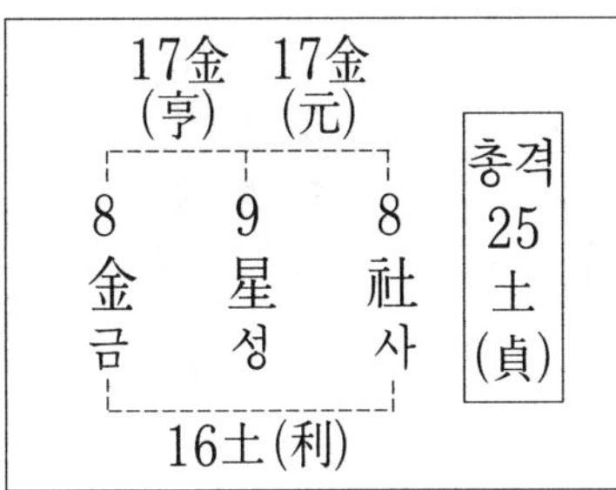

17金(亨) 17金(元)
8 9 8
金 星 社
금 성 사
총격 25 土(貞)
16土(利)

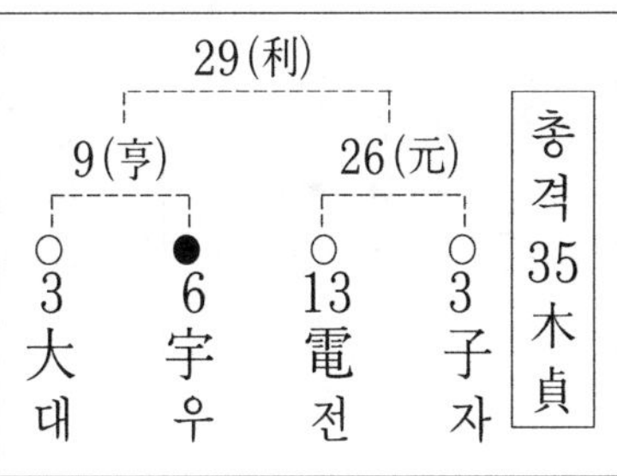

29(利)
9(亨)　26(元)
3 6 13 3
大 宇 電 子
대 우 전 자
총격 35 木貞

祐 우 土 ● 10
堂 당 火 ○ 11
21

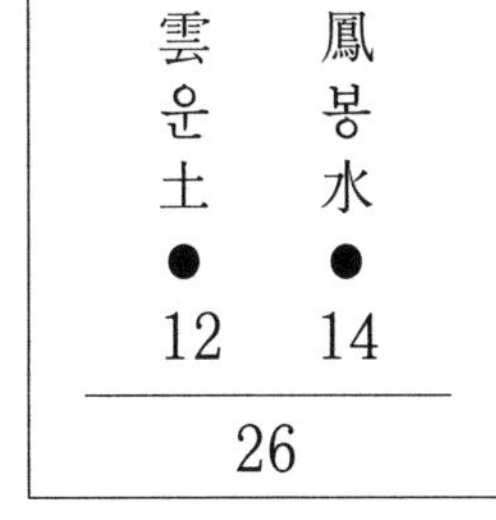

雲 운 土 ● 12
鳳 봉 水 ● 14
26

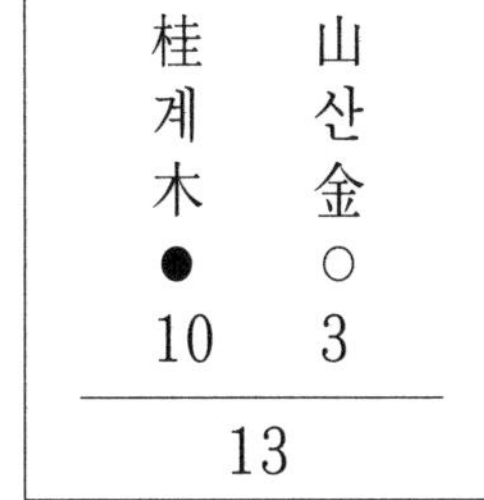

桂 계 木 ● 10
山 산 金 ○ 3
13

山 산 金 ○ 3	大 대 火 ○ 3
6	

園 원 土 ○ 13	松 송 金 ● 8
21	

峯 봉 水 ● 10	奇 기 木 ● 8
18	

雲 운 土 ● 12	白 백 水 ○ 5
17	

仙 선 金 ○ 5	鶴 학 土 ○ 21
26	

解 해 ○ 13	占 점 ○ 5	易 역 ● 8	周 주 ● 8
34			

書 서 ● 10	全 전 ● 6	日 일 ● 4	擇 택 ○ 17
37			

書 서 ● 10	全 전 ● 6	堂 당 ○ 11	明 명 ● 8
35			

義 의 ○ 13	精 정 ● 14	壬 임 ● 4	六 육 ● 6
37			

7장. 수리(數理)와 성격

사람의 성격은 인격(人格)인 형격(亨格) 부위의 수로 본다. 단수는 기본수로 보고 10수 이상은 10을 제하고 나머지 수로 본다.

■ 1수(一數)

침착하고 이지적이며 사고력이 깊고 활동적이다. 부지런하고 검소하며 현실적으로 노력하는 형이다. 불요불굴의 기질과 자존심이 강하며 타산적이고 이기적인 면이 있지만 친화력이 있다. 질투와 시기심이 있고 금전에 대한 집착이 강하다. 직업은 교육자, 종교인, 군인, 실업가, 지도자 등에 적합하다.

■ 2수(二數)

인내심이 강하여 매사에 꾸준히 노력하는 형이다. 겉으로는 온화하나 속으로는 노기를 품고 있다. 금전욕이 집요하며 질투심이 강하고 고집이 있다. 직업은 사무직이나 기술직 등이 적합하다.

■ 3수(三數)

활동력이 왕성하고 급진적이나 감정이 예민하다. 달식하며 쾌활하고 과단성과 명리심이 강하다. 인내심이 부족하고 격정적인 성격이라 쉽게 화를 낸다. 직업은 군인, 정치가, 실업가 등에 적합하다.

■ 4수(四數)

겉으로는 온화하고 정숙한 것처럼 보이지만 내면은 급진적이고 폭발적이며 말재주가 좋다. 신중하고 온유하며 지혜가 깊고 수완이 좋지만 실천력이 부족하다. 마음에 번민이 있고 항상 불안하여 쉽게 뜨거워지고 쉽게 식는다. 종교계, 예술계, 학자 등으로 나가면 좋다.

■ 5수(五數)

온순하고 동화력이 있으며 아량이 깊어 상하의 신망을 얻으나 반발심이 있다. 겉으로는 온화하나 속으로는 대단히 강정하고 질투가 있다. 자신감이 있고 정을 중요하게 생각하며 명예심도 강하다. 그러나 쉽게 친해지고 쉽게 멀어지는 결점이 있다. 직업은 군인, 정치가, 실업가, 기술직 등이 적합하다.

■ 6수(六數)

겉으로는 온화하고 침착하며 중후하나 속으로는 완고하고 강하다. 인내심이 강하고 보수적이며 마음을 드러내지 않는다. 의협심이 강한 반면 시기와 질투, 불복종심, 망상 등이 있지만 대체적으로 권위가 있고 행복이 후중하다. 직업은 군인, 기술직, 근로직 등이 좋다.

■ 7수(七數)

단련된 도검과 같은 기상을 갖고 있다. 불요불굴의 의지와 예리한 지혜를 겸비했지만 독선적인 부분이 있다. 용감한 기백과 강한 인내력으로 만난을 두려워하지 않는다. 자아가 지나치게 강하여 융통적이지 못하다. 쟁투를 좋아하여 비난을 자초하기 쉬우며 개성이 강하고 야심적이며 명예를 중요하게 여긴다. 직업은 군인, 정치가, 실업가, 기술직 등에 적합하다.

■ 8수(八數)

용기가 있어 진취적이고 정직하지만, 자존심이 지나치게 강하고 완고하여 동화력이 부족한 면도 있다. 불화쟁론하기 쉬우나 마음의 수양을 쌓으면 이성적으로 될 수 있다. 의지가 견고하여 뜻을 관철하지만 이기적이고 권세를 좋아한다. 직업은 군인이나 기술직 등에 적합하다.

■ 9수(九數)

흐르는 물처럼 활동력이 왕성하여 잠시도 정지하지 않는다. 재물과 명예를 좋아하지만 지모와 재능이 있고 담백한 성격이다. 그러나 한편으로는 격정적인 성격이라 쉽게 노하고 쉽게 풀리며, 불평불만과 방종으로 흐르기 쉽다. 직업은 예술가, 기술직, 사업가, 상업 등이 좋다.

■ 10수(十數)

호수처럼 침체된 기상이며 지혜와 사고력이 깊다. 온순하지만 폭

발하면 큰 바다에 거센파도가 일어나는 격이다. 과단성과 실천력이
부족한 반면 사교적이며 인내력과 재능이 있다. 권세를 좋아하고
재물을 축적한다. 이기적인 욕심과 색정을 조심해야 하며 직업은
종교가, 예술가, 학자, 저술가, 연구직 등이 적합하다.

8장. 불운한 이름

■ 음령오행(音靈五行) 목수토 (木水土)는 돌발, 급변, 조난, 병난, 재화 등의 흉조가 있고, 수리오행(數理五行) 수토화(水 土火)는 병난, 불행, 단명 등의 흉조가 있다. 「明」자와 「玉」자가 불길하여 압사했다.

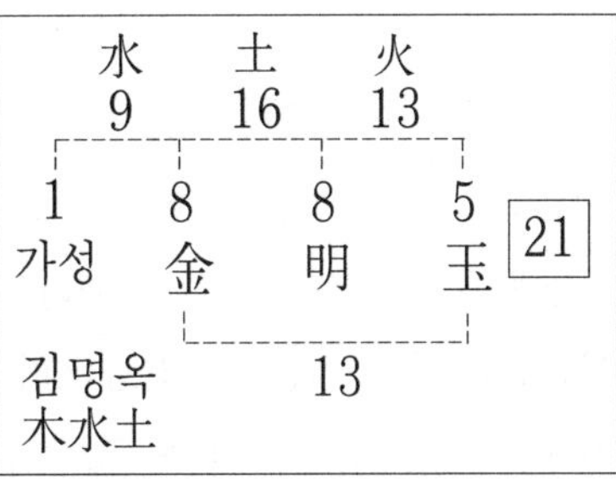

■ 음령오행(音靈五行) 금수토 (金水土)는 성공해도 점차 붕괴 되고 돌변, 급사하는 수가 있다. 인격(人格) 19수는 중도실패, 형화, 조난, 신병, 불구, 폐질, 단명 등의 흉조가 있다. 「明」자

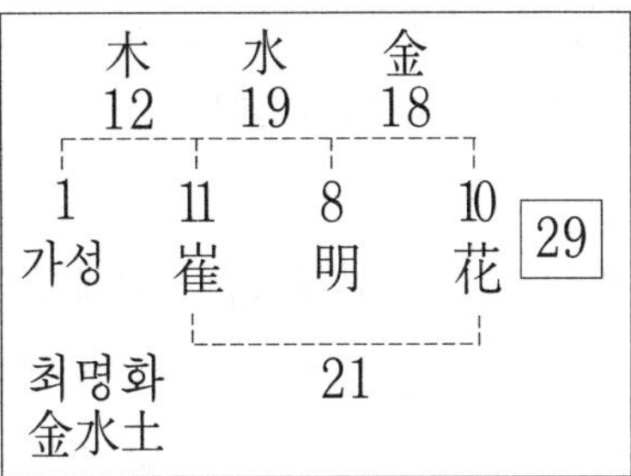

와 「花」자가 불길하여 압사했다.

■ 음령오행(音靈五行) 수금목(水金木)은 단명, 이별, 조난 등이 있고, 수리오행(數理五行) 토수목(土水木)은 돌변, 재화, 단명의 흉조가 있다. 인격(人格) 9수는 중도좌절, 조난, 상해, 불구, 형화의 흉조가 있고, 이격(利格) 10수는 좌절, 처자이별, 조난, 요절, 형액을 초래한다. 「光」자가 불길하여 사형을 당했다.

```
        土     水     木
        5      9     11
   1     4      5      6
  가성   文     世     光      15
  문세광          10
  水金木
```

■ 음령오행(音靈五行) 수목금(水木金)은 병난, 조난, 부상, 불구등의 흉조가 있고, 수리오행(數理五行) 토수수(土水水)는 병액, 부상, 불행, 파란 등의 우려가 있다. 지격(地格) 19수는 중도실패, 형액, 조난, 신병, 불구, 단명 등의 징조가 있고, 인격(人格) 10수는 좌절, 조난, 형액, 요절 등의 흉조가 있다. 「光」자가 불길하여 압사했다.

```
        土     水     水
        5     10     19
   1     4      6     13
  가성   文     光     種      23
  문광직          17
  水木金
```

■ 음령오행(音靈五行) 금목토(金木土)는 심신과로, 병난, 신경쇠약, 불우 등이 있고, 수리오행(數理五行) 수화목(水火木)은 재화, 뇌일혈, 심장마비, 급사의 흉조가 있다. 인격(人格) 14수는 가정파

탄, 고독, 번뇌, 실패, 곤고, 병약의 흉조가 있고, 총격(總格) 19수는 육친(六親)무덕, 형화, 조난, 신병, 불구 폐질, 단명 등의 징조가 있다. 「光」자가 불길하여 요절했다.

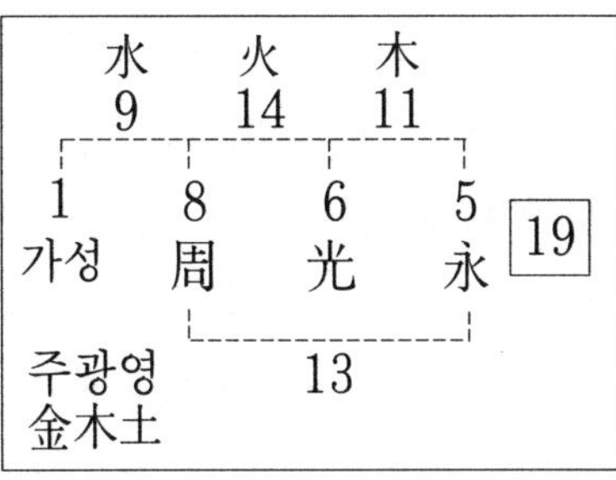

■ 수리오행(數理五行) 금화화(金火火)는 폐병, 발광, 변사 등의 흉조가 있고, 지격(地格) 14수는 가정파탄, 고독, 번뇌, 실패, 곤고, 병약 등의 흉조가 있다. 이격(利格) 22수는 좌절,

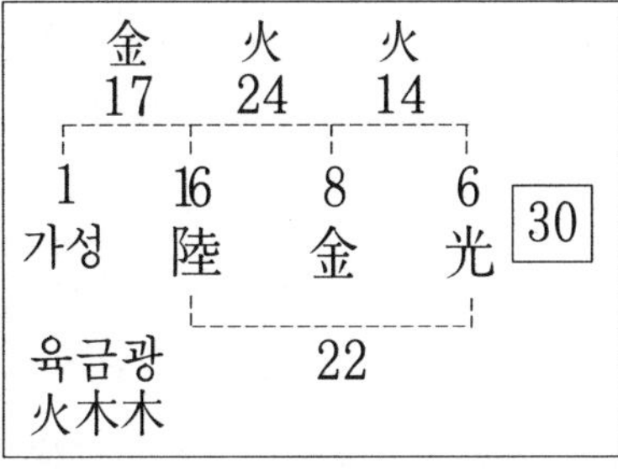

실패, 곤고, 형액, 조난, 역경, 병난, 단명 등의 흉수이며, 총격(總格) 30수 역시 흉수다. 「光」자가 불길하여 압사를 당했다.

■ 음령오행(音靈五行) 금목토(金木土)는 심신과로, 병난, 신경쇠약, 불우, 불평불만 등이 있고, 수리오행(數理五行) 목금목(木金木)은 고생, 심신과로, 곤고, 위험, 재난 등이 따른다. 총격(總格) 22수는 중도좌절, 실패, 곤고, 형액, 조난, 역경, 병난, 단명 등의 흉조가 있다. 「光」자와 「玉」자가 불길하여 살인했다.

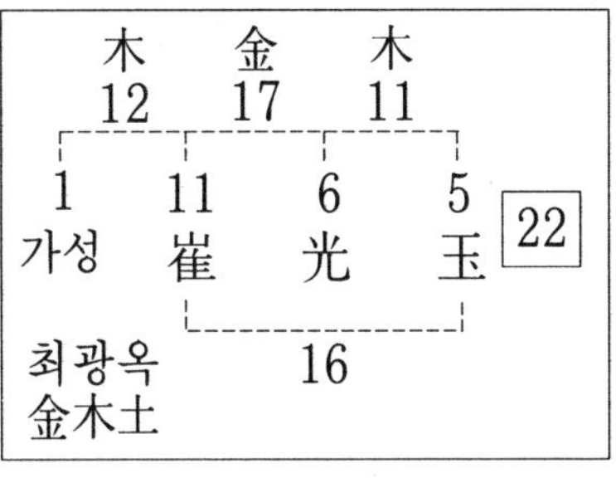

■ 음령오행(音靈五行) 금화화 (金火火)는 심신억압, 폐병, 발광, 변사 등의 흉조가 있고, 수리오행(數理五行) 목수금(木水金)은 기초가 불안하고 쉽게 실패한다. 인격(人格) 20수는 공허공망수로 형액, 변사, 단명 등에 이르는 흉수이고, 지격(地格) 27수는 조난, 형액, 불구, 단명 등에 이르는 흉수다. 「南」자와 「禮」자가 불길하여 익사했다.

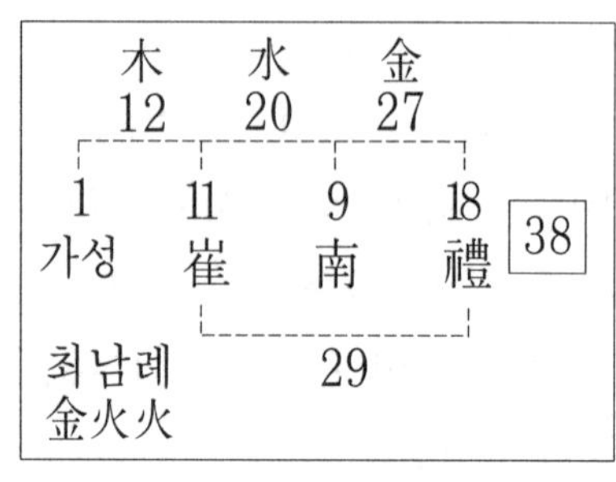

■ 음령오행(音靈五行) 토화화 (土火火)는 일시적으로 발전하나 고통이 심하다. 지격(地格) 27수는 중도좌절, 조난, 형액, 단명의 흉수요, 총격(總格) 34 는 불의의 재화가 생기고 형액, 업화, 패가망신, 발광, 유혈, 단명 등을 초래하여 익사했다.

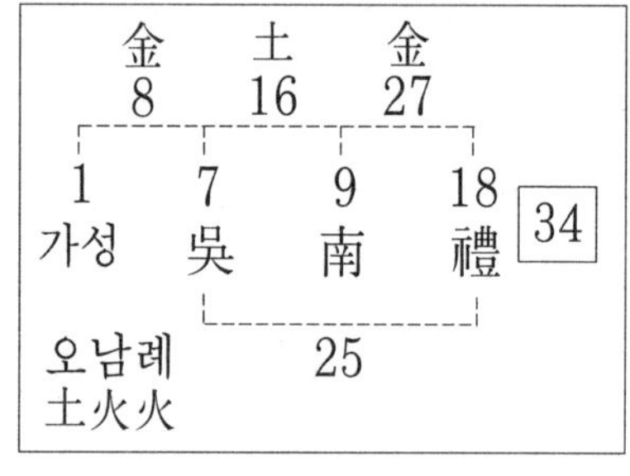

■ 음령오행(音靈五行) 목화금 (木火金)은 기초가 불안하고 가정불화, 심신피로, 호흡기, 대장, 뇌질환 등이 생긴다. 「南」자가 불길하고, 역괘(易卦)가 천풍구로 흉하므로 피살당했다.

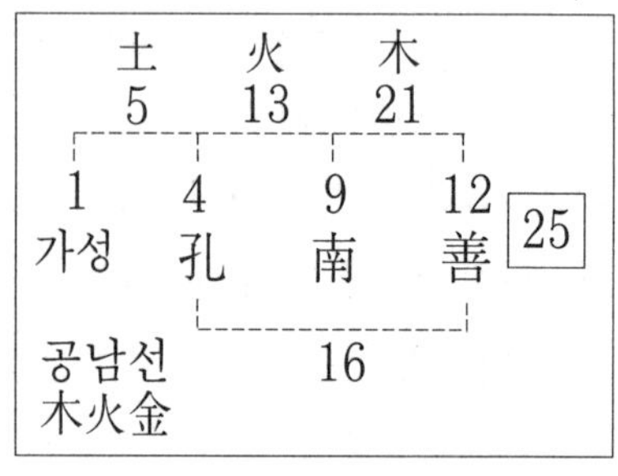

■ 음령오행(音靈五行) 목토화
(木土火)는 호기심과 불평불만
이 많고, 수리오행(數理五行) 수
목수(水木水)는 자칫하면 방종
에 빠져 실패하므로 파란이 많
고 단명하는 수가 있다. 지격(地

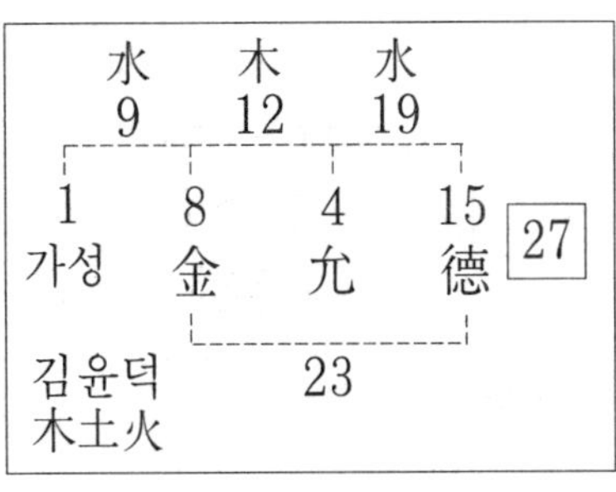

格) 19수는 형화, 조난, 가족과의 이별, 불구, 폐질, 단명 등의 흉
조가 있고, 인격(人格) 12수는 부부이별, 병액, 역경, 형액, 변사
등의 흉수이고, 총격(總格) 27수는 중도좌절, 실패, 조난, 형액,
불구, 단명 등이 따르는 수리다. 「德」자가 불길하여 압사했다.

■ 음령오행(音靈五行) 수토화
(水土火)는 단명하는 수리요, 수
리오행(數理五行) 금목금(金木
金)은 파란이 중중하고 뇌진탕,
골절, 발광 등의 흉조가 있다.
지격(地格) 28수는 조난, 형액,

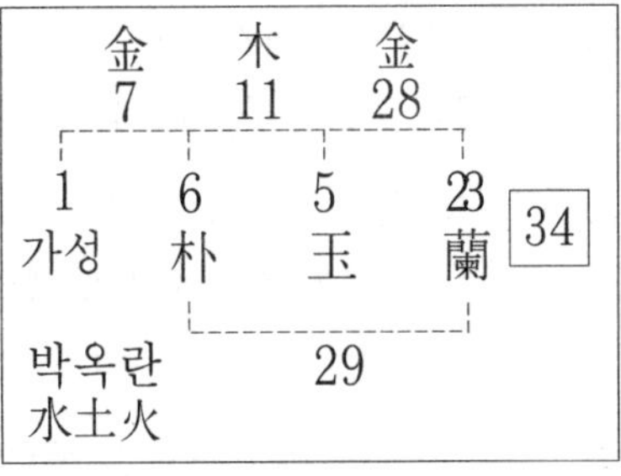

불구, 변사 등의 흉운을 초래하고, 총격(總格) 34수는 불의의 재해
가 생기고 비애, 비참, 비통 등이 발생하며 형화, 업화, 광증, 패
가망신을 초래하는 대흉수다. 「玉」자와 「蘭」자가 불길하여 교통사
고로 사망했다.

■ 수리오행(數理五行) 목화수(木火水)는 급변, 횡액 등 불의의 사
고로 생명과 재산을 잃는다. 지격(地格) 30수는 부침, 불측, 불안

한 운이요, 총격(總格) 40수는 병난, 유혈, 재난을 초래하는 흉수다. 「蘭」자가 불길하여 추락사를 했고, 성명(姓名)이 고난균이니 고난을 당한 것이다.

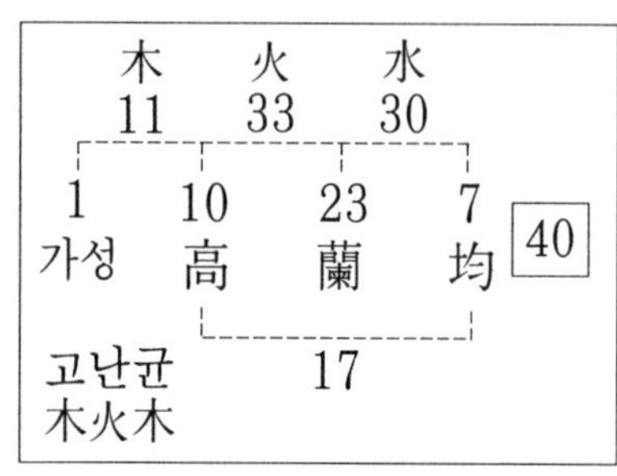

■ 음령오행(音靈五行) 화금화(火金火)는 불안한 운세로 고독, 뇌질환, 호흡기질환, 발광, 자살, 변의 등의 흉액이 있고, 수리오행(數理五行) 금토화(金土火)는 뜻밖의 장애가 생겨 실패

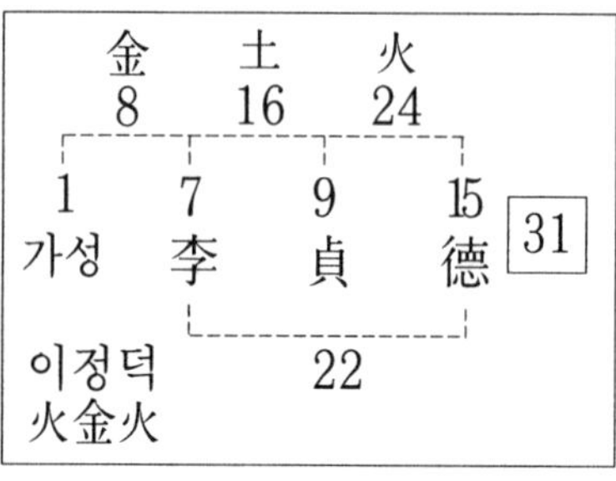

하며, 질병, 뇌일혈, 변사 등의 흉조가 있다. 이격(利格) 22수는 중도좌절, 실패, 형액, 조난, 가정망실, 단명 등의 흉수다. 「貞」자와 「德」자가 불길하여 피살당했다.

■ 음령오행(音靈五行) 토목화(土木火)는 곤고와 번민이 있고, 수리오행(數理五行) 화화토(火火土)는 인내력 부족으로 실패하며 단명할 우려가 있다. 지격(地格) 26수는 조난, 형액, 변

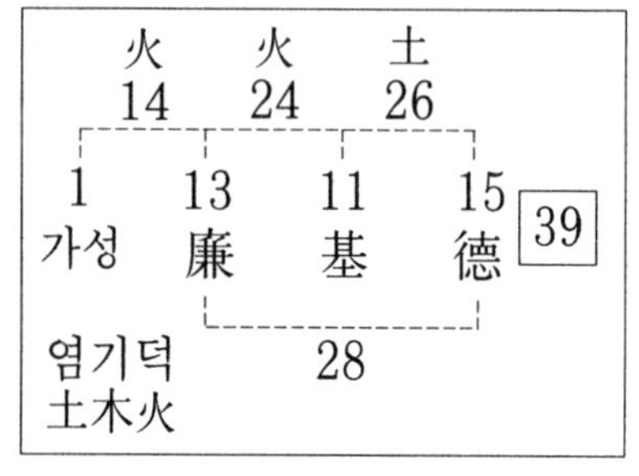

사, 재해가 우려되고, 이격(利格) 28수는 조난, 가정파탄, 이별, 형액, 불구, 변사의 흉조가 있다. 「德」자가 불길하여 피살되었다.

■ 수리오행(數理五行) 수목금 (水木金)은 심신과로, 병난, 폐병, 조난 등을 나타내고, 지격(地格) 28수는 가정파탄, 형액, 불구, 변사 등의 흉조가 있고, 총격(總格) 36수는 급변, 조난, 피살 등의 흉조가 있다. 「德」자가 불길하여 가스중독사를 당했다.

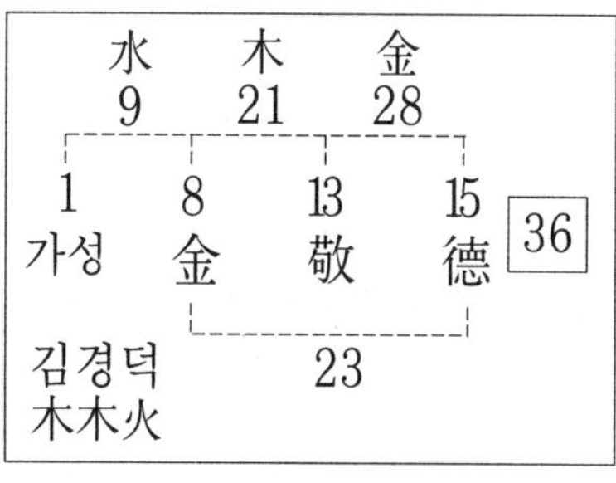

■ 음령오행(音靈五行) 금수화 (金水火)는 갑작스런 심장병과 비명횡사할 위험이 있고, 수리오행(數理五行) 목토수(木土水)는 재난, 뇌일혈, 심장마비 등의 흉조가 있다. 이격(利格) 26수는 조난, 형액, 변사, 가정불화 등이 있고, 총격(總格) 40수는 병난, 파괴, 유혈, 형벌, 재난 등의 흉조가 있다. 「福」자와 「德」자가 불길하여 불에 타죽었다.

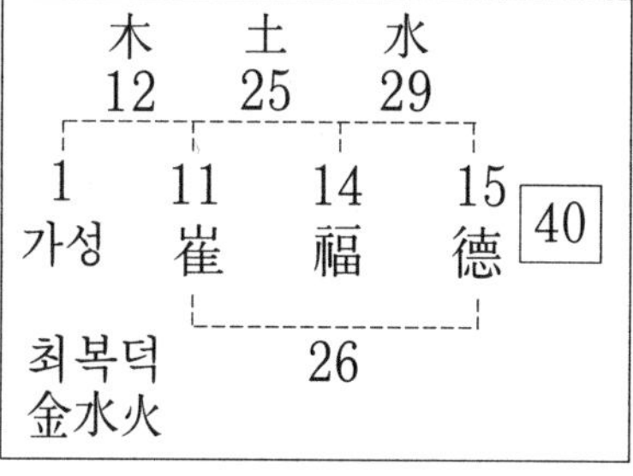

■ 음령오행(音靈五行) 화수토 (火水土)는 번뇌, 횡액, 위장병, 심장병, 신장병, 변사, 단명 등의 흉액이 있다. 「明」자가 불길하여 불에 타죽었다.

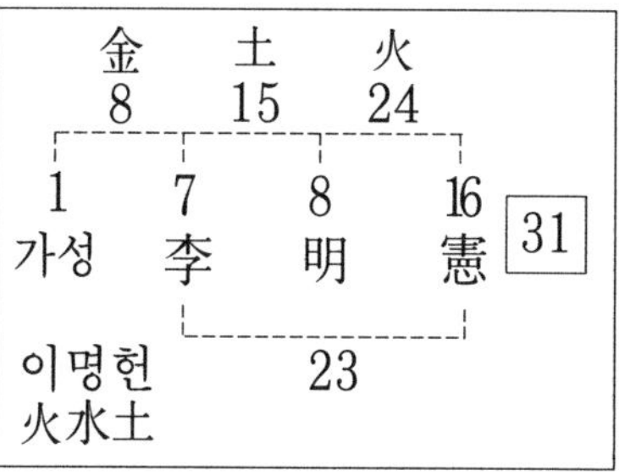

■ 음령오행(音靈五行) 수토수 (水土水)는 장애, 재화, 조난, 변사, 급병, 급사 등의 흉조가 있고, 수리오행(數理五行) 화금화(火金火)는 일생이 불안하고 뇌질환, 호흡기질환, 발광, 변사 등의 우려가 있다. 이격(利格) 20수는 심신허약, 형액, 변사, 단명에 이르는 흉수이며 「玉」자와 「明」자가 불길하여 피살되었다.

	火	金	火	
	13	17	13	
	1	12	5	8	25
가성	閔	玉	明	
민옥명 水土水		20		

다음은 여러가지의 불운했던 상황들을 예로 든 것이니 참고하기 바란다.

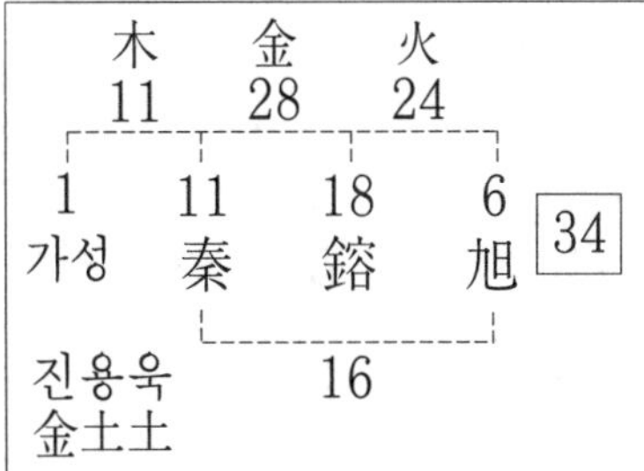
·발 광
木   金   火
11   28   24
1   11   18   6   34
가성   秦   鎔   旭
진용욱   16
金土土

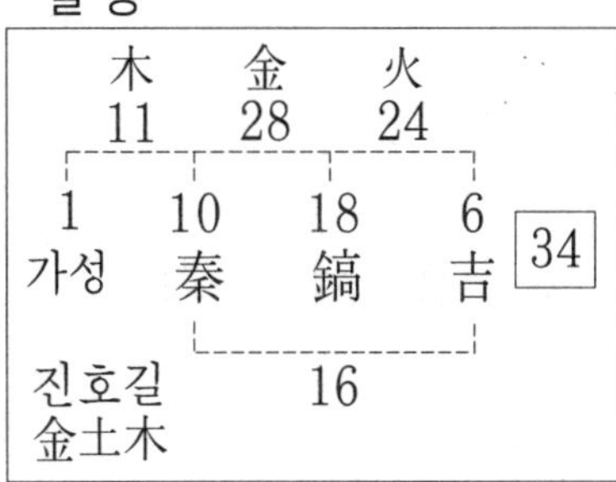
·발 광
木   金   火
11   28   24
1   10   18   6   34
가성   秦   鎬   吉
진호길   16
金土木

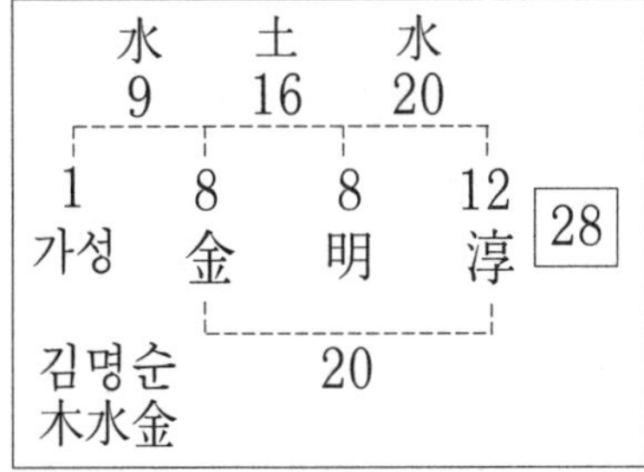
·발 광
水   土   水
9   16   20
1   8   8   12   28
가성   金   明   淳
김명순   20
木水金

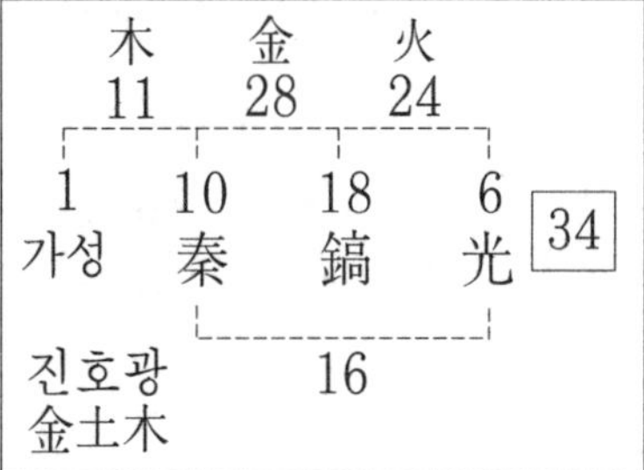
·발 광
木   金   火
11   28   24
1   10   18   6   34
가성   秦   鎬   光
진호광   16
金土木

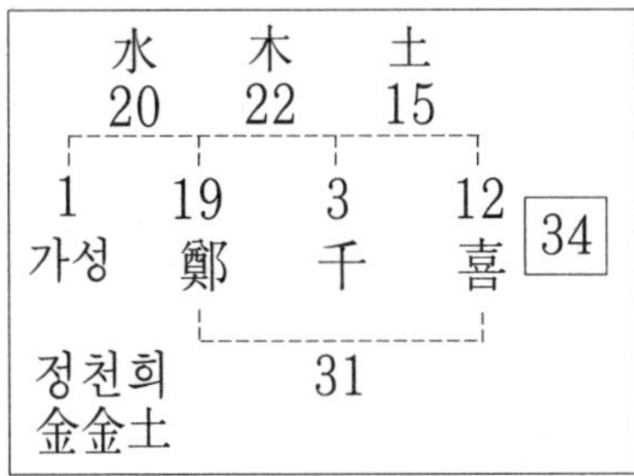
·발 광
水   木   土
20   22   15
1   19   3   12   34
가성   鄭   千   喜
정천희   31
金金土

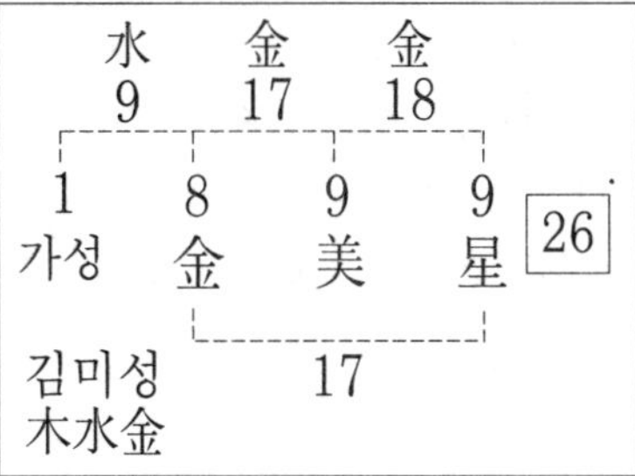
·피 살
水   金   金
9   17   18
1   8   9   9   26
가성   金   美   星
김미성   17
木水金

· 피 살

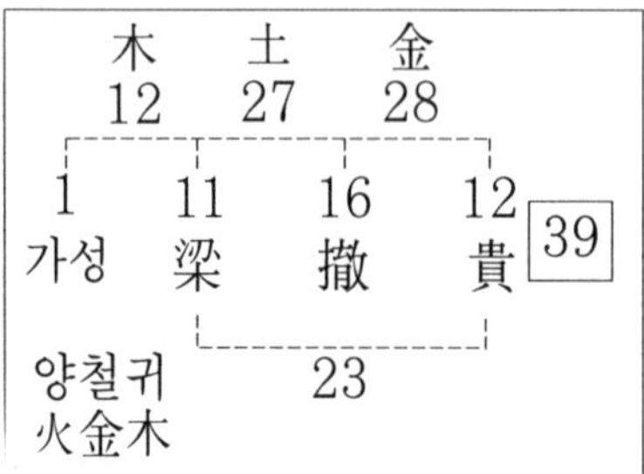

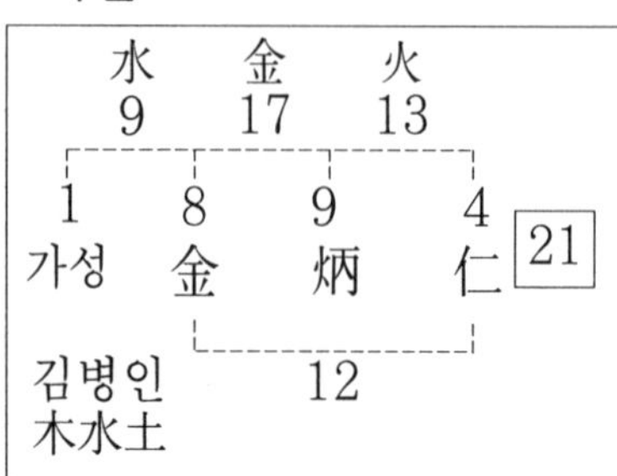

· 피 살

· 피 살

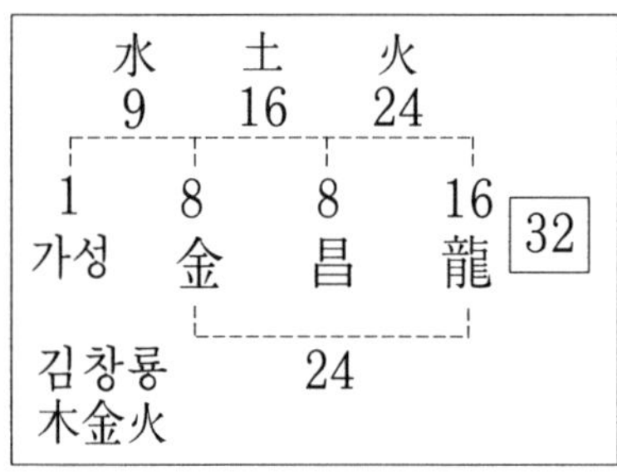

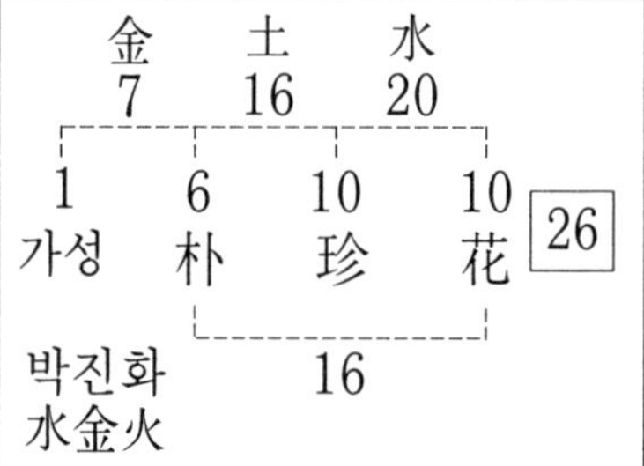

· 피 살

· 피 살

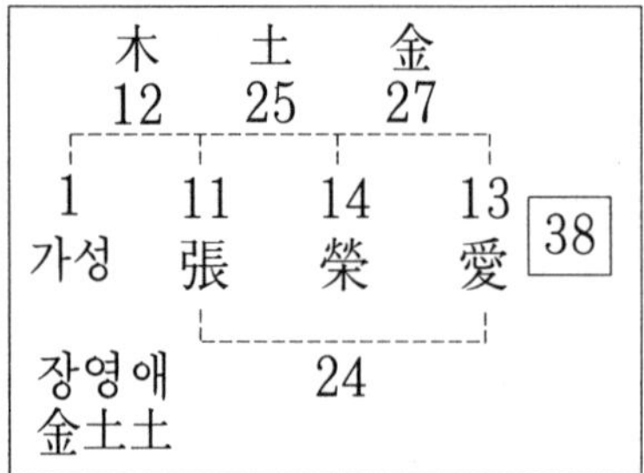

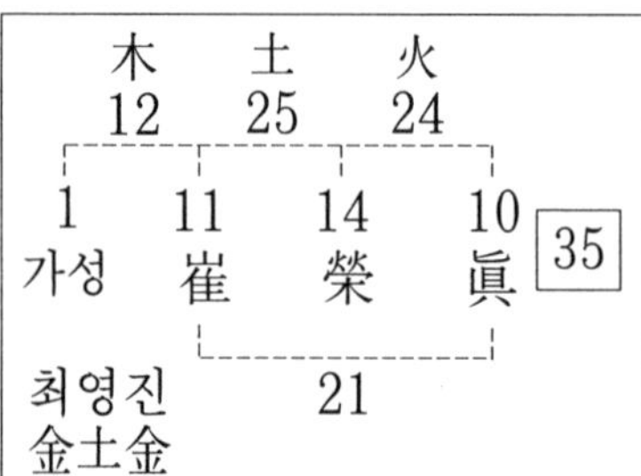

· 피 살

· 피 살

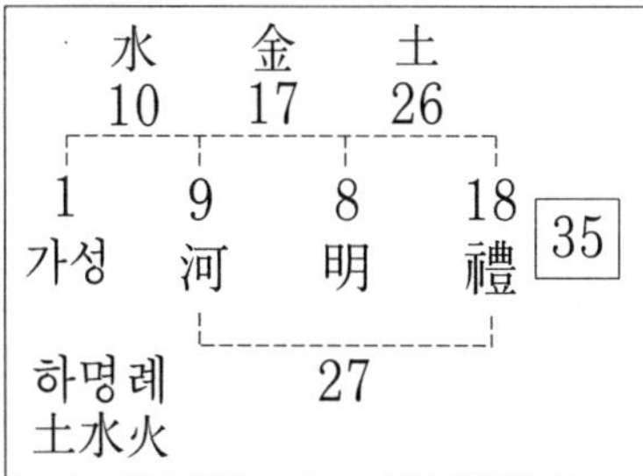

· 피 살

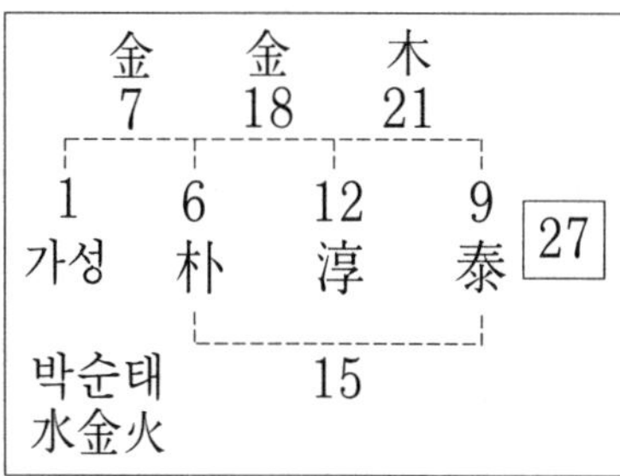

· 피 살

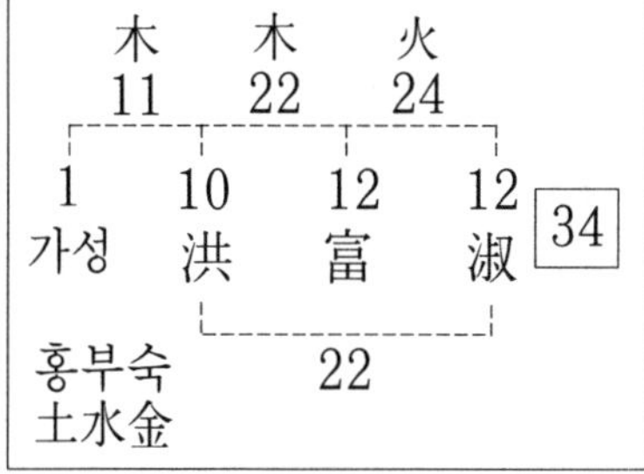

· 피 살

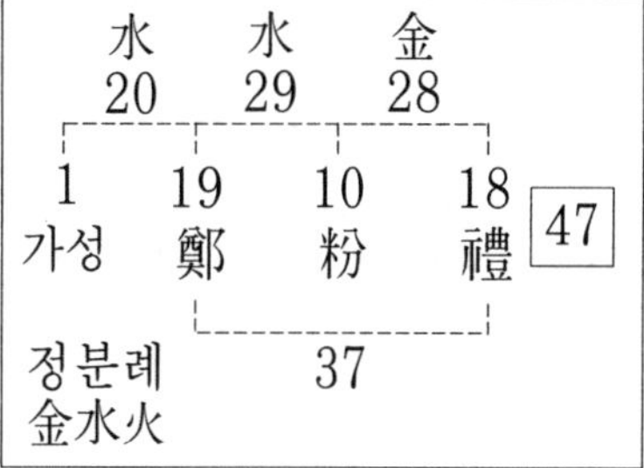

· 피 살

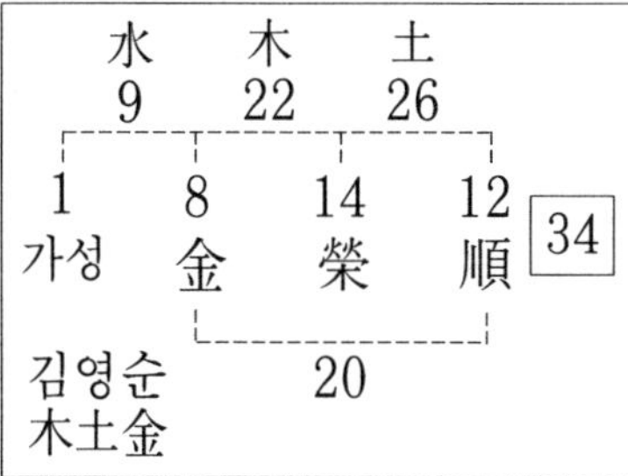

· 피 살

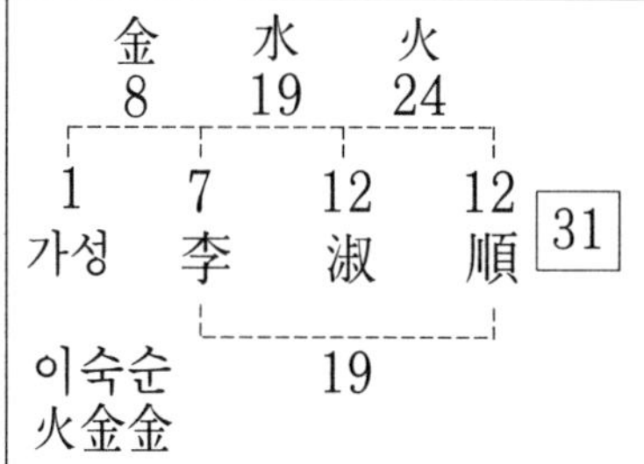

· 피 살

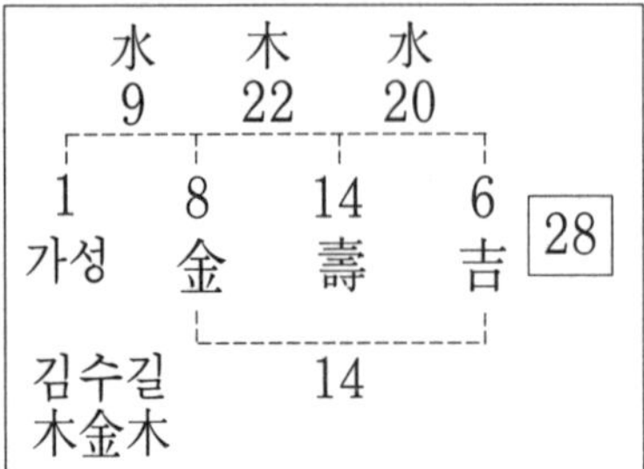

· 피 살

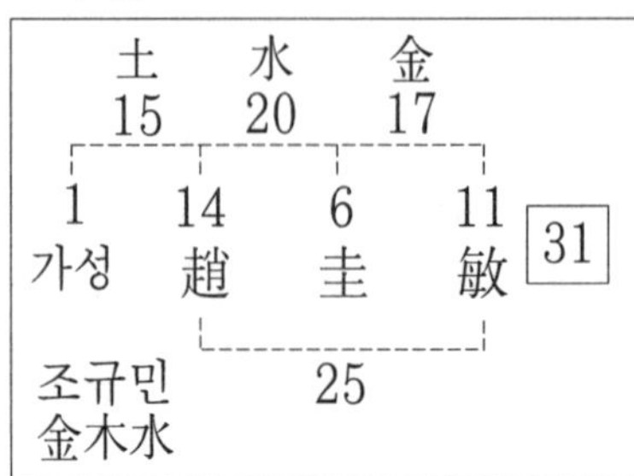

· 피 살

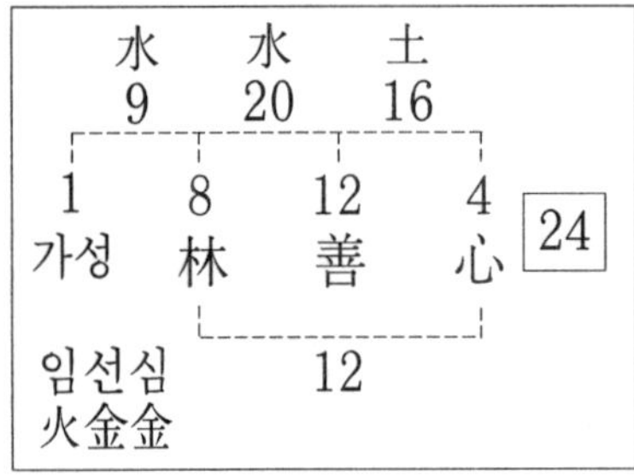

· 피 살

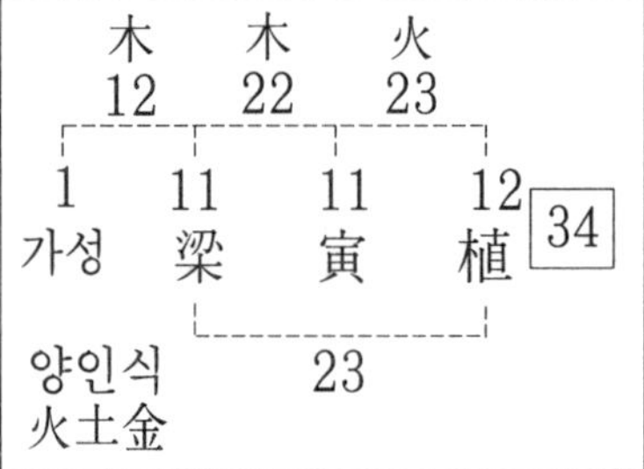

· 피 살

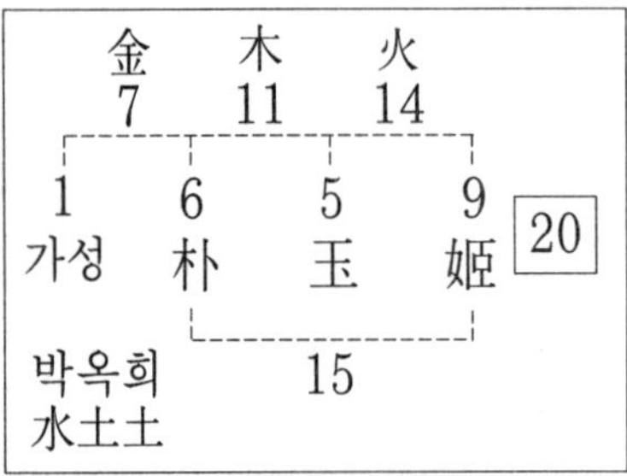

· 피 살

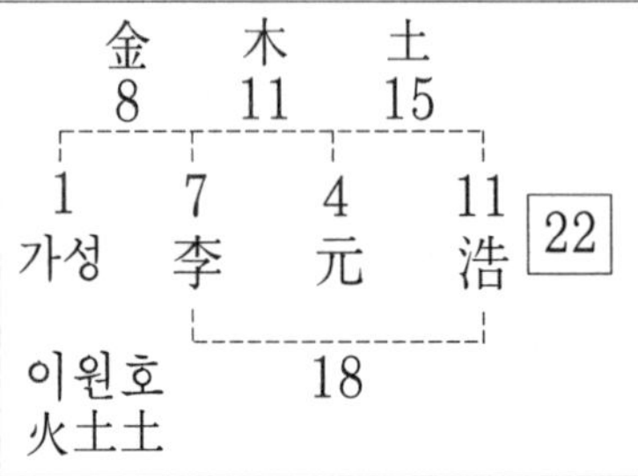

· 피 살

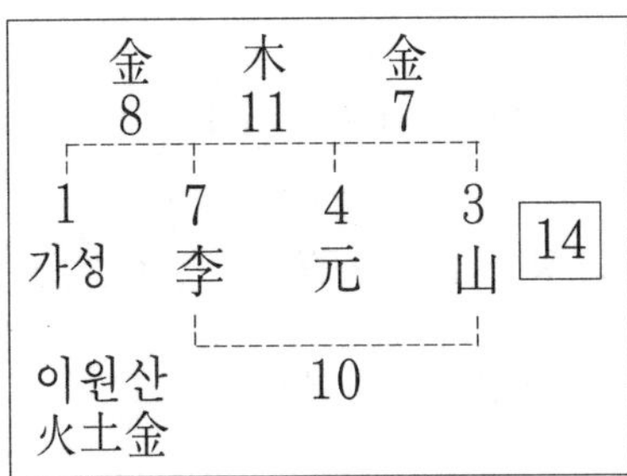
金　木　金
8　11　7
1　7　4　3
가성　李　元　山　14
이원산
10
火土金

· 피 살

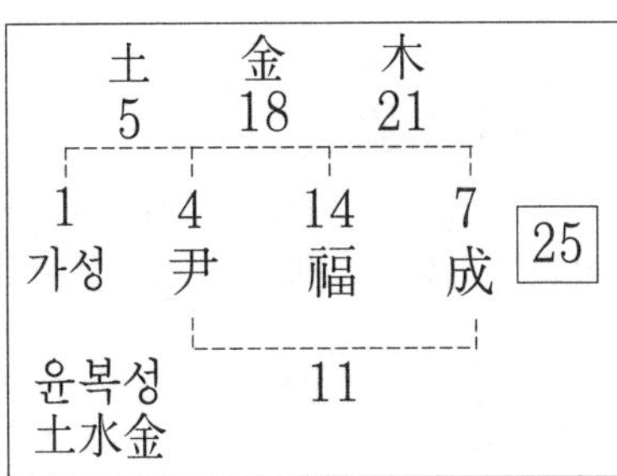
土　金　木
5　18　21
1　4　14　7
가성　尹　福　成　25
윤복성
11
土水金

· 간암으로 사망

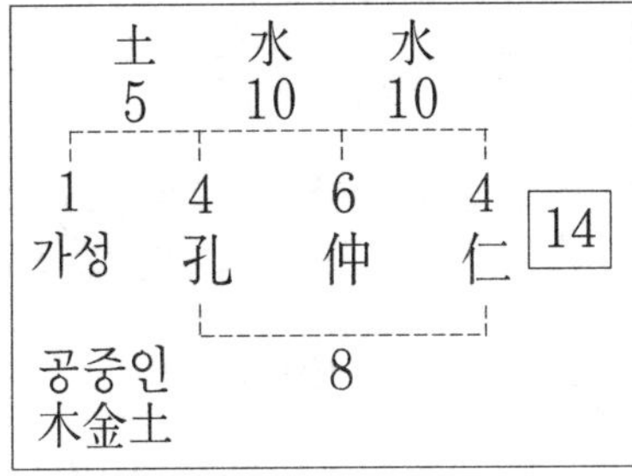
土　水　水
5　10　10
1　4　6　4
가성　孔　仲　仁　14
공중인
8
木金土

· 위암으로 사망

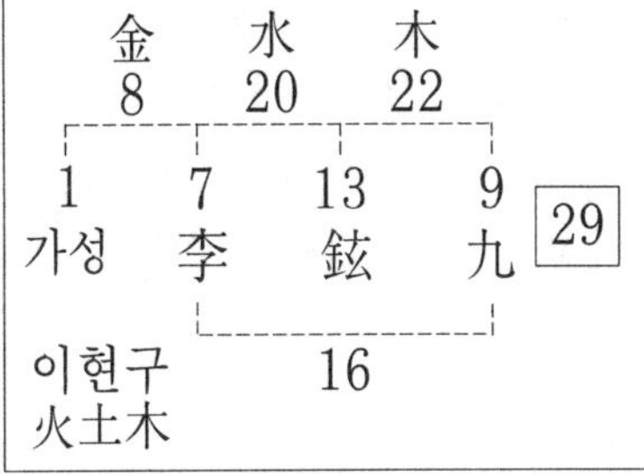
金　水　木
8　20　22
1　7　13　9
가성　李　鉉　九　29
이현구
16
火土木

· 간암으로 사망

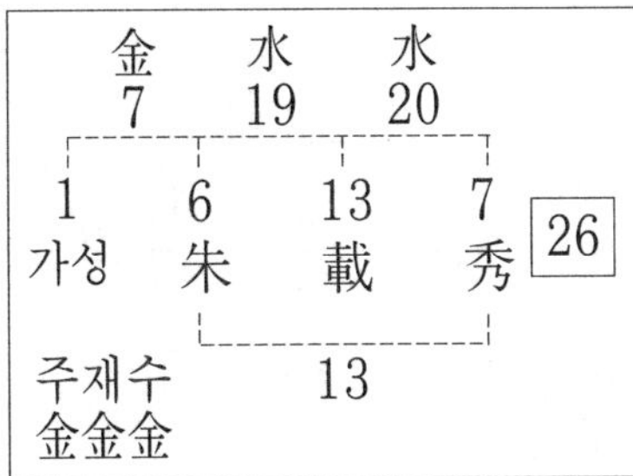
金　水　水
7　19　20
1　6　13　7
가성　朱　載　秀　26
주재수
13
金金金

· 뇌일혈로 사망

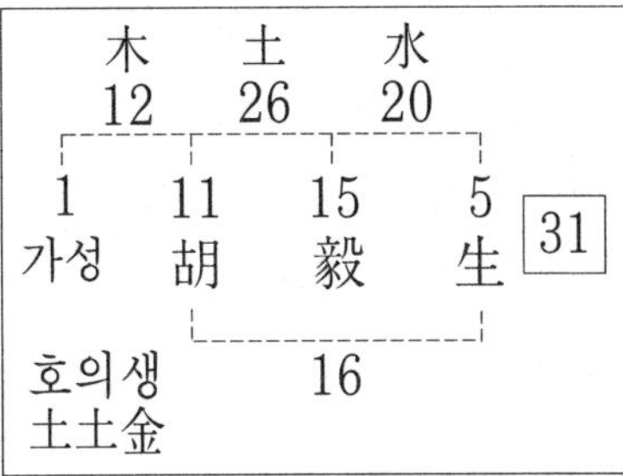
木　土　水
12　26　20
1　11　15　5
가성　胡　毅　生　31
호의생
16
土土金

· 위궤양으로 사망

· 심장병으로 사망

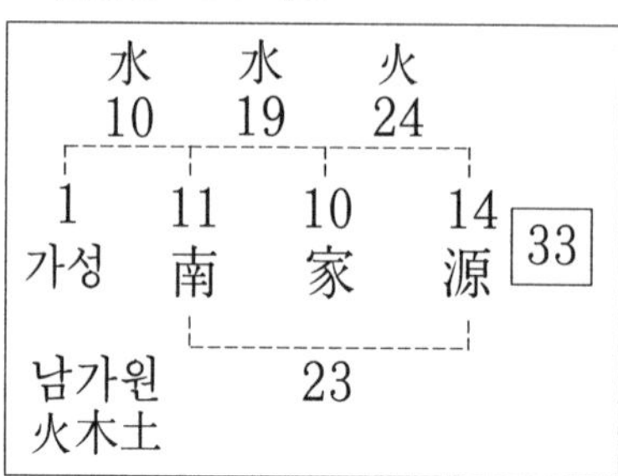

· 위장병으로 사망

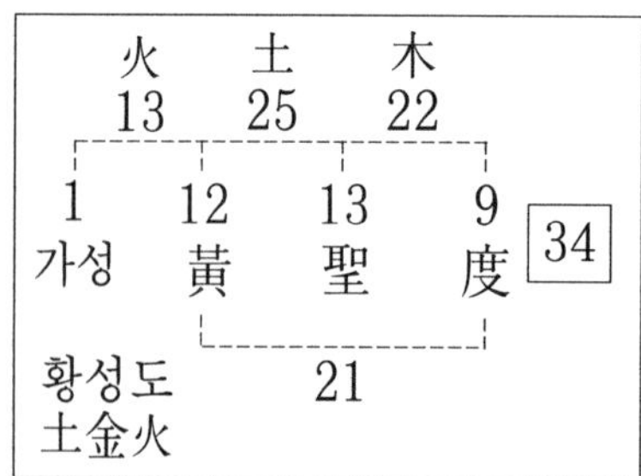

· 폐암으로 사망

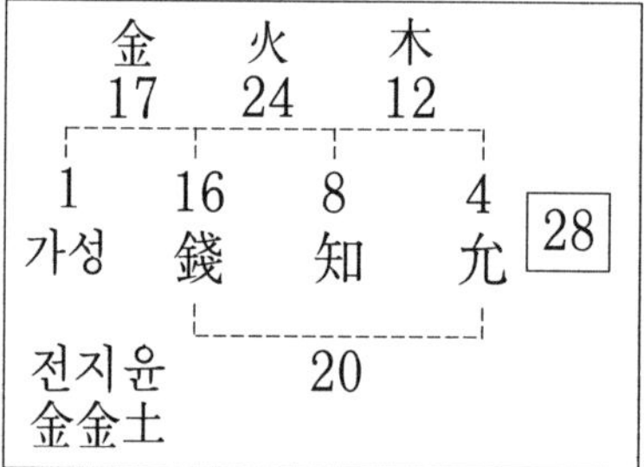

· 간질환으로 사망

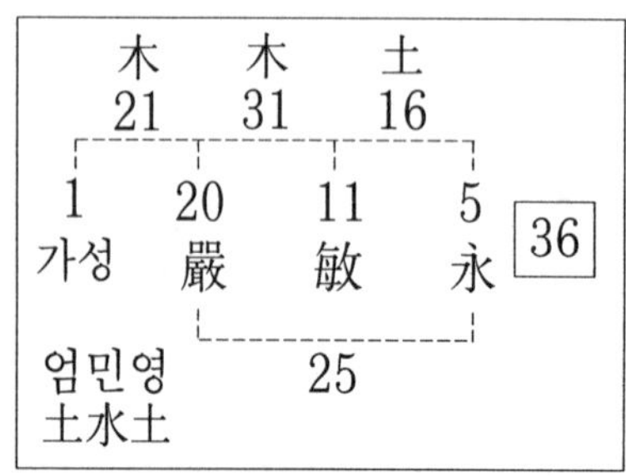

· 폐암으로 사망

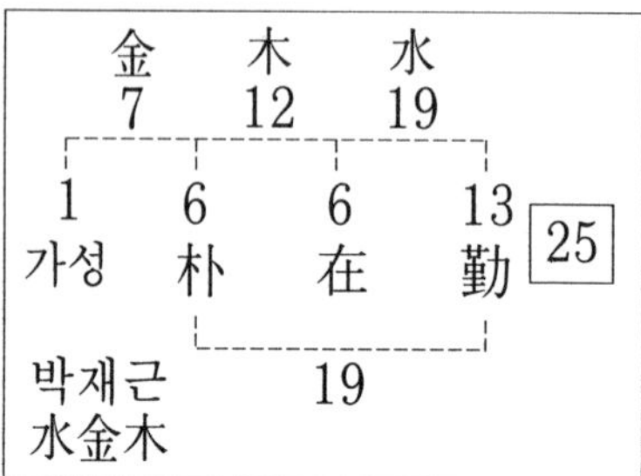

· 백혈병으로 사망

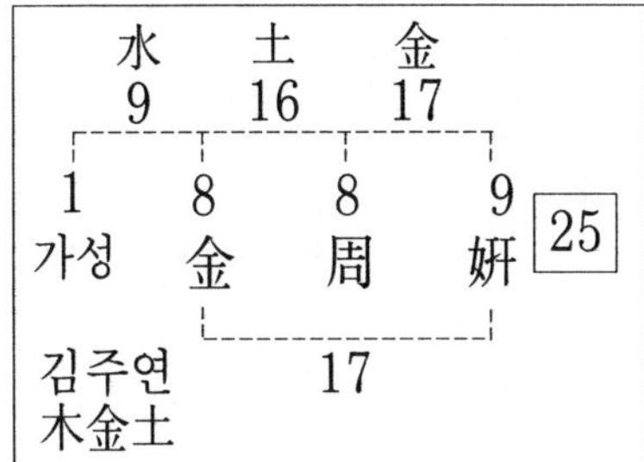

· 뇌출혈로 사망

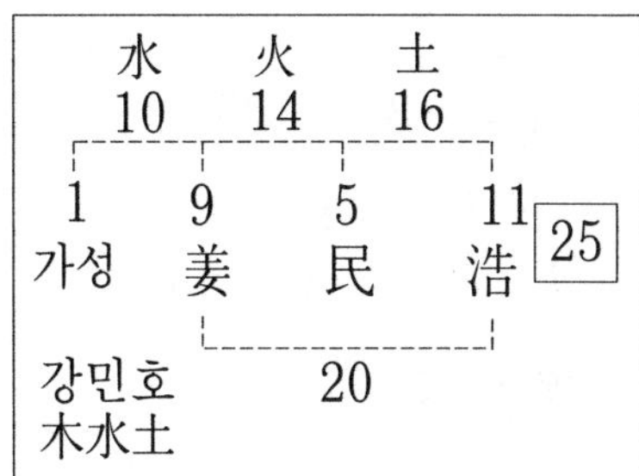

· 가스중독사

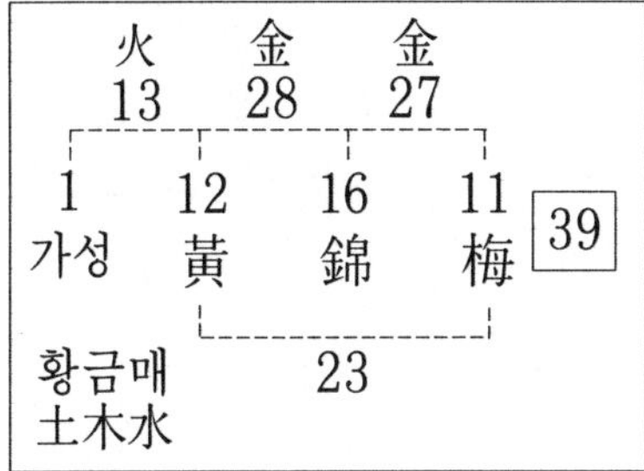

· 가스중독사

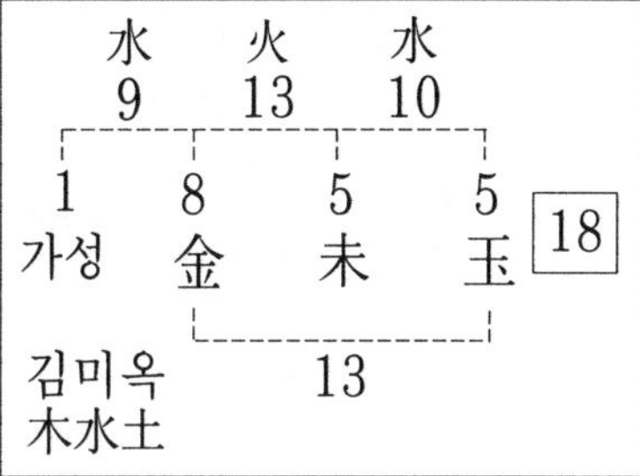

· 가스중독사

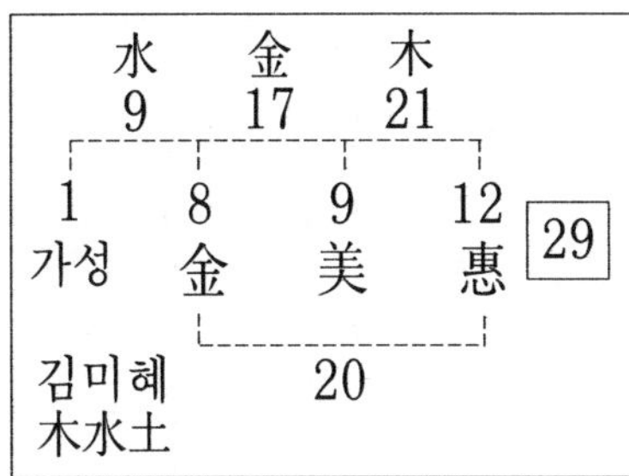

· 가스중독사

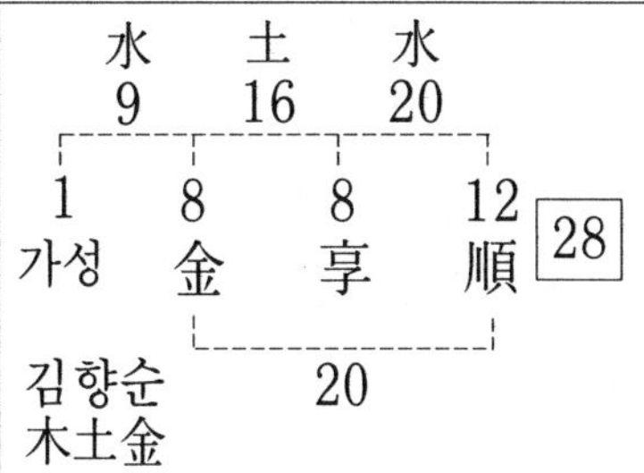

· 가스중독사

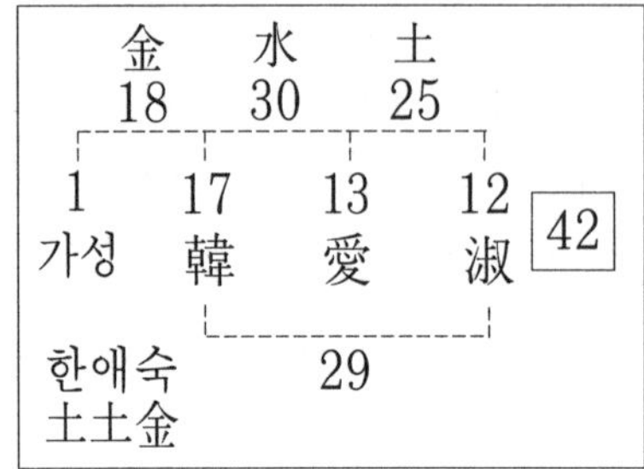

· 가스중독사

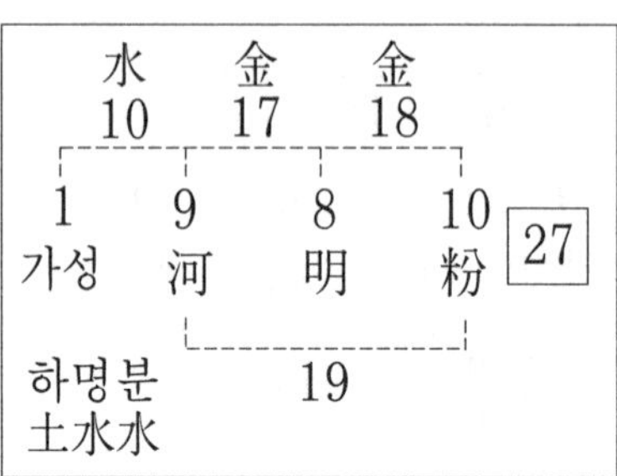

· 가스중독사

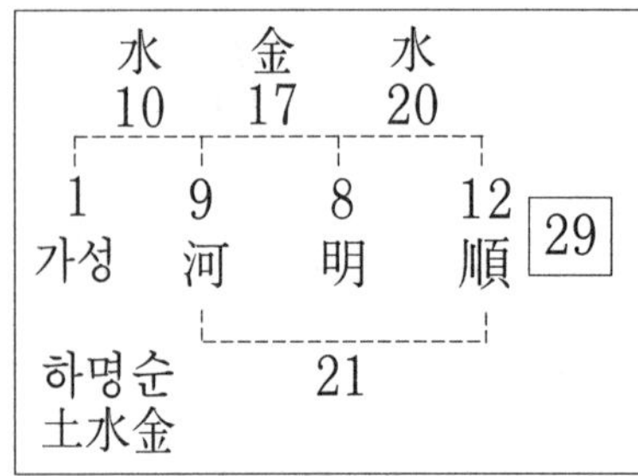

· 익 사

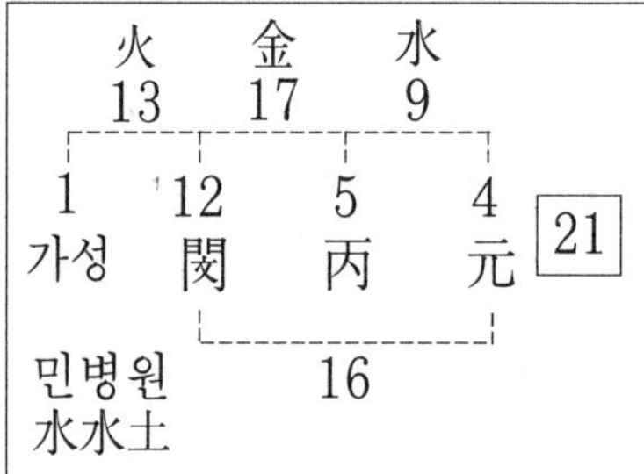

· 익 사

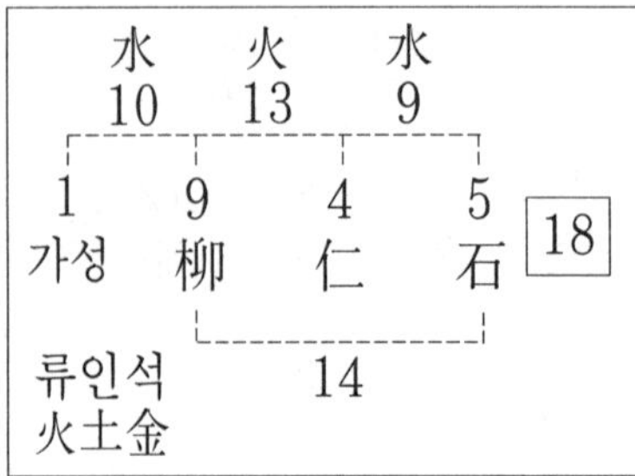

· 익 사

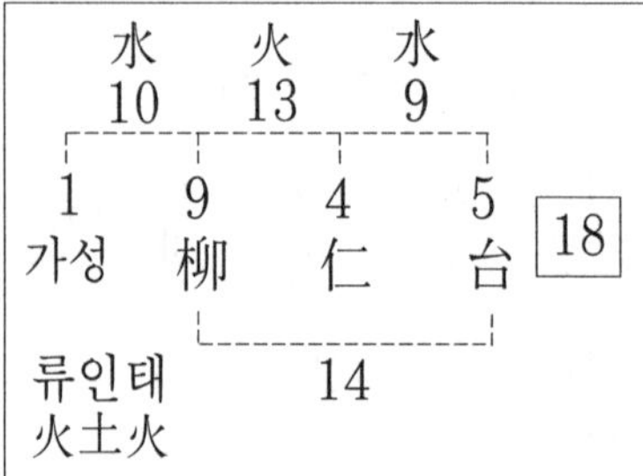

· 익 사

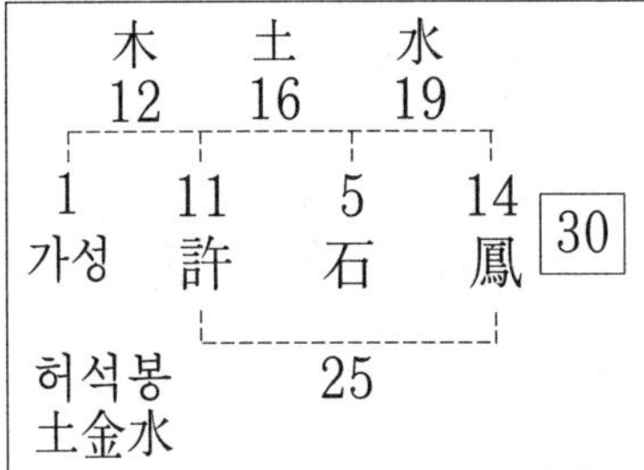

· 익 사

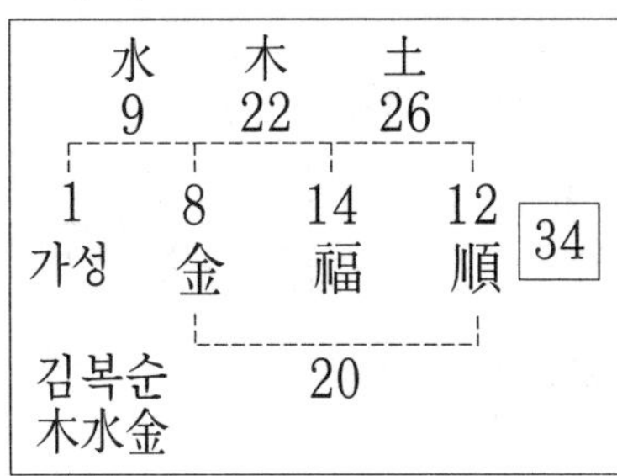

· 익 사

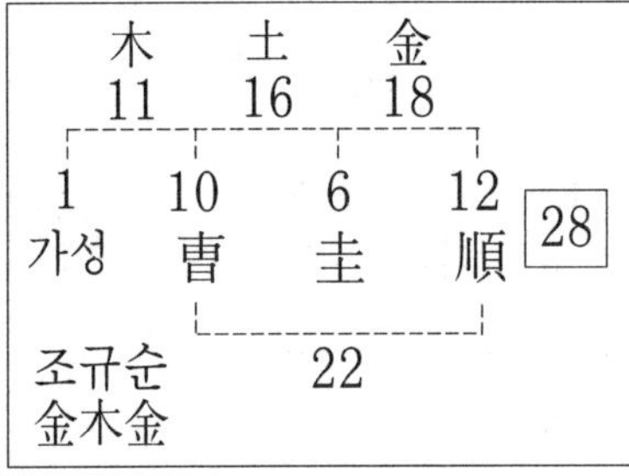

· 익 사

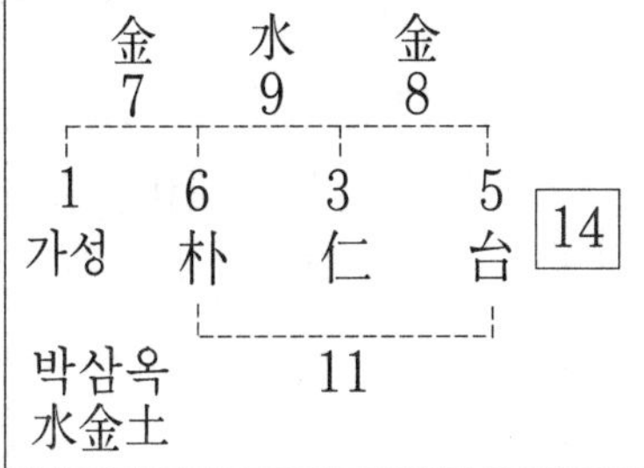

· 투신자살

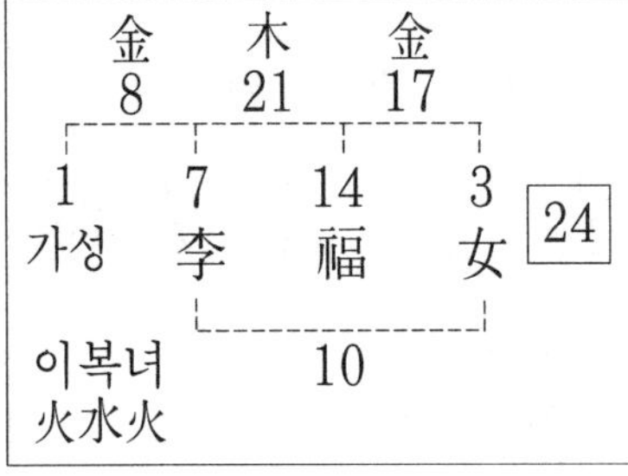

· 투신자살

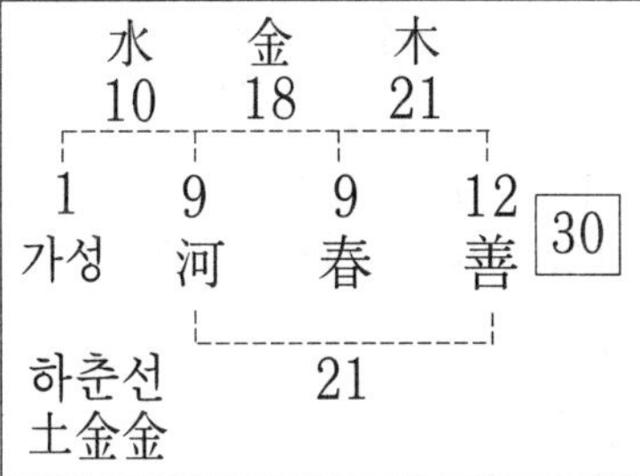

· 투신자살

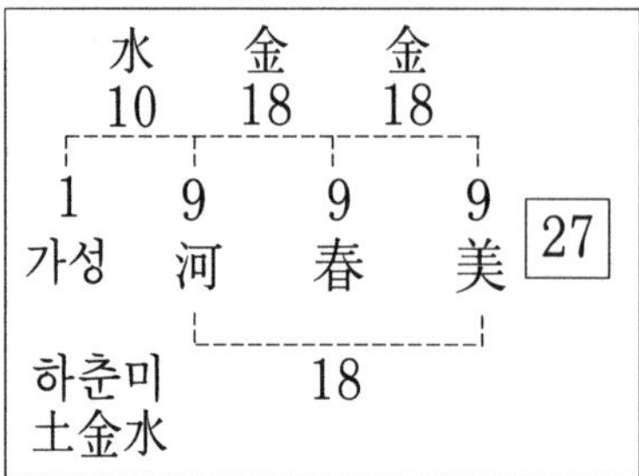
水　　金　　金
10　18　18
1　9　9　9
가성　河　春　美　27
하춘미　　　18
土金水

· 투신자살

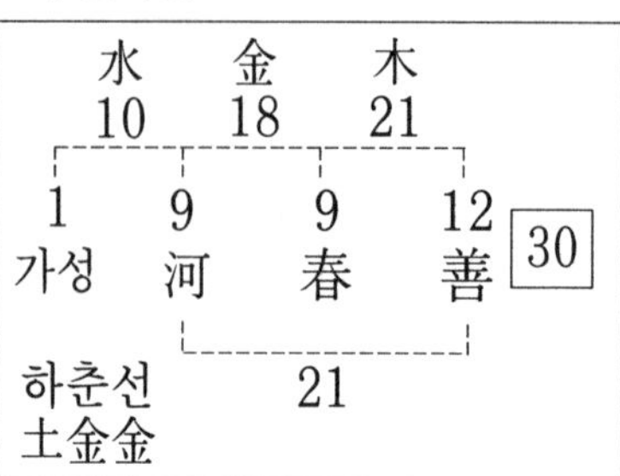
水　　金　　木
10　18　21
1　9　9　12
가성　河　春　善　30
하춘선　　　21
土金金

· 압 사

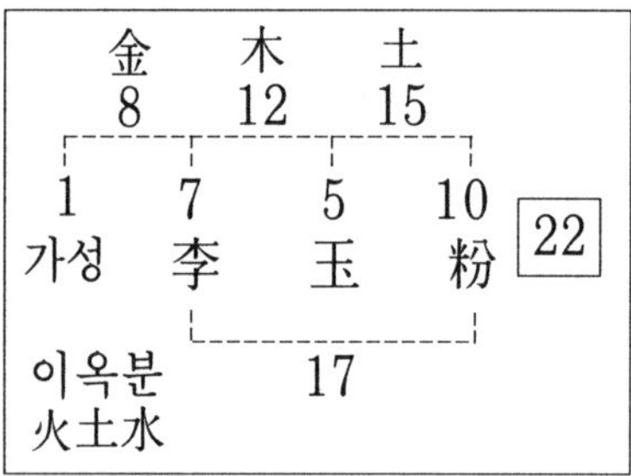
金　　木　　土
8　12　15
1　7　5　10
가성　李　玉　粉　22
이옥분　　　17
火土水

· 압 사

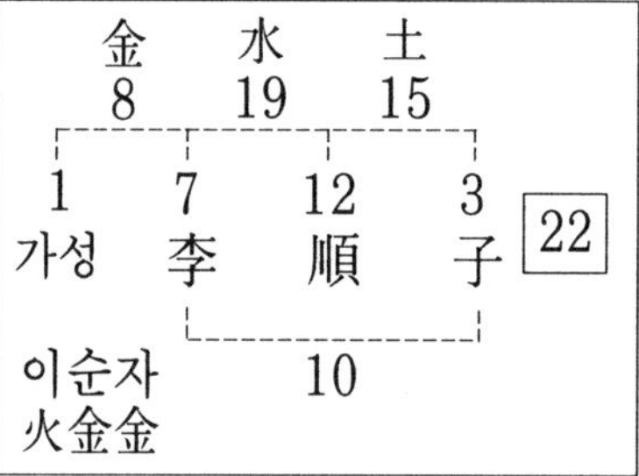
金　　水　　土
8　19　15
1　7　12　3
가성　李　順　子　22
이순자　　　10
火金金

· 압 사

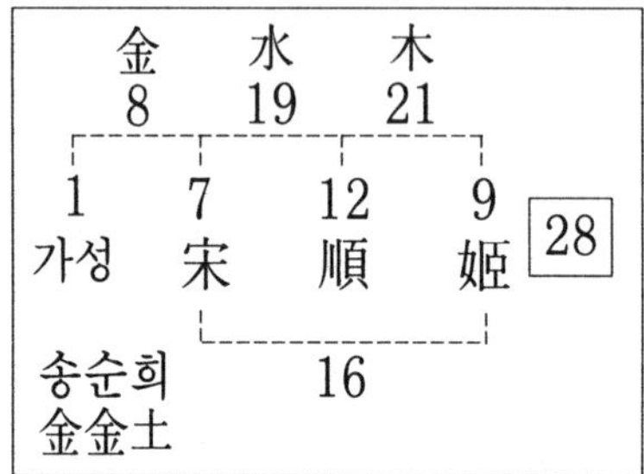
金　　水　　木
8　19　21
1　7　12　9
가성　宋　順　姫　28
송순희　　　16
金金土

· 압 사

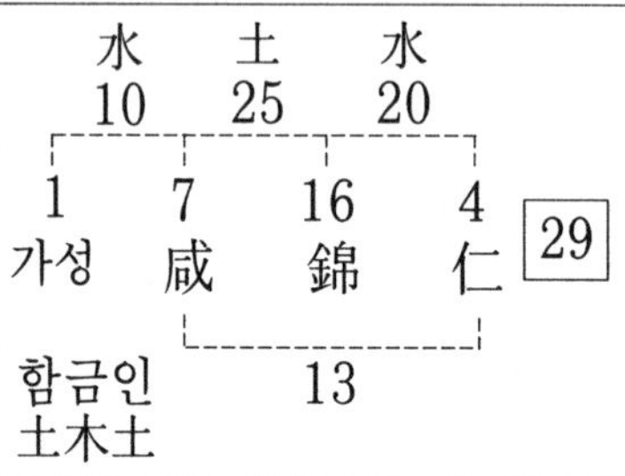
水　　土　　水
10　25　20
1　7　16　4
가성　咸　錦　仁　29
함금인　　　13
土木土

·압 사

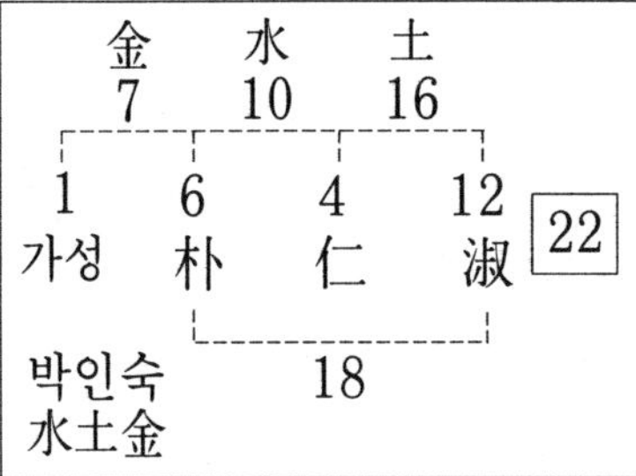

·압 사

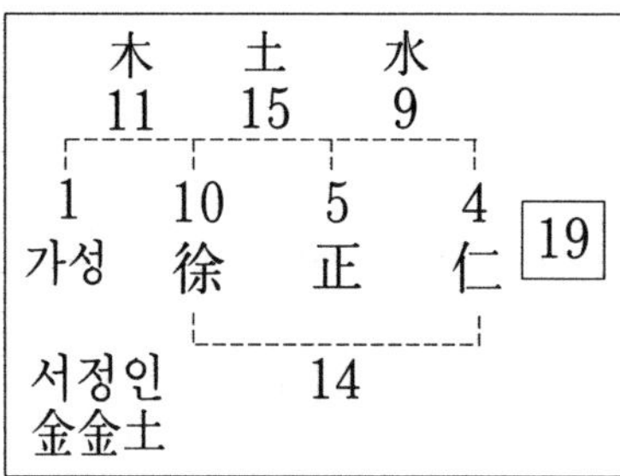

·압 사

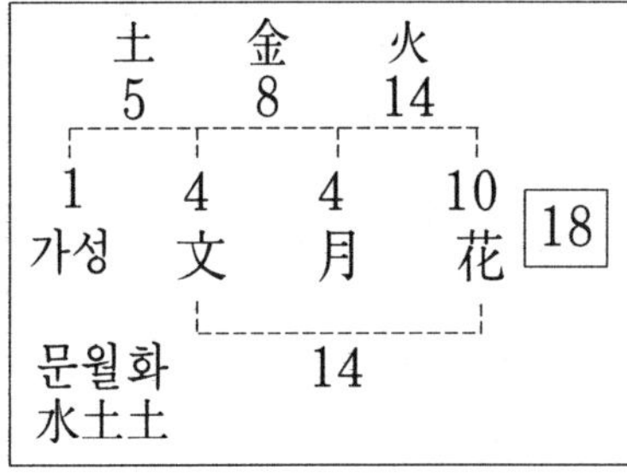

·압 사

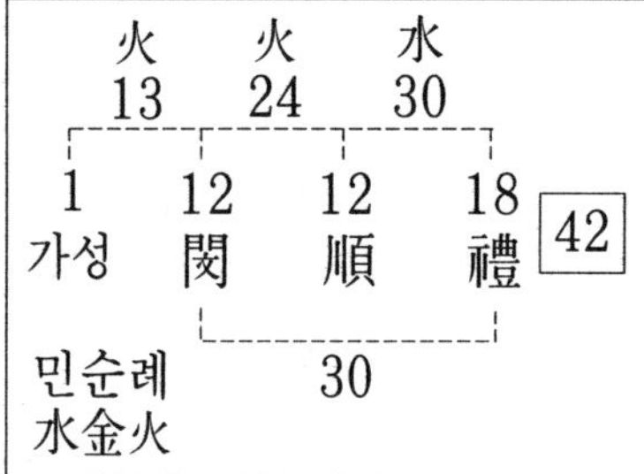

·압 사

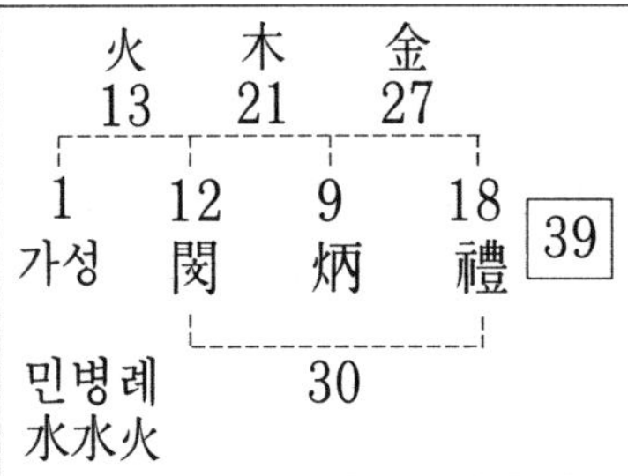

·소 사

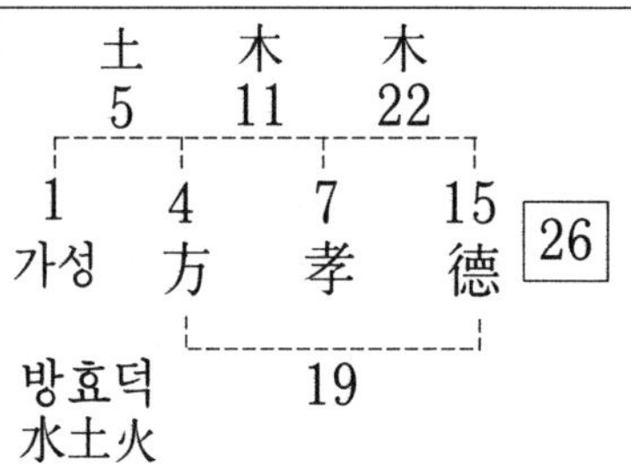

· 소 사

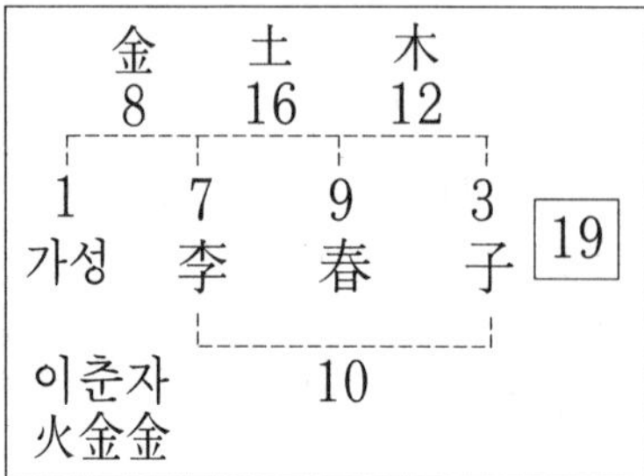

· 소 사

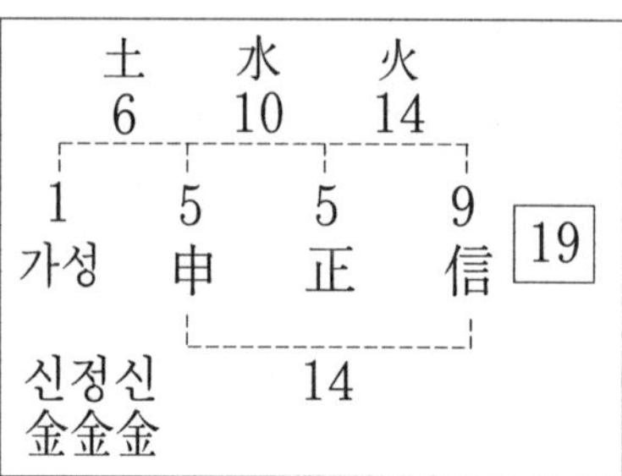

· 소 사

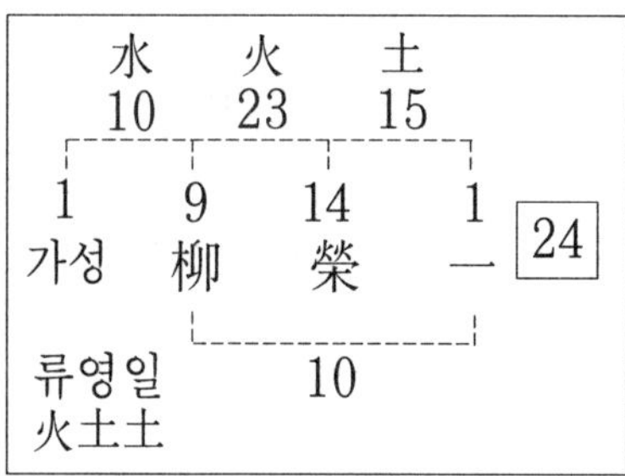

· 소 사

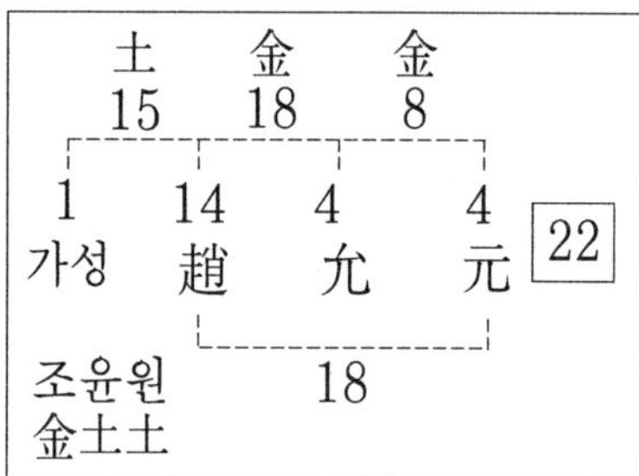

· 소 사

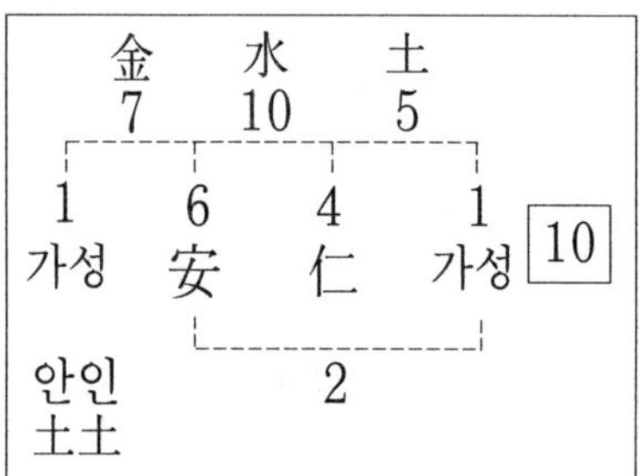

· 소 사

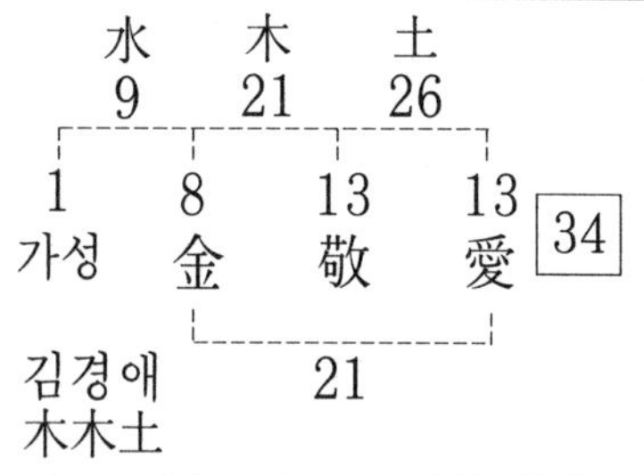

·소 사

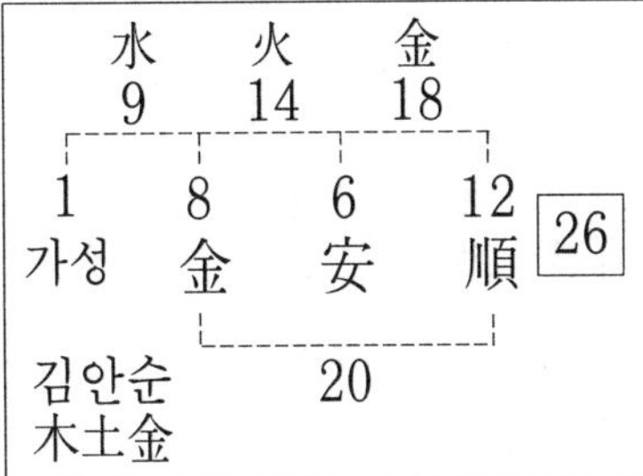

·소 사

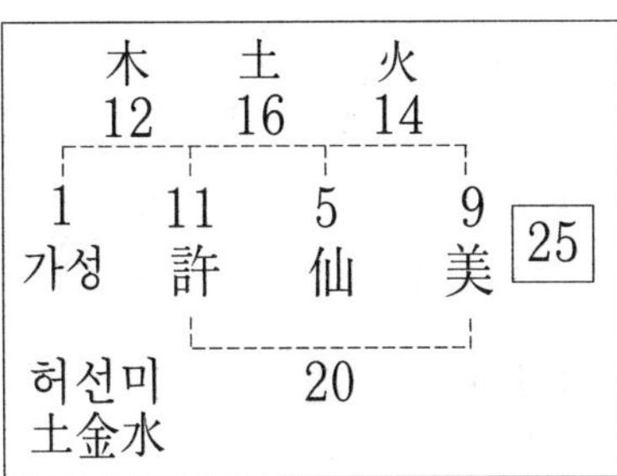

·소 사

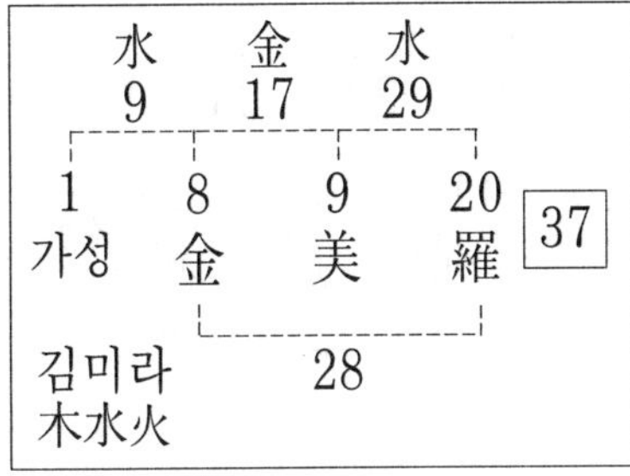

·소 사

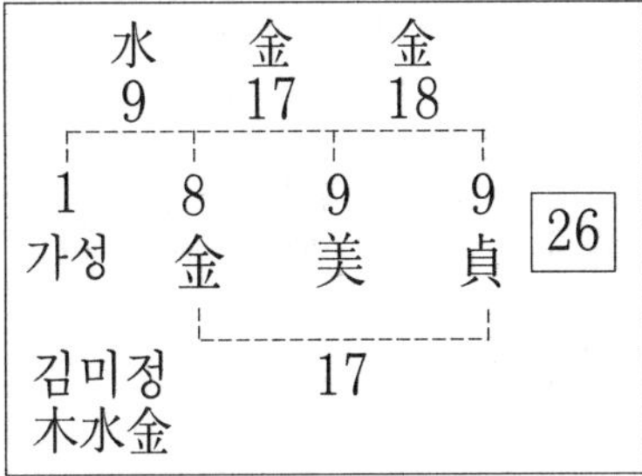

·소 사

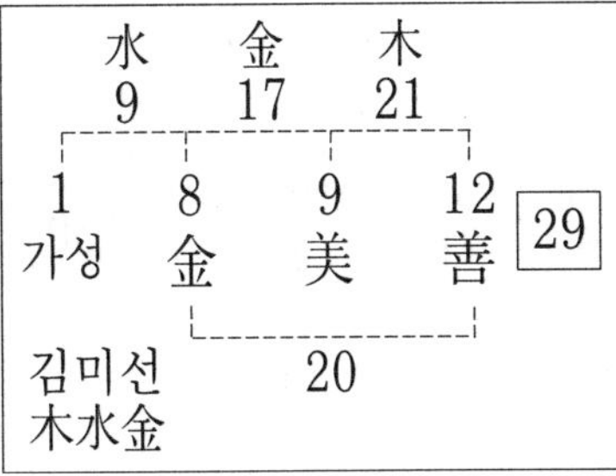

·자 살

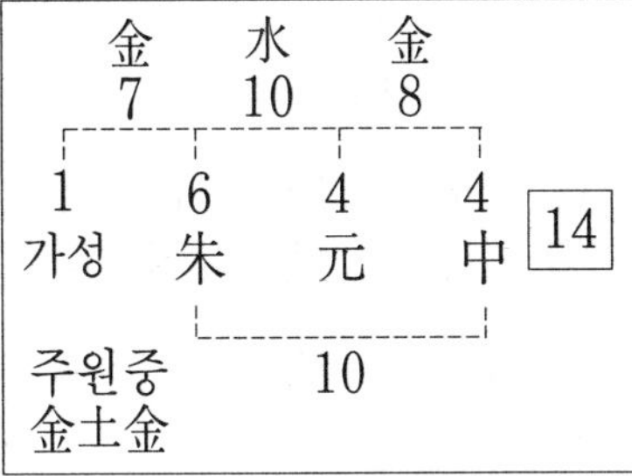

· 자 살 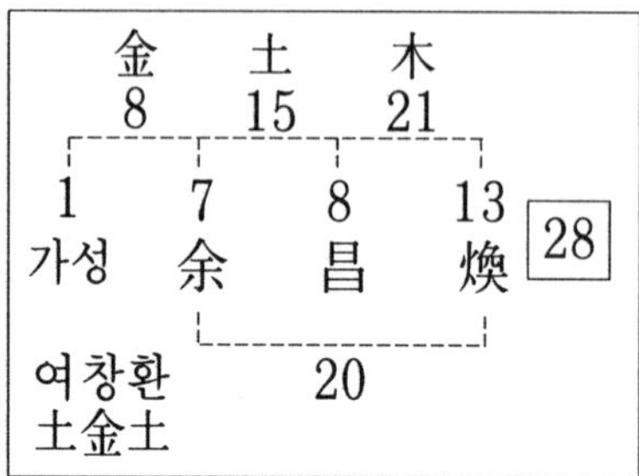

· 자 살 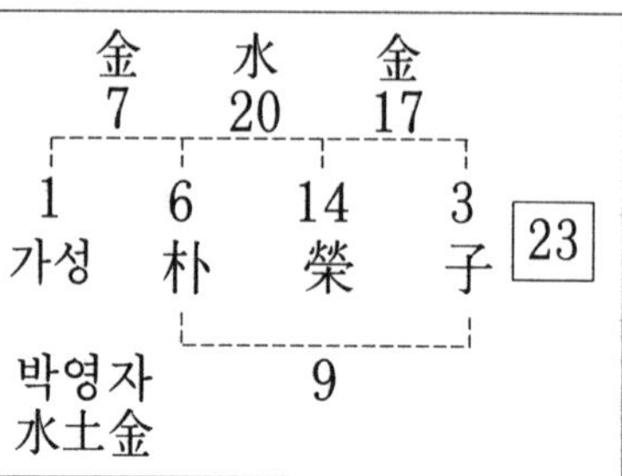

· 자 살 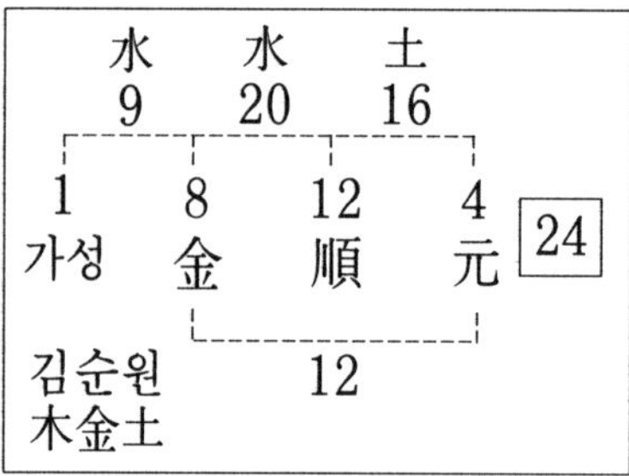

· 자 살 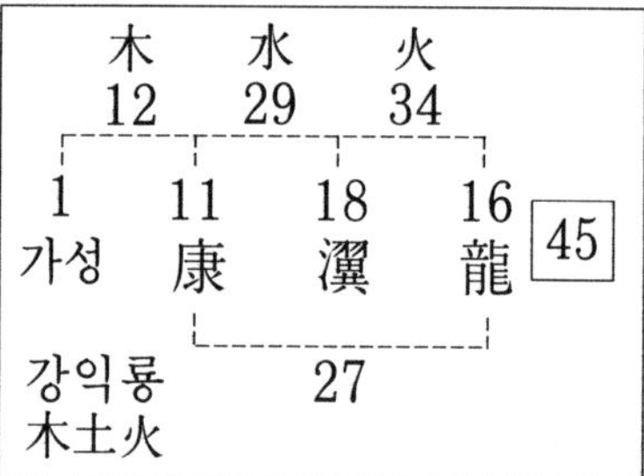

· 자 살 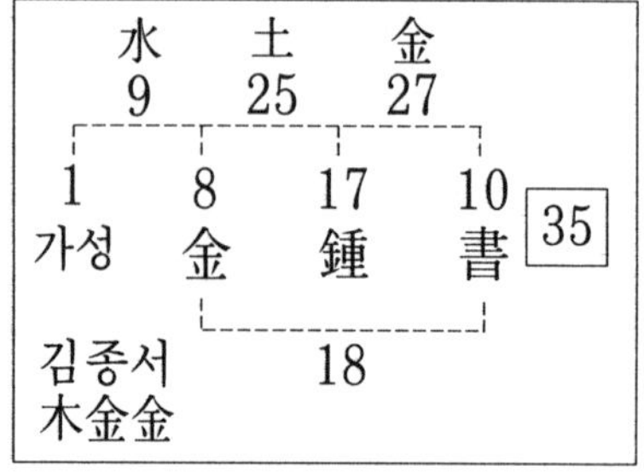

· 자 살 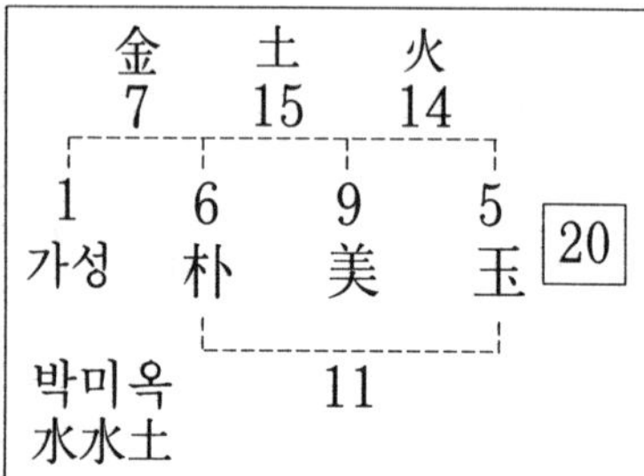

· 자 살

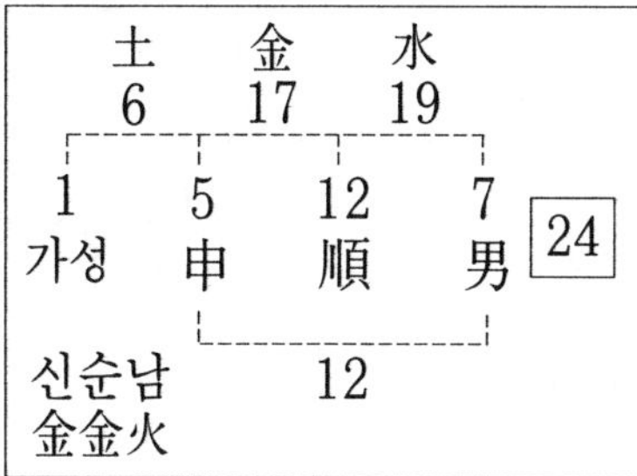
土   金   水
6   17   19
1   5   12   7   24
가성   申   順   男
신순남   12
金金火

· 자 살

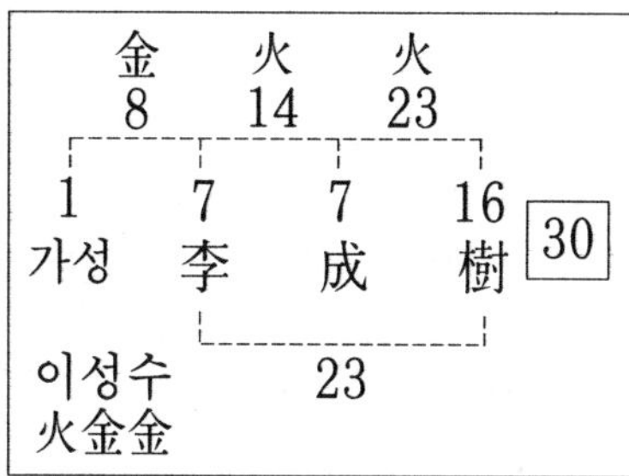
金   火   火
8   14   23
1   7   7   16   30
가성   李   成   樹
이성수   23
火金金

· 추락사

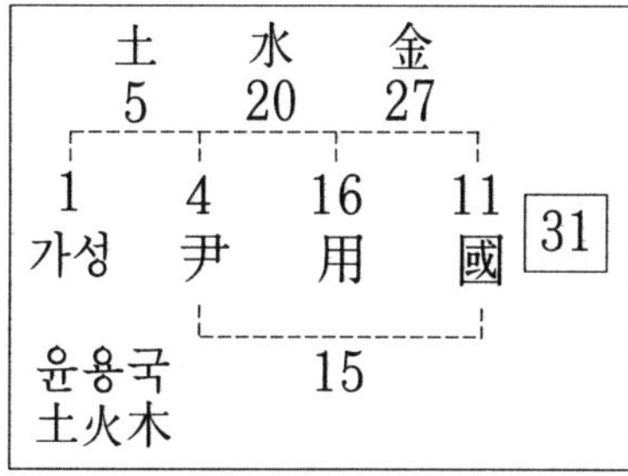
土   水   金
5   20   27
1   4   16   11   31
가성   尹   用   國
윤용국   15
土火木

· 추락사

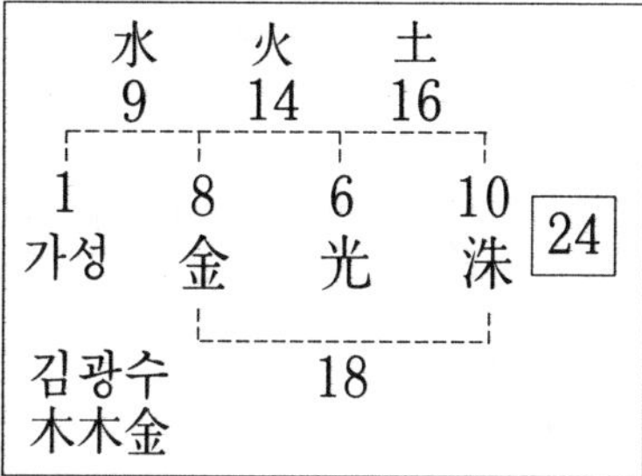
水   火   土
9   14   16
1   8   6   10   24
가성   金   光   洙
김광수   18
木木金

· 추락사

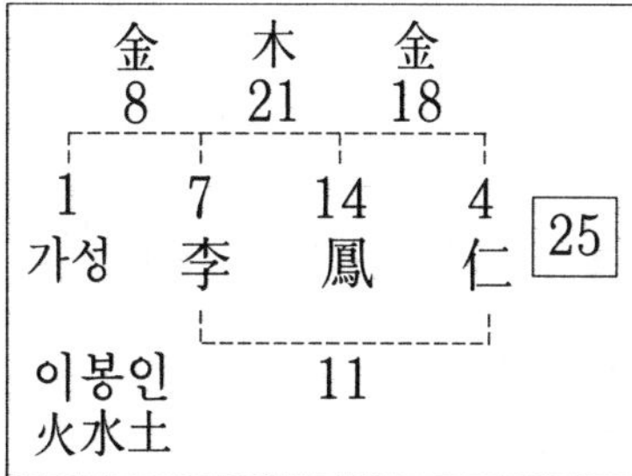
金   木   金
8   21   18
1   7   14   4   25
가성   李   鳳   仁
이봉인   11
火水土

· 추락사

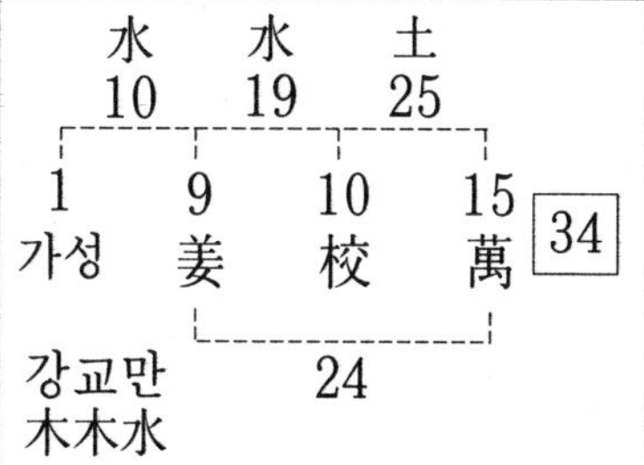
水   水   土
10   19   25
1   9   10   15   34
가성   姜   校   萬
강교만   24
木木水

· 단 명

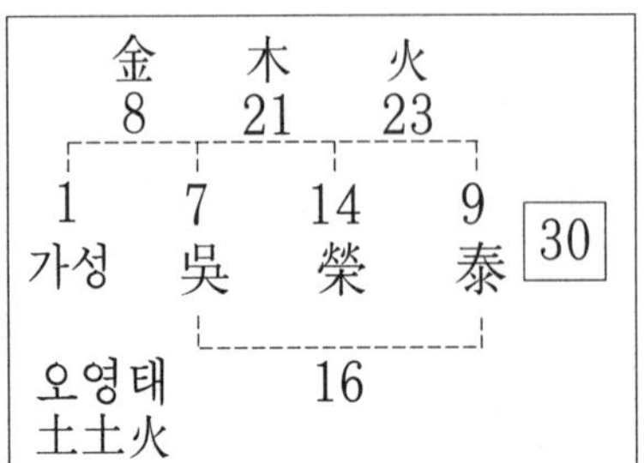

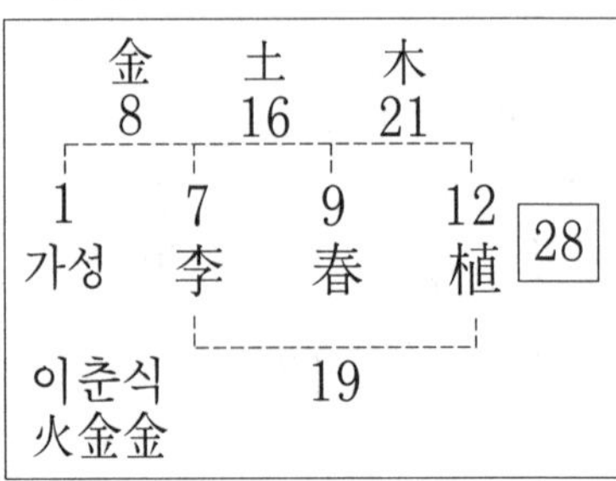

· 단 명

· 단 명

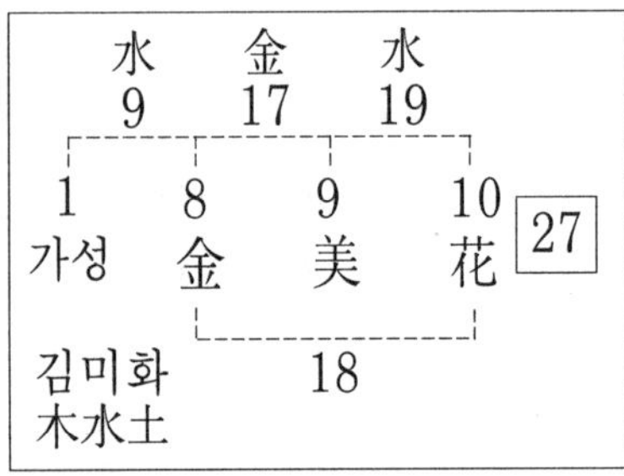

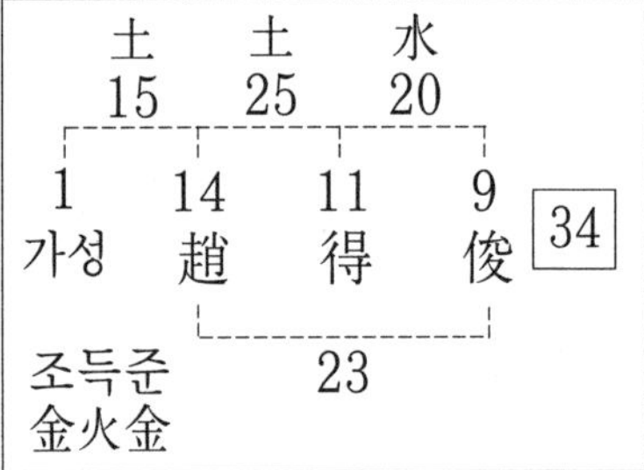

· 단 명

· 단 명

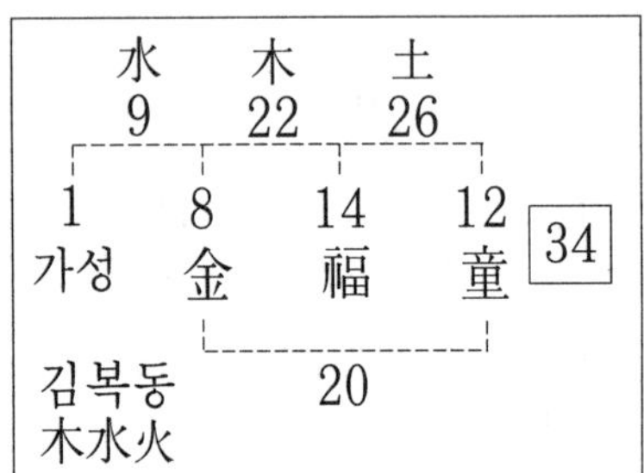

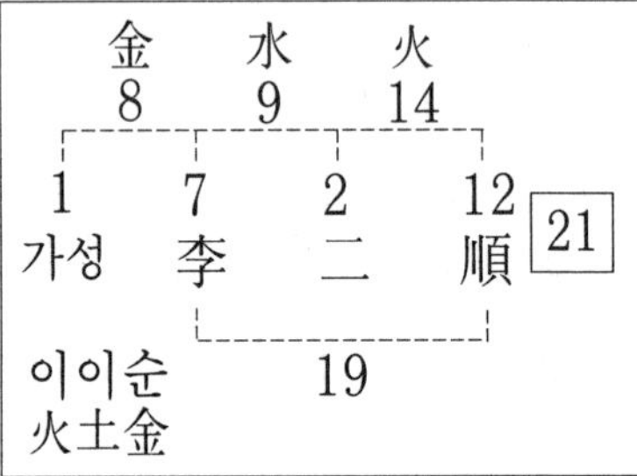

· 단 명

· 단 명

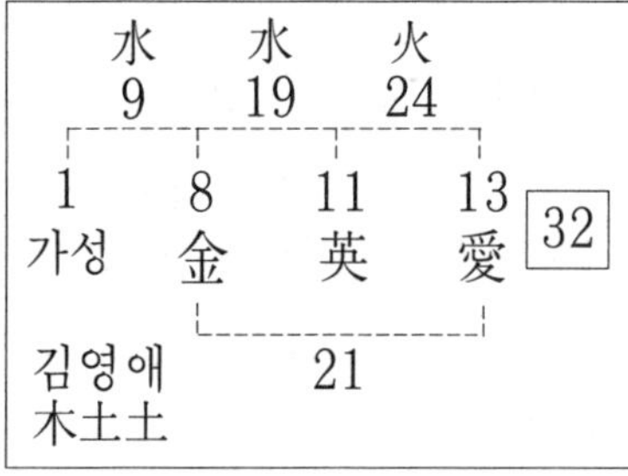
· 단 명

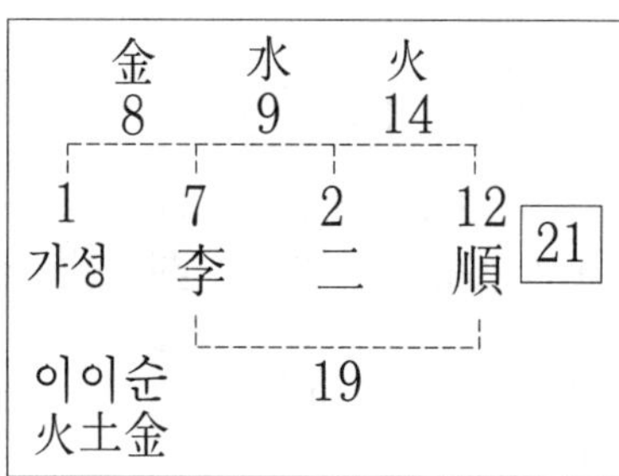
· 단 명

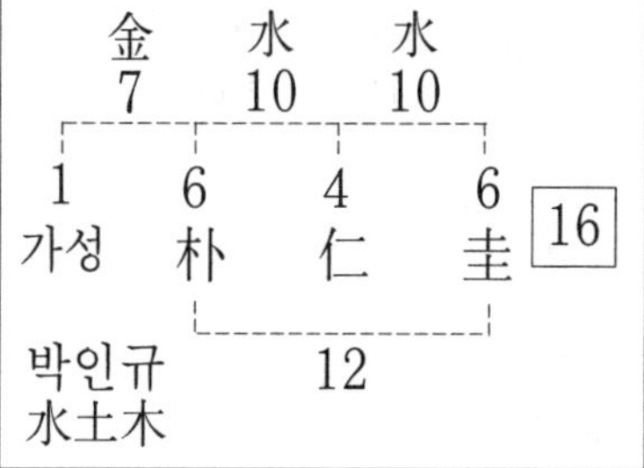
· 단 명

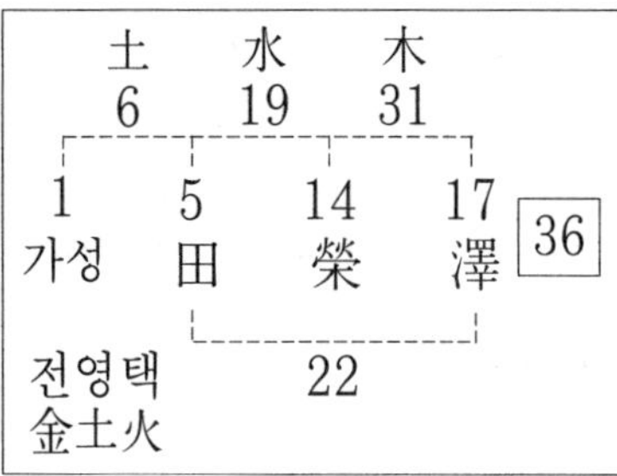
· 교통사고사

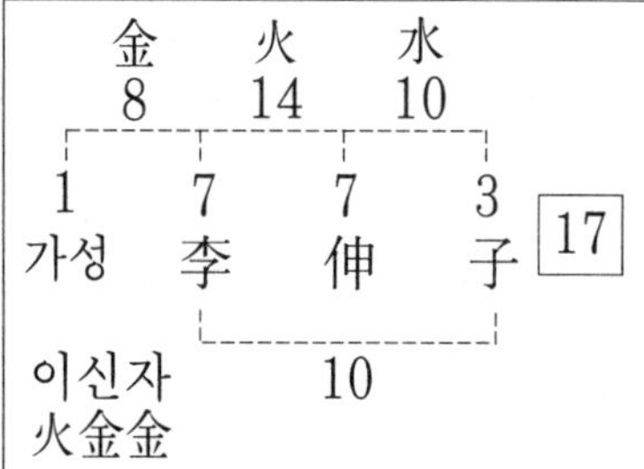
· 교통사고사

· 교통사고사

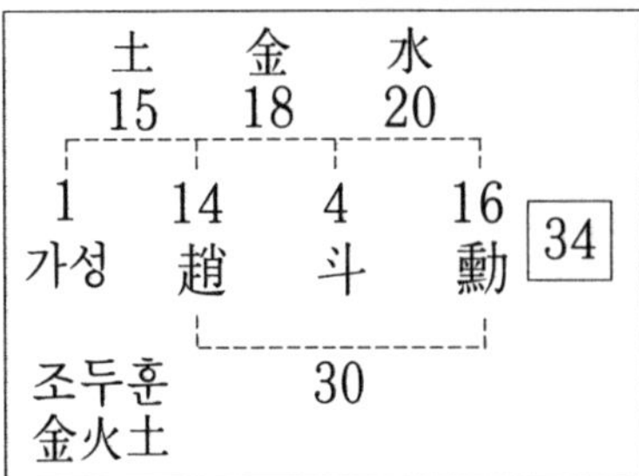

· 교통사고사

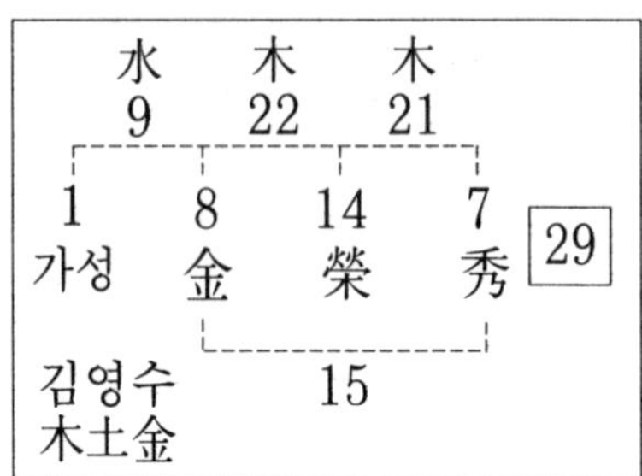

· 객 사

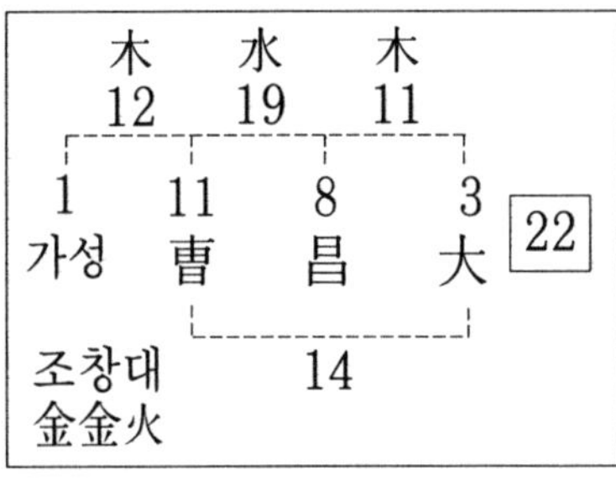

· 객 사

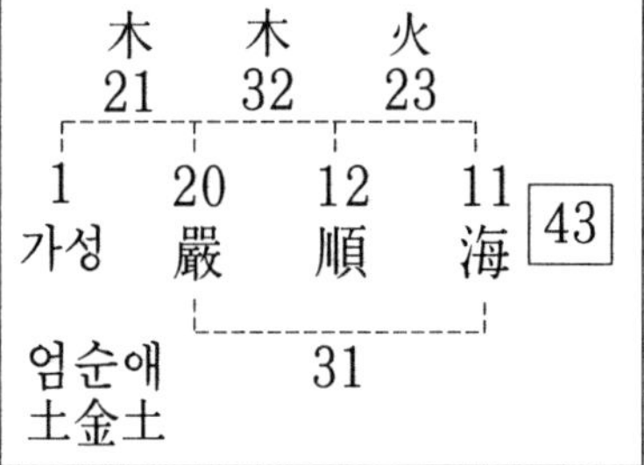

· 실 종

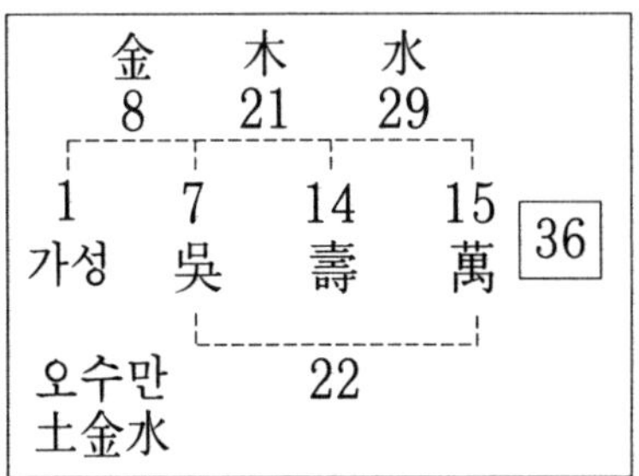

· 실 종

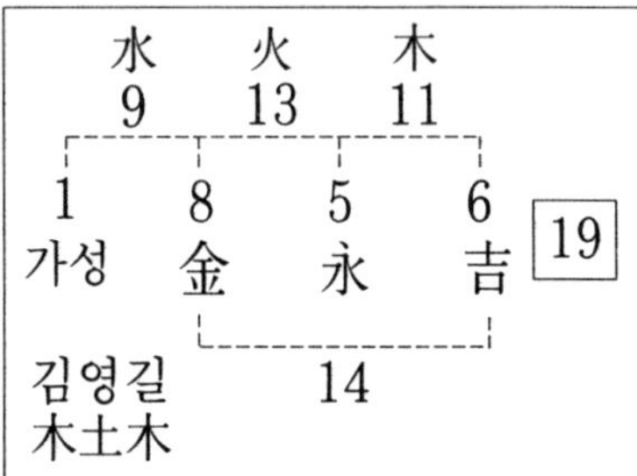

· 실 종

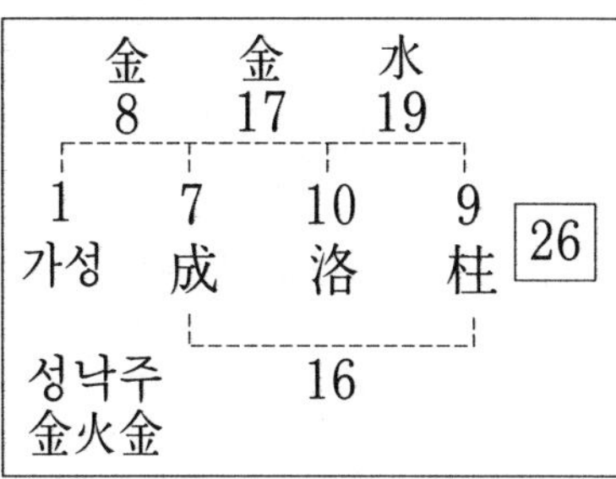

· 토막살인범

· 살인범

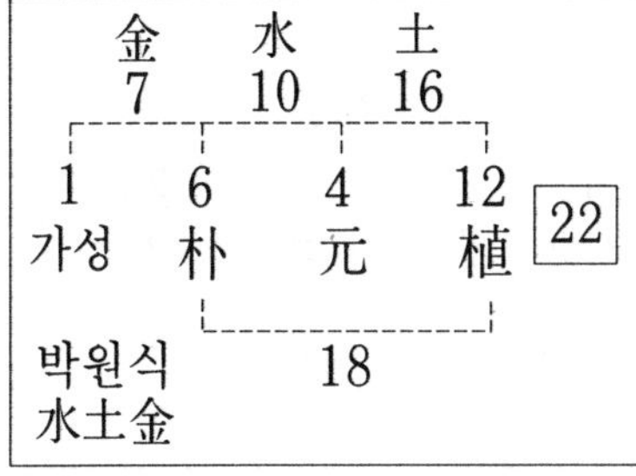

· 살인범

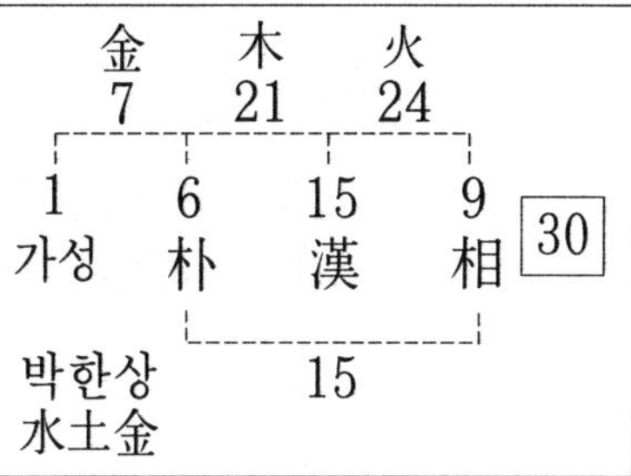

· 살인범

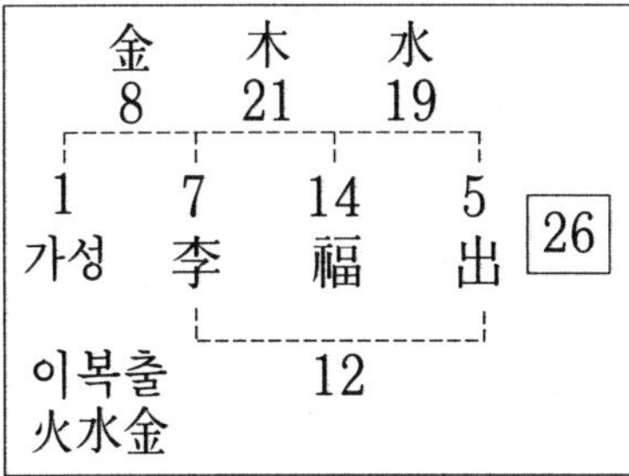

· 살인범

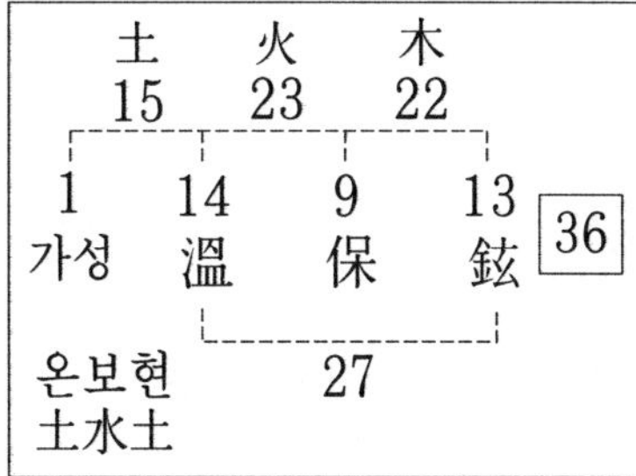

· 살인범

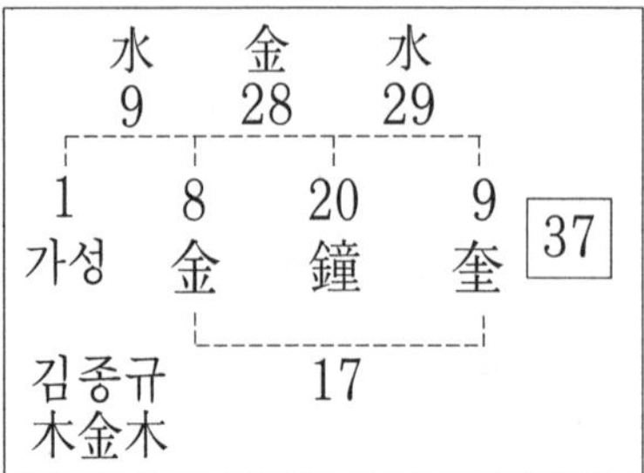

· 상해치사범

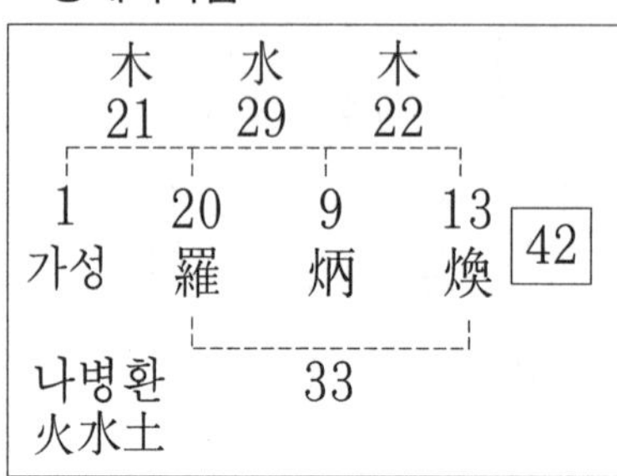

· 사형수

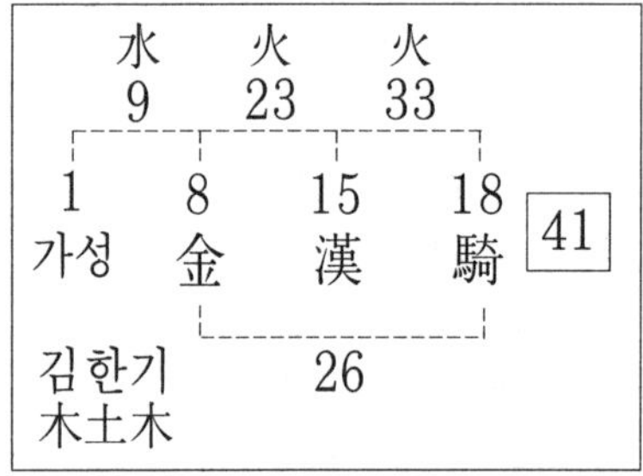

· 과실치사범

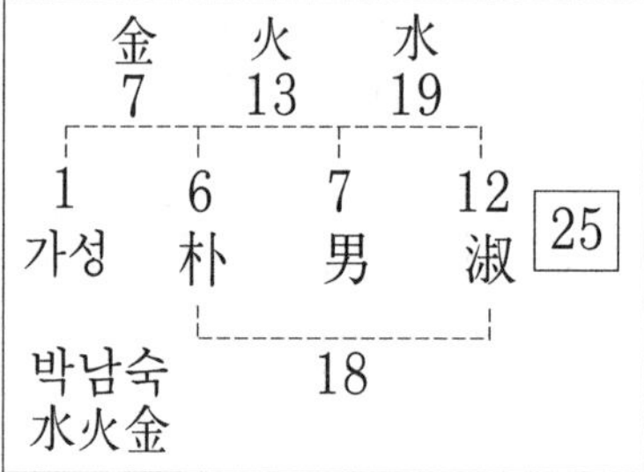

· 변 사

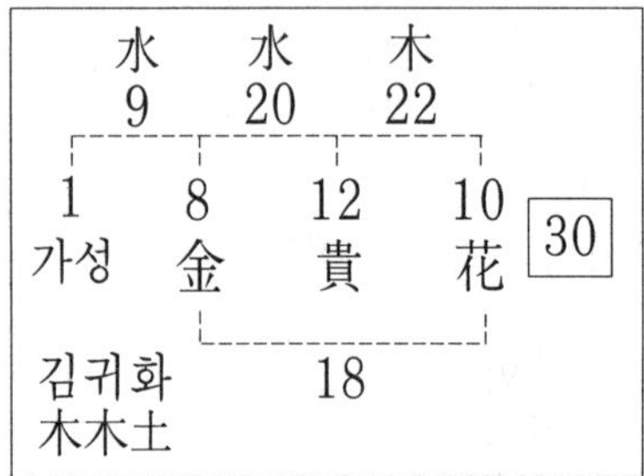

· 동 사

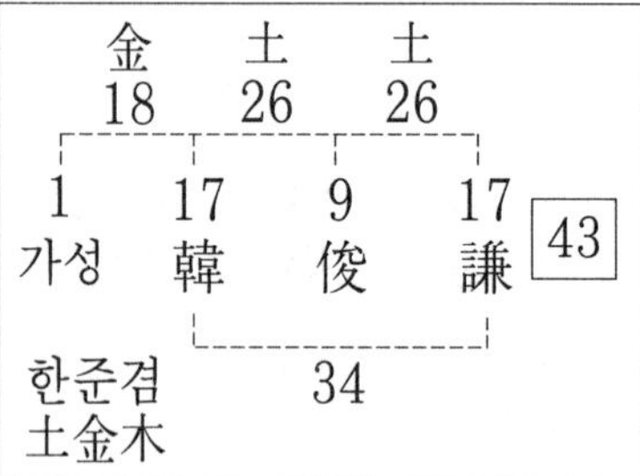

· 폭발물에 의한 사망

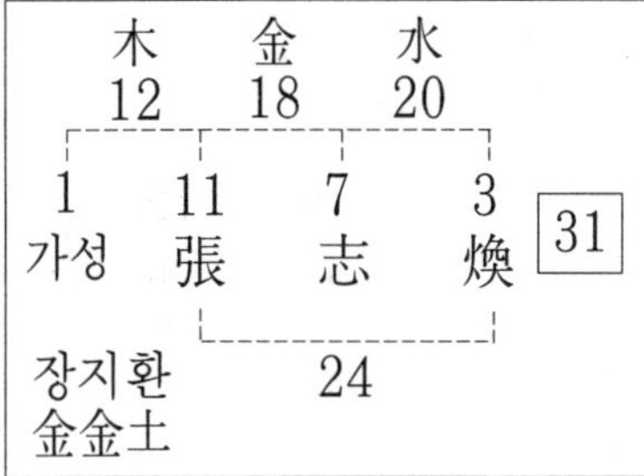

· 폭발물에 의한 사망

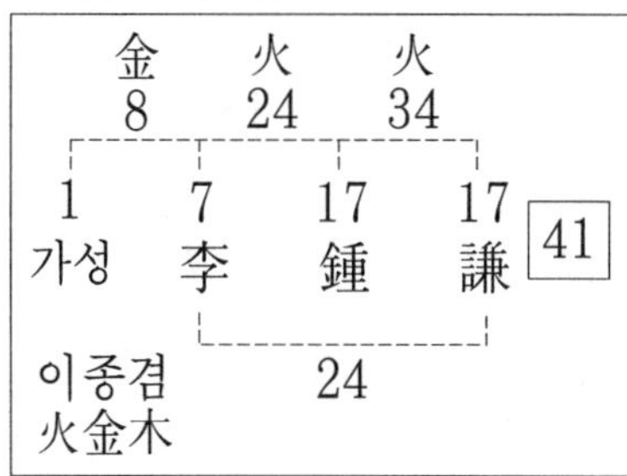

· 폭발물에 의한 사망

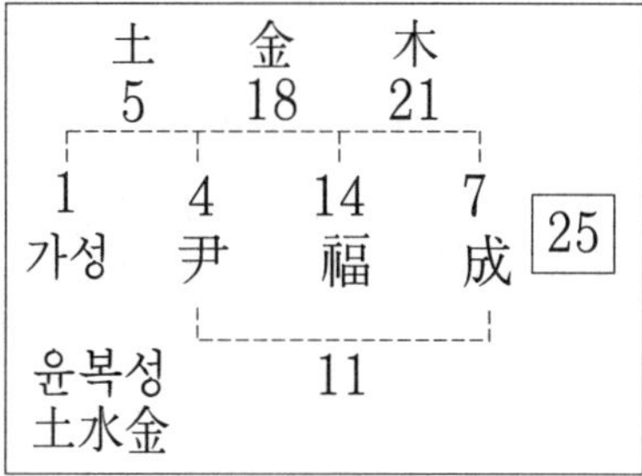

· 자식에게 피살

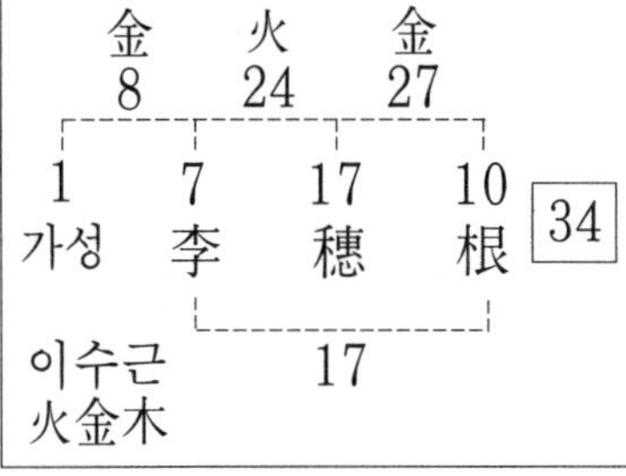

· 간첩, 사형당함

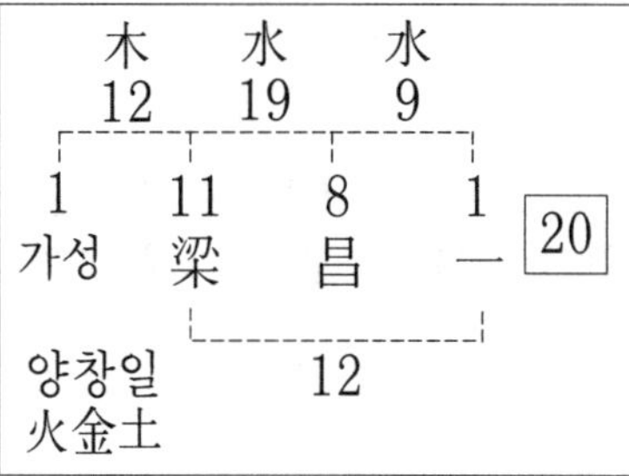

· 총 살

· 월남전에서 전사

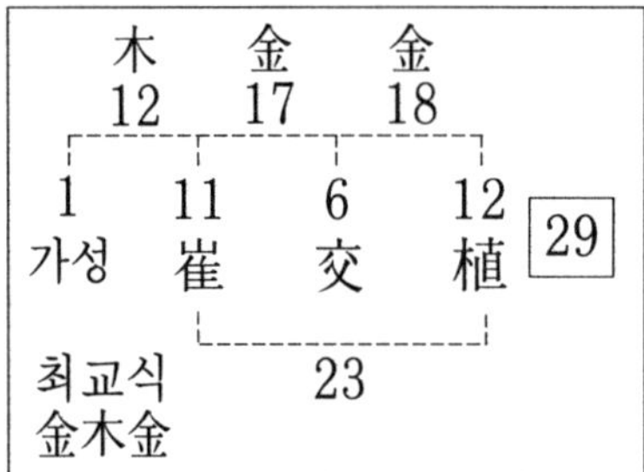

· 월남전에서 전사

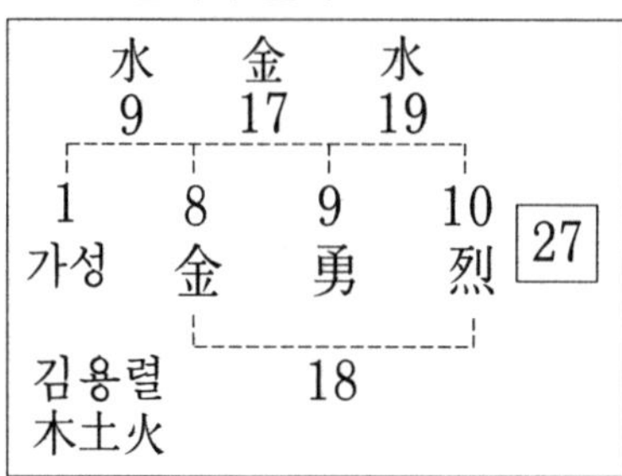

· 심장마비로 사망

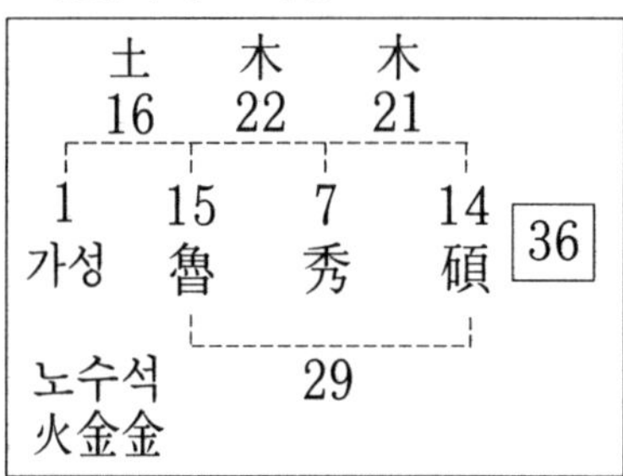

· 강 도

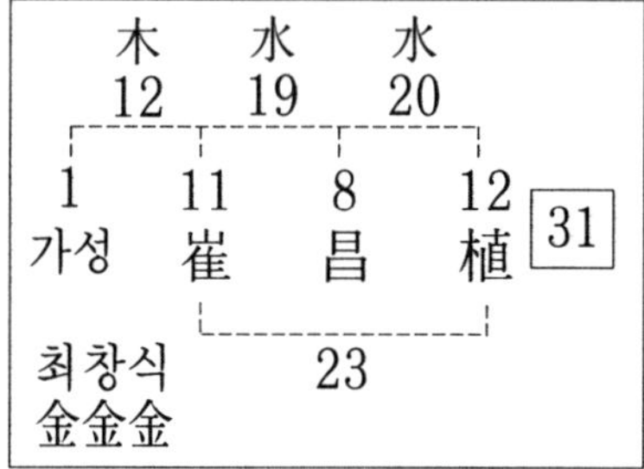

· 다리불구

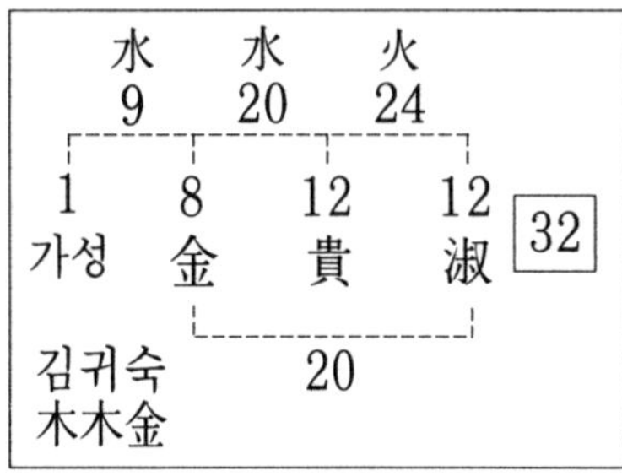

· 과 부

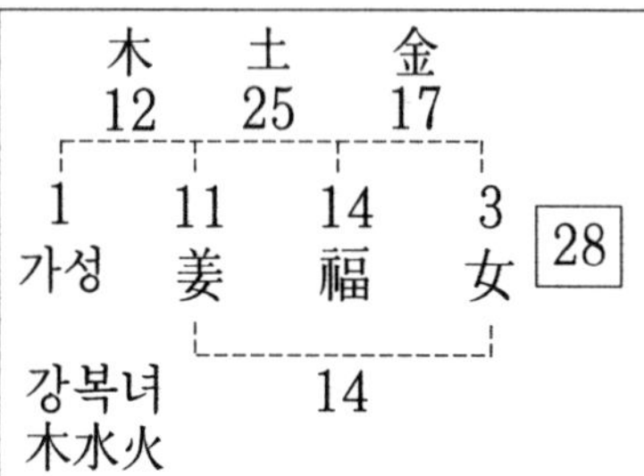

· 과부

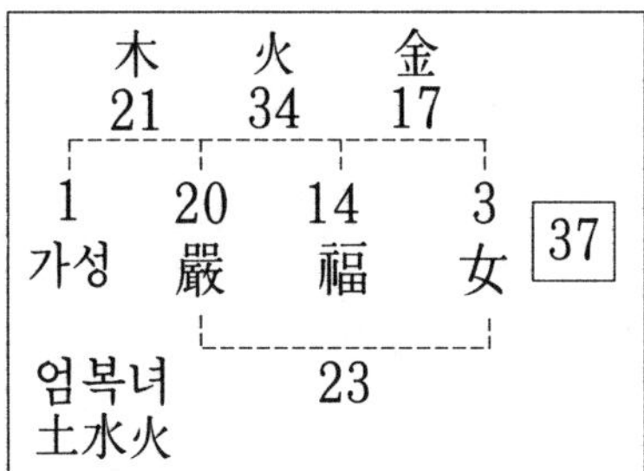

· 무당

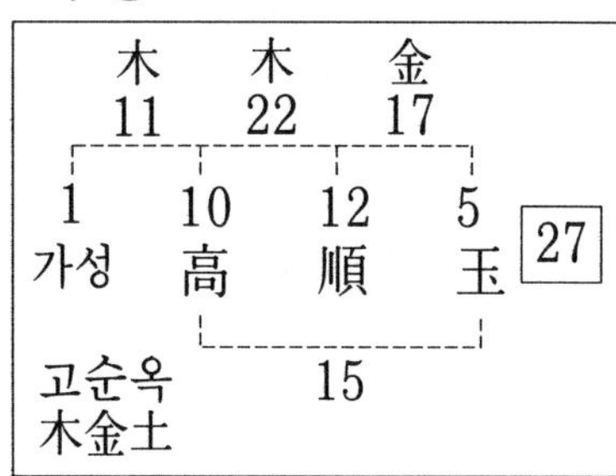

· 무당

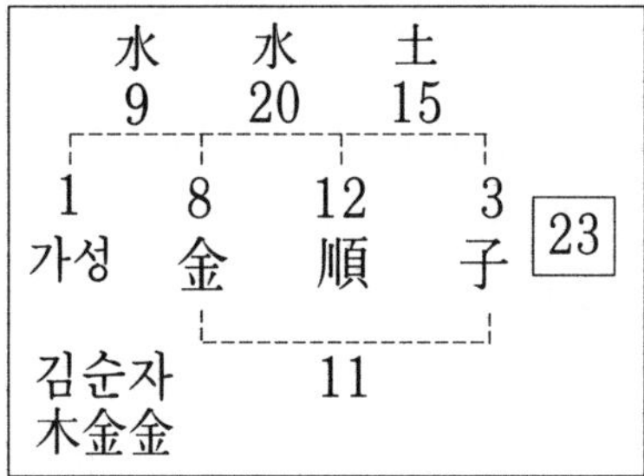

· 과부 · 무당

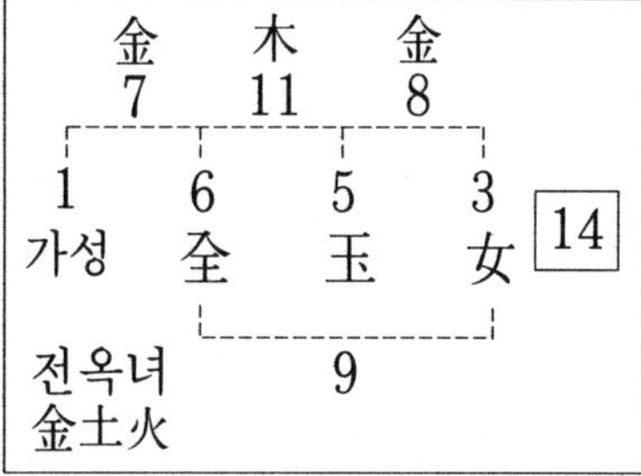

· 무당

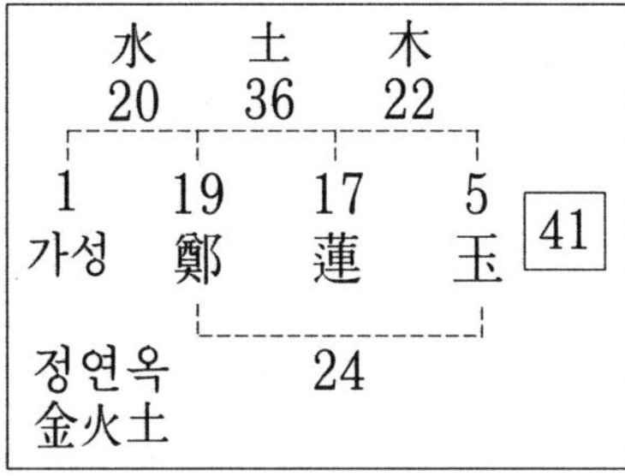

· 무당

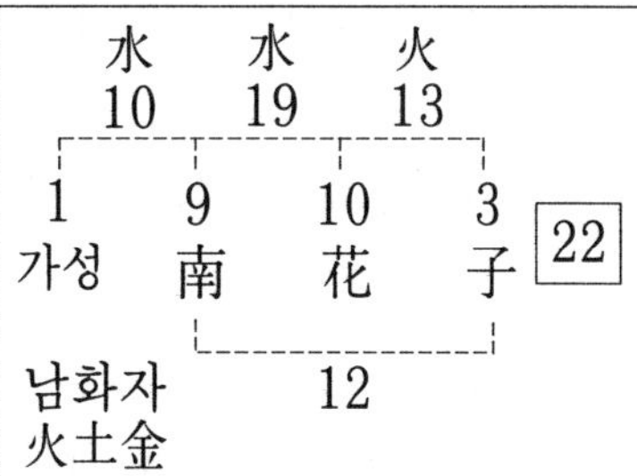

9장. 실제해명(實際解名)

1. 곤명(坤命)

재다신약(財多身弱)에 재(財)가 형(刑)되어, 아버지를 일찍 잃고 어머니가 여러번 시집가니 다른 아버지를 두게 되며, 동복이성(同腹異姓) 남동생이 한명 있다.

여관과 술집생활을 했으며 사술원진(巳戌怨嗔), 인미귀문(寅未鬼門), 인사형(寅巳刑), 술미형(戌未刑) 되므로 신의 작용이 강하여 결국 무당이 되었다.

```
戊乙己戊
寅巳未戌

劫 亥 朱 財 水
               12 민 閔
亡 巳 靑 父 火

六 酉 玄 孫 金
               12 순 順
亡 巳 白 父 火

驛 申 蛇 孫 金
                3 자 子
○ ○ 句 ○ ○
```

술중신금(戌中辛金)이 형(刑)을 만나고, 사중경금(巳中庚金) 역시 형(刑)과 원진(怨嗔)을 만나고, 기신(己身)인 을(乙)은 사중경금(巳中庚金)과 암합(暗合)하므로 연하의 남자를 만나 아들하나 낳고 헤어졌다.

　이 사람은 성명(姓名)에서 부성(夫星)인 관(官)이 은복되었으므로 남편덕이 없다. 부성(父星)과 모성(母星)이 사해충(巳亥沖)되고, 부성(父星)에 백호(白虎)와 망신(亡身)이 임하니 아버지와 일찍 헤어지게 된 것이다. 또한 자손궁인 손(孫)이 부성(父星) 화(火)에게 직극(直剋)당하니 자녀양육에 주의하라.

　이름에 「順」자나 「子」자를 쓰면 부부운이 불길하다. 불의의 재난을 자주 당하고 남편과 자식이 불행하다. 년지(年支)의 술(戌)에서 「子」자는 재살(災殺)에 해당하여 관재, 구설, 시비, 사고 등의 흉조가 따른다.

2. 곤명(坤命)

　일지편관(日支偏官)이라 고집이 강하다. 일지관성(日支官星)이 자묘형(子卯刑), 묘신원진(卯申怨嗔), 귀문관살(鬼門關殺)이 되고, 년간(年干)과 시지(時支)에 상관(傷官)이 놓여 부부궁이 좋지 않으므로 자식 둘을 낳고 가출한 것이다.

　이 사람의 성명(姓名)은 재물궁인 재(財)에 구진(句陳)과 주작(朱雀)이 놓이고, 년월지(年月支)인 자(子)와 충(沖)되어 재물궁에 장

壬己戊庚
申卯子子

亡	亥	蛇	兄	水	4	문 文
劫	巳	句	財	火		
災	午	朱	財	火	9	남 南
將	子	靑	兄	水		
年	酉	玄	父	金	14	수 壽
○	○	白	○	○		

애가 있다. 부모와 형제는 표출되었으나 부성(夫星)인 관(官)과 자
성(子星)인 손(孫)이 은복되었으니 가정에 장애가 생겼고, 자묘형
(子卯刑)이 있으므로 자궁수술을 했다.

이름에 「南」자를 쓰면 신체부상, 고난, 부부이별, 비천 등으로 불
행하며, 부모와 자손을 가로막아 말년이 외롭다. 또 「壽」자를 쓰면
빈천, 불행, 고독, 단명, 부부이별, 허약, 부상 등을 암시한다.

3. 곤명(坤命)

화류계 생활을 하다가 남자를
만나 결혼하여 7년이나 살았지
만 자식이 없다. 지금은 가출하
여 유흥업에 종사하며 애인을
두고 있다.

성명(姓名)에서 부성(夫星)인
관(官)과 자성(子星)인 손(孫)이
은복되었으니 어찌 남편덕이나

<table>
<tr><td colspan="6">辛甲庚甲
未寅午午</td></tr>
<tr><td>將</td><td>午</td><td>玄</td><td>兄</td><td>火</td><td rowspan="2">7 이 李</td></tr>
<tr><td>○</td><td>○</td><td>白</td><td>○</td><td>○</td></tr>
<tr><td>六</td><td>酉</td><td>蛇</td><td>財</td><td>金</td><td rowspan="2">12 숙 淑</td></tr>
<tr><td>年</td><td>卯</td><td>句</td><td>父</td><td>木</td></tr>
<tr><td>驛</td><td>申</td><td>朱</td><td>財</td><td>金</td><td rowspan="2">3 자 子</td></tr>
<tr><td>○</td><td>○</td><td>青</td><td>○</td><td>○</td></tr>
</table>

자식덕이 있겠는가. 부성(夫星)에 구진(句陳)이 임하여 모성(母星)
인 재(財)와 충(沖)과 원진(怨嗔)되고 직극(直剋)하여 5세 때 아버
지가 사망한 것이다.

이름에 「淑」자를 쓰면 부부운이 불길하고, 자손으로 인한 근심이
있으며 수술수를 암시한다. 또한 일찍 이성에 눈을 떠서 애정문제
로 고민한다. 「子」자를 쓰면 남편덕이 없고 가정에 불화가 생기므

로 해로하기 어렵다. 특히 오생(午生)이 쓰면 자오충(子午沖)과 재살(災殺) 작용으로 병고를 겪거나 화류계로 전락한다.

인격(人格) 19수, 이격(利格) 10수, 총격(總格) 22수, 음령오행(音靈五行) 화금금(火金金), 수리오행(數理五行) 금수토(金水土) 모두가 흉조를 지니고 있으니 더욱 나쁘다.

그리고 관(官)이 은복되고 투출하지 않았지만 「李」자의 「子」는 물이니 관(官)이요, 「淑」자의 삼수변 역시 물이니 관(官)이요, 이름 끝자 「子」자 또한 물이니 관(官)이다. 이렇게 은복된 관(官)이 많아 남자와 만나고 헤어짐이 무상한 것이다.

4. 곤명(坤命)

일지오화(日支午火)는 불이요 전기요 광명이요 눈인데, 양인살(羊刃殺)이 임하고 자오충(子午沖)을 당하여 맹인이 되어 절에서 육효점(六爻占)을 치면서 생활하고 있다.

명조(命造)에서 오화(午火)의 설기가 심하여 약한데, 이름에

辛戊庚辛							
酉午子未							
六	午	蛇	父	火		7 이	李
○	○	句	○	○			
華	未	朱	兄	土		4 임	壬
地	亥	靑	財	水			
災	酉	玄	孫	金		12 숙	淑
將	卯	白	官	木			

「壬」자를 사용했으니 더욱 설기가 심하고, 일간(日干)의 무(戊)와 성명의 가운데 글자 임(壬)이 간충(干沖)되어 더욱 흉하다. 더더욱 성명(姓名)에서 남편궁인 관(官)에 백호(白虎)가 임하고, 자손궁인

손(孫)에 현무(玄武)가 임하여 남편복과 자식복이 없는 것이다. 이름에 「淑」자를 쓰면 부모, 형제, 부부덕이 모두 약하며 수술, 고독, 고난 등을 암시한다.

5. 곤명(坤命)

```
丙乙癸乙
子巳未酉

月 未 玄 父 土
驛 亥 白 孫 水    6 임 任
驛 亥 蛇 孫 水
○ ○ 句 ○ ○   12 부 富
亡 申 朱 兄 金
○ ○ 靑 ○ ○    3 자 子
```

일지(日支)와 시상(時上)에 상관(傷官)이 있으므로 오랫동안 물장사와 첩살이를 했다. 1남 1녀를 낳고 애인을 두고 산다.

자(子)는 물이고 유(酉)는 주전자나 냄비이니 자유(子酉)는 주전자 안에 든 물이고, 사(巳)는 불이니 불로 주전자 물을 끓이는 형상이다. 이것은 다방의 차가 아닌가. 꽃나무인 을목(乙木)이 뜨거운 여름에 태어났으니 갈증을 느끼기 때문에 물장사나 음식장사를 하는 것이다.

이름에 「富」자를 쓰면 불행, 빈천, 고독, 부부이별, 조난, 단명 등을 암시하고, 「子」자를 쓰면 남편덕이 없고 가정이 화목하지 못하며, 재화나 곤액 등으로 근심한다. 이 이름은 남편궁인 관(官)이 은복되어 남편덕이 부족하고, 부성(父星)에 현무(玄武)와 월살(月殺)이 임하고 모성(母星)인 재(財)도 은복되어 부모덕이 없다.

또한 형제궁인 형(兄)에 망신(亡身)이 임하고 일지(日支)와 사신

형(巳申刑)되니 형제덕도 기대하지 않는 것이 좋고, 자손궁인 손(孫)도 백호(白虎)와 역마(驛馬)가 임하고 일지(日支)와 충(沖)되니 자식덕도 기대할 것이 못된다.

6. 건명(乾命)

인성(印星)이 중첩하여 어머니가 둘이요, 비겁(比劫)이 중첩하니 배다른 형제가 다섯이다. 지금은 슬하에 자식이 둘 있으며 옷가게를 오랫동안 했다.

부궁(父宮)이 월령(月令)과 사술원진(巳戌怨嗔)되고, 모성(母星)인 재(財)가 은복되었으니 부모덕이 없고 자수성가한다. 형제궁에 비록 청룡(靑龍)이 임하여 형제는 많지만 지살(地殺)과 형살(刑殺)되어 형재덕도 없다.

戊戌癸丙							
午子巳申							
地	申	靑	兄	金	19	정	鄭
月	戌	玄	父	土			
將	子	白	孫	水	9	병	柄
月	戌	蛇	父	土			
月	戌	句	父	土	11	인	寅
災	午	朱	官	火			

명조(命造)에 사신형(巳申刑)이 있는데, 성명(姓名)에 인(寅)자를 사용하여 인사신삼형(寅巳申三刑)과 인신충(寅申沖)되어 흉작용이 가세하였다. 객고나 신경쇠약이 염려된다.

자식궁인 손(孫)에 백호(白虎)가 임하고 부성(父星)인 토(土)가 상하에서 손(孫)을 직극(直剋)하니 장수하기 힘들다. 지격(地格) 20수와 이격(利格) 30수는 흉수이고 공망수(空亡數)이므로 육친(六親)으로 인한 근심이 있다.

7. 건명(乾命)

기해일(己亥日)이 술해천문(戌亥天文)과 진해원진(辰亥怨嗔)에 귀문(鬼門)이 놓여 부모를 일찍 잃고 승도가 되었다. 재성(財星)이 중첩되고 일지(日支)가 원진(怨嗔)과 귀문(鬼門)되어 부부가 화합하지 못하여 헤어졌다.

성명(姓名)에 재(財)가 은복되

甲己甲壬
戌亥辰午

劫	亥	白	官	水	6	박	朴
年	卯	蛇	父	木			
攀	未	句	孫	土	16	윤	潤
亡	巳	朱	兄	火			
天	丑	靑	孫	土	18	호	鎬
○	○	玄	○	○			

었으니 처덕을 바라지 말고, 자손궁인 손(孫)에 청룡(靑龍)이 임하고 축미토(丑未土)는 5. 10이라 슬하에 5남매를 두었으나 자식덕도 기대하지 말라. 년지(年支)인 오(午)와 청룡(靑龍) 손(孫)인 축(丑)이 원진(怨嗔)되고, 시지(時支)와 삼형(三刑)되어 떨어져 산다.

형제궁을 보면 진술충(辰戌沖)되고 망신(亡身)이 임하며, 일지(日支)와 사해충(巳亥沖)되므로 형제덕이 없고 고독하다. 기일생(己日生)이 양갑(陽甲)을 만나 갑기합토(甲己合土)하여 비겁(比劫)이 되므로 이복형제가 있다.

8. 곤명(坤命)

술집에 다니다가 유부남을 만나 동거하면서 딸 하나를 낳았으나, 남자가 또 다른 여자를 만나 떠나가니 혼자서 술집을 하다가 그만

두고 다방에서 일하고 있다.

유(酉)는 술통이고 자(子)는 물이니 자유(子酉)는 술이다. 인묘(寅卯)는 종이고 문서다. 유(酉)는 재(財)이고 돈이니 인묘유(寅卯酉)는 지폐다. 그러므로 자묘인유(子卯寅酉)는 술을 판 돈이요, 정자유인묘(丁子酉寅卯)는 커피를 판 종이돈이고, 자묘유(子卯酉)는 도화성(桃花星)이니 화류계가 아니겠는가.

```
壬丁己庚
寅酉卯子

年 酉 蛇 父 金   10 진 秦
劫 巳 句 財 火
亡 亥 朱 兄 水   8 명 明
攀 丑 青 官 土
月 戌 玄 官 土   9 희 姬
○ ○ 白 ○ ○
```

일지(日支)가 충(沖)과 원진(怨嗔)과 파(破)되고, 정편관(正偏官)이 중첩되었으며 성명(姓名)에 부성(夫星)인 관(官)이 중첩되어 남편덕이 부족하다. 자손궁인 손(孫)이 은복되고 설기가 심하니 자식덕도 부족할 것이다.

음령오행(音靈五行) 금수토(金水土), 수리오행(數理五行) 목금금(木金金), 이격(利格) 19수, 총격(總格) 27수가 모두 불길한 작용을 한다.

이름에 「明」자를 쓰면 고독하고, 부부이별, 불구, 조난, 산재, 단명 등을 암시하고, 「姬」자를 쓰면 남의 덕을 보기 어려워 혼자 모든 난관을 극복해야 한다. 그렇지 않으면 불행을 초래한다.

9. 건명(乾命)

```
甲丁壬戊
辰酉戌辰

六 卯 朱 官 木    8 김 金
亡 亥 靑 財 水
六 卯 玄 官 木   10 계 桂
○ ○ 白 ○ ○
年 酉 蛇 孫 金   12 술 述
劫 巳 句 父 火
```

화개성(華蓋星)과 천문성(天文星), 유술(酉戌)을 놓고 상관(傷官)이 왕하므로 사람됨이 영리하다. 말이 바르고 재치가 있어 수십년간 역술업에 종사했다.

임수관성(壬水官星)과 진중계수관성(辰中癸水官星)에 백호대살(白虎大殺)이 임하고 진술충(辰戌沖)되고, 성명(姓名)에 자손이 아버지로부터 직극(直剋)당하니 자식 하나가 교통사고로 죽었다. 년월(年月)이 천충지충(天沖地沖)되고, 년지(年支)가 공망(空亡)되므로 고향을 떠나 객지생활을 했다.

이름에「桂」자를 쓰면 고독하다. 지격(地格) 22수, 이격(利格) 20수, 총격(總格) 30수, 음령오행(音靈五行) 목목금(木木金), 수리오행(數理五行) 수금목(水金木)이 모두 흉조를 지니고 있기 때문에 불길하다.

10. 곤명(坤命)

유(酉)는 닭인데 양유(兩酉)가 일지(日支)인 사(巳)와 합하니 본신이 닭과 합하는 형상이라 양계업을 하고 있다.

일지(日支) 사(巳)가 단교관살(斷橋官殺)과 망신(亡身), 지살(地殺)이 되므로 남편이 다리를 절고 손에 흉터가 있다. 성명(姓名)에서 부성(夫星)인 관(官)에 현무(玄武)와 겁살(劫殺)이 놓이고, 일지(日支)와 충(沖)되니 남편덕이 부족하다.

辛癸癸甲						
酉巳酉午						
年	卯	玄	父	木	8	김 金
劫	亥	白	官	水		
六	酉	蛇	財	金	18	진 鎭
亡	巳	句	兄	火		
六	酉	朱	財	金	12	순 順
亡	巳	青	兄	火		

11. 건명(乾命)

역마(驛馬)인 인중병화(寅中丙火) 인성(印星)이 충(沖)을 당하고 오중정화(午中丁火) 인수(印綬)에 재살(災殺)이 놓여 사고를 초래한다.

성명(姓名)에 모성(母星)인 재(財)에 구진(句陳)이 임하고, 월령(月令)의 인성(印星)과 충(沖)되며 양인살(羊刃殺)이 임하므로 어머니가 교통사고로 사망했다. 이름에 「柄」자를 쓰면 고난과 고통이 많고, 불의의 재난과 사고를 자주 당한다.

甲戊丙壬						
寅申午辰						
月	戌	白	兄	土	9	우 禹
○	○	蛇	○	○		
將	子	句	財	水	9	병 柄
月	戌	朱	兄	土		
年	酉	青	孫	金	8	직 直
六	卯	玄	官	木		

12. 건명(乾命)

인성(印星)과 비겁(比劫)이 혼잡하니 배다른 어머니와 형제가 있다. 재성(財星)이 사유축합(巳酉丑合)하니 아버지가 장가를 세번 들었는데, 이 사람은 세째 부인의 자식이다.

성명(姓名)에 양부(兩父)가 있는데 구진재(句陳財)와 충(沖)과 원진(怨嗔)되고, 년지(年支)와 형(刑)되니 부모궁이 고르지 않다. 형제궁에 현무(玄武)가 붙고 월령(月令)과 원진(怨嗔)되므로 형제 덕을 보기 어렵다. 이름에 「時」자를 쓰면 성공하더라도 일시적이며, 색정으로 인한 재난과 흥망성쇠, 파란기복 등이 있다.

	辛	癸	乙	癸		
	酉	亥	丑	巳		
災	卯	白	父	木	8	김 金
驛	亥	蛇	官	水		
將	酉	句	財	金	10	시 時
○	○	朱	○	○		
劫	寅	靑	父	木	15	관 寬
年	午	玄	兄	火		

13. 건명(乾命)

지지(地支)에 충형해(沖刑害)와 양인(羊刃), 급각(急脚), 재살(災殺)이 중중하여 어릴 때 담종을 앓아 왼쪽 다리가 약하다.

인성사중(印星四重)하여 어머니가 셋이요, 술중정화(戌中丁火)와 미중정화(未中丁火) 관(官)이 형해(刑害)되고, 성명(姓名)에 손사(孫巳)와 시지(時支)가 사술원진(巳戌怨嗔)되므로 자식 하나가 병고를 겪었다. 지지(地支)에 묘유술(卯酉戌)이 모두 있으므로 풍수

에 취미가 있어 수십년간 연구
해서 유명 인사가 되었다.

성명(姓名)에서는 재(財)가 어
머니인데 양재(兩財)가 있고, 년
지(年支)와 합하니 어머니가 세
명이 된 것이다. 삼원오행(三元
五行) 금토목(金土木)과 이격(利
格) 19수, 총격(總格) 28수는
불길하여 가끔 정신적인 번뇌가
따른다.

戊辛癸己
戊未酉卯

劫	申	句	官	金	7	송	宋
天	戌	朱	財	土			
天	戌	靑	財	土	9	우	禹
○	○	玄	○	○			
災	酉	白	官	金	12	선	善
驛	巳	蛇	孫	火			

14. 곤명(坤命)

다봉식상(多逢食傷)하였는데
식상(食傷)인 자식이 축술미삼
형(丑戌未三刑)되고, 귀문관살
(鬼門關殺)이 임했으며 시지(時
支)가 공망(空亡)되어 자식 4명
중에 2명이 죽었다.

성명(姓名)에 유손(酉孫)은 4이
니 4남매이고, 4효에 있으며 식

丙丁乙戊
寅未丑戌

年	卯	朱	官	木	8	김	金
劫	亥	靑	財	水			
六	酉	玄	孫	金	12	순	順
亡	巳	白	父	火			
劫	亥	蛇	財	水	4	분	分
亡	巳	句	父	火			

신상관(食神傷官)이 4개이니 4남매가 확실하다. 자손궁에 현무(玄
武)와 육해(六害)가 임하고 시지(時支)와 인유원진(寅酉怨嗔)하였

으며, 부성(父星) 화(火)가 자손궁인 금(金)을 직극(直剋)하므로 자식 2명이 요절한 것이다.

이름에 「順」자를 쓰면 남편과 자식이 실패와 이별하기 쉬우며, 「分」자를 쓰면 질병으로 고난이 있고, 부부운이 매우 나쁘며 실패 분리 등이 따른다.

15. 곤명(坤命)

<table>
<tr><td colspan="6">己乙癸戊
卯巳亥戌</td></tr>
<tr><td>月</td><td>未</td><td>玄</td><td>孫</td><td>土</td><td>12황 黃</td></tr>
<tr><td>月</td><td>未</td><td>白</td><td>孫</td><td>土</td><td></td></tr>
<tr><td>災</td><td>卯</td><td>蛇</td><td>父</td><td>木</td><td>6규 圭</td></tr>
<tr><td>○</td><td>○</td><td>句</td><td>○</td><td>○</td><td></td></tr>
<tr><td>將</td><td>酉</td><td>朱</td><td>財</td><td>金</td><td>12숙 淑</td></tr>
<tr><td>災</td><td>卯</td><td>靑</td><td>父</td><td>木</td><td></td></tr>
</table>

<table>
<tr><td colspan="6">己乙癸戊
卯巳亥戌</td></tr>
<tr><td>攀</td><td>未</td><td>朱</td><td>兄</td><td>土</td><td>12황</td></tr>
<tr><td>攀</td><td>未</td><td>靑</td><td>兄</td><td>土</td><td></td></tr>
<tr><td>年</td><td>卯</td><td>玄</td><td>官</td><td>木</td><td>6규</td></tr>
<tr><td>○</td><td>○</td><td>白</td><td>○</td><td>○</td><td></td></tr>
<tr><td>六</td><td>酉</td><td>蛇</td><td>孫</td><td>金</td><td>12숙</td></tr>
<tr><td>年</td><td>卯</td><td>句</td><td>官</td><td>木</td><td></td></tr>
</table>

인성(印星)인 해(亥)가 충극(沖剋)을 당하고 설기가 심하여 어머니가 자궁암으로 사망했다. 성명(姓名)에 부(父)와 재(財)가 은복 되었으며, 일주(日柱)를 기준으로 부(父)와 재(財)가 투출되었으나 서로 충(沖)하므로 불길하다.

16. 건명(乾命)

<table>
<tr><td>

丁辛丙乙
酉未戌未

將 卯 玄 官 木　8 김 金
地 亥 白 財 水
六 午 蛇 父 火　3 대 大
○ ○ 句 ○ ○
將 卯 朱 官 木　6 길 吉
驛 巳 靑 父 火

</td><td>

羊 空 蛇 父 戌 ━━ 世
　　句 兄 申 ━━ 身
絞 貴 朱 官 午 ━━
　寡 靑 父 辰 ━━ 應
　貴 玄 財 寅 ━━ 命
　　白 孫 子 ━━

</td></tr>
</table>

　인성(印星)과 재성(財星)이 각각 중첩하고 술미형파(戌未刑破), 유술해(酉戌害), 탕화살(湯火殺), 재살(災殺), 백호대살(白虎大殺)의 흉조로 부친과 일찍 이별하고, 어머니는 재가하여 다른 집에서 자랐으며 다리에 화상흉터가 있다. 육친덕이 없고 화개성(華蓋星)과 천문성(天文星)이 강하므로 승도가 되어 팔도를 유랑한다.

　성명(姓名)에 형(兄)과 손(孫)이 은복되었으며, 비록 부성(父星)에 청룡(靑龍)과 주작(朱雀)이 임했으나 공망(空亡)을 맞았고, 모성(母星)인 재(財)는 백호(白虎)와 지살(地殺)이라 먼 곳으로 떠나갔다. 역괘(易卦)는 중천건(重天乾)으로 육충괘(六沖卦)이고, 부모성인 부(父)에 공망(空亡), 양인(羊刃), 과숙(寡宿), 교신(絞神), 충(沖)을 맞았으니 어찌 부모와 형제덕이 있겠는가.

　이름에 「大」자를 쓰면 의외의 실패, 조난, 박약, 단명 등의 암시가 있고, 「吉」자를 쓰면 인품이 고상하지 못하고 천박하며 주색으로 망신(亡身)당한다. 행복이 불가능하며 불화, 조난, 교통사고, 형액 등의 흉조가 있다.

17. 곤명(坤命)

<table>
<tr><td>
己辛庚庚
丑巳辰辰

地 申 蛇 孫 金   19 정 鄭
月 戌 句 兄 土
亡 亥 朱 財 水   14 복 福
六 卯 青 官 木
地 申 玄 孫 金   3 삼 三
將 子 白 財 水
</td><td>
蛇 兄 戌 ▬ ▬
句 孫 申 ▬ ▬
朱 父 午 ▬▬▬ 世 命
青 兄 辰 ▬▬▬
玄 官 寅 ▬▬▬
白 財 子 ▬▬▬ 應 身
</td></tr>
</table>

관성(官星)이 매우 약하고 설기가 심한데, 병인년(丙寅年)에 부성(夫星)이 인사형(寅巳刑)되었으므로 남편이 차에 치여 죽었다.

성명(姓名)에 부궁(夫宮)인 관(官)에 비록 청룡(青龍)이 임했지만 현무(玄武) 손금(孫金)에게 직극(直剋)당하고, 일지관(日支官)에서 보면 재살(災殺)이 되고 일간(日干)에서 보면 유하살(流霞殺)이 되므로 남편이 교통사고로 사망했다. 역괘(易卦)로 보면 뇌천대장괘(雷天大壯卦)로 오효(五爻) 바깥 도로에 구진관(句陣官)이 임하고, 일지

정관(日支正官)과 삼형(三刑)되고, 신관(申官)에 망신(亡身)과 공
망(空亡)이 임하므로 남편이 흉사한 것이다.

이름에 「福」자를 쓰면 부부운이 나쁘고 고독하며 재액이 있고,
「三」자를 쓰면 일생동안 분열, 분쟁, 실패, 구설, 시비 등이 많이
따른다. 수리오행(數理五行) 수화금(水火金)이 흉하며, 이격(利格)
22수, 총격(總格) 36수도 역시 흉하다. 인격(人格) 33수는 여자에
게는 불길한 수리이므로 과부가 된 것이다.

18. 곤명(坤命)

<table>
<tr><td colspan="5">癸癸丁丁
丑卯未亥</td><td></td></tr>
<tr><td>地</td><td>亥</td><td>靑</td><td>兄</td><td>水</td><td rowspan="2">4 문 文</td></tr>
<tr><td>驛</td><td>巳</td><td>玄</td><td>財</td><td>火</td></tr>
<tr><td>財</td><td>酉</td><td>白</td><td>父</td><td>金</td><td rowspan="2">12 순 順</td></tr>
<tr><td>驛</td><td>巳</td><td>蛇</td><td>財</td><td>火</td></tr>
<tr><td>攀</td><td>辰</td><td>句</td><td>官</td><td>土</td><td rowspan="2">5 옥 玉</td></tr>
<tr><td>亡</td><td>寅</td><td>朱</td><td>孫</td><td>木</td></tr>
</table>

식신(食神)인 묘(卯)에 낙정관
살(落井關殺)이 임하고 미중을
목(未中乙木) 식신(食神)이 충
(沖)되어 자식 하나가 물에 빠져
죽었으며, 관성(官星)인 축미(丑
未)가 충(沖)되므로 시집을 두번
갔다.

성명(姓名)을 보면 자손궁에 망신(亡身)이 임하니 자식 하나가 요
절했으며, 부궁(夫宮)인 관(官)에 구진(句陳)이 임하고, 년지(年
支)와 원진(怨嗔)되고, 일지(日支)와 묘진해(卯辰害)가 되어 부부
궁이 불길하다.

이름에 「順」자를 쓰면 남편과 자식이 쉽게 실패하고, 「玉」자를 쓰
면 부상이나 수술이 따른다. 부부운이 불길하며 고독하다.

19. 건명(乾命)

<table>
<tr><td>

戊癸戊甲
午酉辰子

月 戊 玄 官 土　　9 우 禹
○ ○ 白 ○ ○
華 辰 蛇 官 土　　11 인 寅
災 午 句 財 火
天 未 朱 官 土　　16 학 學
六 卯 青 孫 木

</td><td>

白 官 戌 ━ ━ 命
蛇 父 申 ━━━ 世
句 財 午 ━━━
朱 兄 亥 ━━━ 身
青 官 丑 ━ ━ 應
玄 孫 卯 ━━━

</td></tr>
</table>

양무토관(兩戊土官)이 일주계(日主癸)와 합하므로 배다른 자식을 두게 되었고, 재성(財星)인 오(午)가 충(沖)을 당하여 설기가 심하니 어찌 처궁이 온전하겠는가. 시상상관(時上傷官)이 지지(地支)에 양인(羊刃)을 놓고, 월(月)에 백호(白虎)를 놓아 딸자식 하나가 꼽추가 되었다.

성명(姓名)을 보면 처성(妻星)인 재(財)에 구진(句陳)과 재살(災殺)이 임하여 년지(年支)와 충(沖)되고, 명조(命造)의 정재(正財) 오(午)와 오오자형(午午自刑)되니 본처와 해로하기 어려운 것이다.

자손궁을 보면 비록 청룡(靑龍)이 임했지만 년지(年支)와 자묘형(子卯刑)되고, 육해(六害)가 임했으며 일지(日支) 유(酉)와 충(沖)되고, 시지(時支) 오(午)와 파살(破殺)되니 어찌 자식의 효도를 기대하겠는가.

일지(日支)인 유인성(酉印星)이 명자(名字)인 인(寅)과 원진(怨嗔)되니 학문으로 대성하기는 커녕 사이비 역술인이 되어 가방 하나를 들고 이곳 저곳 유랑한다.

역괘(易卦)는 뇌화풍(雷火豊)인데 재성(財星)에 구진(句陳)이 임하고, 년지(年支)와 자오충(子午沖)되어 녹(祿)이 충(沖)을 맞은 것이 되므로 아내복과 재물복이 부실하다. 자손궁을 보면 현무(玄武)가 임하고, 년지(年支)와 형(刑)되며 일지(日支)와 충(沖)되니 자손덕을 보기 어렵다.

20. 곤명(坤命)

경(庚)은 가위요 오(午)는 전기불로 미용기구요 묘(卯)는 도화(桃花)이니 예쁘게 꾸미는 것이고, 진토(辰土)와 무계(戊癸)는 물저장고이다. 미용기구로 자르고 볶으며, 물로 씻기고 화장하는 것으로 미용실을 운영하고 있다. 식상(食傷) 2개가 뚜렷하니 1남 1녀를 두었다. 어머니가 둘이며 40대 초반에 이혼하고 본남편은 몇년 후에 암으로 죽었다.

戊	癸	庚	庚				
午	卯	辰	寅				
驛	申	蛇	官	金	7	송	宋
華	戌	句	財	土			
華	戌	朱	財	土	17	홍	鴻
華	戌	靑	財	土			
驛	申	玄	官	金	3	자	子
○	○	白	○	○			

성명(姓名)을 보면 부궁(夫宮)인 관성(官星)이 내외로 양립하고, 관성(官星)에 현무(玄武)와 역마(驛馬)가 임하여 일지(日支)와 묘

신원진(卯申怨嗔)되고, 년지(年支)와 충(沖)되어 남편과 해로하기 어렵다. 성명(姓名)에서 재(財)는 어머니인데 재(財)가 삼중(三重)하고, 월령(月令)에서 진(辰)과 충(沖)되어 양모(兩母)를 둔다. 지격(地格) 20수, 외격 10수는 공망수(空亡數)로 배다른 어머니와 형제가 있다.

이름에 「子」자를 쓰면 불의의 재난과 부부운이 불길하고, 남편과 자녀가 불행해지는 것을 암시한다. 이름의 뜻을 새겨보면 집안에 갇혀 날아갈 수 없는 기러기 새끼이니 소원성취가 요원하다.

21. 곤명(坤命)

<table>
<tr><td>

辛丁癸丁
亥未丑亥

將 卯 青 孫 木　22 권 權
驛 巳 玄 財 火
六 午 白 財 火　9 태 泰
○ ○ 蛇 ○ ○
攀 辰 句 官 土　5 옥 玉
亡 寅 朱 孫 木

</td><td>

青 財 戌 ▬ ▬
劫 玄 官 申 ▬ ▬　應 身
白 孫 午 ▬▬▬
蛇 孫 午 ▬ ▬
句 財 辰 ▬▬▬　世 命
朱 兄 寅 ▬ ▬

</td></tr>
</table>

슬하에 1남 2녀를 두었으며 포목상과 식당을 했는데, 관성(官星) 혼잡에 관(官)이 백호대살(白虎大殺)이 되고 충(沖)되어, 남편이

임신년(壬申年) 계축월(癸丑月) 경술일(庚戌日)에 백호(白虎)와 삼형살(三刑殺)의 작용으로 봉고차를 몰다가 12톤 트럭과 충돌하여 죽었다.

　성명(姓名)을 보면 부궁(夫宮)인 관성(官星)에 구진(句陳)이 임하고, 아래있는 손목(孫木)에게 직극(直剋)당하고, 년시지(年時支)의 정관(正官)과 원진(怨嗔)되어 남편과 해로하기 어렵다.

　역괘(易卦)는 뇌수해(雷水解)로 오효(五爻)에 관(官)이 있는데 현무(玄武)가 임하였으며, 오효(五爻)는 도로인데 겁살(劫殺)이 임하여 남편이 노상에서 액을 당한 것이다.

　이름에 「泰」자를 쓰면 욕망이 지나쳐 길흉의 차도가 심하고, 형제와 자손에게 흉사가 있다. 「玉」자를 쓰면 부부운이 불길하여 남편으로 인한 근심이 있고, 자손이 불길하여 고독하다. 조난, 단명 등을 암시한다.

22. 건명(乾命)

　일지(日支) 신편재(申偏財)는 부(父)인데 지살(地殺)이 임하므로 아버지가 만주에서 살다가 사망했고, 인수(印綬) 을목모(乙木母)에 백호대살(白虎大殺)이 임하니 모친과 일찍 헤어졌다.

　미상관(未傷官)은 장모인데 본

| 乙丙癸癸 | | | | |
| 未申亥未 | | | | |

將	卯	白	官	木	22	권	權
驛	巳	蛇	父	火			
劫	申	句	孫	金	17	종	鍾
天	戌	朱	兄	土			
亡	寅	靑	官	木	11	국	國
亡	寅	玄	官	木			

신인 일지(日支) 재(財)와 미신(未申)으로 합하니 장모를 모셨고, 외조모인 관(官)이 왕하여 어릴 때는 외조모 밑에서 자랐다. 일시(日時)가 우합(隅合)되어 처궁과 자식궁은 평범한 편이다.

성명(姓名)을 보면 부성(父星)에 역마(驛馬)가 임하여 일지(日支)와 형(刑)되고, 월지(月支)와 충(沖)되니, 아버지가 고향을 떠나 만주로 간 것이다. 어머니인 재성(財星)은 은복되어 모친덕이 없다. 목관(木官)이 중중하여 임무소에서 근무하다가 퇴직하고, 지금은 역술업을 하고 있는데 풍수지리에 관하여 일가견이 있다.

이름에 「國」자를 쓰면 심신이 약하며 부모형제와 인연이 약하다. 조난, 단명, 관재, 구설, 시비, 부상 등을 암시한다.

23. 곤명(坤命)

<table>
<tr><td colspan="3">庚庚丁甲
辰午丑午</td><td></td><td></td></tr>
<tr><td>六</td><td>酉</td><td>玄</td><td>財</td><td>金</td><td rowspan="2">8 심 沈</td></tr>
<tr><td>劫</td><td>亥</td><td>白</td><td>官</td><td>水</td></tr>
<tr><td>六</td><td>酉</td><td>蛇</td><td>財</td><td>金</td><td rowspan="2">12 숙 淑</td></tr>
<tr><td>年</td><td>卯</td><td>句</td><td>父</td><td>木</td></tr>
<tr><td>驛</td><td>申</td><td>朱</td><td>財</td><td>金</td><td rowspan="2">3 자 子</td></tr>
<tr><td>○</td><td>○</td><td>靑</td><td>○</td><td>○</td></tr>
</table>

부성(父星)인 편재갑목(偏財甲木)이 양경금(兩庚金)에게 충극되어 설기가 심하고, 지지(地支)가 오오자형원진(午午自刑怨嗔)되어 부친이 4세 때 사망했다.

성명(姓名)에서 부성(父星)에 구진(句陳)이 임하고, 상하의 왕한 재성(財星)이 직극(直剋)과 충원진(沖怨嗔)하니 어찌 부친이 장수하겠는가.

사주(四柱)에 관성(官星)이 중중하고 일지관성(日支官星)이 자형

(自刑)과 원진(怨嗔)되니 부부궁이 불길하다. 초혼으로 남매를 낳은 뒤 이혼하고, 다시 재혼하여 또 남매를 낳고 살면서 이웃집 총각과 불륜을 맺고 가출하여 수년간 통정한 일이 있다. 화상, 음독 자살, 변태 등을 조심해라.

　성명(姓名)을 보면 부궁(夫宮)인 관성(官星)에 백호살(白虎殺)과 겁살(劫殺)이 임하니, 남편덕이 없고 남편의 정신건강도 좋지 않다. 수리오행(數理五行) 수수토(水水土)는 생리불순을 암시한다.

　이름에 「淑」자를 쓰면 부모덕과 형제덕이 없고, 자수성가, 부부이별, 수술, 사고, 고독, 자식으로 인한 근심 등을 암시하고, 「子」자를 쓰면 여자는 남편덕이 없고, 남자는 본처와 해로하기 어려우며 가정불화, 재화, 곤액 등을 암시한다. 자손궁인 손(孫)이 은복되었을 경우에는 여자는 재(財)를 자식으로 보면 된다.

24. 건명(乾命)

진중을목(辰中乙木) 편재(偏財)가 진사손풍(辰巳巽風)을 맞아 진유합금(辰酉合金)과 사유합금(巳酉合金)에게 극되고, 진해원진(怨嗔)되어 부친과 일찍 헤어졌다. 1남 1녀를 두었으나 40대 중반에 무당과 눈이 맞아 본처와 이혼하고 몇년간 살다가, 기

壬辛己丁
辰巳酉亥

將	卯	靑	孫	木	8	김	金
地	亥	玄	兄	水			
六	午	白	財	火	5	태	台
○	○	蛇	○	○			
亡	寅	句	孫	木	11	기	基
○	○	朱	○	○			

관지와 폐가 약한데다가 위암에 걸려 49세에 사망했다.

년일지(年日地)에 지살역마(地殺驛馬)가 임하여 객지생활을 했다. 해중갑목(亥中甲木) 정재(正財)가 처궁인 일지(日支) 사(巳)와 충(沖)되니 부부궁에 변화가 있고, 화관성(火官星)이 2개이므로 남매를 둔 것이다.

성명(姓名)을 보면 처궁인 재(財)에 백호(白虎)와 육해(六害)가 임하고, 일지(日支)를 기준으로 보면 도화(桃花)가 임하니 부부궁에 변란이 있는 것이다. 수리오행(數理五行) 수화토(水火土)와 이격(利格) 19수는 단명을 초래한다.

25. 곤명(坤命)

세살 때 아버지가 광산에서 사고로 죽었다. 세자매로 남자형제는 없고 어머니는 공장에 다닌다. 형제성인 형(兄)이 은복되어 남자형제는 없고 자매만 있는 것이다.

성명(姓名)에서 부성(父星)에 현무(玄武)와 겁살(劫殺)과 재살(災殺)이 임하고, 왕한 토재(土財)가 직극(直剋)하니 아버지를 일찍 잃은 것은 당연하다. 게다가 명조(命造)에 묘편재(卯偏財)가 유금(酉金)에게 충(沖)을 당하니 아버지는 뇌진탕이 틀림없다.

역괘(易卦)는 중뢰진(重雷震)이며 부(父)에 백호(白虎)가 임하고, 명조(命造)의 묘재(卯財)와 자묘형(子卯刑)하니 부친덕을 어찌 보겠는가. 재다신약(財多身弱)에 일주(日柱)가 간여지동이고, 성명(姓名)에서 관(官)이 은복되었으며, 역상(易象)에서 구진관(句陳

己辛丁甲
亥酉卯寅

劫	亥	玄	父	水	8 방 房
天	丑	白	財	土	
災	子	蛇	父	水	9 미 美
○	○	句	○	○	
月	辰	朱	財	土	11 영 英
月	辰	靑	財	土	

蛇	財	戌	▬ ▬	世
句	官	申	▬ ▬	身
朱	孫	午	▬▬▬	
靑	財	辰	▬ ▬	應
玄	兄	寅	▬ ▬	命
白	父	子	▬▬▬	

官)이고 육충괘(六沖卦)이므로 부부궁에 장애가 생기기 쉽다. 부모와 형제에게 해롭고 손발을 다치거나 음기(陰氣)가 약할 징조가 보인다. 그러나 쇠가 불을 만나 용모는 아담하고 예쁘며, 말보다 미소가 앞선다. 전기가 들어오는 기계를 손으로 만지는 형상으로 컴퓨터에 조예가 깊을 것이다.

이름에 「美」자를 쓰면 신체가 허약하고 수술, 냉증, 파재, 부부이별, 고독, 조난, 단명 등을 암시한다. 인격(人格) 20수, 이격(利格) 19수, 총격(總格) 28수, 음령오행(音靈五行) 수수토(水水土)가 모두 불길한 흉조를 나타낸다.

26. 곤명(坤命)

술토(戌土)는 피부인데 왕한 목(木)이 극하며, 술(戌)은 양인(羊

刀)이고 술해(戌亥)는 천문(天
門)이다. 양인천문(羊刃天門)은
천연두로 어릴 때 이 병을 앓아
곰보가 되었다.

　또한 술해천문(戌亥天門)이 있
으므로 신실한 불교신자다. 인
중병화(寅中丙火)가 부성(夫星)
이며 불이고, 갑인목(甲寅木)은
식물이다. 불타는 식물이란 담
배를 말하므로 남편이 한국담배

<table>
<tr><td colspan="7">庚辛甲甲
寅亥戌申</td></tr>
<tr><td>六</td><td>卯</td><td>玄</td><td>財</td><td>木</td><td rowspan="2">22 권 權</td></tr>
<tr><td>劫</td><td>巳</td><td>白</td><td>官</td><td>火</td></tr>
<tr><td>災</td><td>午</td><td>蛇</td><td>官</td><td>火</td><td rowspan="2">9 태 泰</td></tr>
<tr><td>○</td><td>○</td><td>旬</td><td>○</td><td>○</td></tr>
<tr><td>年</td><td>酉</td><td>朱</td><td>兄</td><td>金</td><td rowspan="2">12 순 順</td></tr>
<tr><td>劫</td><td>巳</td><td>靑</td><td>官</td><td>火</td></tr>
</table>

인삼공사에 다니는 것이다. 성명(姓名)에 관(官)이 삼중(三重)하
고, 겁살(劫殺)과 재살(災殺)이 임하여 일지(日支)와 사해충(巳亥
沖)되었으므로 부부가 해로하기 어려우며, 명조(命造)의 인신(寅
申)과 인사신삼형(寅巳申三刑)되므로 급작스런 위험이 있다.

　이름에「泰」자를 쓰면 길흉의 변화가 심하며 형제와 자손에게 흉
함이 있고,「順」자를 쓰면 부부운이 불길하며 하천, 곤고, 병액,
좌절, 단명 등을 암시한다.

27. 곤명(坤命)

　미중을목(未中乙木)인 편재(偏財)가 충형(沖刑)되어 18세에 아버
지가 사망했으며, 축중신금(丑中申金), 술중신금(戌中辛金), 비견
(比肩)이 모두 충형(沖刑)을 당하여 형제가 사망했다.

성명(姓名)에서 부성(父星)에 백호(白虎)와 조객(弔客)이 들고 공망(空亡)이 놓여 부친과 일찍 헤어졌고, 형(兄)은 일시지(日時支)와 충형(沖刑)되어 한명이 요절한 것이다. 이름에 「順」자를 쓰면 불길하다.

```
戊辛辛辛
戌未丑丑

      華 丑 蛇 兄 土
                      20엄 嚴
      驛 亥 句 財 水
      將 酉 朱 孫 金
                      12순 順
  弔 空 地 巳 靑 父 火
      將 酉 玄 孫 金
                      12선 善
  弔 空 地 巳 白 父 火
```

28. 건명(乾命)

삼중백호(三重白虎)에 축술형(丑戌刑)되고 비겁(比劫)이 중중하여 평생 아내와 정이 없다. 불뚝한 성격으로 고집이 매우 강하며 남의 말을 듣지 않고 자기 주장만 내세운다.

년시지(年時支)에 천문화개(天門華蓋)가 놓이고 관성(官星)이 많은데, 관(官)은 귀신인지라 신을 모시고 점술업을 몇년간 했으나 영통은 커녕 사주학(四柱學)의 기본도 모르는 사이비다. 슬하에 1남 1녀를 두었으나 계유년(癸酉年) 임술월(壬戌月) 병술일(丙戌日) 아침에 백호형(白虎刑)의 작용으로 사망했다.

성명(姓名)을 보면 재(財)가 은복되어 부부간에 정이 없고, 관(官)을 자식으로 보는데 자손 역시 은복되고 현무(玄武)가 놓여 정이 없다. 역괘(易卦)는 화뢰서합으로 양재(兩財)가 내외괘(內外卦)에 중첩되고 일지(日支)와 충파(沖破)되니, 어찌 아내와 화합이 되

壬癸壬壬
戌丑寅戌

將	午	白	父	火	7 이 李
○	○	蛇	○	○	
月	辰	句	兄	土	13 우 愚
○	○	朱	○	○	
將	午	靑	父	火	15 덕 德
地	寅	玄	官	木	

```
白 孫 巳 ━━━━
蛇 財 未 ━  ━  世命
句 官 酉 ━━━━
空 劫 朱 財 辰 ━  ━
靑 兄 寅 ━  ━  應身
玄 父 子 ━━━━
```

겠으며, 자손궁에 백호(白虎)가 임하고 시지(時支)와 사술원진(巳戌怨嗔)되었으니 어찌 자식의 효도를 바라겠는가. 늘 다른 여자에게 마음을 두고 살며, 명조(命造)에서 일시지(日時支)가 축술형(丑戌刑)되니 더욱 불길하다.

29. 건명(乾命)

신왕재왕(身旺財旺)한 사주(四柱)가 일지(日支)에 녹(祿)을 깔고, 성명(姓名)에도 청룡재(靑龍財)와 백호재(白虎財)라 거부팔자다. 한때는 국민당을 만들고 대통령에 출마했으나 관(官)인

丁庚丁乙
丑申亥卯

劫	申	玄	官	金	19 정 鄭
天	戌	白	財	土	
災	酉	蛇	官	金	8 주 周
○	○	句	○	○	
攀	辰	朱	財	土	5 영 永
攀	辰	靑	財	土	

정화(丁火)가 겨울의 촛불인지라 불빛의 힘이 약하여 낙선했다.

30. 건명(乾命)

<table>
<tr><td>

戊庚辛丁
寅申亥巳

驛亥靑官水 6 박朴
血刃災卯玄父木
沖亡申白財金 5 정正
天辰蛇孫土
天辰句孫土 13 희熙
○ ○ 朱 ○ ○

</td><td>

羊蛇孫酉 ▬ ▬
血句財亥 ▬▬▬ 應
朱兄丑 ▬ ▬ 身
靑兄丑 ▬ ▬
玄官卯 ▬▬▬▬ 世
白父巳 ▬▬▬▬ 命

</td></tr>
</table>

인신사해(寅申巳亥) 사맹격(四孟格)으로 인(寅)은 봄의 첫머리요 동방이며, 사(巳)는 여름의 첫머리요 남방이며, 신(申)은 가을의 첫머리요 서방이며, 해(亥)는 겨울의 첫머리요 북방이므로 사계절과 사방을 통솔하는 격이다.

성명(姓名)에서 관(官)에 청룡(靑龍)이 임하고, 역상(易象)의 관(官)에 현무(玄武)가 임하였으며, 일지(日支)가 녹(祿)이므로 무관으로 혁명을 일으켜 대통령이 되었다. 삼동월(三冬月) 경신일생(庚辛日生)은 국가관이 투철하다고 했는데 부하의 총탄에 처참하게 죽었다.

재(財)는 아내인데 재(財)에 백호(白虎)와 망신(亡身)이 임하여
인중갑목(寅中甲木)과 충(沖)하고, 년지(年支)와 형(刑)되어 역상
(易上)의 재(財)에 구진(句陳)과 혈인(血刃)이 임하므로 아내와 슬
픈 이별을 겪은 것이다. 역상(易象)에서 상효(上爻)는 머리를 가리
키므로 쇠인 유금(酉金)이 양인(羊刃)이라 총탄에 피살된 것이다.

31. 건명(乾命)

```
庚庚辛丙
辰辰丑申

災 靑 午 火      7 이 李
弔 ○ 玄 ○ ○
六 白 卯 木     10 기 起
  ○ 蛇 ○ ○
將 句 子 水     19 붕 鵬
血 月 朱 戌 土
```

```
蛇財戌 ▬▬ 應
句官申 ▬▬
災朱孫午 ▬▬▬ 身
羊靑官酉 ▬▬▬ 世
玄父亥 ▬▬▬
白財丑 ▬▬ 命
```

일시(日時)가 괴강으로 한냉한 사주(四柱)이므로 병화(丙火)가 용
신(用神)이다. 관(官)에 청룡(靑龍)이 임하고, 대운(大運)이 남방
화국(南方火局)으로 흘러 국회의장 부통령까지 지냈으나 부정선거
로 온 나라를 떠들썩하게 만들더니 4.19의거를 불러 일으켜 아들에
게 총살당했다.

비록 청룡관(靑龍官)이지만 재살(災殺)과 양인(羊刃), 공망(空亡)이 임하여 관(官)으로 인한 죽음을 맞은 것이다. 자손궁인 손(孫)에 주작(朱雀)과 재살(災殺)이 임하고, 구진(句陳)과 혈인(血刃)이 놓였으므로 아들이 총살극을 벌인 것이다. 이격(利格)과 정격(貞格)의 수리가 흉하여 흉작용이 더욱 강했다.

32. 건명(乾命)

관(官)에 백호(白虎)와 장성(將星)이 임하므로 청나라 군대의 총사령관이 되어 손문의 혁명군과 대적하다가, 갑자기 돌변하여 손문과의 타협아래 청나라를 타도하고 중화민국의 초대 총통이 되었다. 다시 황제로 자칭한 지 83일 만에 병으로 사망하니 향년 59세였다.

丁丁癸己					
未巳酉未					
丑	句	兄	土	10원	袁
巳	朱	父	火		
申	靑	孫	金	5 세	世
○	玄	○	○		
卯	白	官	木	12개	凱
○	蛇	○	○		

이와같이 관(官)에 백호(白虎)나 청룡(靑龍)이 임하면 고관은 물론 국가원수까지 될 수 있다. 그러나 선천명(先天命)과 합국(合局)되어야 가능하다.

33. 건명(乾命)

년월시지(年月時支)가 온통 장성(將星)이요 칠살격(七殺格)으로 살세가 창광하다. 다행히 월상(月上)에서 정화(丁火)를 만나 방패로 삼으니 군계일학격(群鷄一鶴格)이다.

대운(大運)이 화운(火運)으로 흐르고, 성명(姓名)에서는 관(官)에 청룡(靑龍)과 문창성(文昌星)이 임하여 유방을 도와 중국을 통일하고 한나라를 세운 것이다. 천하무적 항우를 물리치고 천하를 얻은 공로로 한나라 왕에 봉해졌으나, 수대운(水大運)에 이르러 반역죄로 형장의 이슬이 되어 시신은 젓갈로 담겨지는 비운을 맞은 것이다.

```
乙乙丁辛
酉卯酉酉

      戌 蛇 父 土
   文 午 句 官 火   17 한 韓
      申 朱 兄 金
   文 午 靑 官 火
                   9 신 信
   ○ 玄 ○ ○
   ○ 白 ○ ○
```

34. 건명(乾命)

을묘정관(乙卯正官)에 관살(官殺)이 혼잡하나 경금(庚金)이 을관(乙官)을 합하고, 신금(申金)이 인관(寅官)을 제압하여 성명(姓名)의 관(官)에 현무(玄武)가

```
庚戊庚乙
申寅辰卯

沖 劫 申 玄 官 金   17 채 蔡
   ○ 白 ○ ○
      亥 蛇 父 水    8 병 秉
      丑 句 財 土
      午 朱 孫 火   15 덕 德
      寅 靑 兄 木
```

임하여 무관이 되었다. 일찍 군장성이 되어 육군참모총장까지 올랐
으나 애석하게도 전사했다.

35. 건명(乾命)

천간(天干)이 차례로 생하고 기
유진신(己酉進神)이 칠살(七殺)
과 장성(將星)이며, 일지양인(日
支羊刃)에 착근하고 유장성(酉
將星)과 합하였다. 성명(姓名)에
서 관(官)에 현무(玄武)가 임하
므로 무관이 되어 해군참모총장
과 국방부장관을 지냈다.

乙癸庚己
卯丑午酉

酉 勾 兄 金　10 손 孫
丑 朱 父 土
未 靑 父 土　4 원 元
巳 玄 官 火
貴人 辰 白 父 土　1 일 一
午 蛇 官 火

36. 건명(乾命)

관(官)에 청룡(靑龍)과 장성(將
星)이 임하므로 역발산기개세
(力拔山氣蓋世)의 천하무적 장
사로 초패왕이 되었다. 유방과
천하패권을 다투던 중에 유방의
부장인 한신의 꾀와 장량의 술

壬庚壬庚　　항 우(項羽)
午午午午

蛇 父 未 ― ―　命
羊刃 勾 兄 酉 ――
朱 孫 亥 ――　應
靑 官 午 ― ―　身
玄 父 辰 ――
白 財 寅 ― ―　世

수로 인하여 참패하자 울분에 못이겨 자결했다. 힘은 강했지만 덕
이 부족했기 때문이다.

37. 건명(乾命)

월지장성(月支將星)에서 녹(祿)
을 얻고, 일지(日支)에 귀인이
놓였다. 성명(姓名)에서 관(官)
에 백호(白虎)가 임하고, 재(財)
가 백호관(白虎官)을 생하여 군
장성이 된 것이다.

```
己癸戊庚
未卯子申

午 蛇 官 火   7 이 李
○ 句 ○ ○
戊 朱 父 土   7 형 亨
戊 靑 父 土
卯 玄 財 木  10 근 根
貴 人 巳 白 官 火
```


38. 건명(乾命)

월지(月支)에 양인(羊刃)을 놓
였으며 년편관(年偏官)이 투출
하다. 성명(姓名)에서 관(官)에
청룡(靑龍)이 임하여 고위 군장
성이 된 것이다.

```
戊甲己庚
辰子卯申

蛇 財 木
句 孫 水   8 김 金
朱 兄 金
靑 官 火   9 신 信
玄 ○ ○
白 ○ ○
```

39. 건명(乾命)

일지(日支)에 지살역마(地殺驛馬)가 놓였으므로 일본으로 건너갔다. 동경의 고도역학원에서 공부하고 귀국하여 31세부터 철학관을 경영하였다.

명조(命造)에 재성(財星)이 득령(得令)하므로 의식이 풍족하며, 년월(年月)에 술해천문(戌亥天門)을 놓고 무신일(戊申日)이 금수(金水)가 많아 역술인이 되었다. 성명(姓名)에 있는 26수, 30수, 38수는 이재기인의 수리요, 38수는 학자나 문학에 좋은 수리다.

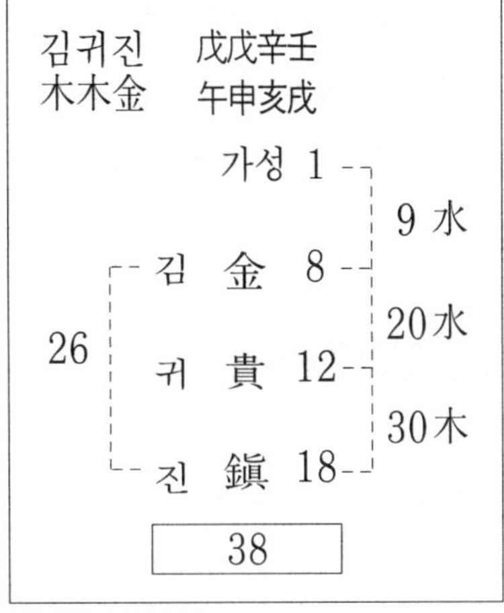

40. 건명(乾命)

천문성(天文星)과 인성(印星)이 많으므로 학자의 사주(四柱)로 어려서부터 사서삼경을 공부했다. 일시지(日時支)가 지살(地殺)이라 만주로 가서 명리학(命理學)과 태을수(太乙數), 황극수(皇極數)를 공부한 다음 귀국하

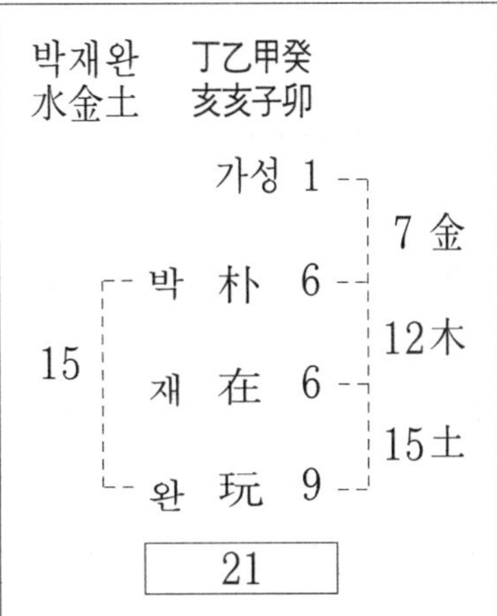

여 산사에서 정신수양을 했다. 을해일(乙亥日) 해시(亥時)에 출생하여 명리학계(命理學界)에서 명성을 떨쳤다. 21수는 두령의 수리이며, 학자나 종교가, 예술가의 수리이기도 하다.

41. 건명(乾命)

미월(未月) 을사일(乙巳日)에 출생하여 명리학계(命理學界)에 입신했다. 한국역리인협회 중앙회장을 역임했으며, 주역과 하락이수를 깊이 연구했다. 이름에 있는 19는 이재기인의 수리이고, 24는 학자의 수리이며, 35는 문학과 기예의 수리다.

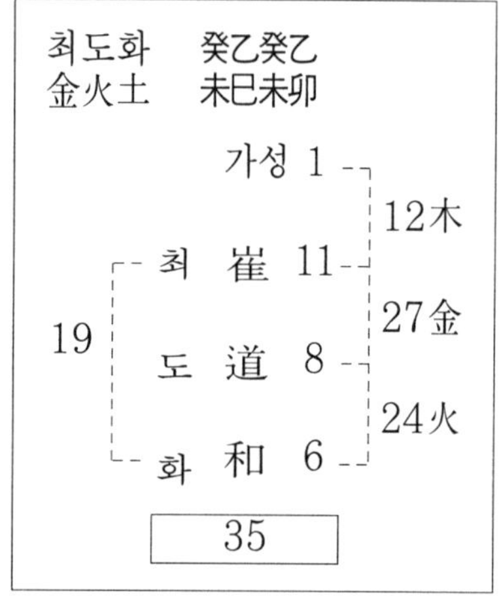

42. 건명(乾命)

청룡관(靑龍官)이라 대통령까지 된 것이다. 경금(庚金)은 정재(正財)이므로 아내인데 자(子)는 물이고 북방이니, 바다 건너 먼 곳에 있는 여자를 아내로 삼

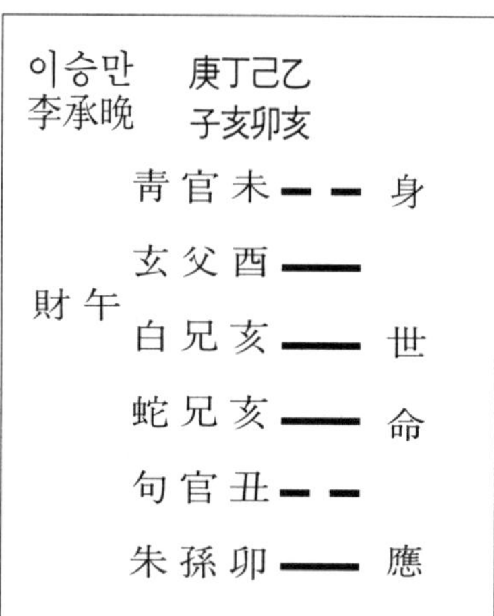

게 된 것이다. 을사년(乙巳年)에 사망한 것은 사화(巳火)가 년일지
(年日支)를 충(沖)하고, 귀인과 세(世)와 명(命)을 충(沖)했기 때문
이다.

43. 건명(乾命)

월령(月令)을 얻어 괴강이 중복
되고, 양인(羊刃)과 효신(梟神)
이 왕하여 신강(身强)하므로 성
격이 강하고 음성적인 인물이
다. 명조(命造)에는 부성(父星)
인 재(財)가 없고, 인성(印星)이
왕하여 월지(月支)에 양인(羊刃)
이 놓였다.

丙庚辛戌							
子戌酉戌							
將	午	朱	父	火	7	이	李
○	○	靑	○	○			
驛	申	玄	孫	金	7	정	廷
華	戌	白	兄	土			
亡	巳	蛇	父	火	8	래	來
○	○	句	○	○			

성명(姓名)에서 부성(父星)에 망신(亡身)과 원진(怨嗔)이 임하므
로 어려서 아버지와 사별했다. 형(兄)은 년월일(年月日)과 통근(通
根)되고, 부(父)가 생하여 형제가 많으나 백호(白虎)가 임한 탓으
로 누나 하나가 일찍 죽었다.

명조(命造)에 년월일(年月日)이 모두 육해(六害)와 화개(華蓋)이
므로 천문성(天文星)을 놓아 도를 닦고 있으나, 도는 멀고 색은 가
까우니 진리탐구는 요원할 수 밖에 없다.

명조(命造)와 성명(姓名) 어디에도 재(財)는 나타나지 않았지만
그렇다고 여자가 없는 것은 아니다. 다만 재물복과 처복이 부족할

뿐이다. 이 사람은 신줄이 너무 강하기 때문에 중, 박수, 침술가, 법사 등이 되어 중생을 제도하면서 공부하는 것이 상책이라고 생각한다. 하지만 아무나 중생제도를 할 수 있을지는 의문이다.

44. 곤명(坤命)

<table>
<tr><td colspan="5">壬丙庚庚
辰寅辰子</td><td></td></tr>
<tr><td>六</td><td>卯</td><td>蛇</td><td>孫</td><td>木</td><td>8 김 金</td></tr>
<tr><td>亡</td><td>亥</td><td>句</td><td>兄</td><td>水</td><td></td></tr>
<tr><td>六</td><td>卯</td><td>朱</td><td>孫</td><td>木</td><td>8 경 京</td></tr>
<tr><td>攀</td><td>丑</td><td>靑</td><td>官</td><td>土</td><td></td></tr>
<tr><td>年</td><td>酉</td><td>玄</td><td>父</td><td>金</td><td>12 숙 淑</td></tr>
<tr><td>六</td><td>卯</td><td>白</td><td>孫</td><td>木</td><td></td></tr>
</table>

관살혼잡(官殺混雜)에 자수관(子水官)이 급각(急脚)이라 남편이 다리를 절었다. 을해년(乙亥年)에도 해(亥)가 역시 급각살(急脚殺)이고, 진중계수(辰中癸水)인 관(官)이 진진자형(辰辰自刑)하고 진해원진(辰亥怨嗔) 되어 사고로 죽었다. 부관(夫官)이 비록 청룡관(靑龍官)이지만 손목(孫木)으로부터 직극(直剋)을 당하고, 일지(日支)를 기준으로 보면 축(丑)은 과숙(寡宿)이라 부궁(夫宮)이 부실하다.

성명(姓名)에 손(孫)이 많이 나타났으나, 손(孫)에 백호(白虎)와 육해(六害)가 임하고 식신(食神)이 진진자형(辰辰自刑)되어 4남매 중 하나가 요절했다. 부성(父星)의 경금(庚金)은 물 위에 앉았고, 부(父)에 술통과 도화살(桃花殺)이 임하여 주색을 좋아했는데 거기에 현무(玄武)까지 임하니 술 때문에 죽은 것이다.

또한 형제궁에 구진(句陳)과 망신(亡身)이 임하므로 4남매 중 1명이 행방불명되었다. 해(亥)는 물이고 구진(句陳)은 토신(土神)으로 흉신이다. 망신(亡身)은 죽음과 망실을 뜻하므로 익사했으리라 짐작된다. 또한 진중계수관(辰中癸水官)이 일지(日支)와 방합(方合)되므로 외간 남자와 정을 통하고 있다.

45. 곤명(坤命)

명조(命造)를 보면 자식인 해식신(亥食神)이 쇠약하고, 성명(姓名)을 보면 손(孫)에 현무(玄武)가 임하므로 딸 3명을 낳았으나 둘은 어릴 때 죽고 하나만 살아 있으며, 배다른 자식이 3명 있다. 지지(地支)에 천문(天門)을 놓아 종교를 열심히 믿는다.

丙庚己乙						
戌戌卯亥						
將	卯	玄	孫	木	8	김 金
地	亥	白	兄	水		
六	午	蛇	財	火	9	남 南
年	子	句	兄	水		
災	酉	朱	父	金	12	선 善
驛	巳	靑	財	火		

46. 곤명(坤命)

부성(夫星)인 관(官)이 혼잡되고, 백호(白虎)와 구진(句陳)과 겁살(劫殺)과 재살(災殺)이 임하고, 자수관(子水官)이 년지(年支)와 충(沖)되었다.

첫 결혼으로 4남매를 낳고 살다가 남편이 죽자 바람이 나니 시집에서 받아주지 않는다. 두번째 결혼하여 자식을 하나 또 낳았는데 또 남편이 죽자, 경신생(庚申生) 아들 하나를 데리고 세번째 결혼하여 남편 호적에 올리고 살다가 또 남편이 죽었다. 현재는 혼자 살고 있다.

壬午年 乙巳月 丙子日生					
劫	亥	白	官	水	14 배 裵
○	○	蛇	○	○	
災	子	句	官	水	11 필 畢
將	午	朱	兄	火	
月	辰	靑	孫	土	13 환 煥
將	午	玄	兄	火	

47. 건명(乾命)

월지오(月支午)는 어머니인데 성명(姓名)의 구진재(句陳財)와 자오충(子午沖)되고, 인중(寅中)의 병화인성(丙火印星)이 인신충(寅申沖)되고, 월상(月上)의 병화인(丙火寅)이 병임충(丙壬沖)되고, 월지(月支)에 양인(羊刃)이 놓였으므로 어머니가 교통사고로 사망했다. 성명(姓名)에서는 재(財)가 어머니인데 형토(兄土)에게 직극(直剋)을 당하여 불행을 겪은 것이다.

甲戊丙壬 寅申午辰					
月	戌	白	兄	土	9 우 禹
○	○	蛇	○	○	
將	子	句	財	水	9 병 柄
月	戌	朱	兄	土	
年	酉	靑	孫	金	8 직 直
六	卯	玄	官	木	

48. 곤명(坤命)

관성(官星)이 혼잡되어 백호형(白虎刑)이 되었다. 성명(姓名)에서 부성(夫星)인 관(官)에 현무(玄武)가 임하고, 일지(日支)와 묘유충(卯酉沖)되어 과부가 된 것이다. 관성(官星)이 형(刑)되고 일지(日支)가 원진(怨嗔)되며, 시상상관(時上傷官)이 놓였으니 어찌 부부궁이 평탄하겠는가.

甲癸丙乙
寅酉戌未

將	卯	玄	官	木	8	김	金
地	亥	白	財	水			
將	卯	蛇	官	木	12	귀	貴
○	○	句	○	○			
災	酉	朱	孫	金	12	순	順
驛	巳	靑	火	火			

49. 곤명(坤命)

아버지인 편재갑목(偏財甲木)이 절지(絶地)에 앉았고, 천간(天干)에서 좌우로 칠살(七殺)을 만났다. 성명(姓名)에서 비록 부(父)에 청룡(靑龍)이 임했지만 재(財)가 직극(直剋)했고, 부성(父星)인 인(寅)이 월일지(月日支)와 인신충(寅申沖)되어 아버지가 칼에 찔려 죽었다. 18세에 결혼했으나 부관(夫官)이 은복되어

壬庚甲庚
午申申午

將	午	蛇	兄	火	7	이	李
○	○	句	○	○			
月	辰	朱	孫	土	5	옥	玉
地	寅	靑	父	木			
六	酉	玄	財	金	12	순	順
亡	巳	白	兄	火			

20세에 생이별하고, 22세에 재혼하여 딸 하나를 낳고 살다가 29세에 폐병으로 사망했다.

「玉」자와 「順」자가 불길하고, 인격(人格) 12수와 외격(外格) 19수가 흉수이며, 수리오행(數理五行)이 금목금(金木金)이라 더욱 흉하게 작용한 것이다.

50. 건명(乾命)

기신(己身)인 병화(丙火)가 겨울에 태어나 실령한데, 금수(金水)가 태왕하여 신약(身弱)한 명조(命造)로 고립무원의 상태가 되어 육친(六親)의 덕이 없다.

관왕(官旺)하므로 5남매를 두었으나 손(孫)에 현무(玄武)와 겁살(劫殺)이 놓이고, 명조(命造)의 자손궁이 진진자형(辰辰自刑)되어 효도하는 자식이 하나도 없다. 재성(財星)이 자미원진(子未怨嗔) 위에 놓이고, 배우자궁인 일지(日支)가 자형(自刑)되었으며, 성명(姓名)에 재(財)가 은복되어 부부간에 정이 없다.

		壬丙庚辛					
		辰辰子未					
攀	辰	蛇	兄	土	11	허	許
○	○	句	○	○			
亡	寅	朱	官	木	11	국	國
亡	寅	靑	官	木			
劫	申	玄	孫	金	7	정	廷
天	戌	白	兄	土			

성명총수 \ 성획수	1, 9, 17	2, 10, 18	3, 11, 19	4, 12, 20
1, 9, 17, 25, 33, 41, 49, 57	天地否	天山遯	天水訟	天風姤
2, 10, 18, 26, 34, 42, 50, 58	澤天夬	澤地萃	澤山咸	澤水困
3, 11, 19, 27, 35, 43, 51, 59	火澤睽	火天大有	火地晉	火山旅
4, 12, 20, 28, 36, 44, 52, 60	雷火豐	雷澤歸妹	雷天大壯	雷地豫
5, 13, 21, 29, 37, 45, 53, 61	風雷益	風火家人	風澤中孚	風天小畜
6, 14, 22, 30, 38, 46, 54, 62	水風井	水雷屯	水火旣濟	水澤節
7, 15, 23, 31, 39, 47, 55, 63	山水蒙	山風蠱	山雷頤	山火賁
8, 16, 24, 32, 40, 48, 56, 64	地山謙	地水師	地風升	地雷復

성명총수 \ 성획수	5, 13, 21	6, 14, 22,	7, 15, 23	8, 16, 24
1, 9, 17, 25, 33, 41, 49, 57	天雷无妄	天火同人	天澤履	重天乾
2, 10, 18, 26, 34, 42, 50, 58	澤風大過	澤雷隨	澤火革	重澤兌
3, 11, 19, 27, 35, 43, 51, 59	火水未濟	火風鼎	火雷噬嗑	重火離
4, 12, 20, 28, 36, 44, 52, 60	雷山小過	雷水解	雷風恒	重雷震
5, 13, 21, 29, 37, 45, 53, 61	風地觀	風山漸	風水渙	重風巽
6, 14, 22, 30, 38, 46, 54, 62	水天需	水地比	水山蹇	重水坎
7, 15, 23, 31, 39, 47, 55, 63	山澤損	山天大畜	山地剝	重山艮
8, 16, 24, 32, 40, 48, 56, 64	地火明夷	地澤臨	地天泰	重地坤

1.1 重天乾
父戌 ── 世
兄申 ── 身
官午 ──
父辰 ── 應
財寅 ── 命
孫子 ──

1.2 天澤履
兄戌 ── 命
財子孫申 ── 世
父午 ──
兄丑 ─ ─ 身
官卯 ── 應
父巳 ──

1.3 天火同人
孫戌 ── 身應
財申 ──
兄午 ──
官亥 ── 命世
孫丑 ─ ─
父卯 ──

1.4 天雷无妄
財戌 ──
官申 ──
孫午 ── 命世
財辰 ─ ─
兄寅 ─ ─
父子 ── 身應

1.5 天風姤
父戌 ──
兄申 ── 命
官午 ── 應
兄酉 ──
財寅孫亥 ── 身
父丑 ─ ─ 世

1.6 天水訟
孫戌 ──
財申 ──
兄午 ── 命世
官亥兄午 ─ ─
孫辰 ──
父寅 ─ ─ 身應

1.7 天山遯	1.8 天地否
父 戌 ━━━	父 戌 ━━━ 應
兄 申 ━━━ 應	兄 申 ━━━
官 午 ━━━ 命	官 午 ━━━ 身
兄 申 ━━━	財 卯 ━ ━ 世
財 寅 官 午 ━ ━ 世	官 巳 ━ ━
孫 子 父 辰 ━ ━ 身	孫 子 父 未 ━ ━ 命

2.1 澤天夬	2.2 重澤兌
兄 未 ━ ━	父 未 ━ ━ 世
孫 酉 ━━━ 世	兄 酉 ━━━ 命
財 亥 ━━━ 身	孫 亥 ━━━
兄 辰 ━━━	父 丑 ━ ━ 應
父 巳 官 寅 ━━━ 應	財 卯 ━━━ 身
財 子 ━━━ 命	官 巳 ━━━

2.3 澤火革	2.4 澤雷隨
官 未 ━ ━ 身	財 未 ━ ━ 應
父 酉 ━━━	官 酉 ━━━ 身
財 午 兄 亥 ━━━ 世	孫 午 父 亥 ━━━
兄 亥 ━━━ 命	財 辰 ━ ━ 世
官 丑 ━ ━	兄 寅 ━ ━ 命
孫 卯 ━━━ 應	父 子 ━━━

2.5 澤風大過
財 未 ▬ ▬ 身
官 酉 ▬▬▬
孫 午 父 亥 ▬▬▬ 世
官 酉 ▬▬▬ 命
父 亥 ▬▬▬
財 丑 ▬ ▬ 應

2.6 澤水困
父 未 ▬ ▬ 命
兄 酉 ▬▬▬
孫 亥 ▬▬▬ 應
官 午 ▬ ▬ 身
父 辰 ▬▬▬
財 寅 ▬ ▬ 世

2.7 澤山咸
父 未 ▬ ▬ 命應
兄 酉 ▬▬▬
孫 亥 ▬▬▬
兄 申 ▬▬▬ 身世
財 卯 官 午 ▬ ▬
父 辰 ▬ ▬

2.8 澤地萃
父 未 ▬ ▬ 身
兄 酉 ▬▬▬ 應
孫 亥 ▬▬▬
財 卯 ▬ ▬ 命
官 巳 ▬ ▬ 世
父 未 ▬ ▬

3.1 火天大有
官 巳 ▬▬▬ 應
父 未 ▬ ▬ 身
兄 酉 ▬▬▬
父 辰 ▬▬▬ 世
財 寅 ▬▬▬ 命
孫 子 ▬▬▬

3.2 火澤睽
父 巳 ▬▬▬
財 子 兄 未 ▬ ▬
孫 酉 ▬▬▬ 身世
兄 丑 ▬ ▬
官 卯 ▬▬▬
父 巳 ▬▬▬ 命應

<table>
<tr><td>

3.3 重火離

兄巳 ━━ 身世

孫未 ━ ━

財酉 ━━

官亥 ━━ 命應

孫丑 ━ ━

父卯 ━━

</td><td>

3.4 火雷噬嗑

孫巳 ━━

財未 ━ ━ 命世

官酉 ━━

財辰 ━ ━

兄寅 ━ ━ 身應

父子 ━━

</td></tr>
<tr><td>

3.5 火風鼎

兄巳 ━━ 身

孫未 ━ ━ 應

財酉 ━━

財酉 ━━ 命

官亥 ━━ 世

父卯 孫丑 ━ ━

</td><td>

3.6 火水未濟

兄巳 ━━ 應

孫未 ━ ━

財酉 ━━ 命

官亥 兄午 ━ ━ 世

孫辰 ━━

父寅 ━ ━ 身

</td></tr>
<tr><td>

3.7 火山旅

兄巳 ━━

孫未 ━ ━ 身

財酉 ━━ 應

官亥 財申 ━━

兄午 ━ ━ 命

辰辰 ━ ━ 世

</td><td>

3.8 火地晋

官巳 ━━

父未 ━ ━

兄酉 ━━ 身世

財卯 ━ ━

官巳 ━━

父未 ━ ━ 命應

</td></tr>
</table>

4.1 雷天大壯
兄 戌 ▬▬
孫 申 ▬▬
父 午 ━━ 命世
兄 辰 ━━
官 寅 ━━
財 子 ━━ 身應

4.2 雷澤歸妹
父 戌 ▬▬ 應
兄 申 ▬▬ 命
孫亥官午 ━━
父 丑 ▬▬ 世
財 卯 ━━ 身
官 巳 ━━

4.3 雷火豐
官 戌 ▬▬ 命
父 申 ▬▬ 世
財 午 ━━
兄 亥 ━━ 身
官 丑 ▬▬ 應
孫 卯 ━━

4.4 重雷震
財 戌 ▬▬ 世
官 申 ▬▬ 身
孫 午 ━━
財 辰 ▬▬ 應
兄 寅 ▬▬ 命
父 子 ━━

4.5 雷風恒
財 戌 ▬▬ 應
官 申 ▬▬
孫 午 ━━ 身
官 酉 ━━ 世
兄寅父亥 ━━
財 丑 ▬▬ 命

4.6 雷水解
財 戌 ▬▬
官 申 ▬▬ 身應
孫 午 ━━
孫 午 ▬▬
財 辰 ━━ 命世
父子兄寅 ▬▬

4.7 雷山小過	4.8 雷地豫
父 戌 ▬ ▬	財 戌 ▬ ▬
兄 申 ▬ ▬	官 申 ▬ ▬ 命
官 午 ▬▬▬ 命世	孫 午 ▬▬▬ 應
兄 申 ▬▬▬	兄 卯 ▬ ▬
財卯 官午 ▬ ▬	孫 巳 ▬ ▬ 身
父 辰 ▬ ▬ 身應	父子 財未 ▬ ▬ 世

5.1 風天小畜	5.2 風澤中孚
兄 卯 ▬▬▬	官 卯 ▬▬▬
孫 巳 ▬▬▬	財子 父巳 ▬▬▬ 命
財 未 ▬ ▬ 命應	兄 未 ▬ ▬ 世
官酉 財辰 ▬▬▬	孫申 兄丑 ▬ ▬
兄 寅 ▬▬▬	官 卯 ▬▬▬ 身
父 子 ▬▬▬ 身世	父 巳 ▬▬▬ 應

5.3 風火家人	5.4 風雷益
兄 卯 ▬▬▬	兄 卯 ▬▬▬ 應
孫 巳 ▬▬▬	孫 巳 ▬▬▬ 身
財 未 ▬ ▬ 命應	財 未 ▬ ▬
官酉 父亥 ▬▬▬	官酉 財辰 ▬ ▬ 世
財 丑 ▬ ▬ 身世	兄 寅 ▬ ▬ 命
兄 卯 ▬▬▬	父 子 ▬▬▬

5.5 重風巽

兄卯 ——— 世
孫巳 ———
財未 —— 身
官酉 ——— 應
父亥 ———
財丑 —— 命

5.6 風水渙

父卯 ——— 身
兄巳 ——— 世
財酉 孫未 ——
官亥 兄午 —— 命
孫辰 ——— 應
父寅 ——

5.7 風山漸

官卯 ——— 命應
財子 父巳 ———
兄未 ——
孫申 ——— 身世
父午 ——
兄辰 ——

5.8 風地觀

財卯 ———
兄申 官巳 ——— 命
父未 —— 世
財卯 ——
官巳 —— 身
孫子 父未 —— 應

6.1 水天需

財子 —— 命
兄戌 ———
孫申 —— 世
兄辰 ——— 身
父巳 官寅 ———
財子 ——— 應

6.2 水澤節

兄子 —— 身
官戌 ———
父申 —— 應
官丑 —— 命
孫卯 ———
財巳 ——— 世

6.3 水火既濟	
兄子 ▬▬ 身應	
官戌 ▬▬▬	
父申 ▬▬	
財午 兄亥 ▬▬▬ 命世	
官丑 ▬▬	
孫卯 ▬▬▬	

6.3 水火既濟
兄子 ▬ ▬ 身應
官戌 ▬▬▬
父申 ▬ ▬
財午 兄亥 ▬▬▬ 命世
官丑 ▬ ▬
孫卯 ▬▬▬

6.4 水雷屯
兄子 ▬ ▬ 命
官戌 ▬▬▬ 應
父申 ▬ ▬
財午 官辰 ▬ ▬ 身
孫寅 ▬ ▬ 世
兄子 ▬▬▬

6.5 水風井
父子 ▬ ▬
財戌 ▬▬▬ 身世
孫午 官申 ▬ ▬
官酉 ▬▬▬
兄寅 父亥 ▬▬▬ 命應
財丑 ▬ ▬

6.6 重水坎
兄子 ▬ ▬ 世
官戌 ▬▬▬
父申 ▬ ▬ 命
財午 ▬ ▬ 應
官辰 ▬▬▬
孫寅 ▬ ▬ 身

6.7 水山蹇
孫子 ▬ ▬ 命
父戌 ▬▬▬
兄申 ▬ ▬ 世
兄申 ▬▬▬ 身
財卯 官午 ▬ ▬
父辰 ▬ ▬ 應

6.8 水地比
財子 ▬ ▬ 應
兄戌 ▬▬▬
孫申 ▬ ▬ 身
官卯 ▬ ▬ 世
父巳 ▬ ▬
兄未 ▬ ▬ 命

7.1 山天大畜
官 寅 ── 命
財 子 == 應
兄 戌 ==
兄 辰 ── 身
父 午 官 寅 ── 世
孫 申 財 子 ──

7.2 山澤損
官 寅 ── 應
財 子 == 命
兄 戌 ==
孫 申 兄 丑 == 世
官 卯 ── 身
父 巳 ──

7.3 山火賁
官 寅 ──
財 子 ==
兄 戌 == 身應
財 亥 ──
父 午 兄 丑 ==
孫 申 官 卯 ── 命世

7.4 山雷頤
兄 寅 ──
孫 巳 父 子 == 身
財 戌 == 世
官 酉 財 辰 ==
兄 寅 == 命
父 子 ── 應

7.5 山風蠱
兄 寅 ── 應
孫 巳 父 子 ==
財 戌 == 身
官 酉 ── 世
父 亥 ──
財 丑 == 命

7.6 山水蒙
父 寅 ──
官 子 == 身
財 酉 孫 戌 == 世
兄 午 ==
孫 辰 ── 命
父 寅 == 應

7.7 重山艮	7.8 山地剝
官 寅 ▅▅▅ 命世	財 寅 ▅▅▅
財 子 ▅ ▅	兄申孫子 ▅ ▅ 世
兄 戌 ▅ ▅	父 戌 ▅ ▅ 命
孫 申 ▅▅▅ 身應	財 卯 ▅ ▅
父 午 ▅ ▅	官 巳 ▅ ▅ 應
兄 辰 ▅ ▅	父 未 ▅ ▅ 身

8.1 地天泰	8.2 地澤臨
孫 酉 ▅ ▅ 應	孫 酉 ▅ ▅
財 亥 ▅ ▅ 身	財 亥 ▅ ▅ 應
兄 丑 ▅ ▅	兄 丑 ▅ ▅ 身
兄 辰 ▅▅▅ 世	兄 丑 ▅ ▅
父巳官寅 ▅▅▅ 命	官 卯 ▅▅▅ 世
財 子 ▅▅▅	父 巳 ▅▅▅ 命

8.3 地火明夷	8.4 地雷復
父 酉 ▅ ▅	孫 酉 ▅ ▅
兄 亥 ▅ ▅ 命	財 亥 ▅ ▅
官 丑 ▅ ▅ 世	兄 丑 ▅ ▅ 命應
財午兄亥 ▅▅▅	兄 辰 ▅ ▅
官 丑 ▅ ▅ 身	父巳官寅 ▅ ▅
孫 卯 ▅▅▅ 應	財 子 ▅▅▅ 身世

<table>
<tr><td>

8.5 地風升

　　官 酉 ▬▬
　　父 亥 ▬▬ 命
孫午財 丑 ▬▬ 世
　　官 酉 ▅▅
兄寅父 亥 ▅▅ 身
　　財 丑 ▬▬ 應

</td><td>

8.6 地水師

父 酉 ▬▬ 應
兄 亥 ▬▬
官 丑 ▬▬ 命
財 午 ▬▬ 世
官 辰 ▅▅
孫 寅 ▬▬ 身

</td></tr>
<tr><td>

8.7 地山謙

　　兄 酉 ▬▬ 身
　　孫 亥 ▬▬ 世
　　父 丑 ▬▬
　　兄 申 ▅▅ 命
財卯官 午 ▬▬ 應
　　父 辰 ▬▬

</td><td>

8.8 重地坤

孫 酉 ▬▬ 世
財 亥 ▬▬
兄 丑 ▬▬ 身
官 卯 ▬▬ 應
父 巳 ▅▅
兄 未 ▬▬ 命

</td></tr>
</table>

성명의 총수를 8로 나누어 떨어지는 수로 상괘(上卦)를 잡고 성자(姓字)를 제외한 이름을 합한 수를 8로 나누어 하괘(下卦)로 삼는다. 나머지 숫자가 없을 경우는 나눈 숫자인 8을 그대로 사용한다

```
신  申  5
육  六  6 ┐
천  泉  9 ┘ 15÷8=7(下卦)
20÷8=4(上卦)
```

```
박  朴  6
정  正  5 ┐
희  熙  13┘ 18÷8=2(下卦)
24÷8=8(上卦)
```

주자식 해명법

　첫 자리는 첫 이름자의 획수를 8로 제한 나머지 숫자로 놓고, 다음 이름 글자도 같은 방법으로 하여 그 다음 자리를 만든다. 외자이름이면 성 획수와 합하고 8로 제해서 딱 떨어지면(0인 경우) 8로 놓고, 8 이하의 획수는 그대로 놓는다.

一 一	始見貧苦 終賴榮貴	一 二	古木逢春 終見開花	一 三	天顔好聲 英雄優遊
一 四	木馬行時 終成財利	一 五	身退九級 花落空房	一 六	愁心不解 爭訟不利
一 七	寂寞空山 透迤高臥	一 八	愁見春夢 終無風景	二 一	暗裏衣冠 身成名利
二 二	碧玉琅杆 舟行江亭	二 三	二十年光 有似飄風	二 四	安身守義 名譽新風
二 五	雎鳩獨鳴 日食五粥	二 六	有救逢折 霜綠漸潤	二 七	屑缺調談 左漏右蹇
二 八	有君寵保 賞賜無雙	三 一	日更月新 壽福綿綿	三 二	木火無緣 血深如塵
三 三	枝動不靜 勤身之務	三 四	修行榮長 香蓮開新	三 五	聰明文章 風雲有光
三 六	十年臥病 終身不差	三 七	二十光景 風雲豪蕩	三 八	第一金榜 俊夫餘慶
四 一	風雲新來 雪氣騰天	四 二	糊口城門 低頭心事	四 三	一振金聲 陰谷暖氣
四 四	雍容自得 優遊度日	四 五	有財無功 終得不亨	四 六	長秩千人 仁聲自聞

주자식 해명법

四七	五鬼滿林 向人弔問	四八	才起貌美 事事新新	五一	含脣切齒 千恨未伸
五二	太行大路 三月奄行	五三	琴瑟淸音 日家爭春	五四	家門千里 刑到更留
五五	不願事事 老物與降	五六	花落無實 狂風更放	五七	右脚已折 左目亦盲
五八	大盛千人 仁吉四海	六一	枯木逢春 千里有光	六二	薰風吹軒 子孫縉紳
六三	風生保位 巨川舟楫	六四	若非英雄 壽福不期	六五	身安保吉 風塵不侵
六六	重遭險波 魂魄驚散	六七	有魚無鱗 有財無功	六八	紫府背衣 皇恩自得
七一	老龍得雲 食前方丈	七	老龍無聲 江邊垂淚	七三	靑鳥無春 華蓋無風
七四	柳衡一道 山月俳徊	七五	身得疾病 墻有寇賊	七六	射之眉間 賣少空房
七七	朝后折桂 零落飄風	七八	一入刑門 有何壽强	八一	名高桂籍 紫府文章
八二	鳳雛麟閣 光被日月	八三	江上起樓 心適自安	八四	飄零東西 暮年得病

八五	才學一枝 道德文章	八六	初稼平地 山頭與齊	八七	立身揚名 文章變換	八八	淸香滿堂 帝傍揚名

四柱論

1장. 음양오행(陰陽五行)

태극(太極)과 음양(陰陽)

태초, 우주가 창시되기 이전의 진공상태를 무극(無極) 또는 태극(太極)이라 한다. 태극(太極)에서 일기(一氣)가 시생하여 유(有)가 되고, 이 일기(一氣)에서 음양이기(陰陽二氣)로 나뉘어 양의(兩儀)가 되고, 동정(動靜)의 조화로 말미암아 우주만물이 창시되었다.

사상(四象)과 팔괘(八卦)

음양(陰陽)의 양의변합(兩儀變合)으로 인하여 태양(太陽), 소음(少陰), 소양(少陽), 태음(太陰)의 사상(四象)이 생기고, 사상(四象)에서 오기(五氣)인 오행(五行)이 유행하여 팔괘(八卦)가 구성되고, 팔괘(八卦)가 거듭해서 육십사괘(六十四卦)가 나온 것이다.

오행(五行)

金	木	水	火	土

오행(五行)의 상생법(相生法)

金生水	水生木	木生火	火生土	土生金

오행(五行)의 상극법(相剋法)

金剋木	木剋土	土剋水	水剋火	火剋金

오행(五行)의 방각(方角)과 계절

木	火	金	水	土
東, 春	南, 夏	西, 秋	北, 冬	중앙3, 6, 9, 12월

오행(五行)의 미(味)와 색(色)

木	火	金	水	土
酸, 靑	苦, 赤	辛, 白	鹹, 黑	甘, 黃

십간(十干)

甲	乙	丙	丁	戊	己	庚	辛	壬	癸

십이지(十二支)

子	丑	寅	卯	辰	巳	午	未	申	酉	戌	亥

간지(干支)의 음양(陰陽)

陰	陽
乙 丁 己 辛 癸	甲 丙 戊 庚 壬
丑 卯 巳 未 酉 亥	子 寅 辰 午 申 戌

간지(干支)의 오행(五行)

木	火	金	水	土
甲 乙 寅 卯	丙 丁 巳 午	庚 辛 申 酉	壬 癸 亥 子	戊己辰戌丑未

십이지(十二支) 동물배속

子	丑	寅	卯	辰	巳	午	未	申	酉	戌	亥
쥐	소	범	토끼	용	뱀	말	양	원숭이	닭	개	돼지

육십갑자의 납음오행과 공망

干支	納音	干支	納音	干支	納音	干支	納音	干支	納音	干支	納音
甲子 / 乙丑	海中金	甲戌 / 乙亥	山頭火	甲申 / 乙酉	泉中水	甲午 / 乙未	沙中金	甲辰 / 乙巳	覆燈火	甲寅 / 乙卯	大溪水
丙寅 / 丁卯	爐中火	丙子 / 丁丑	澗下水	丙戌 / 丁亥	屋上土	丙申 / 丁酉	山下火	丙午 / 丁未	天河水	丙辰 / 丁巳	沙中土
戊辰 / 己巳	大林木	戊寅 / 己卯	城頭土	戊子 / 己丑	霹靂火	戊戌 / 己亥	平地木	戊申 / 己酉	大驛土	戊午 / 己未	天上火
庚午 / 辛未	路傍土	庚辰 / 辛巳	白鑞金	庚寅 / 辛卯	松柏木	庚子 / 辛丑	壁上土	庚戌 / 辛亥	釵釧金	庚申 / 辛酉	石榴木
壬申 / 癸酉	劍鋒金	壬午 / 癸未	楊柳木	壬辰 / 癸巳	長流水	壬寅 / 癸卯	金箔金	壬子 / 癸丑	桑柘木	壬戌 / 癸亥	大海水
戌亥空亡		申酉空亡		午未空亡		辰巳空亡		寅卯空亡		子丑空亡	

2장. 사주(四柱)란 무엇인가

1. 년주(年柱)

년주(年柱)는 태어난 해를 말하며, 사주(四柱) 중에서 첫째 기둥을 가리킨다. 바탕이자 근본이 되는 뿌리에 해당하므로 근(根)이라고도 하며, 세덕(歲德) 또는 진태세(眞太歲)라고도 한다.

년주(年柱)에서는 주로 출생부터 15세까지의 소년기에 해당하는 학업, 질병, 빈부 등의 길흉을 본다. 조상, 전생, 과거, 선산, 묘지, 가계혈통, 생활 근거지, 집터, 터전, 대지 등이 해당된다.

사격(四格) 중에서는 원격(元格), 계절로는 봄, 그리고 날자로는 365일에 해당한다. 그외에도 조국, 임금, 상사, 기관장, 천시(天時), 주체, 시대, 그림자, 원(遠), 시(始)에 해당한다.

■ 년주(年柱)에 희신(喜神)이나 길신(吉神)이 있으면 부귀한 조상을 두고, 조상의 음덕이 지대하여 일찍 발전한다. 그러나 기신(忌

神)이나 흉신(凶神), 기신(忌神)이 있으면 조상이 미미하고 소년기에 고생을 많이 한다.

■ 년주(年柱)에 비견(比肩)이 있으면 장남이 아니거나 분가한 집안의 태생이고, 겁재(劫財)가 있으면 조상덕이 없고 재산을 물려받아도 지니지 못한다.

■ 년주(年柱)에 식신(食神)이 있으면 조상이 양반이거나 부자여서 조상덕으로 수복을 누리고, 상관(傷官)이 있으면 조업을 파하거나 부모가 장수하지 못하고 여자는 남편의 집안을 극한다.

■ 년주(年柱)에 편재(偏財)가 있으면 부모가 상업에 종사하며 조부나 부친이 양자의 명이고, 정재(正財)가 있으면 부잣집에서 태어나 부모덕을 본다.

■ 년주(年柱)에 정관(正官)이 있으면 명문가 태생이고, 정관(正官)과 재성(財星)이 함께 있으면 부귀한 집안에서 태어났다.

■ 년주(年柱)에 편인(偏印)이 있으면 타향이나 외국에서 살게 되고, 타주(他柱)에 편인(偏印)이 또 있으면 홀아버지나 홀어머니를 모시거나 양자로 갈 명이고, 인수(印綬)가 있으면 문장가나 명망가의 태생으로 조업을 계승하며 부귀를 누린다.

■ 년주(年柱)와 일주(日柱)가 천충지충(天沖地沖)되면 단명하거나 변사하고, 공망(空亡)이면 조상의 빛이 없어 조상덕을 보지 못하며 옛터와 인연이 없다.

■ 년주(年柱)가 길성(吉星)인데 월주(月柱)가 기신(忌神)이거나 년주(年柱)를 극하면, 부모대에서 조상의 기반을 파하고 가세가 빈천해진다.

■ 년주(年柱)에 있는 비겁(比劫)이 희신(喜神)이면 장남이라도 장

남구실을 못하고, 기신(忌神)에 해당하면 빈천한 조상을 둔다.

■ 년월간(年月干)이 합되고 희신(喜神)이나 길성(吉星)이면, 조상과 부모의 상속이 있고 음덕이 지대하여 일찍 발달한다.

■ 년월(年月)이 공망(空亡)이면 출신이 미미하여 고아가 되거나 양자로 가게 되고, 모든 일이 용두사미격이다.

■ 년월(年月)이 삼합(三合)되어 인성(印星)이면 두 어머니를 모시거나 두집 살림을 하게 되니 가정이 복잡하다.

2. 월주(月柱)

월주(月柱)는 태어난 월(月)을 말하며 사주(四柱) 중에서 둘째 기둥을 가리킨다. 잎과 가지와 줄기에 해당하므로 묘(苗), 또는 제강(提綱)이라고도 한다.

사격(四格) 중에서는 형격(亨格), 계절로는 여름, 12개월 중에서는 30일, 하루 중에서는 낮, 나이로는 15세부터 30세까지의 청년기에 해당한다. 일부 학자들은 출생부터 25세까지를 보기도 한다.

월주(月柱)에서는 주로 부모, 형제, 사회, 직장, 상사, 국장, 과장, 친구, 가정, 가문, 가옥, 사업, 유산, 상속, 사춘기, 학업, 목표, 군복무, 후원(後園), 골(骨), 현재, 현생 등을 본다.

■ 월주(月柱)에 비견(比肩)과 겁재(劫財)가 있으면 형제가 있고, 타주(他柱)에 비겁(比劫)이 여러개 있으면 양자로 가거나 생가를 떠난다. 또 부모가 재산을 탕진하며 형제간에 유산으로 인한 시비와

분쟁이 따른다.

■ 월주(月柱)에 식신(食神)이 있고 신왕(身旺)하면 체격이 좋고 도량이 넓으며 복록이 두텁지만, 편인(偏印)을 만나면 그렇지 못하다.

■ 월주(月柱)에 상관(傷官)이 있으면 백부나 숙부, 형제가 온전하지 못하다.

■ 월주(月柱)에 상관(傷官)이 있는데 타주(他柱)에 또 있으면 빈한해진다.

■ 월주(月柱)에 겁재(劫財)가 있으면 빈한한 집안에서 태어났다.

■ 월주(月柱)에 재성(財星)이 있으면 부모가 사업으로 부유하고, 유산을 많이 물려받는다.

■ 월주(月柱)에 정재(正財)가 있는데 식상(食傷)의 생부(生扶)가 있고 신왕(身旺)하면, 부잣집에서 태어났거나 자수성가한다.

■ 월주(月柱)에 편관(偏官)이 있으면 부모덕이 없고, 타주(他柱)에 편관(偏官)이 많으면 생활상에 어려움이 많으며 형제자매와 인연이 약하다.

■ 월주(月柱)가 기신(忌神)에 해당하면 액이 많고, 희신(喜神)에 해당하면 권세와 복록을 누리는 가정을 이룬다.

■ 월주(月柱)에 정관(正官)이 있고 왕하면 명문가 출신으로 지위가 높아지고, 똑똑한 자식과 인연이 있다.

■ 월주(月柱)에 편인(偏印)이 있고 타주(他柱)에 편관(偏官)이 두 개 정도 있으면, 부모가 온전하지 못하고 양자로 가거나 늙어서 고독하다.

■ 월주(月柱)에 인수(印綬)가 있고 상하지 않았으면 문장가나 학자의 집안, 또는 부잣집에서 태어났다. 총명하고 절개가 굳어 실천력

이 있고, 견식이 높으며 현명한 부모를 두어 발전한다.

■ 월주(月柱)가 희신(喜神)이고 형충파해(刑沖破害)나 공망(空亡)이 없으면 양반가에서 태어나 어릴 때 영화를 누린다.

■ 월주(月柱)가 공망(空亡)이면 부모와 인연이 없고, 만사에 장해가 따라 파란이 중중하다.

■ 월주(月柱)에 편인(偏印)이 있으면 어머니나 옛터와 인연이 없고, 산재(散財)가 중중하며, 양자로 가거나 서자출신으로 고독하다.

■ 년월(年月)이 형충(刑沖)되면 조상과 인연이 약하고, 일찍 고향을 떠난다.

■ 월주(月柱)가 인수(印綬)인데 편인(偏印)이 당령(當令)하면 서자출신으로, 입적하는 어머니가 재취이며 적자노릇을 한다.

■ 년월(年月)에 편인(偏印)이 있고, 일시(日時)에 인수(印綬)가 있으면 어머니가 재취다.

■ 월주(月柱)가 정재격(正財格)인데 편재(偏財)가 당령(當令)하면 부모의 재산을 상속받는다.

■ 월주(月柱)가 편인격(偏印格)인데 인수(印綬)가 당령(當令)하면 생모와 인연이 없어 서모나 양모 밑에서 자란다.

■ 월주(月柱)가 식신격(食神格)인데 편관(偏官)이 당령(當令)하면 본인이 출생한 뒤 집안이 번창한다.

■ 월주(月柱)가 희신(喜神)이고 년주(年柱)가 기신(忌神)이면, 부모대에서 집안이 발전한다.

3. 일주(日柱)

일주(日柱)는 태어난 날을 말하며, 사주(四柱) 중에서 셋째 기둥을 가리킨다. 활짝 핀 꽃에 해당하므로 화(花) 또는 좌(座)라고 한다.

사격(四格) 중에서는 이격(利格), 계절로는 가을, 일년 중에서는 1일, 나이로는 30세부터 45세까지의 장년기에 해당한다. 그러나 일부 학자들은 25세부터 50세까지를 보기도 한다.

일간(日干)으로는 자신을 보고 일지(日支)로는 배우자나 가정, 아랫사람, 배우자, 애인, 부하, 비서, 참모, 이성친구, 인근, 우리집, 주방, 생명, 얼굴, 피부, 현재, 현세, 지금 처해 있는 환경을 본다.

■ 일주(日柱)의 간지(干支)가 같은 오행(五行)이면 배우자를 극하지만, 신약(身弱)하면 오히려 도움을 받는다.

■ 일지(日支)가 식신(食神)이면 배우자가 도량이 넓고, 체격이 비대하며 의식주가 풍족하다. 그러나 타주(他柱)에 편인(偏印)이 있으면 배우자가 왜소한 편이다.

■ 남자가 일지(日支)에 상관(傷官)이나 재성(財星)이 있으면 아내가 미인이고, 재능이 있지만 말이 많다.

■ 일지(日支)가 상관(傷官)인데 타주(他柱)에 재성(財星)이 있으면 미모를 갖춘다.

■ 일지(日支)에 편재(偏財)가 있으면 배우자가 명랑하다.

■ 남자가 일지(日支)에 편재(偏財)가 있고, 타주(他柱)에 재성(財星)이 왕하면 연애결혼을 하며 여자관계가 복잡하다.

■ 일지(日支)에 편재(偏財)가 있으면 아내가 수단이 좋아 재물을

많이 모은다.

■ 일지(日支)에 정재(正財)가 있으면 재물이 풍족하며 좋은 배우자와 인연이 있고, 여자는 부자 남편을 만난다.

■ 일주(日柱)에 편관(偏官)이 있으면 배우자가 영리하지만 성격이 급하고 흉폭하여 비정상적인 관계가 된다. 남자가 공처가이지만 여자의 성격이 횡폭하여 부부불화가 있다.

■ 일주(日柱)에 정관(正官)이 있으면 인격이 높은 배우자를 만난다. 그러나 형충(刑沖)되면 관계가 원만하지 못하다.

■ 일주(日柱)에 편인(偏印)이 있으면 정신적으로 부담스러운 배우자와 인연이 있다. 묘책과 계략은 많으나 자기 꾀에 자기가 넘어가기 쉽다. 재물을 모으기 어려우며 부부간에 화목하지 못하다.

■ 일주(日柱)에 편인(偏印)이 있어도 신약(身弱)하면 배우자의 도움을 받는다.

■ 일주(日柱)에 인수(印綬)가 있으면 현명하고 정의로운 배우자를 만난다. 그러나 타주(他柱)에 인수(印綬)가 많으면 중년 이후에 별거하거나 이별한다.

■ 일지(日支)가 형충(刑沖)되면 배우자와 원만하지 못하다.

■ 년주(年柱)가 일주(日柱)를 형충극해(刑沖剋害)하면, 조상의 업을 이어받지 못하고 설사 받는다고 해도 파한다.

■ 일주(日柱)가 년주(年柱)를 극하면 타향이나 외국에서 살게 되며, 조상의 제사에 성의가 없다.

■ 월주(月柱)가 일주(日柱)를 충하면 부부간에 동요가 생겨 원만한 가정을 이루기 어렵다.

■ 일주(日柱)와 년주(年柱)가 같으면 부부간에 정이 없다.

■ 일록(日祿)이면 남녀 모두 사업을 하게 되고, 특히 남자는 아내가 사업을 하거나 직업을 갖는다.

■ 남자가 일지정재(日支正財)가 희신(喜神)이면 아내의 내조를 많이 받고, 결혼한 후에 재물을 모은다.

■ 여자는 일지(日支)가 길신(吉神)이면 남편복이 많다.

■ 남자가 일지(日支)가 기신(忌神)인데 망신살(亡身殺)이 있으면 처로 인하여 화를 당한다.

■ 일주(日柱)와 간지(干支)가 합되면 부부간에 정이 좋다.

■ 일지(日支)가 타간(他干)과 간합(干合)이나 암합(暗合)되어 비견(比肩)이나 겁재(劫財)가 되면 처가 사통(私通)한다.

■ 일지(日支)가 인성(印星)과 형충(刑沖)되면 어머니와 아내가 불화한다.

■ 여자가 일지(日支)가 시지(時支)와 간합(干合)하고, 관성(官星)이 형충(刑沖)되면 자식을 좋아한다. 그러나 자식과 작당하여 남편을 쫓아내는 격이다.

■ 일지(日支)와 월주(月柱)가 형충(刑沖)되면 부부나 형제와 불화하고 인연이 없다.

■ 일지(日支)와 시주(時柱)가 형충(刑沖)되면 자식과 불화하고, 자식이 불효한다.

4. 시주(時柱)

시주(時柱)는 태어난 시(時)를 말하며 사주(四柱) 중에서는 넷째

기둥을 가리킨다. 꽃이 피면 열매를 맺어 결실을 얻게 되니 실(實)
이라고도 한다.

일수는 12분의 1일인 1시간에 해당하며, 나이로는 45세부터 사망
까지 해당한다. 그러나 일부 학자들은 50세부터 사망까지를 보기도
하고, 사후까지 보는 경우도 있다.

시주(時柱)에서는 말년과 자손궁을 주로 보지만 재물, 명예, 학문,
업적, 자녀, 부하, 후계자, 후배, 측근, 환경, 입체, 미래, 내세,
집안, 도로, 담장, 대문, 부엌, 쌀창고, 그릇, 피 등을 본다.

■ 시주(時柱)에 비견(比肩)이 있으면 길하지만, 타주(他柱)에 비견
(比肩)과 겁재(劫財)가 많으면 재물과 인연이 약하다.

■ 시주(時柱)에 겁재(劫財)가 있는데 타주(他柱)에 겁재(劫財)가
또 있으면 남자는 처에게 산액이 따르며 극처극자(剋妻剋子)하고,
여자는 게으르고 남편을 배반하거나 항상 잔병에 시달린다.

■ 시주(時柱)에 식신(食神)이 있고 왕하면 무병장수하며, 자식은
효도하고 순하며 집안을 크게 발전시킨다.

■ 시주(時柱)에 상관(傷官)이 있으면 자식이 우둔하고 어리석지만
여자는 자식복이 있다. 그러나 상관(傷官)과 양인(羊刃)이 같이 있
으면 자식이 도둑의 마음을 갖고 있다.

■ 시주(時柱)에 편재(偏財)가 있으면 중년 이후에 부귀해지고, 역
마살(驛馬殺)과 같이 있으면 타향에서 성공한다.

■ 시주(時柱)에 정재(正財)가 있으면 자손이 재산을 모으고, 처음
에는 가난하지만 나중에는 부유해진다.

■ 시주(時柱)에 편관(偏官)이 있고 신강(身强)하면, 자식과 인연이

두텁지만 신약(身弱)하면 약하다.

■ 시주(時柱)에 정관(正官)이 있으면 중년 이후에 영달하고, 자식과 인연이 있다.

■ 시주(時柱)가 인성(印星)이면 늙도록 부모나 조모를 모신다.

■ 시주(時柱)에 편인(偏印)이 있고 신강(身强)하면 박복하고, 신약(身弱)하면 유복하다. 그러나 식신격(食神格)이면 단명하거나 말년이 고독하다.

■ 시주(時柱)에 편인(偏印)이 기신(忌神)에 해당하면 자기대를 자손이 파하고 불효하며, 여자는 산액이 따른다.

■ 시주(時柱)에 인수(印綬)가 있으면 자식복이 있고, 무병장수하며 말년이 행복하다.

■ 시주(時柱)와 태월(胎月)이 충되면 조산하거나 만산한다.

■ 시주(時柱)에 문창귀인(文昌貴人)이나 학당귀인(學堂貴人)이 있으면 자손이 공부를 잘하여 학문이 높다.

■ 일시(日時)가 형충(刑沖)되면 자손과 인연이 약하고 불화한다.

■ 시주(時柱)가 목욕(沐浴)이고 기신(忌神)에 해당하면 자손이 유랑하거나 방탕하다.

■ 시주(時柱)에 천을귀인(天乙貴人)이나 천덕(天德) 또는 월덕(月德)이 놓이면 귀한 자식을 둔다.

■ 일시삼형(日時三刑)에 도화살(桃花殺)이 있으면 처가 외간 남자와 통한다.

■ 시주(時柱)가 기신(忌神)이면 늙어서 복이 없고, 자식이 따로 살며 결과가 좋지 못하다.

■ 시주(時柱)가 희신(喜神)이거나 생(生), 왕(旺), 양(養)이면 자

식이 많다.

■ 시주(時柱)가 기신(忌神)이나 구신이면 모든 일이 결과가 좋지 못하다.

■ 시주(時柱)에 사(死), 절(絶), 묘(墓)가 놓이면 발전하지만, 자손이 없거나 있어도 약하다.

■ 시주(時柱)가 공망(空亡)이면 자손이 없거나, 있어도 무자식격으로 늙어서 고독하다.

■ 시간(時干)이 시지(時支)를 극하면 자손이 허약하다.

■ 시주(時柱)에 편인(偏印), 상관(傷官), 겁재(劫財)가 있으면 자손이 적거나 불효한다.

■ 시주(時柱)가 양인(羊刃)이고 희신(喜神)이면 권세를 잡고, 기신(忌神)이면 자손이 부모를 크게 욕보이고 집안을 망친다.

3장. 사주팔자(四柱八字) 정하는 방법

1. 년주(年柱) 정하는 방법

년주(年柱)는 생년(生年)의 간지(干支)를 말한다. 즉 갑자년(甲子年)에 태어났으면 갑자(甲子)가 년주(年柱)이고, 을축년(乙丑年)에 태어났으면 을축(乙丑)이 년주(年柱)가 된다. 년의 분계점은 정월 초하루가 아니라 입춘절이 드는 월, 일, 시각으로 삼는다.

예를 들면 임진년(壬辰年) 음력 정월 9일 사시생(巳時生)이라면 임진년생(壬辰年生)이 아니고 신묘년생(辛卯年生)이다. 왜냐하면 정월 10일 오전 5시 53분에 입춘이 입절(入節)되었기 때문이다. 또한 계묘년(癸卯年) 음력 12월 25일 축시생도 계묘년생(癸卯年生)이 아니고 갑진년생(甲辰年生)이다. 12월 22일 4시 5분에 입춘이 입절(入節)되었기 때문이다.

2. 월주(月柱) 정하는 방법

월주(月柱)는 생월(生月)의 간지(干支)로 정한다. 매월 초하루부터 그 달의 월건(月建)을 쓰는 것이 아니라, 그 생월(生月)의 월절입(月節入)을 보아 생일생시가 그 월절입(月節入)이 드는 시각 이후면 그 생월(生月)의 간지월건(干支月建)을 월주(月柱)로 세우고, 그 월절입(月節入)이 드는 시각 이전이면 전월의 간지월건(干支月建)을 월주(月柱)로 삼는다.

예를 들어 2월 절입(節入)이 2월 10일 오후 2시 35분인데 2월 10일 오후 1시에 출생했다면, 2월 절입(節入) 이전이므로 전월인 정월의 간지월건(干支月建)을 월주(月柱)로 삼는다. 10월 절입(節入)이 9월 21일 오전 10시 57분인데 9월 21일 오후 2시에 태어났다면, 10월 절입(節入) 이후이므로 10월을 월주(月柱)로 삼는다.

3. 일주(日柱) 정하는 방법

출생한 날의 간지(干支)를 일주(日柱)로 정한다. 년주(年柱)나 월주(月柱)가 바뀌어도 일주(日柱)는 그대로 출생한 날을 사용한다. 다만 일진(日辰)은 당일 11시부터 다음날 새벽 1시까지를 자시(子時)로 정한다.

예를 들면 5일 갑자일(甲子日) 오후 11시 35분에 출생했다면, 5일 간지(干支)인 갑자일(甲子日)이 일주(日柱)가 되는 것이 아니라 다음날인 을축일(乙丑日)이 일주(日柱)가 된다.

월간지표

陰曆 \ 年干 節名		甲己年	乙庚年	丙辛年	丁壬年	戊癸年
正月	立春	丙寅	戊寅	庚寅	壬寅	甲寅
二月	驚蟄	丁卯	己卯	辛卯	癸卯	乙卯
三月	淸明	戊辰	庚辰	壬辰	甲辰	丙辰
四月	立夏	己巳	辛巳	癸巳	乙巳	丁巳
五月	芒種	庚午	壬午	甲午	丙午	戊午
六月	小暑	辛未	癸未	乙未	丁未	己未
七月	立秋	壬申	甲申	丙申	戊申	庚申
八月	白露	癸酉	乙酉	丁酉	己酉	辛酉
九月	寒露	甲戌	丙戌	戊戌	庚戌	壬戌
十月	立冬	乙亥	丁亥	己亥	辛亥	癸亥
十一月	大雪	丙子	戊子	庚子	壬子	甲子
十二月	小寒	丁丑	己丑	辛丑	癸丑	乙丑

혹자는 오후 11시부터 12시까지는 갑자일(甲子日) 야자시(夜子時)가 되어, 갑자일(甲子日) 병자시(丙子時)라고 하여 일진(日辰)은 변하지 않고 시간만 다음날의 자시(子時)를 쓰고, 12시부터 새벽 1시까지는 명자시(明子時)라고 하여 을축일(乙丑日) 병자시(丙子時)로 삼지만 야자시(夜子時)나 명자시(明子時)는 인위적인 것이므로 일고의 가치가 없다.

우리나라의 표준시는 동경 127도 30분인데 현행 시각은 일본의 동경 135도 시각을 사용하고 있으므로 약 30분 정도의 시차가 생기므로 30분 정도 늦추어 보는 것이 마땅하다. 우리나라의 표준시각인 동경 127도 30분에 의한 시각을 사용해야 이런 모순이 없어질 것이다.

동경 135도 시각을 쓰는 현 상황에서 보면 오후 11시 30분부터 다음날 오전 1시 30분까지가 자시(子時)인 셈이다. 야자시(夜子時)니 명자시(明子時)니 하는 이론은 믿을 필요가 없고, 오후 11시 30분을 일진(日辰)의 분계선으로 정해야 한다.

4. 시주(時柱) 정하는 방법

시주(時柱)는 생일의 생시를 기준으로 삼아 정한다. 다음에 나오는 시간지 조견표를 참고하기 바란다.

시간지표

時干 \ 日干		甲己日	乙庚日	丙辛日	丁壬日	戊癸日
子時	오후11시 ~오전1시	甲子	丙子	戊子	庚子	壬子
丑時	오전1시 ~오전3시	乙丑	丁丑	己丑	辛丑	癸丑
寅時	오전3시 ~오전5시	丙寅	戊寅	庚寅	壬寅	甲寅
卯時	오전5시 ~오전7시	丁卯	己卯	辛卯	癸卯	乙卯
辰時	오전7시 ~오전9시	戊辰	庚辰	壬辰	甲辰	丙辰
巳時	오전9시 ~오전11시	己巳	辛巳	癸巳	乙巳	丁巳
午時	오전11시 ~오후1시	庚午	壬午	甲午	丙午	戊午
未時	오후1시 ~오후3시	辛未	癸未	乙未	丁未	己未
申時	오후3시 ~오후5시	壬申	甲申	丙申	戊申	庚申
酉時	오후5시 ~오후7시	癸酉	乙酉	丁酉	己酉	辛酉
戌時	오후7시 ~오후9시	甲戌	丙戌	戊戌	庚戌	壬戌
亥時	오후9시 ~오후11시	乙亥	丁亥	己亥	辛亥	癸亥

지금까지 설명한 것을 종합하면 다음과 같다.

■ 1963년 계묘년(癸卯年) 음력 12월 23일 묘시생(卯時生)
　　년　월　일　시
　　己　乙　丙　甲
　　卯　酉　寅　辰

　년(年)의 경계인 입춘이 22일 4시 5분에 입절(入節)되었으므로 년
주(年柱)는 계묘(癸卯)가 아니라 갑진(甲辰)이 되고, 12월생이지만
정월인 입춘 이후에 출생했으므로 월주(月柱)는 을축(乙丑)이 아니
라 병인(丙寅)이 되고, 23일은 을유(乙酉)이므로 일주(日柱)는 을
유(乙酉)가 되고, 을경일(乙庚日)의 묘시(卯時)는 기묘(己卯)이므
로 시주(時柱)는 기묘(己卯)가 된다.

■ 1998년 무인년(戊寅年) 음력 6월 18일 축시생(丑時生)
　　년　월　일　시
　　癸　戊　庚　戊
　　丑　子　申　寅

　무인년(戊寅年)에 출생했으므로 년주(年柱)는 무인(戊寅)이고, 6
월 18일은 7월절인 입추가 지났으므로 월주(月柱)는 기미월(己未
月)이 아니라 경신(庚申)이고, 6월 18일은 무자일(戊子日)이므로
일주(日柱)는 무자(戊子)이고, 무계일(戊癸日)의 축시(丑時)는 계
축시(癸丑時)가 되므로 시주(時柱)는 계축(癸丑)이 된다.

4장. 육신법(六神法)

- 생아자(生我者)는 부모요,
- 아생자(我生者)는 자손이요,
- 극아자(剋我者)는 관귀요,
- 아극자(我剋者)는 처재요,
- 비화자(比和者)는 형제다.

- 비화자(比和者)는 비견(比肩)과 겁재(劫財)가 되고,
- 아생자(我生者)는 식신(食神)과 상관(傷官)이 되고,
- 생아자(生我者)는 편인(偏印)과 인수(印綬)가 되고,
- 아극자는(我剋者)는 편재(偏財)와 정재(正財)가 되고,
- 극아자(剋我者)는 편관(偏官)과 정관(正官)이 된다.

■ 비견(比肩) : 일간(日干)과 오행(五行)이 같고 음양(陰陽)이 같
　　　　　　 은 것.

■ 겁재(劫財) : 일간(日干)과 오행(五行)이 같고 음양(陰陽)이 다
　　　　　　 른 것.

■ 식신(食神) : 일간(日干)이 생하고 음양(陰陽)이 같은 것.

■ 상관(傷官) : 일간(日干)이 생하고 음양(陰陽)이 다른 것.

■ 편재(偏財) : 일간(日干)이 극하고 음양(陰陽)이 같은 것.

■ 정재(正財) : 일간(日干)이 극하고 음양(陰陽)이 다른 것.

■ 편관(偏官) : 일간(日干)을 극하고 음양(陰陽)이 같은 것.

■ 정관(正官) : 일간(日干)을 극하고 음양(陰陽)이 다른 것.

■ 편인(偏印) : 일간(日干)을 생하고 음양(陰陽)이 같은 것.

■ 인수(印綬) : 일간(日干)을 생하고 음양(陰陽)이 다른 것.

1. 비견(比肩)

■ 년비견(年比肩)

가난한 양반집에서 공덕으로 출생했다. 비호를 받으며 양육되었지
만 형제 중에서 제일 못산다. 일찍부터 객지생활을 한다.

■ 월비견(月比肩)

건강하나 성격이 불같다. 동기간에 불목하며 생활이 어려워 굴곡
이 많다. 빚을 지고 살 팔자.

■ 일비견(日比肩)

집안과 불목하고 형제 중에 탕진하는 사람이 있다. 늦게 결혼하여 상부상처하거나 독신으로 별거한다.

■ 시비견(時比肩)

신경질적이고 바람끼가 있다. 좋은 인연을 만나기 어렵고 양자나 사생아 자식을 두게 된다. 주거변동이 잦고 형제가 일찍 죽는다.

2. 겁재(劫財)

■ 년겁재(年劫財)

부모와 이별하며 이복형제가 있는 등 형제관계가 복잡하다. 구설, 투쟁, 상신 등이 염려되며 행동이 분주하다.

■ 월겁재(月劫財)

부부간에 이별하고 동기간에 해를 끼치는 등 인덕이 없다. 손재나 파가 등이 따르며 생활의 기복이 심하다. 동업은 절대금물.

■ 일겁재(日劫財)

인덕이 없다. 부부간에 정이 없고 동기간으로 인해 재물손재를 당한다. 상해로 인해 흉터가 생길 수 있으며 근심이 떠나지 않는다.

■ 시겁재(時劫財)

요행심이나 투기심 있어 신용을 잃는다. 처자식을 극하며 사생아 자식을 두게 된다. 질병이 발생한다.

3. 식신(食神)

■ 년식신(年食神)

장수한 양반가문으로 선대가 번창했다. 지혜가 총명하고 인물이 수려하다. 신장과 비장에 고장이 생기기 쉽다.

■ 월식신(月食神)

늦게 결혼하여 효자 자식을 둔다. 신체는 건강하나 공부에는 재주가 없다. 원한관계는 맺지 않는다.

■ 일식신(日食神)

체격이 좋은 배우자를 두지만 상부상처한다. 자식은 많지 않으나 근심거리다.

■ 시식신(時食神)

조상으로부터 유산을 물려받는다. 자식을 많이 두고 풍요한 생활을 누린다. 남자는 자식 때문에 근심하지만 여자는 효자를 둔다. 명성이 문에 이르며 건강하게 장수한다.

4. 상관(傷官)

■ 년상관(年傷官)

 자손이 끊긴 가문으로 청년기에 죽은 조상이 많다. 무식한 가문으로 조상은 기술자였다. 아버지와 이별하며 혈광액사가 있다.

■ 월상관(月傷官)

 부모형제와 인연이 없고 육친골육간에 불화한다. 부친과 일찍 이별하며 습관적으로 가출한다. 성격도 정직하지 못하고 여자는 남편을 극해한다.

■ 일상관(日傷官)

 예능에 뛰어나며 모험심이 있으나 관재수가 자주 생긴다. 친척이 해가 되고 직업이 곤란하다. 남자는 미인 아내를 두고, 여자는 남편과 이별수가 있다.

■ 시상관(時傷官)

 자식이 어리석고 불효하며, 말년에는 질병으로 고생한다.

5. 편재(偏財)

■ 년편재(年偏財)

 조상은 부자였으나 부모대에 몰락하여 선친은 혈혈단신이다. 빈가에서 출생하여 다른 집안에 입적한다.

■ 월편재(月偏財)

선심공세를 잘하고 물질을 경시한다. 부모로 인해 근심이 있고 주색으로 패가망신한다. 배짱이 좋고 잘 사는 것 같아도 외부내빈이다. 연애결혼한다.

■ 일편재(日偏財)

처가와 화목하지 못하고 바람끼가 심하다. 금전을 낭비하며 약자를 무시한다. 연애결혼하지만 부부간에 풍파가 있고, 산재망신하는 수가 있다.

■ 시편재(時偏財)

자수성가하며 처덕도 있다. 빚을 두려워 하지 않으며 통이 커서 출세한다. 말년에 부귀를 누리며 행복하게 보낸다. 그러나 간혹 가난한 사람이 있다.

6. 정재(正財)

■ 년정재(年正財)

선대가 양반이었으며 조상덕이 있으나 집안에 근심이 있다. 두뇌가 총명하고 자수성가한다. 장남노릇을 하고 생활이 순탄하다.

■ 월정재(月正財)

효도하고 장수하는 집안에서 출생했다. 애처가이며 처가의 상속이 있다. 수전노로 자립정신이 강하다. 건강하고 고생이 없으며 대길하다.

■ 일정재(日正財)

남자는 처가편이 되고, 여자는 시부모가 인정이 없다. 부부간에 고충이 따르며, 인색하지만 알부자다.

■ 시정재(時正財)

아들 딸을 많이 두고 중년부터 부귀하며 말년에 벼슬한다. 가정이 편안하고 크게 번창한다.

7. 편관(偏官)

■ 년편관(年偏官)

기술직 가문으로 조상덕은 전혀 없다. 동기간이 흩어지고 족보상에 수치스러움을 남긴다. 질병이 떠나지 않는다.

■ 월편관(月偏官)

무관이나 기술직 가문이며 주거를 전전한다. 고학으로 학력이 짧다. 기골이 장대하고 힘이 강하나 약을 떠나서는 못살 팔자다.

■ 일편관(日偏官)

 고위직에 오르지만 전공을 지키지 못한다. 똑똑한 배우자를 얻지만 형제간에 불화한다. 혁명기질이 있고 수술, 부상 등 신체적 장애가 따른다.

■ 시편관(時偏官)

 아들을 적게 두지만 출세하는 자식이 있다. 말년에 불치병을 얻을 수 있고 상한풍질(傷寒風疾)이 염려된다. 자손으로 근심이 많다.

8. 정관(正官)

■ 년정관(年正官)

 혈통이 좋은 양반가문 출신이다. 공부를 좋아하며 중요한 자격을 지닌다. 그러나 자주 아프고 전염병이 염려된다.

■ 월정관(月正官)

 공부를 즐기고 명예욕이 강하며 봉사정신이 투철하다. 관직으로 나가면 대길하고 장사를 하면 패망하기 쉽다.

■ 일정관(日正官)

 명예욕이 강하고 처가가 양반집안이다. 부부간에 다정하며 맞벌이를 한다.

■ 시정관(時正官)

배경없이 출세해서 늦게까지 직업을 갖는다. 돈은 없어도 효자를
두게 되고 말년은 청수하게 보낸다. 자손의 학문이 훌륭하다.

9. 편인(偏印)

■ 년편인(年偏印)

학식없는 조상을 두었으며 절손되었던 경험이 있다. 부모가 가난
하고 내과 병이 떠나지 않아 자식들과 불목한다. 조상의 조업은 따
로 없다.

■ 월편인(月偏印)

부모가 혈통이 혼잡하며 자식이 없거나 늦게 둔다. 사업이 시작은
좋으나 실패가 잦고 돈은 생겨도 부양할 의무가 있다.

■ 일편인(日偏印)

성질이 급하여 매사가 중단되거나 이루어지지 않는다. 배우자와
인연이 부족하므로 불화한다. 남의 말을 잘 믿지 않는다.

■ 시편인(時偏印)

자식이 없거나 늦고, 있어도 흩어진다. 말년에 병이 많거나 고독하
다. 양자를 두는 수가 있으며 생식기질환을 조심해야 한다.

10. 인수(印綬)

■ 년인수(年印綬)

선비가문으로 조상 학자나 의사나 예술가이며, 외가도 훌륭하다. 천재이지만 고독하며 자식이 늦고 허약하다.

■ 월인수(月印綬)

한쪽 부모를 모시고 후배를 많이 거느린다. 두뇌가 총명하여 학업이 발전되고 신분이 향상된다. 자식을 늦게 두면 게으르다.

■ 일인수(日印綬)

배우자 가족을 자기 가족처럼 모시고, 자손인연은 늦게 있다. 재물에 욕심이 없고 생활의 기복이 심하다. 이웃이 힘이 없다.

■ 시인수(時印綬)

자식이 늦고 두어도 어리다. 학문이나 예술, 교육에 뜻이 있는 후손을 두게 된다. 간간이 병이 있으나 수명은 연장된다. 고독하며 양자를 두는 수가 있다.

11. 육신(六神)의 작합(作合)

■ 비견(比肩)의 작합(作合)

남녀 모두 형제자매가 바람을 핀다. 여자는 시아버지가 바람을 피며 풍류가다.

■ **겁재(劫財)의 작합(作合)**

남녀 모두 형제자매가 바람을 핀다. 여자는 시아버지가 풍류가이며 바람을 핀다.

■ **식신(食神)의 작합(作合)**

남자는 장모가 풍류가이며 손녀가 연애하고, 여자는 자식이 연애한다.

■ **상관(傷官)의 작합(作合)**

남자는 조모나 손녀가 연애를 하고, 여자는 자식이 연애한다.

■ **편재(偏財)의 작합(作合)**

남녀 모두 아버지 형제가 바람을 핀다. 남자는 자수성가하며 여자는 외손이 연애한다.

■ **정재(正財)의 작합(作合)**

남자는 고모가 바람피고, 여자는 시어머니와 외손이 바람을 핀다.

■ **편관(偏官)의 작합(作合)**

남자는 자식이 연애하며 매부는 풍류가이다. 여자는 시누이가 재혼하며 며느리는 바람을 핀다.

■ 정관(正官)의 작합(作合)

남자는 자식이 연애하며 매부는 풍류가다. 여자는 시누이가 재혼
하며 며느리가 바람을 핀다.

■ 편인(偏印)의 작합(作合)

남자는 조부가 바람을 피며 외손녀가 연애한다. 여자는 사위가 바
람이 나며 손녀가 연애한다.

■ 인수(印綬)의 작합(作合)

남자는 어머니와 외손녀가 바람핀다. 여자는 어머니, 사위, 손녀가
바람난다.

12. 육신(六神)의 혼잡(混雜)

■ 비견(比肩)과 겁재(劫財)의 혼잡(混雜)

남녀 모두 다른 형제자매가 있다. 남자는 자식이 바람이 나거나 재
혼한다. 여자는 남편이 바람을 피거나 첩을 두어 싸우게 된다.

■ 식신(食神)과 상관(傷官)의 혼잡(混雜)

남자는 조모가 둘이고 딸이 재혼한다. 여자는 남의 자식을 기르거
나 두집에 가서 아이를 낳으며, 사위가 바람을 피거나 첩을 둔다.

■ 편재(偏財)와 정재(正財)의 혼잡(混雜)

남녀 모두 아버지에게 다른 형제가 있다. 월(月)과 일(日)이 혼잡(混雜)되면 태어난 곳과 자란 곳이 다르다. 남자는 첩을 두세명 거느리며 염문이 많다. 여자는 시아버지가 바람을 피우거나 첩을 두어 시어머니를 둘 모시며, 며느리의 모친이 둘이다.

■ 편관(偏官)과 정관(正官)의 혼잡(混雜)

남자는 배다른 자식을 두고, 사위가 바람이 나거나 첩을 둔다. 신변에 항상 이동이 있어 주거변동이 많고, 직업상 문제가 생겨 직업을 자주 바꾸니 생활에 고난이 많다. 장남으로 태어나도 상속받기 어렵고, 열심히 일해도 고위직에 오르기 어렵다. 심의가 부정하고 부박에 이르기 쉽다.

여자는 정처가 되어도 연정에 문제가 생기기 쉽고, 과부가 되거나 재혼하거나 첩이 될 수도 있다. 이성을 접하는 기회가 많아 남자 고르기에 세월을 보낸다. 삼각관계가 생겨 남편에게 고통을 받을 수도 있다. 또한 남편의 신변에 문제가 생길 수도 있으며, 평소 생활상에 고심이 있다. 딸의 시어머니가 두분이다.

■ 편인(偏印)과 인수(印綬)의 혼잡(混雜)

남녀 모두 어머니가 둘 이상이거나 서모를 봉양한다. 그렇지 않으면 편모슬하에서 자란다. 남자는 아들의 장모가 둘이다. 여자는 딸이 바람을 피우며 새 남편을 얻거나 재혼한다.

육신표

日干 六神	甲日	乙日	丙日	丁日	戊日	己日	庚日	辛日	壬日	癸日
比肩	甲寅	乙卯	丙巳	丁午	戊辰戌	己丑未	庚申	辛酉	壬亥	癸子
劫財	乙卯	甲寅	丁午	丙巳	己丑未	戊辰戌	辛酉	庚申	癸子	壬亥
食神	丙巳	丁午	戊辰戌	己丑未	庚申	辛酉	壬亥	癸子	甲寅	乙卯
傷官	丁午	丙巳	己丑未	戊辰戌	辛酉	庚申	癸子	壬亥	乙卯	甲寅
偏財	戊辰戌	己丑未	庚申	辛酉	壬亥	癸子	甲寅	乙卯	丙巳	丁午
正財	己丑未	戊辰戌	辛酉	庚申	癸子	壬亥	乙卯	甲寅	丁午	丙巳
偏官	庚申	辛酉	壬亥	癸子	甲寅	乙卯	丙巳	丁午	戊辰戌	己丑未
正官	辛酉	庚申	癸子	壬亥	乙卯	甲寅	丁午	丙巳	己丑未	戊辰戌
偏印	壬亥	癸子	甲寅	乙卯	丙巳	丁午	戊辰戌	己丑未	庚申	辛酉
印綬	癸子	壬亥	乙卯	甲寅	丁午	丙巳	己丑未	戊辰戌	辛酉	庚申

육신배속표

比肩	남	형제, 남매, 며느리, 사촌, 처의 외간 남자. 친구, 동료, 고모부, 처남의 아들, 남매의 시아버지, 조카.
	여	형제자매, 이복형제, 남편의 첩, 동서, 시아버지, 시아버지의 형제, 조카, 친구.
劫財	남	형제, 남매, 이복형제, 친구, 며느리, 처의 외간 남자, 고조모, 딸의 시어머니, 처남의 딸, 남매의 시아버지, 조카.
	여	형제자매, 이복형제, 친구, 남편의 첩, 시아버지, 동서, 아들의 장인, 시아버지의 형제남매, 조카, 며느리.
食神	남	손자, 장모, 사위, 증조부, 조모, 외조부, 생질, 생질녀, 장인, 조카.
	여	아들, 딸, 조카, 증조부, 편조모, 손부, 사위의 아버지, 시누이의 남편, 손자의 첩, 손자.
傷官	남	조모, 손녀, 외조부, 첩의 어머니, 증손부, 사위, 생질, 외숙모, 딸의 시동기
	여	아들, 딸, 조모, 조카, 외손부, 시누이의 남편, 손자.
偏財	남	아버지, 첩, 첩의 형제, 아버지의 형제자매, 형제의 재혼처, 애인, 고손자, 형수, 제수, 외사촌, 자매의 시어머니.
	여	아버지, 아버지의 형제, 자매의 시어머니, 외손자, 며느리의 어머니, 시어머니, 오빠의 첩, 오빠 첩의 오빠, 시외숙, 증손.

육신배속표

正財	남	아내, 어머니의 외간 남자, 숙부, 고모, 이모부, 형수, 제수, 고손녀, 남매의 시어머니.
	여	시어머니, 편시어머니, 어머니의 외간 남자, 오바의 처첩, 아버지의 형제자매, 이모부, 외손녀, 증손, 시조부, 시이모.
偏官	남	아들, 딸, 외조모, 증조부의 재혼처, 매부, 조카, 질녀, 고조부, 딸의 시아버지, 사촌형제.
	여	재혼남편, 외간 남자, 정부, 남편, 남편의 형제자매, 형부, 증조모, 며느리, 아들의 첩, 며느리의 오빠.
正官	남	딸, 아들, 손부, 첩의 딸, 증조모, 외조모, 매부, 조카, 질녀.
	여	남편, 증조모, 형부, 제부, 사위의 어머니, 자부의 형제자매, 며느리, 시동생, 시누이, 손부.
偏印	남	계모, 이모, 유모, 서모, 숙모, 조부, 어머니, 처남의 처, 외삼촌, 증손자, 외손자, 며느리의 어머니.
	여	계모, 이모, 유모, 서모, 숙모, 조부, 어머니, 외삼촌, 사위, 손자, 시조모, 시외조부, 사위의 형제.
印綬	남	어머니, 이모, 장인, 외손녀, 증손녀, 조부의 자매, 백모, 숙모, 고손부, 처남의 처, 며느리의 편모, 외숙부, 조부.
	여	어머니, 이모, 백모, 숙모, 조부의 자매, 외숙부, 증조부, 손녀, 대고모, 사위의 여동생, 사촌형제.

5장. 십이운성(十二運星)

1. 절(絶)

■ 년절(年絶)

조상의 음덕이 약하여 조업을 파하고 타향살이를 하게 되며 부모 덕이 없다. 선대는 양자 또는 서계(庶系)다.

■ 월절(月絶)

성장과정에서 고생이 많고 부모형제와 인연이 없다. 매사 손실이 많으며 대인관계가 원만하지 못하여 사회생활을 하는데 고립되기 쉽다.

■ 일절(日絶)

부모인연이 약하여 장남이라도 타향살이를 하게 된다. 배우자 인연 도 약하고 색으로 화를 당하기 쉬우며, 주관이 없어 남의 꼬임에

잘 빠진다. 갑신일생(甲申日生), 신묘일생(辛卯日生) 여자는 성격
이 급하고 부부궁이 나쁘며 춤과 노래를 좋아한다.

■ 시절(時絶)

 자식인연이 약하고 자식으로 인한 근심이 있다. 자식이 처음에는
똑똑해도 나중에는 학업이 중단된다.

2. 태(胎)

■ 년태(年胎)

 조상은 발전하였으며 부모는 어렸을 때 변화가 많았다. 조상의 마
음이 원만해서 별탈없이 살아가나 유년시절에 고생이 많고, 늙어서
는 가족 때문에 걱정한다.

■ 월태(月胎)

 직업의 변화가 많고 계획과 행동이 자주 바뀐다. 집안의 운기가
약해 대성하기 어려우니 매사를 강하게 밀고 나가야 한다. 형제의
수가 적고 고독하며, 부모대에 이사를 자주했다.

■ 일태(日胎)

 어릴 때는 허약하여 고생이 많았으나 중년 이후부터는 건강해진
다. 육친(六親)과의 인연이 약하고 직업을 자주 바꾼다. 여자는 시
어머니와 갈등이 심하며 자식때문에 걱정할 일이 생기고, 삼태(三

胎)가 있으면 마음이 적막하다. 병자일생(丙子日生)과 을해일생(乙
亥日生) 여자는 가정에 불화가 많다.

■ 시태(時胎)

 자식이 부모의 업을 이어받지 못하며 아들보다 딸을 많이 두게 된
다. 여자는 남편이나 시부모와 갈등이 많고, 늙어서는 친척에게 괴
로움을 끼친다.

3. 양(養)

■ 년양(年養)

 부친이 양자이거나 자신이 양자로 간다. 일찍 분가하여 독립적인
생활을 하며, 다른 부모를 모신다.

■ 월양(月養)

 어릴 때부터 타향살이를 하고, 중년에 여색으로 재난을 자초하며
주색잡기로 가산을 탕진하기 쉽다.

■ 일양(日養)

 어릴 때 생모가 아닌 다른 사람의 손에서 자라는 수가 있다. 남녀
모두 색을 좋아하며 남자는 재혼할 가능성이 많다. 사교에 능하며
팔방미인격이지만 경진일생(庚辰日生) 여자는 남편운이 좋지 않다.

■ 시양(年養)

 자식연이 없어 무자식인 경우가 있고, 설사 인연이 있어도 별거할 수 있다. 그러나 여자는 대체로 길한 편이다.

4. 장생(長生)

■ 년장생(年長生)

 선조가 가문을 빛낸 명문가로 복록이 증진되어 말년에 길운이 온다. 그러나 형충파(刑沖破)나 공망(空亡)되면 복이 감소된다.

■ 월장생(月長生)

 부모형제가 인덕이 있고 성공하며 윗사람을 잘 모신다.

■ 일장생(日長生)

 현명한 아내를 얻고 부부금슬이 좋다. 장자가 아니더라도 부모의 혜택을 많이 받으며 장수한다. 언행이 온순하여 부모형제와 화목하고 타인과도 형제처럼 친하게 지낸다. 그러나 남녀 모두 무인생(戊寅生)과 정유생(丁酉生)은 박복하고, 병인일생(丙寅日生)과 임인일생(壬寅日生) 여자는 남편복이 없어 신세를 한탄하게 된다.

■ 시장생(時長生)

 귀한 자식을 두며 자녀들이 대개 효도한다. 말년에 발복하여 더욱 행복을 누린다.

5. 목욕(沐浴)

■ 년목욕(年沐浴)

윗대에서 주색방탕하여 빈한하였거나 파가한 경우가 많다. 부부는 젊은 시절에 이별수가 있다. 인수(印綬)가 목욕(沐浴)이면 어머니가 풍류가다. 여자는 정편관(正偏官)이 목욕(沐浴)이면 기생이나 첩이 되어 바람둥이 남편에게 시집간다.

■ 월목욕(月沐浴)

끈기가 없으므로 매사가 용두사미격이다. 어머니가 재가하거나 이복형제가 있거나 장자를 잃는다. 남자 형제가 주색잡기를 하거나 어버지가 호색가일 수 있다. 배우자와 생사이별수가 있다.

■ 일목욕(日沐浴)

사교적인 성격이지만 부모덕이 없어 어릴 때부터 고생이 많다. 부모연이 없어 생사이별수가 있고 타향살이를 한다. 갑자일생(甲子日生)과 신해일생(辛亥日生)은 고집이 강하며 부부이별수가 있다. 을사일생(乙巳日生) 남자는 덕망이 있어 존경을 받으나 금전을 치부하면 불구가 되기 쉽다. 주색풍파를 조심해야 한다.

■ 시목욕(時沐浴)

자식문제로 근심이 많고 말년을 고독하게 지낸다. 처자가 무정하며 처궁에 변화가 있고, 자식이 바람을 피우기도 한다.

6. 관대(冠帶)

■ 년관대(年冠帶)

가문이 좋아 유복하며 유산을 물려받아 일찍 출세한다. 중년에 부부인연이 바뀔 악운이며, 노년에 재혼할 수도 있다.

■ 월관대(月冠帶)

고집과 집념이 강하여 출세와 명예를 위한 일이라면 물불을 가리지 않는다. 사회적으로 출세하지만 가정적으로는 불화가 자주 생긴다. 40세 이후에는 복을 누린다.

■ 일관대(日冠帶)

형제간에 우애가 좋고 준재로서 공명을 얻으나 애정이 순탄하지 못하고 주소변동이 잦다. 자식이 총명하여 말년에 행복이 찾아온다. 임술일생(壬戌日生)과 계축일생(癸丑日生) 여자는 고집이 세고 남편이 바뀔 수 있다. 직업은 의상디자이너로 나가면 좋다.

■ 시관대(年冠帶)

자식이 발복영달하여 그 덕을 받는다. 재능이 뛰어나고 인망을 얻으나 노년에 재혼수가 있다.

7. 건록(建祿)

■ 년건록(年建祿)

 윗대가 번창했거나 부친이 자수성가한 사람이다. 초년부터 순탄한 가정을 유지하여 말년에도 행복하다.

■ 월건록(月建祿)

 자립심이 강하고 고집이 세며 형제는 자수성가한다. 여자는 맞벌이를 하거나 가정경제를 책임지게 된다. 부모가 크게 성공하여 유산을 받을 수도 있고 중년에 발전한다.

■ 일건록(日建祿)

 독립심이 강하고 사상이 건전하여 성공하지만 애정문제는 애로가 많다. 남자는 장남 역할을 하는 수가 있고, 여자는 남편이 첩을 두거나 혼자되기 쉽고 생활전선에서 고생한다. 남자는 재물이 있으면 아내가 흉하게 되고, 재물이 없으면 아내가 장수한다.

■ 시건록(時建祿)

 자식이 입신출세하며 말년이 행복하다.

8. 제왕(帝旺)

■ 년제왕(年帝旺)

 선조가 고관이었거나 부자였고, 자신은 자비심이 있으며 자신감도 많다.

■ 월제왕(月帝旺)

 고집과 독립심이 강하고 수완이 좋아 선두자가 된다. 성격이 장중하고 엄격하여 남의 밑에 있는 것을 싫어한다. 부모형제와의 인연은 약하다.

■ 일제왕(日帝旺)

 부모와 배우자와의 인연이 약하여 고향을 떠나며, 지나치게 강한 성격으로 흉할 수도 있다. 무오일생(戊午日生), 병오일생(丙午日生), 정사일생(丁巳日生), 기사일생(己巳日生), 임자일생(壬子日生), 계해일생(癸亥日生)은 부부관계가 변하거나 이별수가 있어 과부가 되기 쉽다. 제왕(帝旺)이 중하면 배우자에게 해롭고 반드시 피해를 입는다.

■ 시제왕(時帝旺)

 자식이 가문을 빛내거나 질병으로 고생할 수도 있다. 학문을 하면 명성을 얻고 말년에 좋다.

9. 쇠(衰)

■ 년쇠(年衰)

 가산이 기울어질 때 태어났으며, 가정에서는 성실해도 사회적으로
는 두각을 나타내기 어렵다. 부모덕이 없고 말년운도 불길하다.

■ 월쇠(月衰)

 부모와 형제덕이 없으며 청년기에 발전이 없다. 마음이 약하여 타
인으로 인해 금전손실과 피해를 입을 수 있으며, 가산을 탕진하기
쉽다.

■ 일쇠(日衰)

 차분하고 조용한 성격으로 경제력이 강하지만 부모덕이 없고 객지
생활을 한다. 여자는 현모양처형이나 갑진일생(甲辰日生), 을축일
생(乙丑日生), 경술일생(庚戌日生), 신미일생(辛未日生)은 부부가
해로하기 어렵고 시부모를 잘 모시지 못한다. 박력과 줏대가 없어
남의 꾐에 잘 빠찌니 빚보증 등을 조심해라.

■ 시쇠(時衰)

 자식덕이 약하며 불초자식이 있고, 말년에 고독하거나 고생한다.

10. 병(病)

■ 년병(年病)

선조는 빈곤하였고, 부모가 병약하거나 자신이 어릴 때 질병으로 고생한다. 그렇지 않으면 말년에 집안 일로 고통받거나 병약하다.

■ 월병(月病)

부모나 형제 중에 누가 없거나 청년기에 운이 좋지 못하다. 병이 많거나 집안 일로 어려움이 따르니 겉으로는 태연하지만 속으로는 근심이 많다. 비관적이며 결단력과 실천력이 부족하다.

■ 일병(日病)

다정다감한 성격이다. 어릴 때는 병약하고 성장한 후에는 부모와 배우자덕이 약하다. 큰 병에 잘 걸리고 부모 곁을 일찍 떠나거나 조실부모한다. 양일간(陽日干)은 진취적이나 성격이 급하며, 음일간(陰日干)은 활발하지 못하다. 형제간에 우애가 나쁘니 힘이 되기 어렵다. 무신일생(戊申日生), 임인일생(壬寅日生), 병신일생(丙申日生), 계유일생(癸酉日生) 여자는 고독하다.

■ 시병(時病)

자손이 병약하니 근심이 많다. 말년이 좋지 않고 여자는 남편에게 버림을 받는다.

11. 사(死)

■ 년사(年死)

조상이 빈천하거나 병약했으며, 부모와 인연이 약하여 타향살이를
한다.

■ 월사(月死)

부모형제와 인연이 약하며 고독하다. 머리는 좋으나 활동력이 부
족하다.

■ 일사(日死)

큰 병으로 고생하거나 유산을 물려받기 어렵다. 근심이 많고 부부
운이 좋지 못하여 아내에게 신병이 있고 자식을 얻기 어렵다. 을해
일생(乙亥日生), 경자일생(庚子日生) 여자는 남편과 이별하거나 자
식을 얻기 힘들다.

■ 시사(時死)

자식과 인연이 약하고 자식이 용기가 없다. 항상 괴로움이 따르고
말년이 좋지 않다.

12. 묘(墓)

■ 년묘(年墓)

장남이 아닌데도 선조의 묘를 잘 돌보므로 복이 따른다.

■ 월묘(月墓)

육친(六親)의 덕이 없고 매사 손실이 많다. 남으로 인해 손해를 보는 수가 있다. 월일(月日)이 충(沖)되면 부자집에서 태어나 재록이 풍부하다. 좋은 운이 늦게 오며 장자가 아니라도 묘를 돌본다.

■ 일묘(日墓)

부모, 형제, 배우자 모두와 인연이 약하여 고향을 떠나 살게 된다. 가난하게 태어났으면 중년 이후에 발전이 있고, 부유하게 태어났으면 중년 이후에 쇠퇴한다. 기축일생(己丑日生) 여자는 말주변이 없고 낯가림이 심하며, 정축일생(丁丑日生)과 임진일생(壬辰日生) 여자는 부부연이 약하거나 남편으로 인해 근심이 많다.

■ 시묘(時墓)

신체가 허약하고 자식으로 인해 걱정이 많다. 어려서 질병으로 고생하는 수가 있고 말년에는 외롭다.

십이운성표

日干 十二 運星	甲日	乙日	丙戊日	丁己日	庚日	辛日	壬日	癸日
絶, 胞	申	酉	亥	子	寅	卯	巳	午
胎	酉	申	子	亥	卯	寅	午	巳
養	戌	未	丑	戌	辰	丑	未	辰
長生	亥	午	寅	酉	巳	子	申	卯
沐浴	子	巳	卯	申	午	亥	酉	寅
冠帶	丑	辰	辰	未	未	戌	戌	丑
建祿 臨官	寅	卯	巳	午	申	酉	亥	子
帝旺	卯	寅	午	巳	酉	申	子	亥
衰	辰	丑	未	辰	戌	未	丑	戌
病	巳	子	申	卯	亥	午	寅	酉
死	午	亥	酉	寅	子	巳	卯	申
墓, 葬	未	戌	戌	丑	丑	辰	辰	未

6장. 합론(合論)

1. 천간합(天干合)

甲己合	乙庚合	丙辛合	丁壬合	戊癸合
土	金	水	木	火

간합(干合)이라고도 하며, 마치 남녀가 서로 다른 환경에서 성장해서 부부가 되어 가정을 이루는 것과 같이, 음양의 속성이 다르지만 동일한 힘으로 결합하는 이치를 말한다.

합은 우주를 항구적으로 계승하고 보존하며 성취하는 작용으로 무한한 분열을 막고 통일하는 작용을 한다. 그리고 합은 영원할 수 없으며 일정한 시간이 지나면 다시 분리된다.

천간합(天干合)은 주로 인연, 유정(有情), 동중정(動中靜), 상통, 결합, 성취, 유대, 연결, 통합, 의합, 취합, 계약, 약속, 화순, 만남, 취득, 결정, 합격, 가결, 합법, 융합, 병합, 응합, 응기, 혼합 등의 작용을 한다.

■ 갑기합(甲己合)

갑기합(甲己合)은 중정지합(中正之合)이라고도 하며, 도량이 넓고 자기분수를 지키며 다투지 않고 순리를 따르기 때문에 주위로부터 존경을 받는다. 명조(命造)에 화(火)가 있고 격(格)의 구성이 좋으면 출중한 명이다.

인묘월생(寅卯月生)은 간혹 간계에만 능하고, 아무리 노력해도 성공하기 어렵다. 갑기합(甲己合)이 있고 지지(地支)에 형이 있으면 팔이나 어깨, 다리 등에 질병이 있다.

갑일생(甲日生)이 기(己)가 있어 합되면 신의는 있으나 지혜가 부족하고, 기일생(己日生)이 갑(甲)이 있어 합되면 신의가 없고 목소리가 탁하고, 코가 낮은 편이며 십중팔구는 이복형제가 있다.

■ 을경합(乙庚合)

을경합(乙庚合)은 인의지합(仁義之合)이라고도 하며 강건, 불굴, 과감, 강직, 용맹 등을 나타낸다. 다소 지나친 면이 있지만 인의가 두텁다. 그러나 편관(偏官)이나 사(死) 또는 절(絶)과 같이 있으면 용감하긴 해도 천한 경향이 있다.

출생월이 사고(四庫)가 되면 가문이 번영하고, 화국(火局)을 이루면 의식주 문제로 분주하다. 을일생(乙日生)이 경(庚)과 합되면 예의를 모르며 결단력이 부족하고, 경일생(庚日生)이 을(乙)과 합되면 의로운 척하지만 자비심이 없고 치아가 튼튼한 편이다. 을경합(乙庚合)되고 지지(地支)에 금(金)이 왕하면 남자는 인격과 권위가 있고 여자는 미인이다.

■ 병신합(丙辛合)

병신합(丙辛合)은 위엄지합(威嚴之合)이라고도 한다. 위세가 당당하나 편굴하며 변덕이 심하고 잔인하며 색정이 강하다. 명조(命造)에 편관(偏官)이 있으면 좋아하지만 신(辛)이나 토(土)가 겹쳐 있으면 빈천하다.

병일생(丙日生)이 신(辛)과 합되면 지혜는 뛰어나지만 예의가 없고, 사기와 모략을 잘한다. 신일생(辛日生)이 병(丙)과 합되면 체격이 작고 야망과 포부가 없다. 병신합(丙辛合)이 있고 갑진(甲辰)이 있으면 매우 좋고, 금(金)이 왕하면 행복한 명이다. 진술축미월생(辰戌丑未月生)은 고심이 많고, 토(土)가 있으면 빈천하다.

■ 정임합(丁壬合)

정임합(丁壬合)은 인수지합(仁壽之合)이라고도 한다. 아첨하는 기질이 있으며 정에 흐르기 쉽고, 색정에 강하며 천박하다. 명조(命造)에 편관(偏官)이나 도화살(桃花殺) 있으면 색정으로 인해 파가한다. 여자는 결혼을 늦게 하거나 나이가 많은 남자에게 시집가며 음란하다.

정임합(丁壬合)되면 일생이 전반생이 좋으면 후반생이 나쁘고, 전반생이 나쁘면 후반생이 좋고, 월지(月支)에 인묘(寅卯)가 있으면 매우 발달한다. 정임합(丁壬合)되고 그 밑에 목욕(沐浴)이 있으면 첩 등에서 출생한 사생아이며, 여자는 사생아를 낳거나 남편의 외도가 심하다.

정일생(丁日生)이 임(壬)과 합되면 키가 크고 날씬하며, 소심하고 질투가 강하다. 임일생(壬日生)이 정(丁)과 합되면 체격이 크고 부지런하지만, 신의가 없고 편굴하며 화를 잘낸다.

■ 무계합(戊癸合)

무계합(戊癸合)은 무정지합(無情之合)이라고도 하며 용모는 아름답지만 정이 없고 사치를 좋아한다. 색정에 빠질 우려가 많으며 남자는 독신을 고집하는 경우가 있고, 여자는 미남자와 인연이 있다.

월지(月支)가 화국(火局)을 이루면 대귀한 명이고, 명조(命造)에 목(木)이 있으면 의식이 풍족하고, 수(水)가 많으면 상극분파(相剋奔波) 할 명이다.

무계합(戊癸合)되면 남녀 모두 늙은 사람과 결혼하는 경우가 많고, 무계합(戊癸合)에 화(火)가 왕성하고 인(寅)이나 묘(卯)가 있으면 행복한 명이지만, 명조(命造)나 행운에서 수(水)가 많으면 분파(奔波) 한다.

무일생(戊日生)이 계(癸)와 합되면 다정한 것 같이 보이지만, 정이 없고 얼굴이 붉은 편이며 총명하다. 계일생(癸日生)이 무(戊)와 합되면 지능이 낮고 질투가 많아, 시작은 잘 해도 끝이 없어 용두사미 격이다.

2. 지지합(地支合)

子丑合	寅亥合	卯戌合	辰酉合	巳申合	午未合
土	木	火	金	水	不變

지합(支合) 또는 육합(六合)이라고도 한다. 남자에게 이 합이 많으면 사교적이라 교제가 넓고 외교적 수완이 뛰어나며, 육친(六親)간에 화합하고, 성격이 온순하고 원만하며 인정이 많다. 그러나 여자는 정이 헤퍼 정조관념이 부족한 경우가 있다.

길신(吉神)이 합되면 길함이 배가 되고, 흉신(凶神)이 합되면 흉함이 배가 된다. 지합(支合)은 공망(空亡)이나 형충파해(刑沖破害)를 해소하지만 역량은 떨어진다.

년월지합(年月支合)은 부자유친하여 조업이 계승되므로 장남이 아니라도 가권을 상속받고, 년일지합(年日支合)은 배우자가 내 부모와 화합하여 원만한 가정을 이루며, 일시지합(日時支合)은 노후가 행복하고 자식과 화합하여 같이 살아도 좋고, 년시지합(年時支合)이나 월시지합(月時支合)은 요합(遙合)이라 작용이 약하므로 중요하게 생각하지 않는다.

■ 자축합(子丑合)
일지(日支)가 축(丑)이고 자(子)의 합이 있으면 복이 후하고, 일지(日支)가 자(子)이고 축(丑)의 합이 있으면 복이 가볍다.

■ 인해합(寅亥合)
일지(日支)가 인(寅)이고 해(亥)의 합이 있으면 복이 두텁고, 일지(日支)가 해(亥)이고 인(寅)의 합이 있으면 복이 가볍다.

■ 묘술합(卯戌合)
일지(日支)가 묘(卯)이고 술(戌)의 합이 있으면 복이 두텁고,

일지(日支)가 술(戌)이고 묘(卯)의 합이 있으면 복이 가볍다.

■ 진유합(辰酉合)

일지(日支)가 유(酉)이고 진(辰)의 합이 있으면 복이 두텁고, 일지(日支)가 진(辰)이고 유(酉)의 합이 있으면 복이 가볍다.

■ 사신합(巳申合)

일지(日支)가 신(申)이고 사(巳)의 합이 있으면 복이 두텁고, 일지(日支)가 사(巳)이고 신(申)의 합이 있으면 복이 가볍고 시비구설이 생긴다.

■ 오미합(午未合)

일지(日支)가 미(未)이고 오(午)의 합이 있으면 복이 후하고, 일지(日支)가 오(午)이고 미(未)의 합이 있으면 복이 가볍다.

3. 삼합(三合)

寅午戌合	申子辰合	巳酉丑合	亥卯未合
火局	水局	金局	木局

삼합(三合)은 같은 오행(五行)이 장생(長生), 제왕(帝旺), 묘(墓) 등과 합하여 국세(局勢)를 나타내는 것을 말한다. 여러사람이 모여 조직이나 단체 등을 구성하여 사회생활을 영위하는 것과 같아, 합되면 합

되면 합될수록 세력이 확장되어 더욱 공고해진다.

분리되어 있을 때는 각각의 개성이 있지만, 삼합(三合)을 이루면 개성은 삼합국세(三合局勢)에 동화되어 결혼이 성사되거나 다른 사람과 협조할 일 등이 발생한다.

합은 긴합(緊合), 격합(隔合), 원합(遠合)을 가까이 가져옴으로 기뻐하는 경우와, 합으로 좋아지고 나빠지는 경우를 잘 살펴야 한다. 근합(近合)은 길흉이 더 무거워지고, 원합(遠合)과 격합(隔合)은 길흉이 가벼워진다.

삼합(三合)에는 순합(順合)과 역류합(逆流合)이 있는데 년월일(年月日)순으로 신자진삼합(申子辰三合)은 순합(順合)이고, 년월일(年月日)에 진년(辰年) 자월(子月) 신일(申日)이나 진월(辰月) 자일(子日) 신시(申時)는 역류합(逆流合)이다. 순합(順合)은 가정과 부모와 자식관계가 정상적인 순행하고, 역류합(逆流合)은 역행한다.
신자진(申子辰)은 임(壬)을 생산하고, 인오술(寅午戌)은 병(丙)을 생산하고, 사유축(巳酉丑)은 경(庚)을 생산하고, 해묘미(亥卯未)는 갑(甲)을 생산한다.

■ 명조(命造)에 삼합(三合)이 있으면 육친(六親)과 화목하다. 용모가 수려하고 총명하며 정직한 인격자다.
■ 길신(吉神)이 삼합(三合)되면 더욱 길하고, 흉신(凶神)이 삼합(三合)되면 더욱 흉해진다.
■ 건록(建祿)이 삼합(三合)과 연결되면 명망과 복이 따르며 의외로 횡재하고, 식신(食神)이 삼합(三合)과 연결되면 의식주가 풍족하고 식도락가다.

■ 정관(正官), 인수(印綬), 천을귀인(天乙貴人)이 삼합(三合)과 연결되면 복이 많고 귀인의 도움을 받는다.

■ 삼합(三合)되고 원진(怨嗔)이나 형해(刑害)가 있으면 말은 선하게 하면서 행동은 무례하며 목소리가 탁하다.

■ 합되었는데 충을 만나면 파국된다.

■ 함지(咸池)가 합을 이루면 간악, 사통, 불량, 음란하다.

■ 관부(官符)와 합하면 형옥, 송사, 비방, 시비 등을 잘 일으킨다.

■ 인오술합(寅午戌合)

인오술(寅午戌)이 합하면 화국(火局)이 되며 염상(炎上)이다. 정신문화, 화학공업, 연료, 색소, 예술, 화기, 법, 홍등가, 예도, 학문, 문화관, 언론기관 등에 해당한다.

■ 신자진합(申子辰合)

신자진(申子辰)이 합하면 수국(水局)이 되며 윤하(潤下)다. 액체물질, 수자원, 해안, 어망, 강과 하천, 상하수도, 댐, 저수지, 수력발전소, 원자력, 전자제품, 견직, 섬유물, 실 등에 해당한다.

■ 사유축합(巳酉丑合)

사유축(巳酉丑)이 합하면 금국(金局)이 되며 종혁(從革)이다. 고체물질, 금속자원, 금은 보석, 철기계류, 무기, 화폐, 전기제품, 폭발물, 저장소 등에 해당한다.

■ **해묘미합(亥卯未合)**

해묘미(亥卯未)가 합하면 목국(木局)이 되며 곡직(曲直)이다. 식물성 자원, 목재, 토목건축, 섬유질, 영농, 종묘, 가구, 제사, 방직, 펄프, 건축자재 등에 해당한다.

4. 암합(暗合)

子巳	子辰	子戌	寅丑	寅午	寅未	卯申	巳丑	午亥

년월일시(年月日時) 지지(地支)의 인원사사(人元司事)로 암합(暗合)을 형성하며, 더욱 사교적이며 치밀하고 조직적으로 된다. 기신(忌神)을 합해서 길로 바꾸면 길하고, 길신(吉神)을 합해서 흉으로 바꾸면 흉하다. 한신(閑神)이 암합(暗合)되면 길신(吉神)으로도 되고 흉신(凶神)으로도 된다. 특히 여자는 합이 많으면 부정하다고 해서 크게 꺼린다.

인오(寅午), 인미(寅未), 인축(寅丑)이 있으면 갑기합토(甲己合土)이고, 자사(子巳), 자진(子辰), 자술(子戌)이 있으면 무계합화(戊癸合火)이고, 묘신(卯申)이 있으면 을경합금(乙庚合金)이 된다.

그리고 사축(巳丑)이 있으면 무계합화(戊癸合火)나 병신합수(丙辛合水)가 되고, 오해(午亥)가 있으면 정임합목(丁壬合木)이나 갑기합토(甲己合土)가 되고, 인축(寅丑)이 있고 축(丑)이 개고(開庫) 되었을 때는 갑기합토(甲己合土), 병신합수(丙辛合水), 무계합화(戊癸合火)가 된다.

5. 방합국(方合局)

寅卯辰合	巳午未合	申酉戌合	亥子丑合
東方木局	南方火局	西方金局	北方水局

　방합국(方合局)은 동서남북 사방위나 춘하추동 사계의 세 글자가 모여 국(局)을 이루는 것인데, 작용력은 삼합(三合)과 비슷하다.

　인묘진(寅卯辰)은 동방(東方)이요 봄이니 목왕절(木旺節)이라 목국(木局)을 이루고, 사오미(巳午未)는 남방(南方)이요 여름이니 화왕절(火旺節)이라 화국(火局)을 이루고, 신유술(申酉戌)은 서방(西方)이요 가을이니 금왕절(金旺節)이라 금국(金局)을 이루고, 해자축(亥子丑)은 북방(北方)이요 겨울이니 수왕절(水旺節)이라 수국(水局)을 이룬다.

6. 준삼합(準三合)

申子	子辰	申辰	亥卯	卯未	亥未	寅午	午戌	寅戌	巳酉	酉丑	巳丑
水			木			火			金		

　준삼합(準三合)이란 삼합(三合)에서 하나씩 빠져 두 글자만 합되는 것을 말하고, 작용력은 삼자회국(三字會局)보다 약하다. 삼자회국(三字會局)의 중간 글자가 빠진 반합(半合)은 중간 글자가 있는 반합(半合)보다 화기가 약하다.

7. 준방합(準方合)

寅卯	卯辰	寅辰	巳午	午未	巳未	申酉	酉戌	申戌	亥子	子丑	亥丑
木			火			金			水		

준방합(準方合)이란 두 글자로도 합의 작용이 이루어지는 것을 말하고, 작용력은 삼자회국(三字會局)보다 약하다.

8. 우합(隅合)

丑寅(艮)	辰巳(巽)	未申(坤)	戌亥(乾)

우합(隅合)은 동서남북 네 모퉁이인 각 간방(間方)에서 동궁(同宮)으로 합되는 것을 말하며, 합되어도 오행(五行)은 변하지 않고 오히려 더 강하게 결속한다.

9. 동합(同合)

子子	丑丑	寅寅	卯卯	辰辰	巳巳	午午	未未	申申	酉酉	戌戌	亥亥

같은 글자끼리 합되는 것을 동합(同合)이라고 한다. 합되어도 오행(五行)은 변하지 않고 기세가 더 강해진다. 동합(同合) 가운데 진

(辰), 오(午), 유(酉), 해(亥)는 자형(自刑)되어 형합(刑合)되므로 흉하다. 동합(同合)은 복음(伏吟)이므로 태세(太歲)에서 만나면 슬픈 일이 생기고, 본인에게 재해가 없으면 남에게 폐를 끼친다. 그리고 처자식을 극하지 않으면 생활상에 근심이 있다.

10. 명암합(明暗合)

辛巳	壬午	丁亥	戊子	癸巳	甲午	己亥	乙巳	戊辰	庚辰	丙戌	壬戌
純合								雜合			

명암합(明暗合)은 간지합(干支合)으로 천간(天干)이 앉은 지지장간(地支藏干)과 합된 것을 말한다. 천지합(天地合)이라고도 하며 바꾸는 것을 좋아하는 성격이라 자식을 낳고 살다가도 가출하기 쉽다. 첩살이, 국제결혼, 해외로 출가하는 경우가 있으며, 숨겨놓은 애인이 있는 경우가 많다.

7장. 신살론(神殺論)

사주(四柱)에서 팔자(八字)가 서로 만나 오행(五行)의 생극(生剋)이나 음양(陰陽)의 조화가 좋으면 길신(吉神)이나 길성(吉星)이라 하고, 좋지 않으면 흉살(凶殺)이나 흉신(凶神), 또는 흉성(凶星)이라고 한다. 또 길신(吉神)은 신(神)이라고 하며 흉신(凶神)을 살(殺)이라고 한다.

길성(吉星)이 용신(用神)이나 희신(喜神)에 놓이면 더욱 길하고, 흉성(凶星)이 기신(忌神)이나 구신(仇神)에 놓이면 더욱 흉하게 된다. 비록 길성(吉星)이 놓여도 형충파해(刑沖破害)나 공망(空亡)되면 길한 작용을 못하고, 흉살(凶殺)이 놓여도 합되어 얽매이거나 공망(空亡)되면 흉한 작용을 못하게 되므로 길하게 된다. 그러므로 길신(吉神)이 더욱 좋아질 수 있고 나빠질 수도 있으며 흉신(凶神)이 더욱 나빠지거나 좋아질 수도 있다.

체(體), 용신(用神), 희신(喜神), 기신(忌神), 구신(仇神), 한신(閑神), 신강(身强), 신약(身弱), 정신기, 중화, 청탁, 한난, 조습, 왕

상휴수사 등을 살펴 용신(用神)과 격국(格局)을 정한 다음, 신살(神殺)을 대입하여 오행(五行)과 육친(六親) 등의 각종 길흉을 보아야지, 어느 신살(神殺) 하나만 놓고 흉하느니 길하느니 하는 것은 삼가해야 한다. 간혹 일부 역술인들이 흉살(凶殺)을 미끼로 비방술이니 예방법이니 하며 역학계를 흐려놓는 경우가 있는데 각성하기 바란다.

1. 천을귀인(天乙貴人)

日干	甲	乙	丙	丁	戊	己	庚	辛	壬	癸
天乙貴人	丑未	子申	亥酉	亥酉	丑未	子申	丑未	寅午	巳卯	巳卯

천을귀인(天乙貴人)은 지혜가 총명하고 의기가 활달하여, 존경을 받으며 관록과 의식이 유여하다는 최고의 희신(喜神)이다.

■ 천을귀인(天乙貴人)이 제왕(帝旺)이나 장생(長生)되면 길하고, 형(刑), 충(沖), 공망(空亡), 쇠(衰), 병(丙), 사(死), 장(葬)되면 불길하다.

■ 천을귀인(天乙貴人)이 관성(官星)되면 옥당급제하고, 식신(食神)되면 의식이 풍족하다.

■ 천을귀인(天乙貴人)이 있고 합(合)된 사람은 이름을 사해에 떨치며 승승장구한다.

■ 천을귀인(天乙貴人)이 정관(正官), 인수(印綬), 역마(驛馬), 장생(長生), 제왕(帝旺), 건록(建祿)에 해당하고 합(合)을 이루면 평생 복록이 넘친다.

■ 천을귀인(天乙貴人)이 월일(月日)에 있으면 매우 귀한 사람이 되고, 일시(日時)에 있으면 복력이 더욱 배가 되며, 국제경기에서 입상한다.

■ 천을귀인(天乙貴人)이 괴강과 함께 있으면 쾌활하고 용기있는 남아로 사리에 밝아 세인의 존경을 받는다.

■ 천을귀인(天乙貴人)이 있는 주(柱)가 간합(干合)이나 지합(支合)되면, 인품이 후덕하여 사회의 신용을 얻고 존경받는다. 크게 발달하여 한평생 재앙을 만나지 않는다.

■ 천을귀인(天乙貴人)이 년지(年支)에 있고 형(刑), 충(沖), 파(破), 해(害)가 없으면 조상덕이 많다.

■ 천을귀인(天乙貴人)이 월지(月支)에 있고 형(刑), 충(沖), 파(破)가 되지 않으면 부모나 형제연이 유덕하다.

■ 천을귀인(天乙貴人)이 일지(日支)에 있고 형(刑), 충(沖)되지 않으면 총명한 사람으로 현명한 배우자를 만난다.

■ 천을귀인(天乙貴人)이 시지(時支)에 있고 형(刑), 충(沖), 파(破)가 없으면 자녀가 귀하게 되고 자손덕이 있다.

■ 년천간(年天干)에서 일지(日支)를 봐서 천을귀인(天乙貴人)이 되면 현처의 내조를 받고, 여자도 귀한 남편을 만난다.

2. 천복귀인(天福貴人)

日干	甲	乙	丙	丁	戊	己	庚	辛	壬	癸
天福貴人	酉	申	子	亥	卯	寅	午	巳	丑未	辰戌

천복귀인(天福貴人)은 일생동안 부귀공명을 누리며 행복하게 사는 길신(吉神)으로 인품이 후덕하고 활발하며 정직하여 만인의 존경을 받으는다. 군인, 관리, 공무원 등의 공직자는 승진과 발전이 빠르고 경제적으로도 윤택하게 산다.

천복귀인(天福貴人)이 부모, 형제, 부부, 자녀 중에서 해당하는 육친(六親)에 임하면 그 가족이 평생 행복하게 잘산다. 그러나 공망(空亡), 형(刑), 충(沖), 파(破)를 만나면 인덕이 없고 손재가 따라 실패를 자주 한다.

3. 천관귀인(天官貴人)

日干	甲	乙	丙	丁	戊	己	庚	辛	壬	癸
天官貴人	未	辰	巳	酉	戌	卯	亥	申	寅	午

천관귀인(天官貴人)은 관직으로 입신출세하는 길성(吉星)으로, 사주(四柱)에 임하고 귀격이면 고관대작으로 명진사해하며 부귀를 누린다. 시상(時上)에 천관귀인(天官貴人)이 있으면 매우 좋다.

또한 문장에도 뛰어나며 하는 일마다 순조롭게 진행되어 성공하지만 천관귀인(天官貴人)이 형(刑), 충(沖), 공망(空亡)되면 관재구설이나 형액 등을 당한다.

4. 천주귀인(天廚貴人)

日干	甲	乙	丙	丁	戊	己	庚	辛	壬	癸
天廚貴人	巳	午	巳	午	申	酉	亥	子	寅	卯

　천주귀인(天廚貴人)은 복덕신(福德神)으로 수복이 쌍전하고 명리(名利)가 건전하며, 재복이 많아서 평생 생활이 풍요롭다. 정관(正官)이나 인수(印綬)에 천주귀인(天廚貴人)이 있으면 관직으로 출세하고, 의식주를 주관하는 일을 맡으면 대부대귀하다. 미식가나 요리가로도 명성을 얻는다. 그러나 형(刑), 충(沖), 공망(空亡), 사절(死絶)되면 복력이 줄어든다.

5. 절로공망(截路空亡)

日干	甲	乙	丙	丁	戊	己	庚	辛	壬	癸
截路空亡	申酉時	午未時	辰巳時	寅卯時	子丑時	申酉時	午未時	辰巳時	寅卯時	子丑時

　절로공망(截路空亡)이란 진퇴양난에 처해 있음을 뜻한다. 사주(四柱)에 있으면 불길하고 평생 고생이 많다.

6. 협록(夾祿)

日干	甲	乙	丙	丁	戊	己	庚	辛	壬	癸
夾祿	丑卯	寅辰	辰午	巳未	辰午	巳未	未酉	辛戌	戌子	고亥

협록(夾祿)은 겉보기와는 달리 항상 내복풍후(內福豊厚)의 덕이
있다. 친척이나 친구 등 타인의 도움을 많이 받고 재산이 풍부하여
편안한 여생을 보낸다.

7. 탕화살(湯火殺)

湯火殺	甲午	甲寅	乙丑	丙寅	丙午	丁丑	戊寅日
	戊午	庚午	庚寅	辛丑	壬午	壬寅	癸丑日

뜨거운 물이나 불에 데어서 큰 상처를 입거나 화재, 연탄가스, 부
탄, 엘피가스 등으로 죽는다. 어떤 사람은 농약이나 마약 등의 독
약을 마시기도 하고, 총탄에 죽거나 상처를 입는 사람도 있다.

8. 복성귀인(福星貴人)

日干	甲	乙	丙	丁	戊	己	庚	辛	壬	癸
福星貴人	寅	丑亥	子戌	酉	申	未	午	巳	辰	卯

복성귀인(福星貴人)은 수복(壽福)을 의미하는 길성(吉星)으로 사
주(四柱)에 있으면 여러사람의 부러움과 우러름을 받는다. 스스로
덕망을 갖춰서 크게 성공하며, 경제적으로도 항상 유복하다. 식록
이 풍족하여 명리(名利)가 따르는데 시지(時支)에 있으면 가장 좋
고, 일지(日支)에 있으면 그 다음으로 좋다.

9. 태극귀인(太極貴人)

日干	甲	乙	丙	丁	戊	己	庚	辛	壬	癸
太極貴人	子午	子午	卯酉	卯酉	辰戌丑未	辰戌丑未	寅亥	寅亥	巳申	巳申

태극귀인(太極貴人)은 사회적 지위가 높아지는 등 성공의 기회를 잡고 반드시 두각을 나타내는 길성(吉星)이다. 제3자에게 물질적 도움을 받아 평생 곤란을 겪지 않으며, 예상외의 복이 들어오는 횡재수도 있다. 선천적으로 복록이 후하고 주위로부터 협조가 많아 일생동안 고생을 모르고 살게 된다.

■ 사주(四柱)에 태극귀인(太極貴人)이 있고 격국이 순청하면 고관으로 입신출세하고, 년지(年支)에 있으면 공무원으로 나가면 좋다. 육친(六親) 중에 태극귀인(太極貴人)이 임하면 해당하는 사람이 입신출세하는 수도 있다. 그러나 태극귀인(太極貴人)이 공망(空亡), 형(刑), 충(沖), 사(死), 절(絶)되면 무위도식하며 지탄을 받는다.

10. 문곡귀인(文曲貴人)

日干	甲	乙	丙	丁	戊	己	庚	辛	壬	癸
文曲貴人	亥	子	寅	卯	寅	卯	巳	午	申	酉

문곡귀인(文曲貴人)이 있으면 문학이나 예술방면에 특출한 재능이 있어 음악이나 미술로 명성을 얻는다. 연구심이 강하고 학문이 깊어 사후에 더욱 평가받는다.

지혜가 총명하고 준수하며 사주(四柱)의 격이 순청한 사람은 재상
이 된다. 육친(六親) 중에 문곡귀인(文曲貴人)이 임하면 해당하는
사람은 입신양명한다. 그러나 공망(空亡), 형(刑), 충(沖), 사(死),
절(絶)되면 길한 작용을 하지 못한다.

11. 문창귀인(文昌貴人)

日干	甲	乙	丙	丁	戊	己	庚	辛	壬	癸
文昌貴人	巳	午	申	酉	申	酉	亥	子	寅	卯

　지혜가 총명하며 문채가 있어 풍류와 학문을 즐긴다. 사주(四柱)
가 순청하고 생왕(生旺)되면 당대 최고의 문장가로 존경받으며, 사
회적으로 명성을 얻어 부귀를 누린다.
　예술이나 학문에 뛰어나고 연구나 발명 등 창조적인 일을 하면 크
게 발전한다. 그러나 문창귀인(文昌貴人)이 합(合)이나 형(刑), 충
(沖)을 만나면 가난한 선비에 불과하다.

12. 학당귀인(學堂貴人)

日干	甲	乙	丙	丁	戊	己	庚	辛	壬	癸
學堂貴人	亥	午	寅	酉	寅	酉	巳	子	申	卯

　지혜가 총명하고 문장이 뛰어나며 관록도 좋다. 학문이 뛰어나 박
사나 대학교수 등 교육자가 많다. 문장에 특성을 살리면 교육자,

학자, 논설가로 명망을 얻는다. 사주(四柱)가 맑으면 부귀하고 기(氣)가 탁하면 평범하다. 그러나 신약(身弱)하고 형, 충(沖), 파(破), 해(害), 공망(空亡)되면 아무 도움이 되지 못한다. 월(月)이나 시지(時支)에 있는 것이 가장 좋다.

13. 관귀학관(官貴學官)

日干	甲	乙	丙	丁	戊	己	庚	辛	壬	癸
官貴學官	巳	巳	申	申	亥	亥	寅	寅	申	申

관직으로 출세하는 길성(吉星)이다. 지혜가 총명하고 학문이 뛰어나 교육자가 되는 경우가 많다. 관운이 좋아 남보다 먼저 승진하므로 여러사람에게 선망의 대상이 된다. 그러나 공망(空亡), 형(刑), 충(沖), 사(死), 절(絶)되면 그 작용을 못한다.

14. 금여록(金輿祿)

日干	甲	乙	丙	丁	戊	己	庚	辛	壬	癸
金輿星	辰	巳	未	申	未	申	戌	亥	丑	寅

두뇌가 영리하고 정교하여 발전하며 사회에 기여한다. 성격이 온후유순하며 절의와 절도가 있고, 음덕의 특성이 있어 자연의 행운을 받는다. 황족사주(皇族四柱)에 많이 있으며 금여(金輿)는 금수레, 꽃가마, 고급 승용차에 해당한다.

세인의 도움을 받으며 좋은 인연으로 훌륭한 배우자를 만난다. 남자는 발명에 재능과 미덕이 있고 처가의 도움을 받으며, 여자는 대개 미모이고 항상 화애하다. 특히 일시(日時)에 있으면 자손이 번창하고 친근자의 도움을 받으며 일생이 편안하다. 그러나 충(沖)이나 공망(空亡)되면 길의(吉意)가 소멸된다.

15. 홍염살(紅艶殺)

日干	甲	乙	丙	丁	戊	己	庚	辛	壬	癸
紅艶殺	午	午	寅	未	辰	辰	戌	酉	申	申

이 살이 들면 남녀 모두 미인이다. 여자는 낭만적인 성격이 지나쳐 남편을 두고 정부를 따라 달아나는 경우가 많을 정도로 부정하며, 화류계에 종사하는 사람이 많다.

16. 암록(暗祿)

日干	甲	乙	丙	丁	戊	己	庚	辛	壬	癸
暗祿	亥	戌	申	未	申	未	巳	辰	寅	丑

숨어있는 길성(吉星)으로 어려울 때 보이지 않게 남의 도움을 받아 위기를 모면하는 행운이 있다. 항상 재물이 끊이지 않고 설사 떨어졌다 해도 예상외의 돈이 생긴다. 두뇌가 영리하고 온후한 성격이다.

17. 양인살(羊刃殺)

日干	甲	乙	丙	丁	戊	己	庚	辛	壬	癸
羊刃殺	卯	辰	午	未	午	未	酉	戌	子	丑

양인(羊刃)은 국권, 권력, 무력으로 형벌을 맡은 악살이다. 강렬, 폭력, 성급, 상신, 수술 등을 나타낸다. 인생행로에 파란이 많고 쓸데없는 강렬과 고집, 폭력, 시비, 타살 등으로 관형을 살게 된다. 무기에 의한 악사나 교통사고로 죽는 수가 많다.

■ 이 살에서 때로는 불세출의 괴걸, 열사, 열녀, 여걸, 투사 등의 위인이 나온다.

■ 특히 군인, 경찰, 법관, 의사, 간호원, 식육점, 식당으로 출세하는 사람이 많다. 살인양정(殺刃兩停)이면 지위가 왕후에 오른다.

■ 신강(身强)한데 양인(羊刃)이 또 있으면 재화가 닥친다.

■ 년주(年柱)가 양인(羊刃)이면 조업을 파하거나 은혜를 배반하는 수가 있다.

■ 월주(月柱)가 양인(羊刃)이면 성격이 편중되므로 편굴하고, 괴팍해지거나 마음을 잘못 쓰는 경우가 있다.

■ 일주(日柱)가 양인(羊刃)이고 시(時)에 편인(偏印)이 있으면 아내에게 난산의 액이 있다.

■ 시주(時柱)가 양인(羊刃)이면 처자식을 극해하고 말년에 재화를 초래한다.

■ 겁재(劫財)와 양인(羊刃)이 같이 있으면 조부모와 동거할 수 없다. 표면으로는 겸양하고 부드러워 보여도 혹렬하고 자비심이 없어

가정적으로도 매우 적막한 경우가 많다.

■ 정재(正財)와 양인(羊刃)이 같이 있으면 재물이 파멸될 우려가 있고 가정이 몰락하며, 사회생활에 있어서 명예상 오욕을 받을 염려가 있다.

■ 양인(羊刃)과 겁재(劫財)와 상관(傷官)이 같이 있으면 말년에 재화가 생겨 실직을 당하여 곤궁하거나 신고한다.

■ 양인(羊刃)과 인수(印綬)가 같이 있으면 비록 공명성취하나 병약이나 신약(身弱)으로 신고한다.

■ 양인(羊刃)이 삼합회국(三合會局)을 이루면 항상 고향을 떠나 살게 되며, 멀리 떠돌아 다닌다.

■ 양인살(羊刃殺)이 3개 이상 있으면 강한 작용을 못하여 오히려 온후유순하며, 농아가 될 수도 있다.

■ 양인살(羊刃殺)이 많은 사람은 상부, 상처, 부부이별, 사업실패, 재물손실 등이 따른다.

18. 비인살(飛刃殺)

日干	甲	乙	丙	丁	戊	己	庚	辛	壬	癸
飛刃殺	酉	戌	子	丑	子	丑	卯	辰	午	未

무슨 일에나 열중하지만 싫증을 잘 느껴 실패한다. 모험을 좋아하고 요행으로 일시적인 성공을 하지만 오래가지 못한다. 도박이나 투기 등에 기질이 많으며 외유내강하고 급진적이다.

19. 칠살(七殺)

日干	甲	乙	丙	丁	戊	己	庚	辛	壬	乙
七殺	庚	辛	壬	癸	甲	癸	丙	丁	戊	己

간충(干沖)이라고도 하며 불구, 비명, 횡액 등을 당하는 최대의 흉악살이다. 부모, 형제, 부부, 자식궁에서 해당하는 사람도 흉액을 당한다.

■ 생년칠살(生年七殺)은 조실부모하며 횡액, 불구, 단명, 질병 등으로 고생한다.

■ 생월칠살(生月七殺)은 형제나 부모에게 불구, 단명, 횡액 등의 염려가 있으며 고생이 많다.

■ 생일칠살(生日七殺)은 급변사고로 비명, 횡액, 불구 등이 따르고 고질병이 있어 약으로 살며 단명한다.

■ 생시칠살(生時七殺)은 자식이 갑자기 비명횡사하거나 고질병으로 불구가 된다.

■ 갑경충(甲庚沖)은 신경통, 광증, 두통, 눈병, 중풍, 복부질환, 혈압, 코, 지라, 간 등이 염려되며 쇠붙이에 상처를 입거나 손재수가 있다.

■ 을신충(乙辛沖)은 신경통, 하초, 간장, 담, 후두, 두통, 가슴통, 치통, 관절염 등이 염려되며 사기수가 있다.

■ 병임충(丙壬沖)은 대장, 폐, 심장, 중풍, 눈병, 간담, 하초, 마음의 병, 혈압 등이 있으며 주색으로 망할 수도 있다.

■ 정계충(丁癸沖)은 심장, 중풍, 안질, 열병, 소장, 신경성, 신병

등이 있으며, 쇠붙이에 다치거나 물이나 불로 인한 액이 있다.

■ 무갑충(戊甲沖)은 위장, 비장, 적혈, 적담, 피부, 척추, 늑막염, 신병 등이 있으며 관액이 있어 송사 등이 따른다.

■ 기을충(己乙沖)은 비장, 중풍, 늑막염, 복막염, 장부, 복부질환, 하체상함, 관형액 등이 있다.

■ 경병충(庚丙沖)은 마음의 병, 두통, 안질, 귀, 입, 코, 폐, 사지, 대장 등이 염려되며, 화재나 손이 절단되는 수가 있다.

■ 신정충(辛丁沖)은 신경성, 폐염, 요통, 다리병, 수족상해, 신병, 당뇨 등이 있으며 화재나 쇠붙이에 몸을 다친다.

■ 임무충(壬戊沖)은 광증, 두통, 신장, 방광, 혈압, 간암, 복부질환, 정갱이등이 염려되며, 문서를 손실할 수 있다.

■ 계기충(癸己沖)은 신장, 중풍, 간암, 안질, 복부질환, 설사, 신병 등의 급병이 있으며, 문서손재가 따른다.

20. 유하살(流霞殺)

日干	甲	乙	丙	丁	戊	己	庚	辛	壬	癸
流霞殺	酉	戌	未	申	巳	午	辰	卯	亥	寅

남자는 타향에서 객사하고 여자는 산망(産亡)한다는 흉살이다. 다정다감한 성격으로 끼가 많아 외정을 즐기며 연예계나 화류계로 나가는 경우가 많다. 피나는 노력으로 모은 재물이 안개처럼 사라지며 사고로 피를 흘린다.

21. 낙정관살(落井關殺)

日干	甲	乙	丙	丁	戊	己	庚	辛	壬	癸
落井關殺	巳	子	申	戌	卯	巳	子	申	戌	卯

　죽을 고비를 넘기거나 물에 빠져 죽는다는 살로 7세에서 9세 사이를 가장 주의해야 한다. 바다, 강, 웅덩이, 도랑, 맨홀, 인분통, 정화조 등을 조심해야 하며 어른도 마찬가지다.

22. 뇌공관살(雷公關殺)

日干	甲	乙	丙	丁	戊	己	庚	辛	壬	癸
雷公關殺	丑午	午丑	子	子	戌未	戌未	寅	寅	酉亥	亥酉

　벼락을 맞는다는 살이다. 지금은 주로 전기감전, 화재, 연탄이나 가스중독, 가스폭발, 교통사고 등으로 많이 죽는다. 우뢰가 칠 때는 철물을 몸에 지니거나 높은 곳에 올라가지 말며, 가능하면 외출을 삼가하는 것이 좋다.

23. 겁살(劫殺)

年日支	申子辰	巳酉丑	寅午戌	亥卯未
劫 殺	巳	寅	亥	申

급변이나 재난사고를 당하는 악살이다. 자신은 물론 부모, 형제, 부부, 자녀 등도 해당된다. 천재지변이나 교통사고, 화재, 수재, 낙상, 관재수설, 불구, 단명, 횡액 등과 조실부모, 형제급사, 상부, 상처, 재난, 손재, 사기 등이 따른다.

이 살이 있으면 신체허약하며 특히 위장병으로 고생한다. 이비인후질환에 잘 걸리며 심하면 농아가 되기도 한다. 술을 절제하지 못하면 신용을 잃게 된다.

겁살(劫殺)이 천을귀인(天乙貴人)과 같이 있으면 위엄을 갖추며 일을 꾸미길 좋아하고, 길성(吉星)과 같이 있으면 총명하고 민첩하며 재주가 넘치지만, 관살(官殺)과 함께 있으면 불시에 재화가 닥쳐 사상의 액이 따른다.

24. 재살(災殺)

年日支	申子辰	巳酉丑	寅午戌	亥卯未
災　殺	午	卯	子	酉

감옥생활이나 천재지변, 급변사고, 불구, 단명 등의 횡액을 당한다는 흉살로 수옥살(囚獄殺)이라고도 한다. 그러나 군인이나 경찰, 법관, 형무관, 검찰, 세관원은 출세한다. 다른 육친(六親)도 이 살에 들면 관형을 살거나 사고나 수술 등이 따른다.

사주(四柱)에 수옥살(囚獄殺)이 있는데, 세운(歲運)에서 또 만나면 관재수설과 사고, 수술, 질병 등으로 고생한다. 여자의 경우 관성(官星)이 수옥살(囚獄殺)이 되면 남편이 형을 받을 수도 있다.

25. 장성(將星)

年日支	申子辰	巳酉丑	寅午戌	亥卯未
將星	子	酉	午	卯

　주체의식이 강하고 무관으로 출세하여 권력을 누린다. 문무겸전하고 녹이 중하여 관이 높다. 장성(將星)이 편관(偏官)이나 양인(羊刃)과 같이 있으면 생살지권을 잡고, 재성(財星)과 같이 있으면 국가재정을 장악한다.

　여자의 경우 장성(將星)이 있으면 자기주장을 하며 살거나 독수공방하지만 성격이 남자같아서 잘 살고, 신약(身弱)하면 유복하다. 그러나 생왕태과하면 빈천하고 과부팔자를 면하지 못한다. 남자는 기(氣)가 없고 공망(空亡)되면 복이 줄어들고, 생왕(生旺)하고 길성(吉星)을 만나면 발복한다.

26. 역마살(驛馬殺)

年日支	申子辰	巳酉丑	寅午戌	亥卯未
驛馬殺	寅	亥	申	巳

　이동이나 변동으로 동분서주하게 돌아다닌다는 살이다. 길신(吉神)에 해당하면 활동력이 많아 비약적으로 발전하고, 흉신에 해당하면 식소사번으로 일이 많아 분주하고 풍파가 많다.

■ 역마(驛馬)가 생왕(生旺)하고 재성(財星)과 같이 있으면 일찍부

터 재물을 모은다.

■ 임기응변과 외교에 능하며 운수업을 하면 성공한다.

■ 노년과 초년의 역마운(驛馬運)은 불리하며, 육친(六親) 중에서도 해당하면 작용을 받는다.

■ 이 살이 들면 고향을 떠나 살며 이사를 많이 한다.

■ 역마살(驛馬殺)이 형충(刑沖)되면 교통사고를 자주 당하고 객사한다.

■ 역마(驛馬)가 일주(日柱)와 상합(相合)되면 방이 아닌 곳에서 출생한다.

■ 역마(驛馬)가 있고 대운(大運)에 또 와서 길신(吉神)에 해당하면 영전하고, 합운(合運)에도 발전한다.

■ 역마(驛馬)가 칠살(七殺)과 같이 있으면 타향에서 고생한다.

■ 역마(驛馬)가 편인(偏印)이나 겁재(劫財)와 같이 있으면 인격이 떨어지고 동분서주한다.

■ 역마(驛馬)와 식신(食神)이 함께 있고 건왕(健旺)하면 복력이 두텁다.

■ 역마(驛馬)가 병부(病符)와 함께 있으면 병으로 놀라고, 관부(官符)와 같이 있으면 관의 일로 놀란다.

■ 대운(大運), 세운(歲運), 월운(月運)이 모두 역마(驛馬)를 충(沖)하는 운이 오면 자동차, 오토바이, 비행기, 선박 등으로 인한 재액이 발생하나 통관신(通關神)이 있으면 액을 면한다.

■ 시지(時支)가 역마(驛馬)이면 해외에서으로 장기간 거주한다.

■ 유년의 역마(驛馬)는 이사나 이동, 직위변동, 원행, 해외출입 등이 있다.

27. 화개살(華蓋殺)

年日支	申子辰	巳酉丑	寅午戌	亥卯未
華蓋殺	辰	丑	戌	未

예술에 소질이 있고 학문이 뛰어나며 근면하다. 지혜가 총명하고 신앙심이 강하여 종교적인 활동을 한다. 화개(華蓋)와 인수(印綬)가 같이 있으면 대학자가 되고, 공망(空亡)을 만나면 승도나 성직자가 된다. 화개(華蓋)가 형충(刑冲)을 만나면 문화사업으로 바쁘고, 화개(華蓋)가 년지(年支)와 일지(日支)에 함께 있으면 탯줄을 목에 감고 나온다.

28. 절방살(絶房殺)

年支	子	丑	寅	卯	辰	巳	午	未	申	酉	戌	亥
絶房	11月	2月	7月	11月	2月	7月	11月	2月	7月	11月	2月	7月

부부가 생사이별하고 홀로 빈방을 지킨다는 살이다. 피치못할 사정으로 여러해 떨어져 살거나 때로는 불화하여 별거한다. 남자가 첩을 두어 따로 사는 경우도 많다.

29. 지살(地殺)

지상이변, 이사, 이전, 전직, 여행, 작은 이동 등의 작용을 하는

年日支	申子辰	巳酉丑	寅午戌	亥卯未
地 殺	申	巳	寅	亥

살이다. 지살(地殺)이 길신(吉神)에 해당하면 외교관, 기술자, 여행사, 조종사가 되거나 이민가서 살게 되지만, 흉신에 해당하면 행상인, 기술자, 운전기사 등으로 고향을 떠나 객지에서 생활한다.

년지(年支)와 일지(日支)가 지살(地殺)이면 초년에 풍상이 많고, 일찍 고향을 떠나 사방으로 떠돌아 다니며 살게 된다. 지살(地殺)이 임한 육친(六親)도 객지생활을 한다.

30. 도화살(桃花殺)

年日支	申子辰	巳酉丑	寅午戌	亥卯未
桃花殺	酉	午	卯	子

남녀 불문하고 호색가로 풍류를 좋아하며, 주색으로 패가망신하는 수가 많다.

■ 도화(桃花)가 관성(官星)이면 처가덕으로 부자가 되거나 아내의 내조로 벼슬한다.

■ 도화(桃花)가 재(財)의 녹지(祿地)가 되면 첩으로 인해 부자가 되며, 인수(印綬)되면 후처의 장모를 모시고, 삼형(三刑)을 만나면 화류병에 걸린다.

■ 여자의 경우 건록(建祿)과 같이 있으면 양귀비의 미모이고, 일

지(日支)에 도화(桃花)가 있으면 청수까지 겸비하며, 역마와 같이 있으면 간부와 타향으로 도망간다.

■ 남자의 경우 편재(偏財)가 도화(桃花)가 되고 역마와 같이 있으면 첩을 데리고 타향으로 떠난다. 도화좌하(桃花坐下)가 생왕(生旺)하면 용모가 아름답고, 주색에 빠져 환락을 쫓다가 가업을 돌보지 않아 끝내는 패재파가로 망신하고, 사절(死絶)되면 언행이 교활하고 방탕에 휩쓸리거나 망은과 배신으로 가업을 소홀히 한다.

■ 도화(桃花)와 양인(羊刃)이 일시(日時)에 같이 있으면, 학문이나 예술에 능하여 선망의 대상이 되지만 몸이 허약하여 질병으로 고생한다.

■ 도화(桃花)와 목욕(沐浴)과 진신(進神)이 같이 있으면, 용모와 자태가 매우 아름다워 절세미인이지만 호색가다.

■ 도화(桃花)에 칠살(七殺)이 있으면 창녀나 기생, 연예인 등이 되는 수가 많다.

31. 고신살(孤神殺)

年支	子	丑	寅	卯	辰	巳	午	未	申	酉	戌	亥
孤神	寅	寅	巳	巳	巳	申	申	申	亥	亥	亥	寅

홀아비살로 고진(孤辰)이라고도 하며, 동분서주하고 남자는 부부가 생사이별하거나 상처한다. 역마와 함께 있으면 주색으로 방탕하여 타향에 유리하고, 시(時)에서 공망(空亡)을 만나면 소년시절 고난이 많고 처자식이 불초한다.

고신살(孤神殺)이 있고 화개(華蓋)가 있으면 고독한 신세로 중이
될 팔자고, 고신살(孤神殺)이 월일(月日)에 있고 화개(華蓋)가 일
시(日時)에 있으면 객지를 떠돌아 다니거나 성직자 명이다.

32. 과숙살(寡宿殺)

年支	子	丑	寅	卯	辰	巳	午	未	申	酉	戌	亥
寡宿	戌	戌	丑	丑	丑	辰	辰	辰	未	未	未	戌

과부살로 여자에게 이 살이 들면 부부가 생사이별하고 육친(六親)
의 덕이 없다. 과숙살(寡宿殺)이 화개(華蓋)와 같이 있으면 독신으
로 늙거나 중이 될 팔자다. 시(時)에 있으면 자식덕이 없고, 역마
와 같이 있으면 주색에 방탕하여 타향에서 유리한다. 이 살이 시
(時)에서 공망(空亡)을 만나면 소년시절에 고생이 많다.

33. 원진살(怨嗔殺)

年支	子	丑	寅	卯	辰	巳	午	未	申	酉	戌	亥
怨嗔	未	午	酉	申	亥	戌	丑	子	卯	寅	巳	辰

미워하고 원망하는 살로 원진(元辰)이라고도 한다. 실패, 불구,
단명, 질병, 수술, 색난 등이 따르는 최대의 흉살이다. 부모형제와
불화하고 부부 생사이별하며, 자녀는 불효불순하다. 특히 종교가,
운명철학가, 무당, 박수, 약사, 신경성환자 등에서 많이 보인다.

■ 부부궁에 권태가 잘 생기고 성생활이 맞지않아 외도를 많이 하며, 별거생활을 하게 된다. 남자는 첩을 얻으며 여자는 정부를 두는 경우가 많다.

■ 여자에게 이 살이 있으면 목소리가 크고 성품이 탁하며, 천한 사람과 사통하고 불효불순한 자식을 둔다.

■ 상관(傷官)과 같이 있으면 겉과 속이 다르고, 독설로 남의 흉을 잘 보며 간사한 독종이 되기 쉽다.

■ 자미(子未)가 있으면 이별, 횡액, 원한, 산액, 자녀고충, 무자식, 색난, 사업실패 등이 따른다.

■ 축오(丑午)가 있으면 이별, 횡액, 고독, 산액, 유산, 자녀실패, 정신병, 무자식, 색난, 사업실패 등이 있다.

■ 묘신(卯申)이 있으면 질병, 손발상해, 수술, 불구, 단명, 부부이별, 색난, 실패 등이 있다.

■ 진해(辰亥)가 있으면 독립, 질병, 수술, 도난, 액운, 원망, 고독, 이별, 자녀고충, 실패 등이 따른다.

■ 사술(巳戌)이 있으면 질병, 화액, 고독, 이별, 자녀실패, 손재 등이 있다.

■ 인유(寅酉)가 있으면 신병, 수족상해, 불구, 단명, 부부이별, 색난, 사업실패가 있다.

34. 상문살(喪門殺)

年支	子	丑	寅	卯	辰	巳	午	未	辛	酉	戌	亥
喪門	寅	卯	辰	巳	午	未	申	酉	戌	亥	子	丑

상가에 가서 당하는 살로 재수가 없으며 우환, 질병, 사고 등을
당한다. 상문살(喪門殺)이 있는데 다시 상문살(喪門殺) 년월(年月)
이 오면 상복을 입는 일이 생긴다.

35. 조객살(弔客殺)

年支	子	丑	寅	卯	辰	巳	午	未	申	酉	戌	亥
弔客	戌	亥	子	丑	寅	卯	辰	巳	午	未	申	酉

상가에 갔다와서 부모나 친척의 상을 당한다는 살이다. 상문, 조
객일에 초상집에 가지마라. 사주(四柱)에 조객살(弔客殺)이 있는데
조객살년(弔客殺年)을 만나면 상복수가 있다.

36. 구신살(句神殺)

年日支	子	丑	寅	卯	辰	巳	午	未	申	酉	戌	亥
句神	卯	辰	巳	午	未	申	酉	戌	亥	子	丑	寅

구신살(句神殺)이 중첩하고 삼형살(三刑殺)이 있으면 형액을 자주
당한다. 구신살(句神殺)과 교신살(絞神殺)이 년일(年日)에서 상충
(相沖)이나 삼형(三刑)되면 부부가 생사이별하거나 작첩, 정부문제
로 가정이 파탄되기 쉽다. 세운(歲運)에서 이 살을 만나면 손재,
구설, 관재가 따른다.

37. 교신살(絞神殺)

年日支	子	丑	寅	卯	辰	巳	午	未	申	酉	戌	亥
絞神	酉	戌	亥	子	丑	寅	卯	辰	巳	午	未	申

목매어 죽은 귀신이 있어 백사가 난망하는 살로 구신살(句神殺)과 작용이 비슷하다. 세운(歲運)에서 만나면 자신이나 부모, 형제, 부부, 자녀 중에서 해당하는 육친(六親)은 재액을 많이 당하고 몸을 다치며 손재한다.

38. 상충살(相沖殺)

子午沖	丑未沖	寅申沖	卯酉沖	辰戌沖	巳亥沖

가장 강한 흉살로 황폭, 망은, 상부, 상처, 이별, 파가, 시비, 관재, 구설, 교통사고, 충돌사고, 병고, 불구, 단명, 손재, 실패, 배신 등을 초래한다.

■ 부모궁 상충(相沖)은 조실부모하거나 부모덕이 없고, 남의 부모를 모신다.

■ 형제궁 상충(相沖)은 형제를 일찍 잃거나 불화하여 각각 살거나, 객지생활을 한다.

■ 부부궁 상충(相沖)은 상부상처 등으로 이별하거나 두집 살림으로 원망하며 산다.

■ 자녀궁 상충(相沖)은 자녀가 불순불효하거나 불구, 단명, 횡액

등이 있으며 자식을 얻기 힘들다.

■ 자오(子午)가 있으면 객지생활을 오래하며 항상 불안하다. 심장, 방광, 신장, 생식기, 폐, 지라, 눈, 수술, 손재, 실패 등이 염려된다.

■ 갑경일생(甲庚日生)이 자오충(子午沖)이 있으면 타향살이, 수도생활, 수리, 문화, 정신 등과 관계가 깊다.

■ 축미(丑未)가 있으면 비장, 위장, 피부병, 내장, 맹장, 손발부상, 수술, 손재, 실패 등이 있으며 매사가 막힌다. 형제가 각각 마음이 달라 재산문제로 다투기 쉽다. 축미충(丑未沖)은 토지매매, 영농, 토목공사와 관계있다.

■ 인신(寅申)이 있으면 신경, 간장, 두통, 광증, 폐장, 골절, 위장, 축농증, 당뇨, 충돌, 색난, 파패 등이 염려된다. 성격이 다정다감하여 애정이 많으나 구설수가 많고 쟁투한다. 인신충(寅申沖)은 도로, 교통, 소식 등과 관계있다.

■ 묘유(卯酉)가 있으면 신경, 담낭, 두통, 폐장, 대장, 수족불구, 간장, 주체, 당뇨, 말초신경, 손재, 실패, 귀신침입 등이 염려된다. 친한 사람을 배신하고 부부가 불화하며 골육이 참상하니 근심걱정이 많다. 묘유충(卯酉沖)은 문호갱신, 이동, 가문변화 등과 관계있다.

■ 진술(辰戌)이 있으면 비장, 위장, 심장, 피부질환, 복부질환, 신장, 당뇨, 불치병 등이 있고, 배우자를 잃고 고독하다. 진술충(辰戌沖)은 전택이나 토지로 소송하는 등 시비와 관계가 있다. 그러나 길경사가 생기는 수도 있다.

■ 사해(巳亥)가 있으면 광병, 두통, 심장, 소장, 신장, 안질, 방

광, 혈압, 술병, 요통, 대소변 등이 염려된다. 가슴이 답답하며 쓸데없이 남의 걱정을 잘하지만, 반복이 많아 가벼운 것이 중하게 되고 구한 후에 손해를 본다. 사해충(巳亥沖)은 연료, 폭발, 해사, 이동, 원행 등과 관계있다.

■ 년지(年支)와 월지(月支)가 충(沖)되면 조업을 파하고, 생가를 떠나며, 년지(年支)와 일지(日支)가 충(沖)되면 배우자와 부모가 화목하지 못하다.

■ 월지(月支)와 시지(時支)가 충(沖)되거나, 년지(年支)와 시지(時支)가 충(沖)되면 성격이 광폭하거나 병을 오래 앓는다.

■ 월지(月支)가 충(沖)되면 부모와 같이 살지 못하고, 일지(日支)와 시지(時支)가 충(沖)되면 배우자와 자식을 극한다.

■ 간동지충(干同支沖)되면 항상 마음이 불편하고 조업을 패한다.

■ 여자의 경우 일지(日支)와 시지(時支)에 진술충(辰戌沖)이 있으면 고독하고, 간합(干合)이 있고 일지(日支)가 충(沖)되면 고생이 많다.

■ 희신(喜神)은 충(沖)되면 흉이 되고, 흉신은 충(沖)되면 길하게 된다.

■ 명조(命造)에 충(沖)이 겹쳐 있으면 어릴 때 고생이 많고, 초기 단계에는 매사 고난이 많아 구하는 것이 없으면 평생 빈한하다.

■ 명조(命造) 중에 공망(空亡)과 충(沖)과 원진(怨辰)이 모두 있으면 빈천한 명이다.

■ 병오일생(丙午日生)이 행운에서 임자(壬子)를 만나고, 정사일생(丁巳日生)이 계해(癸亥)를 만나면 천충지충(天沖地沖)되어 각종 재난과 냉증으로 인한 질병이 발생한다.

■ 을묘일생(乙卯日生)이 신유(辛酉)와 천충지충(天沖地沖)되면 종교에 관여하고, 신유일생(辛酉日生)이 을묘(乙卯)가 있으면 성직자가 되더라도 언젠가는 환속한다.

■ 명조(命造) 중에 형(刑), 충(沖), 파(破), 해(害)가 겹쳐 있으면 군인으로 진출하는 것이 좋다. 특히 신일생(辛日生)이 무토(戊土)가 있으면 군인으로 크게 출세한다.

39. 상파살(相破殺)

子酉破	丑辰破	寅亥破	午卯破	戌未破	巳申破

 평생 손재와 실패가 따라다니고 교통사고와 가정풍파가 연속되는 살이다. 년지(年支)를 파하면 부모와 조상덕이 없고 객지생활을 하며 양친과 일찍 상별하고, 월지(月支)를 파하면 변동이 심하며 형제간에 불화하고, 일지(日支)를 파하면 부부인연이 약하여 풍파가 있고 일신이 고립되며, 시지(時支)를 파하면 자손인연이 약하며 말년이 고독하다.

■ 자유(子酉)가 있으면 폐염, 요통, 골수염, 요도염, 성병, 팔다리, 신경통, 생리통 등이 있고 불륜에 빠진다. 부모형제 사이가 나쁘고 부부간에 정이 없으며 자식이 불초한다. 술이나 물과 관련된 직업을 갖게 된다.

■ 축진(丑辰)이 있으면 맹장염, 피부질환, 대장, 소장, 비장, 위장, 복막염, 상치 등이 염려되며, 축대붕괴, 토지다툼, 경지정리, 택지수리 등이 따른다. 또한 관재구설이 있고 인덕이 없으며 스스

로 화를 자초한다.

■ 인해(寅亥)가 있으면 위장, 방광, 담석증, 정신질환, 두통, 당
뇨, 신경통, 마비, 불안초조, 손재, 실패, 산신기도 등이 따른다.

■ 묘오(卯午)가 있으면 위장, 간장, 색맹, 담석증 등의 질병이 발
생한다. 유흥과 오락, 색정으로 인한 명예실추가 있고, 사업은 실
패가 잦다.

■ 사신(巳申)이 있으면 소장, 대장, 삼초, 심장병, 냉증 등의 질
환이 생기고, 처음의 합(合)도 도중에 불화한다. 관재, 구설, 시
비, 가정파탄, 파산, 손재 등으로 매사에 장애가 많다.

■ 술미(戌未)가 있으면 신경성질환, 척추, 요통, 신경통, 마비증
등의 질병이 발생한다. 골육상쟁하며 구설시비가 있고 주위사람과
상호간에서 오는 배신, 시기, 질투, 손재, 관액 등이 일어난다.

40. 삼형살(三刑殺)

寅巳申三刑	丑戌未三刑	子卯相刑

자형살

辰辰自刑	午午自刑	酉酉自刑	亥亥自刑

형액, 관재, 액난 등을 초래하는 흉살이다. 관재, 구설, 송사 등
의 예측하지 못한 일과 가정풍파가 생긴다. 병고, 산액, 파탄, 부
부 생사이별 등의 액난을 당한다.

■ 사주(四柱)가 길하고 형살(刑殺)이 있으면 군인이나 경찰, 검찰, 판사, 변호사, 검사, 교도관으로 입신출세하여 명진사해한다. 간혹 의사, 약사, 간호원, 식육점, 식당업 등에 종사하는 사람도 많다.

■ 인사신삼형(寅巳申三刑)은 자기 세력만 믿고 강하게 나가다가 큰 화를 당한다.

■ 사절(死絶)되면 소아마비가 되기 쉬우며, 교활하고 간사하며 비굴하다. 남자는 어리석고 여자는 고독하다.

■ 축술미삼형(丑戌未三刑)은 은혜를 원수로 갚거나 불의를 예사롭게 저지른다. 불량하고 냉정한 성격으로 친구가 적고 비밀을 폭로한다. 산액과 부부간에 생사이별수가 있다.

■ 자묘상형(子卯相刑)은 예의가 없고 건방지며 타인에게 불쾌감을 준다. 성병에 한두번 걸리며 여자는 자궁수술수가 있다.

■ 갑을일주(甲乙日柱)가 자묘형(子卯刑)되면 음부에 털이 없다.

■ 진진(辰辰), 오오(午午), 유유(酉酉), 해해(亥亥)는 스스로 화를 초래하는 형상으로 불구자가 되기 쉽다. 잘난체하며 자기 주장을 내세우다가 적을 불러들이며, 의타심이 강하고 지능이 부족하여 매사가 용두사미격이다.

■ 삼형(三刑)으로 인한 질병에는 심신장애, 뇌신경 이상, 심장판막, 늑막염, 골수염, 좌골신경통 등이 있다.

■ 삼형(三刑)과 양인(羊刃)이 있고 일간(日干)을 극하면 검난이 따른다. 양(陽)을 형(刑)하면 남자에게, 음(陰)을 형(刑)하면 여자에게 화가 생긴다.

■ 인사(寅巳)가 있으면 쟁투, 세력갈등, 경쟁, 시비, 망은, 배신,

형액, 송사 등이 발생하고 골육간에 정이 없다. 소장, 삼초, 편도선, 독극물 중독, 교통사고, 고질병 등이 발생한다.

■ 사신(巳申)이 있으면 은인이 적으로 변하고 장유가 불순하다. 실패, 불화, 반목, 시비 등이 일어나고 소장, 삼초, 대장의 질병과 한열 등이 발생한다.

■ 축술(丑戌)이 있으면 배신, 불신, 투쟁, 관재, 구설, 손재, 실패 등 가정암투가 있다. 여자는 고독하고 부부가 불화하거나 이별하고 배신을 당한다. 심신장애, 신경계통질환, 심장판막증, 신장, 위장병 등이 있다.

■ 술미(戌未)가 있으면 축술형(丑戌刑)과 비슷하며, 손재 등 실패가 있다. 비장, 위장, 좌골신경통, 폐막염 등이 발생한다.

■ 자묘(子卯)가 있으면 패륜, 불륜, 무례, 간통, 변태 등과 관재 구설, 음독자살, 성병, 자궁병, 간장질환 등이 따른다.

■ 진진(辰辰)이 있으면 천재지변, 구속, 관액, 실형언도, 구설, 시비, 당뇨, 위장, 피부병, 보관, 냉동 등이 염려된다.

■ 오오(午午)가 있으면 폭발 등으로 불에 타서 죽거나, 본드나 부탄가스 흡입, 익사, 자살, 자해, 교통사고, 화재, 화상 등이 염려된다.

■ 유유(酉酉)가 있으면 억압, 자해, 수술, 상해 등이 있고 칼이나 유리 등에 다친다. 위장, 간장, 기관지 등이 염려되며 손발을 다치거나 술주정이 등이 발생한다.

■ 해해(亥亥)가 있으면 혈액, 요도, 당뇨, 고혈압, 폭풍, 풍랑, 침수 등이 염려되며 어업, 농업, 청소업, 세탁업 등과 관계있다.

41. 백호대살(白虎大殺)

甲辰	乙未	丙戌	丁丑	戊辰	壬戌	癸丑

　최대의 흉악살로 급변, 재난, 교통사고, 타살, 자살, 총살, 옥사, 객사, 횡사, 산망, 혈압, 중풍, 낙상 등을 당하거나, 광견에게 물리고 소뿔에 부딪치는 등 혈광사(血光死)로 비참하게 죽는 살이다.

■ 백호살(白虎殺)이 공망(空亡)을 만나면 불구가 되거나 폭력, 데모, 투쟁, 관형 등이 따른다. 그러나 사주(四柱)가 길하고 백호대살(白虎大殺)이면 무과에 급제하여 위진만리하며 생살권을 잡는다.

■ 사주(四柱)에 백호살(白虎殺)이 있고 평길하면 군인, 경찰, 형법관으로 출세한다. 보통사람은 운전수, 광산업, 축산업, 식육점, 식당업 등을 많이 한다.

■ 년주(年柱)에 있으면 조부모가 흉사하거나 불구가 된다.

■ 월주(月柱)에 있으면 부모형제와 생사이별하고 흉사, 불구, 단명, 신병, 조난, 총사 등 피를 흘리며 사망하는 수가 있다.

■ 일주(日柱)에 있으면 부부가 생사이별하고, 본인이 불구가 되거나 단명하며 초년부터 장애가 많다. 축산업은 절대 하지 말아라.

■ 시주(時柱)에 있으면 자손액이 있다. 유산이나 낙태가 많아 자식을 얻기 힘들며, 남의 자식을 얻어도 불구, 단명, 횡사, 횡액 등이 있다.

■ 갑진(甲辰)이 있으면 조실부모, 부친객사, 부부 생사이별, 아내 음독 등으로 불행하며, 고독, 당뇨, 신병 등이 따른다.

■ 을미(乙未)가 있으면 조실부모, 부부 생사이별, 고독, 아내음

독, 신병 등이 있다.

■ 병술(丙戌)이 있으면 부부풍파나 이별, 자궁액, 신액, 무자식, 자궁수술수가 있다.

■ 정축(丁丑)이 있으면 부부풍파나 이별, 자궁액살, 산액, 무자식, 자궁수술액 등이 있다.

■ 무진(戊辰)이 있으면 부부 생사이별, 자식액살, 수술, 산액, 유산, 낙태 등이 있다.

■ 임술(壬戌)과 계축(癸丑)이 있으면 고집과 자존심이 강하지만 마음이 약한면도 있다. 부부 생사이별, 객사, 횡사, 자식불구, 단명, 자궁수술 등이 있고 자식을 얻기 힘들다.

■ 정미(丁未)와 갑술(甲戌)도 백호살(白虎殺) 작용을 한다.

■ 비겁(比劫)인데 백호살(白虎殺)을 만나면 동기간이 흉하다.

■ 편재(偏財)인데 백호살(白虎殺)을 만나면 부친의 사업실패나 부친의 처첩으로 인한 패망 등 흉사가 있다.

■ 관성(官星)인데 백호살(白虎殺)을 만나면 남편이 흉사하거나 단명한다.

■ 여자가 식상(食傷)인데 백호(白虎)를 만나면 자식이 흉하다.

42. 공망(空亡)

甲子旬中 戌亥空亡	甲戌旬中 申酉空亡	甲申旬中 午未空亡	甲午旬中 辰巳空亡	甲辰旬中 寅卯空亡	甲寅旬中 子丑空亡

헛된 것, 빈 것, 망한 것, 없어지는 것, 고독한 것 등을 말한다.

공망(空亡)이 있으면 중년 이전에 부모 중 한쪽과 헤어지거나 고향을 떠난다. 노력은 하지만 뜻을 이루지 못하여 평생동안 간간히 고생하는 사람이 많다.

■ 흉살이 공망(空亡)되면 길작용을 하고, 길성길신(吉星吉神)이 공망(空亡)되면 흉작용을 한다.

■ 년지(年支)가 공망(空亡)되면 조부모의 기지가 미약하다. 조상의 음덕이 부족하여 조업이나 유산이 없고 어릴 때 불우하다. 조상을 받들지 않아 선대의 묘가 파손된다.

■ 월지(月支)가 공망(空亡)되면 부모형제가 무력하고 발전이 없다. 형제연이 약하고 부모운도 불리하여 일찍 부모형제와 이별하거나 잃는 수가 있으며, 사이가 나빠서 생가에서 살지 못한다. 자수성가하지만 객지에서 하늘을 바라보고 원망한다.

■ 일지(日支)가 공망(空亡)되면 생가를 떠나 성장하는 경우가 많고, 현달하지 못한다. 남자는 현처를 만나기 어렵고 다스리지 못하니 가정이 불안하고, 여자는 좋은 남편과 인연이 없고 불화불목한다. 남녀를 막론하고 부부액이 있어 가정생활에 파란이 많다.

■ 시지(時支)가 공망(空亡)되면 야망이 크고 집요해도 성공하지 못한다.

■ 화개(華蓋)와 같이 있으면 자식을 두기 어렵고, 있어도 힘을 얻지 못한다. 자식복이 없어 불초하거나 해가 되므로 말년이 불우하며 죽을 때 관이 없는 형상이다. 여자는 대개가 친정이 무후하기 때문에 고독하게 되는 수가 많고, 남자는 처자식덕이 없다.

■ 입태월(入胎月)이 공망(空亡)되면 동분서주하고 일찍 고향을 떠난다. 부모 중 한분을 일찍 잃는 사람이 많다.

■ 년주(年柱)에서 월일시(月日時) 삼위공망(三位空亡)이나 일주(日柱)에서 년월일(年月日) 삼위공망(三位空亡)이면, 다른 사람의 도움으로 복을 얻거나 양자로 가서 행복해진다. 구류술업을 가지는 사람도 있다.

■ 비견겁재(比肩劫財)가 공망(空亡)이면 형제자매가 없거나 있어도 그 수가 줄며, 무력하고 정의가 없으므로 형제덕이 없다.

■ 비견(比肩)이 공망(空亡)이면 형제와 동료와 친구가 빈약하고, 겁재(劫財)가 공망(空亡)이면 형제간에 우애가 없다.

■ 식신상관(食神傷官)이 공망(空亡)이면 일이 막혀 발전하지 못하고 결국은 좌절한다.

■ 식신(食神)이 공망(空亡)이면 남자는 실직을 자주 당하여 활동이 막히므로 재능을 발휘하기 어렵고, 의식이 부족하고 건강도 나빠 대개가 가난하거나 단명하며 음식을 먹으면 잘 체한다.

■ 상관(傷官)이 공망(空亡)이면 고아가 되기 쉽고 혼담에 구설이 따른다. 주로 첫 딸을 두며 종교계로 진출한다. 여자는 독자의 운명이므로 자식복이 약하고 남편을 극한다.

■ 관성(官星)이 공망(空亡)이면 명리(名利)를 원하지 않는다. 남자는 자식연이 약하고, 여자는 남편덕이 없으며 심하면 생사이별하거나 남편에게 횡액수가 있다.

■ 편관(偏官)이 공망(空亡)이면 일반적으로 길하지만 떠돌이 생활을 하며 지위는 높지 않다. 남자는 벼슬운이 약하고, 여자는 혼인이 늦어지거나 남편운이 없다. 관리는 지위가 낮고 변동이 심하며, 이사를 자주 한다.

■ 정관(正官)이 공망(空亡)이면 지위가 낮고 불안정하며 명리(名

利)를 기대할 수 없다. 남자는 자식복이 약하고, 여자는 혼사가 늦어지지 않으면 남편덕이 없다.

■ 재성(財星)이 공망(空亡)이면 재물의 어려움이 많다. 재물에 욕심은 없으나 허황하고 게으르고 무능하며 낙천적이다. 부친이 불구, 무력, 병약하고 시어머니가 쇠약하다. 아내덕은 없고 병약, 불구, 쇠약하다.

■ 편재(偏財)가 공망(空亡)이면 남자는 직업복, 재물복, 처복이 없고, 정재(正財)가 공망(空亡)이면 재물에 욕심이 없고 남자는 늦게 결혼하여 아내를 극한다.

■ 인성(印星)이 공망(空亡)이면 조별모친, 모친무덕, 학문중단수가 있다. 남에게 도움을 받지 않으며, 의술이나 자선업에 흥미를 가진다.

■ 편인(偏印)이 공망(空亡)이면 일반적으로 길하나 부친과 형제인연은 약하다. 편업에는 적당하지 못하고 교육계나 배움은 중단된다. 몸이 약한 사람은 사회적으로 인정받기 힘들고 흉하다.

■ 인수(印綬)가 공망(空亡)이면 부모덕이 없어 도움을 받지 못하니 학교를 중단하며 집을 자주 옮긴다. 인격이 떨어지고 가정이 원만하지 못하므로 부부가 해로하지 못한다.

■ 고진(孤辰)과 과숙(寡宿)이 공망(空亡)되면 어릴 때 고생한다.

■ 역마가 공망(空亡)이면 직장과 주거를 전전한다.

■ 도화(桃花)가 공망(空亡)이면 재물이 더욱 흩어진다.

■ 육해(六害), 함지(咸池), 양인(羊刃)이 공망(空亡)이면 성격이 난폭하다. 여자는 색정으로 개가하며 남자는 신병으로 고생한다.

■ 건록(建祿)이 공망(空亡)이면 복이 없고 파란곡절이 많다. 말년

에도 역시 쓸쓸하며 고생이 많다.

■ 생왕공망(生旺空亡)이면 도량은 넓으나 실속없는 외화내빈이다.

■ 사절공망(死絶空亡)이면 평생 변화와 기복이 심하다.

■ 겁살공망(劫殺空亡)이면 교활하고 열등하며 용기가 있는 것 같지만 만용에 지나지 않는다.

■ 망신공망(亡神空亡)이면 평생 심신이 부정하고 방랑한다.

■ 사주(四柱) 모두가 공망(空亡)되면 타향에서 발전하고, 공망(空亡)이 합(合)되면 총명하다.

■ 년주(年柱)와 일주(日柱)가 호환공망(互換空亡)이 되고, 충(沖), 파(破), 양인(羊刃) 등이 있으며 일간(日干)을 극하면 남자는 신체가 허약하고, 여자는 색정이 깊다.

■ 녹마(祿馬)나 귀인(貴人)이 공망(空亡)이면 인격이 떨어진다.

■ 명조(命造)의 간합(干合), 지합(支合), 삼합(三合)이 공망(空亡)되면 유한인이다.

■ 진술축미(辰戌丑未) 중에서 재성(財星)되고 공망(空亡)이면 의식주가 곤란하다.

43. 천덕귀인(天德貴人)

月支	寅	卯	辰	巳	午	未	申	酉	戌	亥	子	丑
天德	丁	申	壬	辛	亥	甲	癸	寅	丙	乙	巳	庚

모든 흉살을 제거하여 좋게 만드는 길신(吉神)이다. 길한 것은 더욱 길하고 흉한 것은 반감된다. 그러나 천덕귀인(天德貴人)이 형

(刑), 충(沖), 공망(空亡)되면 길한 작용을 하지 못한다.

- 관성(官星)에 임하면 관운과 자손운이 좋다.
- 인수(印綬)에 임하면 부모와 조상덕으로 이름을 얻는다.
- 재성(財星)에 임하면 현모양처를 얻고 재물운이 좋다.
- 식상(食傷)에 임하면 의식과 복록이 좋다.
- 일간(日干)에 임하면 천우신조가 있어 평생 행복하다.
- 시상(時上)에 임하면 귀한 자식을 두어 늦복이 많다.
- 년간(年干)에 임하면 조상덕이 있다.
- 월주(月柱)에 임하면 부모와 형제덕이 있다.

44. 월덕귀인(月德貴人)

月支	寅	卯	辰	巳	午	未	申	酉	戌	亥	子	丑
月德	丙	甲	壬	庚	丙	甲	壬	庚	丙	甲	壬	庚

천덕귀인(天德貴人)에 버금가는 길성(吉星)으로 길신(吉神)과 함께 있으면 복력이 증가해서 예상외로 크게 발전한다. 그러나 만일 흉성과 함께 있으면 횡폭하다.

45. 천덕합(天德合)

月支	寅	卯	辰	巳	午	未	申	酉	戌	亥	子	丑
天德合	壬	巳	丁	丙	寅	己	戊	亥	辛	庚	申	乙

흉한 일도 충분히 길하게 만들어 모든 재앙이 침범하지 못한다.

46. 월덕합(月德合)

月支	寅	卯	辰	巳	午	未	申	酉	戌	亥	子	丑
月德合	辛	己	丁	乙	辛	己	丁	乙	辛	己	丁	乙

흉도 길하게 되며 작용은 천덕합(天德合)과 비슷하다.

47. 황은대사(皇恩大赦)

月支	寅	卯	辰	巳	午	未	申	酉	戌	亥	子	丑
皇恩	戌	丑	寅	巳	酉	卯	子	午	亥	辰	申	未

군왕의 은총을 받는다는 길성(吉星)으로 관재나 관형을 당해도 특사를 받는다. 과거나 고시에 합격하고 군왕의 은총으로 큰 벼슬에 오른다.

48. 천희신(天喜神)

月支	寅	卯	辰	巳	午	未	申	酉	戌	亥	子	丑
天喜神	未	午	巳	辰	卯	寅	丑	子	亥	戌	酉	申

활인(活人)사업에 길하며, 황은대사(皇恩大赦)와 비슷하다.

49. 천의성(天醫星)

月支	寅	卯	辰	巳	午	未	申	酉	戌	亥	子	丑
天醫星	丑	寅	卯	辰	巳	午	未	申	酉	戌	亥	子

의사, 간호원, 약사, 종교인, 운명점술가, 침구사 등에 길하다.

50. 혈지(血支)

月支	寅	卯	辰	巳	午	未	申	酉	戌	亥	子	丑
血支	戌	亥	子	丑	寅	卯	辰	巳	午	未	申	酉

위장병과 복부건강, 교통사고 등 급변재화를 주의해야 한다.

51. 천전살(天轉殺)

月支	寅	卯	辰	巳	午	未	申	酉	戌	亥	子	丑
天轉殺	乙卯日	乙卯日	乙卯日	丙午日	丙午日	丙午日	辛酉日	辛酉日	辛酉日	壬子日	壬子日	壬子日

일정한 업에 종사하지 못하고 전전긍긍한다는 살로 한가지 일을 꾸준히 밀고 나가면 실패하여 금전이 안개처럼 사라진다는 흉살이다. 봄에는 변하지 않으나 여름에는 변업하기 쉽고, 가을과 겨울에는 아침에 우르고 저녁에 파한다.

52. 지전살(地轉殺)

月支	寅	卯	辰	巳	午	未	申	酉	戌	亥	子	丑
地轉殺	辛卯日	辛卯日	辛卯日	戊午日	戊午日	戊午日	癸酉日	癸酉日	癸酉日	丙子日	丙子日	丙子日

단명하거나 요사하며 버는 것보다 쓸일이 많아 돈이 모이지 않는다. 직업에 장래성이 없으며 불의의 지변이나 실패, 전업, 재난을 당한다. 하천, 호수, 연못 등 물과 뱀을 조심하고 물가에 사는 것도 위험하다.

53. 천사성(天赦星)

月 支	寅卯辰月	巳午未月	申酉戌月	亥子丑月
天赦星	戊寅日	甲午日	戊申日	甲子日

모든 재해를 구원한다는 길신(吉神)으로 일생 동안 우환이 적다.

54. 진신(進神)

月 支	寅卯辰月	巳午未月	申酉戌月	亥子丑月
進神	甲子日	甲午日	己卯日	己酉日

강한 고집으로 기어이 성공을 거둔다. 그러나 진신성(進神星)이 형(刑), 충(沖), 공망(空亡)되면 길한 작용을 못한다.

<h1 align="center">55. 홍란성(紅鸞星)</h1>

月支	寅	卯	辰	巳	午	未	申	酉	戌	亥	子	丑
紅鸞星	丑	子	亥	戌	酉	申	未	午	巳	辰	卯	寅

남자는 용모가 준수하고 명랑하고, 여자는 아름답고 온후하다. 남녀 모두 이성이 많이 따르고 악성질병에 걸려도 잘 치유된다.

<h1 align="center">56. 단교관살(斷橋官殺)</h1>

물에 빠지거나 몸을 다치기 쉬우니, 배를 타지 말고 외나무 다리

月支	寅	卯	辰	巳	午	未	申	酉	戌	亥	子	丑
斷橋	寅	卯	申	丑	戌	酉	辰	巳	午	未	亥	子

나 돌다리를 조심하고 불구, 수족절단, 소아마비 등을 주의해라

<h1 align="center">57. 급각살(急脚殺)</h1>

月　支	寅卯辰月	巳午未月	申酉戌月	亥子丑月
急脚殺	亥子	卯未	寅戌	丑辰

크게 다치거나 골절, 수술, 신경통, 소아마비 등으로 고생하며 치아가 상하거나 빠진다. 육친(六親) 중에서도 해당하면 다리에 이상이 생긴다. 가옥을 고치지 말 것.

58. 욕분관살(浴盆關殺)

月 支	寅卯辰月	巳午未月	申酉戌月	亥子丑月
浴盆關殺	辰	未	戌	丑

출생후 초탕을 주의하고 목욕탕, 찬물, 수영장, 우물을 조심해라.

59. 혈인살(血刃殺)

月支	寅	卯	辰	巳	午	未	申	酉	戌	亥	子	丑
血刃	丑	未	寅	申	卯	酉	辰	戌	巳	亥	午	子

예리한 쇠붙이나 칼, 유리 등과 기타 사고로 몸을 크게 다쳐 수혈을 받고 수술한다.

60. 괴강살

庚辰日	庚戌日	壬辰日	壬戌日	戊戌日

모든 길흉살을 극에서 극으로 작용하게 하는 살로 길하면 대부대귀하다. 엄격하고 총명하며 황폭, 살생, 극빈, 재앙이 강렬하게 작용한다. 출세하여 권세를 누리며 고집이 매우 강하다. 그러나 괴강살이 합(合)되면 작용력이 약하다.

여자는 일반적으로 아름다우나 성격이 남자같다. 고집과 주장이 강하기 때문에 남편과 화합하지 못하므로 이혼을 하거나 과부가 된다. 대체적으로 남편과 해로하는 사람이 적고 남편이 급변사고로 흉사를 당한다. 남편덕이 없어 무책임하게 가출하여 가정을 돌보지 않거나 건달생활을 하므로 여자가 벌어먹고 살아야 한다.

 남자의 괴강은 일반적으로 총명하며 지혜롭고 결백하며 편벽되지 않다. 남자다운 용단과 과감한 기상으로 고귀하게 출세하는 사람도 있다. 간혹 깡패조직에 들어가 싸움질을 하며 여자들을 대상으로 등쳐먹고 살기도 한다.

61. 음착살(陰錯殺)

丁丑日時生	丁未日時生	辛卯日時生
辛酉日時生	癸巳日時生	癸亥日時生

 처가나 외가가 망한다는 살로 상부상처, 부부불화로 이별한다. 출생일(出生日)에 있으면 외가가 망하고, 시(時)에 있으면 처가가 망한다. 외삼촌이 외롭고 처남이 고독하다.

62. 양차살(陽差殺)

丙子日時生	丙午日時生	戊寅日時生
戊申日時生	壬辰日時生	壬戌日時生

 음착살(陰錯殺)과 작용이 비슷하다.

신살부법 예시

庚午	己丑	己酉	壬申
災殺 怨嗔殺 鬼門關殺 天祿(建祿) 皇恩大赦 紅鸞星 月德貴人	攀鞍 太極貴人 怨嗔 鬼門關殺 墓(絶)	年殺 (桃花殺) 學堂貴人 文昌貴人 天廚貴人 長生	地殺 亡身殺 金輿祿 天乙貴人 天醫星 沐浴

壬辰	辛亥	辛未	甲午
月殺 弔客殺 血刃殺 截路空亡 暗祿,怨嗔殺 飛刃殺 鬼門關殺 五鬼殺 墓(葬)	劫殺 地殺 太極貴人 金輿祿 沐浴 怨嗔 鬼門關殺	攀鞍 財庫貴人 急脚殺 衰	天乙貴人 文曲貴人 天德貴人 月德貴人 天醫星 將星 病

丁巳	戊寅	己未	癸酉
地殺 亡身殺 三刑殺 流霞殺 日醫 日德 天祿(建祿)	劫殺,地殺 三刑殺 怨嗔殺 鬼門關殺 文曲貴人 學堂貴人, 天喜神 陽差殺 湯火殺 長生	月殺 寡宿殺 弔客殺 天乙貴人 太極貴人 金輿祿 天德合 月德合 雷空關殺 衰	將星 怨嗔殺 血刃殺 斷橋關殺 蹇脚殺 死

일주와 월령과의 희기표

日干 喜忌 月支	甲		乙		丙		丁		戊	
	吉	凶	吉	凶	吉	凶	吉	凶	吉	凶
子月	火土金	水木	火	水木	木火	金	木火	水金	火土	水金
丑月	火	水	火	水	木火	金土	木火	水金土	火木	水金
寅月	火土金	木水	火土金	木水	土金水	木火	金土	火木	火土	木水
卯月	金火土	木水	火土金	木水	土金水	木火	金土	火木	火土	木水
辰月	金火	木水	水	土金	水金	土	木	土金	火	金水
巳月	水木	火土	水木	火土	水金	火木	水金	火	金水	火土
午月	水木	火土	水木	火土	水金	火木	水金	火木	金水	火土
未月	水木	金土	水木	火土	水金	火	木	土	金水木	火土
申月	木火水	金土	木火水	金土	木火	金土	木火	金水	火土	金水
酉月	木火水	金土	木火水	金土	木火	金土	木火	金水	火土	金水
戌月	木水	土金	木水	土金	木	土金	木	土金水	土金水	土火
亥月	火土金	水木	火	水木	木火	金	木火	金水	火土	水金

일주와 월령과의 희기표

日干 喜忌 月支	己		庚		辛		壬		癸	
	吉	凶	吉	凶	吉	凶	吉	凶	吉	凶
子月	火木	水金	火土金	水木	火金土	水木	土木火	水金	木火土	水金
丑月	火木	水金	火木	水	火木	土	木火	水金	木火	水金
寅月	火土	木水	火土金	木水	土金	木火	金水	木火土	金水	木火土
卯月	火土	木水	火土	木水	土金	木火	金水	木火土	金水	木火土
辰月	火	金水	火	水	水	木	金水	木火土	金水	木火土
巳月	金水	火土	水	火	水金	火木	金水	火土木	金水	火土木
午月	金水	火土	水金土	火	金水	火木	金水	火木土	金水	火土木
未月	金水木	土火	火木	土	水木	土火	金水	火木土	金水	火土木
申月	火土	金水	火木	金土	水木	金土	火木	金水	木火	金水
酉月	火土	金水	火木	金土	水木	金土	木火	金水	木火	金水
戌月	木金水	土火	火木	土金	木水	土金	金水	土火	金水	火土
亥月	火土	水金	火土金	水木	土金	水木	木火土	水金	木火土	水金

희신표

日柱／月柱	甲乙	丙丁	戊己	庚辛	壬癸	日柱／月柱	甲乙	丙丁	戊己	庚辛	壬癸
甲子	金	木火	土火	土火	水火	丙午	水	土	金	土	水
甲寅	金	水	火	火	金	丙申	土	火	火	水	土
甲辰	水	水木	金	火水	水金	丙戌	火	木	木	木	金
甲午	水土	土	金	土	水	丁丑	火	木	金	火	火金
甲申	土	火	火	水	土	丁卯	火	土	火	木	金水
甲戌	火	木	木金	木火	金	丁巳	水	土	金	土	金
乙丑	火	木	金	火	火金	丁未	水土	木	金	水木	金
乙卯	火	土	火	木	金水	丁酉	土	火	火	水	土
乙巳	水	土	金	土	金	丁亥	金	木火	火土	土	木火
乙未	水土	木	金	水木	金	戊子	金	木火	土火	土火	木火
乙酉	土	火	火	水	土	戊寅	金	土	火	火	金
乙亥	金	木火	火土	土	木火	戊辰	水	水木	金	火水	水金
丙子	金	木火	土火	土金	木火	戊午	土水	土	金	土	水
丙寅	金	水	火	火	金	戊申	土	火	火	水	土
丙辰	水	水木	金	火水	水金	戊戌	火	木	木金	木火	金

희신표

日柱 月柱	甲乙	丙丁	戊己	庚辛	壬癸	日柱 月柱	甲乙	丙丁	戊己	庚辛	壬癸
己丑	火	木	金	火	火金	辛未	水土	木	金	水木	金
己卯	火	土	火	木	金水	辛酉	土	火	火	水	土
己巳	水	土	金	土	金	辛亥	金	木火	火土	土	木火
己未	水土	木	金	水木	金	壬子	金	木火	土火	土火	木火
己酉	土	火	火	水	土	壬寅	金	水	火	火	金
己亥	金	木火	火土	土	木火	壬辰	水	水木	金	火水	水金
庚子	金	木火	土火	土火	木火	壬午	水土	土	金	土	水
庚寅	金	水	火	火	金	壬申	土	火	火	水	土
庚辰	水	水木	金	火水	水金	壬戌	火	木	木金	木火	金
庚午	水土	土	金	土	水	癸丑	火	木	金	火	火金
庚申	土	火	火	水	土	癸卯	火	土	火	木	金水
庚戌	火	木	木金	木火	金	癸巳	水	土	金	土	金
辛丑	火	木	金	火	火金	癸未	水土	木	金	水木	金
辛卯	火	土	火	木	金水	癸酉	土	火	火	水	土
辛巳	水	土	金	土	金	癸亥	金	木火	火土	土	木火

사시희기표

日干 \ 四時 (喜忌)		喜	忌
甲乙日	春月生	土金火	木水
甲乙日	夏月生	水土金	火木
甲乙日	秋月生	火土水	金木
甲乙日	冬月生	火土金	水木
丙丁日	春月生	金水土	木火
丙丁日	夏月生	金水土	火木
丙丁日	秋月生	木火水	金土
丙丁日	冬月生	木火土	水金
戊己日	春月生	火土金	水木
戊己日	夏月生	水金木	火土
戊己日	秋月生	土火木	金水
戊己日	冬月生	火土木	金水
庚辛日	春月生	土火金	木水
庚辛日	夏月生	土金水	火木
庚辛日	秋月生	水火木	金土
庚辛日	冬月生	火土金	水木
壬癸日	春月生	土火木	水金
壬癸日	夏月生	水金土	火木
壬癸日	秋月生	火木土	水金
壬癸日	冬月生	火土木	水金

8장. 십이신살(十二神殺)

1. 겁살(劫殺)

■ 년겁살(年劫殺)

조상이 패망했으며 조상 중에 비명횡사한 사람이 있다. 조업을 계승하지 못하며 유년기에 죽을 고비를 넘긴다. 타향살이를 할 팔자로 재산파탄이 많다.

■ 월겁살(月劫殺)

부모형제와 헤어져 객지에서 생활하며 고독하다. 조실부모하며 가족에게 정이 없지만, 성격은 불같아 밀어부치는 기질이 있다. 부모, 형제 친척 중에 불구나 단명, 횡사 등이 따른다. 19세나 23세 때 큰 액을 조심해야 하며 관액도 있다.

십이신살표

十二神殺 \ 年日支	申子辰	巳酉丑	寅午戌	亥卯未
劫殺	巳	寅	亥	申
災殺, 囚獄殺	午	卯	子	酉
天殺	未	辰	丑	戌
地殺	申	巳	寅	亥
年殺, 桃花殺	酉	午	卯	子
月殺, 枯草殺	戌	未	辰	丑
亡身殺	亥	申	巳	寅
將星	子	酉	午	卯
攀鞍	丑	戌	未	辰
驛馬殺	寅	亥	申	巳
六害殺	卯	子	酉	午
華蓋殺	辰	丑	戌	未

■ 일겁살(日劫殺)

삼처(三妻)를 얻을 운으로 부부간에 생사이별하지 않으면, 남자는 첩을 두고 여자는 질병으로 고생한다. 육친(六親)의 덕이 없고 인덕도 없으며 파란곡절이 많다. 타향이 대길이며 불구나 폐질 등을 조심해야 한다.

■ 시겁살(時劫殺)

자식이 단명하거나 불구될까 두렵고, 자손이 귀하니 끊길 수도 있다. 일찍 부모를 잃고 노상에서 횡액을 당한다. 생(生)이나 관대(冠帶)이면 명진고위(名振高位)하나 처자식을 극한다.

2. 재살(災殺)

■ 년재살(年災殺)

조상이 패망했거나 옥살이를 한 사람이 있다. 관재구설이 아니면 질병으로 고생한다. 부모와 형제덕이 없고 급질, 횡사, 혈광사(血光死) 등이 염려된다.

■ 월재살(月災殺)

육친(六親)의 덕이 없고 질병으로 고생한다. 실물수와 관액이 자주 있으나 왕(旺)하면 복이 많다. 부모형제가 비명횡사를 당하거나 객사하며, 노상횡액이 있어 교통사고나 도난을 당한다.

■ 일재살(日災殺)

상처, 관재, 실물이 있으며 일생이 불안하고 파란곡절이 많다. 부부간에 비명횡사나 혈광사(血光死)가 두렵다. 남편운이 불길하고 재물운도 실패한다. 잔병이 많고 자손과 인연이 약하다.

■ 시재살(時災殺)

비명횡사나 혈광사(血光死)가 두렵다. 자식복이 없으며 풍파가 많고 구설이 분분하다. 태(胎)이면 공명하여 출세하지만 평생 재산은 없는 운이다.

3. 천살(天殺)

■ 년천살(年天殺)

선친 때 비명횡사가 있었다. 정신적 지주가 없으니 타향에서 고생하며 고독하다. 생(生)이나 제왕(帝旺)이면 만사대길하다.

■ 월천살(月天殺)

심장병이나 간질환이 있으니 19세나 27세 때 중병을 조심해라. 부모와 형제덕은 없고 부모형제에게 급질, 괴질, 비명횡사가 두렵다. 항상 건강이 좋지 않고 예고없이 일이 많이 생긴다. 그러나 처음은 곤하지만 나중에는 길하다.

■ 일천살(日天殺)

육친(六親)의 덕이 없고 구설수가 있다. 부부금슬은 좋으나 부부가 비명횡사할 팔자다. 관대(冠帶)가 동궁(同宮)이면 자손이 영화를 누리고, 천덕귀인(天德貴人)이 있으면 만사가 대길하다. 객지에서 고생하다가 말년에는 부자가 된다.

■ 시천살(時天殺)

고학으로 대성하지만 낙상할 팔자다. 자식은 병이 많고 효도한다 할지라도 감옥살이할 수로다. 그러나 재산은 넉넉하다.

4. 지살(地殺)

■ 년지살(年地殺)

일찍부터 부모를 등지고 객지생활을 하니 고생스럽다. 객사한 조상이 있으며 조실부모한다. 그러나 중년 이후부터는 대길하여 자수성가한다.

■ 월지살(月地殺)

부모가 망하여 조업은 간데없고 자수성가할 팔자다. 조실부모하거나 두 부모를 모신다.

■ 일지살(日地殺)

부부금슬이 반감되니 이별수가 있다. 문학이나 예능계통에 출
중하다. 이사를 자주 하며, 말년에는 질병을 주의해라.

■ 시지살(時地殺)

재물운이 있고 사방에 먹을 것이다. 애지중지 기른 자식 타향
에서 객사할 수 있다. 년살(年殺)이 있으면 눈에 병이 생겨 시
력이 나빠진다. 돌아다니기를 좋아하며 말년에 부귀를 누린다.

5. 년살(年殺)

■ 년년살(年年殺)

선조가 도화병(桃花病)으로 사망했으며 조부모가 외도한다.
유년기에는 풍족하며 귀여움을 받는다. 목욕(沐浴)이면 크게
실패하지만 관대(冠帶)나 제왕(帝旺)이면 횡재한다. 부부가 다
정하지만 공망(空亡)되면 아내를 잃는다.

■ 월년살(月年殺)

부모형제가 색정에 빠져 화류병으로 사망할까 두렵다. 어머니
는 재취나 소실로 시집왔으며, 어려서부터 연애를 하며 첩이
있을 팔자다. 목욕(沐浴)이면 부모를 일찍 잃는다. 육친(六親)
의 덕이 없고 인덕이 없다.

■ 일년살(日年殺)

 부부관계에 변화가 있고 만사가 불길하다. 부부가 이별할 수 있으며 자식을 얻기 힘들다. 재물복은 많으나 주색을 좋아한다.

■ 시년살(時年殺)

부부에게 변화가 있고 자손이 화류계로 나간다. 대인은 등과하고 소인은 우산쓰고 밭을 갈 팔자이니 고향을 떠나라. 주색과 풍류를 좋아하니 늦바람이 걱정된다.

6. 월살(月殺)

■ 년월살(年月殺)

 조상 중에 승도가 있었으며 신불을 모신다. 집안의 전통이 흔들리고 관재구설수가 있다. 태(胎)이면 풍병이 오고, 병무생(丙戌生)은 횡액수가 있으니 되는 일이 없다.

■ 월월살(月月殺)

 아무리 머리를 써도 되는 일이 없다. 부모는 스님과 신불을 좋아하고 부모형제는 죽어서 걸인의 영혼이 된다. 조실부모하며 조업은 실패한다. 관액이 많고 절이나 객지에서 생활한다.

■ 일월살(日月殺)

신기(神氣)가 있고 허약하며 박력이 없다. 처자식이 불길해 아내를 잃는 등 부부풍파가 있다. 주색, 간질, 질병 등이 따른다.

■ 시월살(時月殺)

입산귀의할 수 있다. 패함이 많은 운(.)과 절(絶)이 있으면 풍병으로 불구가 되기 쉽다. 효도하는 자식은 없고 객사하는 자식이 있으니 근심과 풍파가 많다. 여자를 조심해라.

7. 망신(亡身)

■ 년망신(年亡身)

조부모가 후처나 첩이다. 서자출신으로 조상의 유업은 광풍에 몰락하고 일찍부터 객지에서 고생한다. 객사하기 쉽지만 관대(冠帶)나 제왕(帝旺)이면 백액이 소멸되고 장생(長生)이면 귀인이 많다.

■ 월망신(月亡身)

모친이 후처나 첩으로 부모형제가 온전하지 못하고, 변동수와 객사혼이 왕래하니 집안이 불길하다. 삼형살(三刑殺)과 형액이 있어 감옥에도 가게 되지만 장생(長生)이면 귀인이다.

■ 일망신(日亡身)

부부가 이별하고 바뀐다. 처궁이 불미하며 만혼이 좋다. 잡객 귀신이 왕래하여 배우자 인연이 많다. 정신이 혼탁하고 신경질과 낙상을 주의해라.

■ 시망신(時亡身)

자식의 연애나 재산탕진 등으로 가정이 불안하고 말년에 한탄할 일이 많다. 괴이한 일이 많고 청춘귀가 왕래한다. 겉으로는 실해 보이지만 속으로는 허하니 고독하다. 중년부터는 자수성가로 태평하지만 첩을 두거나 여자로 인하여 망신을 당한다.

8. 장성(將星)

■ 년장성(年將星)

권력가나 전사한 조상이 있다. 제왕(帝旺)이면 만리까지 명성을 떨치나 목욕(沐浴)이면 손재가 많다. 군인으로 나가면 좋다.

■ 월장성(月將星)

부모는 권력가이나 형제덕은 없다. 문무가 뛰어나 병권을 잡지만 부모형제는 전장에서 총사를 당했다. 어질고 영화가 있으나 남편을 극한다. 사법관으로 진출하면 생사여탈권을 잡는다.

■ 일장성(日將星)

권력가로 관록이나 사업이 크게 성공하지만 잘못되면 깡패나 해결사가 된다. 부부가 별거하거나 이별하므로 비록 명예는 있어도 근심이 있다.

■ 시장성(時將星)

대인은 녹을 더하고 소인은 길하다. 자식은 나라에 충성하며 권력가다. 문무겸비하며 특출하여 소년에 등과한다.

9. 반안(攀鞍)

■ 년반안(年攀鞍)

조상이 참모급 벼슬을 지냈다. 선산의 덕이 있고 조상과 부모 덕으로 평생 영화를 누린다. 관록이 대길하나 진생(辰生)이면 관액과 횡액이 있다.

■ 월반안(月攀鞍)

부모가 참모급 벼슬을 지냈다. 관운이 많아 사방에 이름을 떨치며 부모형제와 화목하며 편안하다. 자손이 영화롭고 인품이 중후해 존경받는다. 그러나 관직으로 나가지 않으면 고생한다.

■ 일반안(日攀鞍)

 처궁과 부부금슬이 좋으니 편안하다. 성격이 온순하며 천을귀인(天乙貴人)이 있으면 소년등과한다. 그러나 축생(丑生)과 술생(戌生)은 부부궁에 액이 있다.

■ 시반안(時攀鞍)

 부자가 되지만 40세를 전후하여 큰 액이 따른다. 앞뒤로 처첩이니 자식이 많은 격이라 말년에 편안하리라. 천을귀인(天乙貴人)이 있으면 자손으로 인하여 영화를 누리고, 화개살(華蓋殺)과 함께 있으면 기술자로 대성한다.

10. 역마(驛馬)

■ 년역마(年驛馬)

 함지(咸池)가 충(沖)되면 객사하고, 공망(空亡)이면 거주가 불안하다. 선친은 객사했으며 고향을 떠나 타향살이를 할 팔자다. 부모덕은 없으며 부모로 인해 근심이 많고 아내를 잃는다.

■ 월역마(月驛馬)

 초년에는 고생하나 성격이 온후하고 순수해 관으로 성공한다. 그러나 관록과 부를 일으키지 못하면 허송세월한다. 사업으로 재산을 모으나 부모형제는 객사가 분명하다. 양처(兩妻) 팔자이며 객지에서 풍파를 겪는다.

■ 일역마(日驛馬)

처궁에 풍파가 있어 이별하며 양손에 술병들고 슬퍼한다. 객사한 영혼을 달랠길이 막연하다. 재혼을 하며 두 어머니를 모실 팔자다. 풍류와 돌아다니기를 좋아하므로 가끔 염문을 풍기기도 한다. 장사를 하면 재물을 얻는다.

■ 시역마(時驛馬)

분주하고 풍파가 많아 정신적인 안정이 어렵다. 장생(長生)이나 관대(冠帶)가 사주(四柱)에 같이 있으면 대관대성하여 출세한다. 양방(兩房)에서 자식을 낳으니 경사는 좋다마는 타향에서 나를 찾으니 청춘객사귀가 분명하다.

11. 육해(六害)

■ 년육해(年六害)

조부모대에서 패망했다. 선대는 신앙을 경시하다가 신앙의 벌로 사망했다. 태어나면서부터 건강이 나쁘고 양자로 갈 팔자이나, 관대(冠帶)나 제왕(帝旺)이면 대길하다.

■ 월육해(月六害)

부모대에서 쇠퇴하여 큰 집이나 가난하다. 조실부모며 골육의 정이 없다. 성격은 독하지만 남으로 인하여 해를 입는다. 부부 이별수가 있으니 조심해라.

■ 일육해(日六害)

막히는 일이 많아 재력이 떨어지고 가산을 탕진한다. 중이 되지 않으면 점쟁이가 될 팔자요, 부부간에 산을 두고 살 팔자다. 파탄이 많으나 기술직은 길하다.

■ 시육해(時六害)

하는 일마다 번거롭고 막힌다. 절에 몸을 의지하고 신에게 의탁할 운이니 기도하라. 그러면 자손들이 신앙에 몸을 바칠 것이요, 말년에 행운과 가운이 번창하리라. 소득없는 일로 분주하게 보내지만 늦게는 여유가 있다.

12. 화개(華蓋)

■ 년화개(年華蓋)

조상은 학자로 도덕군자였다. 조상의 업은 어디로 가고 일찍부터 객지생활을 하며 곤고하게 살아간다. 총명하고 재주가 있으나 고독하다.

■ 월화개(月華蓋)

부모궁에 고생이 있고 형제궁에 덕이 없다. 일찍 고향을 떠나 자수성가하며, 차남이라도 장남의 역할을 하며 가문을 빛내야 한다. 풍파가 많지만 상업을 하면 대성하고 예술방면에 길하다.

■ 일화개(日華蓋)

처궁이 없으니 본처와 이별한다. 불도(佛道)의 집안으로 조상 중에 중이 된 사람이 있다. 목욕(沐浴)이면 상배(喪配)하고 상업이나 관직이 좋다. 재주가 뛰어나 팔방미인이다.

■ 시화개(時華蓋)

40세 이후나 50세 이후에는 하는 일마다 성공이요, 도처에 이름이 있다. 재주가 있으며 문학과 예술방면에 길하다. 역마(驛馬)가 있으면 부자가 되고 양인(羊刃)이 있으면 출세한다.

人名用漢字와 姓字

ㄱ

伽 절 가 7
佳 아름다울 가 8
假 거짓 가 11
價 값 가 15
加 더할 가 5
可 옳을 가 5
呵 꾸짖을 가 8
哥 형 가 10
嘉 아름다울 가 14
嫁 시집갈 가 13
家 집 가 10
暇 겨를 가 13
枷 도리깨 가 9
柯 자루, 가지 가 9
架 시렁 가 9
歌 노래 가 14
珂 옥이름 가 10
痂 헌데딱지 가 10
稼 곡식심을 가 15

苛 잔풀, 가혹할 가 11
茄 가지 가 11
街 거리 가 12
袈 가사 가 11
訶 꾸짖을 가 12
賈 성, 값 가 13
軻 굴대 가 12
跏 책상다리할 가 12
迦 부처이름 가 12
駕 멍에 가 15
刻 새길 각 8
却 물리칠 각 7
各 각각 각 6
恪 공경할 각 10
慤 삼갈 각 15
殼 껍질 각 12
珏 쌍옥 각 10
脚 종아리 각 13
覺 깨달을 각 20
角 뿔 각 7
閣 다락집 각 14
侃 강직할 간 8

刊 새길 간 5
墾 개간할 간 16
奸 간음할 간 6
姦 간사할 간 9
干 방패 간 3
幹 줄기 간 13
懇 지성스러울 간 17
揀 가릴 간 13
杆 산뽕나무 간 7
柬 가릴 간 9
桿 몽둥이 간 11
栞 표할, 나무쪼갤 간 10
澗 시내 간 16
玕 예쁜돌 간 8
癎 간기 간 17
看 볼 간 9
磵 시내 간 17
稈 볏짚 간 12
竿 대줄기 간 9
簡 편지, 대쪽 간 18
肝 간 간 9
艮 그칠, 간방 간 6

艱 어려울 간 17
諫 간할 간 16
間 사이 간 12
坅 땅이름 갈 6
喝 꾸짖을 갈 12
曷 어찌 갈 9
渴 목마를 갈 13
碣 비석 갈 14
竭 다할 갈 14
葛 칡 갈 15
蝎 전갈갈 15
褐 털옷 갈 15
鞨 말갈나라 갈 18
勘 마감할 감 11
坎 구덩이 감 7
堪 견딜 감 12
嵌 산골짜기 감 12
感 느낄 감 13
憾 한할 감 17
戡 이길 감 13
敢 구태여 감 12
柑 감귤 감 9

橄 감람나무 감 16

減 덜 감 13

甘 달 감 5

疳 감질 감 10

監 볼 감 14

瞰 굽어볼 감 17

紺 감색 감 11

邯 땅이름 감 12

鑑 거울 감 22

鑒 거울감 22

龕 감실 감 22

匣 궤 갑 7

岬 산기슭 갑 8

甲 갑옷 갑 5

胛 어깨쭉지 갑 11

鉀 갑옷 갑 13

閘 물문 갑 13

剛 굳셀 강 10

堈 독 강 11

姜 성 강 9

岡 산등성이 강 8

崗 산등성이 강 11

康 편안할 강 11

强 강할 강 12

強 강할 강 11

彊 강할 강 16

慷 강개할 강 15

杠 깃대 강 7

橿 박달나무, 감탕나무 강 17

江 강 강 7

畺 지경 강 13

疆 지경 강 19

糠 겨 강 17

絳 진홍 강 12

綱 벼리 강 14

羌 오랑캐 강 8

腔 속빌 강 14

舡 오나라배 강 9

薑 생강 강 19

襁 포대기강 17

褓 포대기 강 18

講 강론할 강 17

鋼 강철 강 16

降 내릴 강 14

鱇 아귀, 꺽저기 강 22　坑 구덩이 갱 7
介 낄 개 4　更 다시 갱 7
价 착할 개 6　粳 메벼 갱 13
個 낱 개 10　羹 국 갱 19
凱 화할, 이길 개 12　醵 추렴할 갹 20
塏 밝을, 높은땅 개 13　倨 거만할 거 10
愾 성낼 개 14　去 갈 거 5
愷 편안할 개 14　居 살 거 8
改 고칠 개 7　巨 클 거 5
槩 대개 개 15　拒 막을 거 9
漑 물댈 개 15　据 일할, 길거할 거 12
疥 옴 개 9　據 웅거할 거 17
皆 다 개 9　擧 들 거 18
盖 덮을 개 11　渠 도랑 거 13
箇 낱 개 14　炬 횃불 거 9
芥 겨자 개 10　祛 물리칠 거 10
蓋 덮을 개 16　距 떨어질 거 12
豈 승전악, 즐길 개 10　踞 걸터앉을, 웅크릴 거 15
鎧 갑옷, 무장할 개 18　車 수레 거 7
開 열, 개척할 개 12　遽 급할 거 20
喀 기침할, 토할 객 12　鉅 클 거 13
客 손 객 9　鋸 톱 거 16

乾 하늘건 11
件 조건 건 6
健 굳셀 건 11
巾 수건 건 3
建 세울 건 9
愆 허물 건 13
楗 문빗장 건 13
腱 힘줄 건 15
虔 공경할 건 10
蹇 절 건 17
鍵 열쇠 건 17
騫 이지러질 건 20
乞 빌 걸 3
傑 호걸 걸 12
杰 호걸 걸 8
桀 사나울, 홰 걸 10
儉 검소할 검 15
劍 칼 검 15
劒 칼 검 16
檢 교정할 검 17
瞼 눈꺼풀 검 18
鈐 비녀장 검 12

黔 검을 검 16
劫 겁탈할, 위협할 겁 7
怯 겁낼 겁 9
迲 자래 겁 12
偈 쉴, 빠를 게 11
憩 쉴 게 16
揭 높이들 게 13
擊 칠 격 17
格 격식 격 10
檄 격문 격 17
激 급할 격 17
膈 횡격막, 명치 격 16
覡 박수 격 14
隔 막을 격 18
堅 굳을 견 11
牽 이끌 견 11
犬 개 견 4
甄 질그릇 견 14
絹 깁 견 13
繭 누에고치 견 19
肩 어깨 견 10
見 볼 견 7

譴 꾸짖을 견 21 　　勍 굳셀 경 10

遣 보낼 견 17 　　卿 벼슬 경 12

鵑 두견새 견 18 　　坰 들 경 8

抉 긁을 결 8 　　境 지경 경 14

決 결단할 결 8 　　庚 천간 경 8

潔 맑을 결 16 　　徑 지름길 경 10

結 맺을 결 12 　　慶 경사 경 15

缺 이지러질 결 10 　　憬 깨달을 경 16

訣 비결 결 11 　　擎 들 경 17

兼 겸할 겸 10 　　敬 공경할 경 13

慊 앙심먹을 겸 14 　　景 볕 경 12

箝 재갈 겸 14 　　暻 밝을 경 16

謙 겸손할 겸 17 　　更 고칠 경 7

鉗 목사슬 겸 13 　　梗 곧을, 도라지 경 11

鎌 낫 겸 18 　　檠 등잔대 경 17

京 서울 경 8 　　涇 통할 경 11

俓 곧을 경 9 　　炅 빛날 경 8

倞 굳셀 경 10 　　烱 무더울, 빛날 경 11

傾 기울어질 경 13 　　熲 불빛 경 15

儆 경계할 경 15 　　璟 옥광채날 경 17

冏 빛날 경 7 　　璥 옥이름 경 18

勁 굳셀 경 9 　　瓊 붉은옥 경 20

痙 경련 경 12

硬 굳을 경 12

磬 경쇠 경 16

竟 마칠 경 11

競 다툴 경 20

絅 홑옷 경 11

經 경서 경 13

耕 밭갈 경 10

耿 빛날 경 10

脛 정강이 경 13

莖 줄기 경 13

警 경계할 경 20

輕 가벼울 경 14

逕 동안뜰, 길 경 14

鏡 거울 경 19

頃 이랑 경 11

頸 목 경 16

驚 놀랄 경 23

鯨 고래 경 19

係 이을 계 9

啓 열 계 11

堺 지경 계 12

契 계약할 계 9

季 끝 계 8

溪 시내 계 14

屆 이를 계 8

悸 두근거릴 계 12

戒 경계할 계 7

桂 계수나무 계 10

械 기계 계 11

棨 창 계 12

炔 화덕 계 10

界 지경 계 9

癸 북방 계 9

磎 시내 계 15

稽 상고할 계 15

系 맬 계 7

繫 맬 계 19

繼 이을 계 20

計 셀 계 9

誡 경계할 계 14

谿 시내 계 17

階 섬돌 계 17

鷄 닭 계 21

叩 두드릴 고 5
古 예 고 5
告 알릴 고 7
呱 아이울음소리 고 8
固 굳을 고 8
姑 시어머니 고 8
孤 외로울 고 8
尻 꽁무니 고 5
庫 곳집 고 10
拷 두드릴 고 10
攷 상고할 고 6
故 연고 고 9
敲 두드릴 고 14
枯 마를 고 9
槁 마를, 마른나무 고 14
沽 팔 고 9
痼 고질 고 13
睾 불알 고 14
稿 볏짚 고 15
羔 새끼양 고 10
考 상고할 고 8
股 다리 고 10

膏 기름 고 16
皐 언덕 고 11
苦 괴로울 고 11
苽 교미, 줄 고 11
菰 교미, 줄 고 14
藁 짚 고 20
翯 흴 고 14
蠱 뱃속벌레 고 23
袴 바지 고 12
誥 고할 고 14
賈 장사 고 13
辜 허물 고 12
錮 땜질할 고 16
雇 품살 고 12
顧 돌아볼 고 21
高 높을 고 10
鼓 북 고 13
哭 울 곡 10
斛 휘 곡 11
曲 굽을 곡 6
梏 수갑 곡 11
穀 곡식 곡 15

谷 골 곡7

鵠 고니 곡18

困 곤할 곤7

坤 땅 곤8

崑 산이름 곤11

昆 맏 곤8

梱 문지방 곤11

棍 곤장 곤12

滾 흐를 곤15

琨 아름다운옥 곤13

袞 곤룡포 곤11

錕 붉은금 곤16

鯤 곤어 곤19

汨 다스릴 골8

滑 어지러울, 흐릴 골14

骨 뼈 골10

供 이바지할 공8

公 공변될, 귀 공4

共 한가지 공6

功 공 공5

孔 구멍 공4

工 장인 공3

恐 두려울 공10

恭 공손할 공10

拱 두손맞잡을 공10

控 당길 공12

攻 칠 공7

珙 크고둥근옥 공11

空 빌 공8

蚣 지네 공10

貢 바칠 공10

鞏 가죽테, 묶을 공15

串 땅이름 곶7

寡 적을 과14

戈 창 과4

果 과실 과8

瓜 외 과5

科 과거 과9

菓 과실 과14

誇 자랑할 과13

課 시험할, 차례 과15

跨 걸터앉을 과13

過 지날 과16

鍋 냄비 과17

顆 낱알, 흙덩이 과 17

廓 클 곽 14

槨 덧관 곽 15

藿 콩잎 곽 22

郭 성곽 곽 15

串 익힐 관 7

冠 갓 관 9

官 벼슬 관 8

寬 너그러울 관 15

慣 익숙할 관 15

梡 네발도마, 제기 관 11

棺 널 관 12

款 정성스러울 관 12

灌 물댈 관 22

琯 옥저 관 13

瓘 구슬, 서옥 관 23

管 대롱 관 14

罐 두레박 관 24

舘 객사 관 16

菅 왕골 관 14

觀 볼 관 25

貫 꿸 관 11

錧 보습 관 16

館 객사 관 17

關 빗장 관 19

刮 긁을 괄 8

恝 걱정없을 괄 10

括 헤아릴 괄 10

适 빠를 괄 13

侊 클 광 8

光 빛 광 6

匡 바를 광 6

壙 광중 광 18

広 넓을 광 5

廣 넓을 광 15

曠 밝을 광 19

桄 광랑나무, 베틀 광 19

洸 물솟을 광 10

狂 미칠 광 8

眖 밝을, 비칠 광 8

珖 옥이름 광 11

筐 광주리 광 12

胱 오줌통 광 12

鑛 쇳덩이 광 23

卦 접괘 괘 8

掛 걸 괘 12

罫 줄 괘 14

乖 어그러질 괴 8

傀 꼭두각시 괴 12

塊 흙덩이 괴 13

壞 무너뜨릴 괴 19

怪 괴이할 괴 9

愧 부끄러울 괴 14

拐 속일 괴 9

槐 홰나무 괴 14

魁 으뜸, 우두머리 괴 14

宏 클 굉 7

紘 넓을, 갓끈 굉 10

肱 팔 굉 10

轟 울릴 굉 21

交 사귈 교 6

僑 우거할 교 14

咬 새지저귈 교 9

喬 높을 교 12

嬌 아리따울 교 15

嶠 높을, 산길 교 15

巧 공교할 교 5

攪 어지럽힐, 손놀릴 교 24

敎 가르칠 교 11

教 가르칠 교 11

校 학교 교 10

橋 다리 교 16

狡 교활할 교 10

皎 달빛 교 11

矯 바로잡을 교 17

絞 목맬 교 12

翹 들, 꽁지 교 18

膠 아교 교 17

蕎 메밀 교 18

蛟 교룡 교 12

較 비교할 교 13

轎 가마 교 19

餃 경단 교 15

郊 들 교 13

驕 교만할 교 22

鮫 상어 교 17

丘 언덕 구 5

久 오랠 구 3

九 아홉 구 9
仇 원수 구 4
俱 함께 구 10
勾 글귀절 구 4
區 구역 구 11
口 입 구 3
句 글귀절 구 5
咎 허물 구 8
嘔 토할 구 14
坵 언덕 구 8
垢 때 구 9
寇 도둑 구 11
嶇 산험준할 구 14
廐 마구 구 14
懼 두려워할 구 22
拘 잡을 구 9
救 구원할 구 11
枸 호깨나무, 구기자 구 9
柩 관 구 9
構 집세울, 지을 구 14
歐 토할 구 15
毆 칠 구 15

毬 제기, 공 구 11
求 구할 구 7
溝 개천 구 14
灸 지질, 뜸 구 7
狗 개 구 9
玖 옥돌 구 8
球 공, 둥글 구 12
瞿 놀라볼 구 18
矩 곡척 구 10
究 궁구할 구 7
絿 급할 구 13
耉 늙을, 명길 구 11
臼 절구 구 6
舅 시아비 구 13
舊 옛 구 18
苟 진실로 구 11
衢 네거리 구 24
謳 노래할 구 18
購 살 구 17
軀 몸 구 18
逑 짝 구 14
邱 언덕 구 12

鉤 갈고리 구 13
銶 끌 구 15
駒 망아지 구 15
驅 몰 구 21
鳩 비둘기 구 13
鷗 갈매기 구 22
龜 나라이름 구 16
国 나라국 8
國 나라 국 11
局 판국 7
菊 국화 국 14
鞠 기를 국 8
鞫 문초할 국 18
麴 누룩 국 19
君 임금 군 7
窘 군색할 군 12
群 무리 군 13
裙 치마 군 13
軍 군사 군 9
郡 고을 군 14
堀 굴굴, 팔 굴 11
屈 굽을날 굴 8

掘 팔 굴 12
窟 굴 굴 13
宮 궁궐 궁 10
弓 활 궁 3
穹 하늘 궁 8
窮 다할 궁 15
芎 궁궁이 궁 9
躬 몸 궁 10
倦 게으를 권 10
券 문서 권 8
勸 권할 권 20
卷 책 권 8
圈 우리, 둥글 권 11
拳 주먹 권 10
捲 거둘 권 12
權 권세 권 22
湕 물돌아흐를 권 12
眷 돌아볼 권 11
厥 그 궐 12
獗 날뛸 궐 16
蕨 고사리 궐 18
蹶 넘어질 궐 19

闕 대궐 궐 18
机 책상 궤 6
櫃 궤, 함 궤 18
潰 흩어질 궤 16
詭 속일 궤 13
軌 굴대 궤 9
饋 먹일, 대접할 궤 21
句 글귀 귀 5
晷 해그림자, 햇빛 귀 12
歸 돌아올 귀 18
貴 귀할 귀 12
鬼 귀신 귀 10
龜 거북 귀 16
叫 부르짖을 규 5
圭 서옥 규 6
奎 별이름 규 9
揆 헤아릴 규 13
槻 느티나무 규 15
珪 서옥 규 11
硅 규소 규 11
窺 엿볼 규 16
竅 구멍 규 18

糾 삼겹노 규 8
葵 해바라기 규 15
閨 부인, 색시 규 14
規 법 규 11
赳 헌걸찰 규 9
逵 큰길 규 15
勻 고를 균 4
均 고를 균 7
畇 밭개간할 균 9
筠 대껍질 균 13
菌 세균, 버섯 균 14
鈞 서른근 균 12
龜 얼어터질 균 16
橘 귤 귤 16
克 이길 극 7
剋 이길 극 9
劇 심할 극 15
戟 갈래진창 극 12
棘 가시나무 극 12
極 다할 극 13
隙 틈 극 18
僅 겨우 근 13

劤 힘많을 근 6
勤 부지런할 근 13
墐 진흙 근 14
嫤 고울 근 14
懃 은근할 근 17
斤 근 근 4
根 뿌리 근 10
槿 무궁화 근 15
漌 맑을 근 15
瑾 붉은옥 근 16
筋 힘줄,기운 근 12
芹 미나리 근 10
菫 제비꽃 근 14
覲 뵐 근 18
謹 삼갈 근 18
近 가까울 근 11
饉 흉년들 근 20
契 나라이름 글 9
今 이제 금 4
妗 외숙모 금 7
擒 사로잡을 금 17
昑 밝을 금 8

檎 능금 금 17
琴 거문고 금 13
禁 금할 금 13
禽 새 금 13
芩 금풀 금 10
衿 옷깃 금 9
衾 이불 금 10
襟 옷깃 금 19
金 쇠 금 8
錦 비단 금 16
伋 생각할 급 6
及 미칠 급 4
急 급할 급 9
扱 취급할 급 7
汲 물길을 급 8
級 등급 급 10
給 줄 급 12
亙 뻗칠 긍 6
亘 뻗칠 긍 6
兢 조심할 긍 14
矜 자랑할 긍 9
肯 즐길 긍 10

企 바랄 기 6
伎 재주 기 6
其 그 기 8
冀 바랄 기 16
嗜 즐길 기 13
器 그릇 기 16
圻 지경 기 7
埼 낭떨어지 기 11
基 터 기 11
夔 외발짐승, 조심할 기 17
奇 기이할 기 8
妓 기생 기 7
寄 부칠 기 11
岐 높을 기 7
崎 산길험할 기 11
己 몸 기 3
幾 몇 기 12
忌 꺼릴 기 7
技 재주 기 8
旗 기 기 14
既 이미 기 11
暣 별기운 기 14

期 기약할 기 12
碁 돌 기 12
杞 구기자 기 7
棋 바둑 기 12
棄 버릴 기 12
機 베틀 기 16
欺 속일 기 12
氣 기운 기 10
汽 물끓는김 기 8
沂 물이름 기 8
淇 물이름 기 12
玘 패옥 기 8
琦 옥이름 기 13
琪 옥이름 기 13
璂 고깔꾸미개 기 16
璣 구슬 기 17
畸 뙈기밭 기 13
畿 경기 기 15
碁 바둑 기 13
磯 물속자갈 기 17
祁 클 기 8
祇 지신 기 9

祈 기도할 기 9

祺 길할 기 13

箕 키 기 14

紀 벼리 기 9

綺 비단무늬 기 14

羈 말굴레 기 25

耆 늙은이 기 10

耭 밭갈 기 18

肌 살 기 8

記 기록할 기 10

譏 나무랄 기 19

豈 어찌 기 10

起 일어날 기 10

錤 호미 기 16

錡 세발가마 기 16

飢 주릴 기 11

饑 주릴 기 21

騎 말탈 기 18

騏 천리마 기 18

驥 천리마 기 27

麒 기린 기 19

緊 긴요할 긴 14

佶 바를 길 8

吉 길할 길 6

姞 성 길 9

拮 일할 길 10

桔 도라지 길 10

金 성 김 8

喫 먹을, 마실 끽 12

乙

儺 역귀쫓을 나 21

喇 나팔 나 12

奈 어찌 나 8

娜 아리따울 나 10

懦 나약할 나 18

挐 끌, 잡을 나 9

拿 붙잡을 나 10

柰 어찌 나 9

那 어찌 나 11

諾 대답할 낙 16

暖 따뜻할 난 13

煖 더울 난 13

難 어려울 난 19

捏 이길 날 11

捺 손으로누를 날 12

南 남녁 남 9

枏 녹나무 남 8

楠 들메나무 남 13

湳 물이름 남 13

男 사내 남 7

納 들일 납 10

衲 기울 납 10

囊 주머니 낭 22

娘 아가씨 낭 10

乃 이에 내 2

内 안 내 4

奈 어찌 내 8

柰 어찌, 사과 내 9

耐 견딜 내 9

女 계집 녀 3

年 해 년 6

撚 잡을, 비빌 년 16

秊 해 년 8

念 생각할 념 8

恬 편안할 념 10

拈 집을 념 9

捻 비빌, 비틀 념 12

甯 편안할 녕 13

寧 편안할 녕 14

獰 영악할 녕 18

努 힘쓸 노 7

奴 종 노 5

弩 쇠뇌 노 8

怒 성낼 노 9

瑙 마노 노 14

駑 노둔할 노 15

濃 짙을 농 17

膿 고름 농 19

農 농사 농 13

惱 번뇌할 뇌 13

腦 머릿골 뇌 15

尿 오줌 뇨 7

撓 요란할 뇨 16

鬧 시끄러울 뇨 15

嫩 어릴 눈 15

訥 말더듬을 눌 11

杻 감탕나무 뉴 8
紐 맺을 뉴 10
鈕 인꼭지 뉴 12
能 능할 능 12
尼 여승 니 5
泥 진흙 니 9
匿 숨을 닉 11
溺 빠질 닉 14

ㄷ

多 많을 다 6
茶 차 다 12
丹 붉을 단 4
亶 믿음 단 13
但 다만 단 7
單 홑 단 12
團 둥글 단 14
壇 제터 단 16
彖 결단할 단 9
斷 끊을 단 18
旦 아침 단 5

檀 박달나무 단 17
段 조각 단 9
湍 여울 단 13
短 짧을 단 12
端 끝 단 14
簞 광주리, 바구니 단 18
緞 비단 단 15
蛋 새알 단 11
袒 웃통벗을 단 11
鄲 땅이름 단 19
鍛 쇠불릴, 단련할 단 17
撻 매질할 달 17
澾 미끄러울 달 17
獺 수달 달 20
疸 황달 달 10
達 통달할 달 16
啖 먹을 담 11
坍 물이언덕칠 담 7
憺 편안할 담 17
擔 멜 담 17
曇 흐릴 담 16
淡 맑을 담 12

湛 즐길 담 13
潭 깊을 담 16
澹 담박할 담 17
痰 가래 담 13
聃 귀바퀴없을 담 11
膽 쓸개 담 19
蕁 지모 담 18
覃 미칠 담 12
談 말씀 담 15
譚 이야기 담 19
鏃 긴창 담 16
沓 거듭 담 8
畓 논 답 9
答 대답 답 12
踏 밟을 답 15
遝 뒤섞일 답 17
唐 당나라 당 10
堂 집 당 11
塘 못 당 13
幢 기 당 15
戇 어리석을 당 28
撞 칠 당 16

棠 팥배나무 당 12
當 마땅할 당 13
糖 엿, 사탕 당 16
螳 버마재비, 사마귀 당 17
鐺 쇠사슬 당 21
黨 무리 당 20
代 대신할 대 5
垈 집터 대 8
坮 돈대 대 8
大 큰 대 3
對 대답할 대 14
岱 태산 대 8
帶 띠 대 11
待 기다릴 대 9
戴 일 대 18
擡 들 대 18
旲 햇빛 대 7
玳 대모 대 10
臺 대 대 14
袋 자루 대 11
貸 빌릴 대 12
隊 떼 대 17

黛 눈썹그릴 대 17

宅 집 댁 6

德 큰 덕 15

悳 큰 덕 12

倒 거꾸러질 도 10

刀 칼 도 2

到 이를 도 8

圖 그림 도 14

堵 담 도 12

塗 진흙 도 13

導 인도할 도 16

屠 죽일 도 12

島 섬 도 10

嶋 섬 도 14

度 법도 도 9

徒 무리 도 10

悼 슬퍼할 도 12

挑 돋을 도 10

掉 흔들 도 12

搗 찧을 도 14

桃 복승아 도 10

棹 노 도 12

櫂 노 도 18

淘 쌀일 도 12

渡 건널 도 13

滔 물넘칠 도 14

濤 큰물결 도 18

燾 덮일 도 18

盜 도둑 도 12

睹 볼 도 14

禱 빌 도 19

稻 벼 도 15

萄 포도 도 14

覩 볼 도 16

賭 내기 도 16

跳 뛸 도 13

蹈 밟을 도 17

逃 달아날 도 13

途 길 도 14

道 길 도 16

都 도읍 도 16

鍍 도금할 도 17

陶 질그릇 도 16

韜 감출 도 19

毒 독 독 8

瀆 도랑 독 19

牘 편지, 서판 독 19

犢 송아지 독 19

獨 홀로 독 17

督 감독할 독 13

禿 대머리 독 7

篤 도타울 독 16

纛 둑 독 25

讀 읽을 독 22

墩 돈대 돈 15

惇 도타울 돈 12

敦 도타울 돈 12

旽 밝을 돈 8

暾 돋는해 돈 16

沌 어둘 돈 8

焞 어스름할 돈 12

燉 불성할 돈 16

豚 돼지 돈 11

頓 조아릴 돈 13

乭 사람이름 돌 6

突 부딪칠 돌 9

仝 한가지 동 5

冬 겨을 동 5

凍 얼 동 10

同 한가지 동 6

垌 동득, 항아리 동 9

憧 그리워할 동 16

東 동녘 동 8

桐 오동나무 동 10

棟 마룻대, 들보 동 12

洞 골 동 10

潼 물결높을 동 16

疼 아플 동 10

瞳 눈동자 동 17

童 아이 동 12

胴 큰창자 동 12

董 동독할 동 15

蝀 무지개 동 14

銅 구리 동 14

兜 투구 두 11

斗 말 두 4

杜 막을 두 7

枓 기둥머리 두 8

痘 마마 두 12
竇 구멍 두 20
荳 콩 두 13
讀 구두점 두 22
豆 콩 두 7
逗 머무를 두 14
頭 머리 두 16
屯 모일 둔 4
臀 볼기 둔 19
芚 둔나물 둔 10
遁 달아날 둔 16
遯 피할 둔 18
鈍 둔할 둔 12
得 얻을 득 11
嶝 고개 등 15
橙 등자나무 등 16
燈 등잔 등 16
登 오를 등 12
等 무리 등 12
藤 등나무 등 21
謄 베낄 등 17
鄧 등나라 등 19

騰 오를 등 20

ㄹ

喇 나팔 라 12
懶 게으를 라 20
癩 문둥병 라 21
羅 벌릴, 그물 라 20
蘿 무우 라 25
螺 소라 라 17
裸 벌거벗을 라 14
邏 돌, 순행할 라 26
樂 즐길 락 15
洛 물이름 락 10
烙 지질 락 10
珞 구슬목걸이 락 11
絡 연락할 락 12
落 떨어질,마을 락 15
酪 소젖 락 13
駱 낙타 락 16
丹 모란 란 4
亂 어지러울 란 13

卵 알 란 7

欄 난간 란 21

欒 나무이름 란 23

瀾 큰물결 란 21

爛 익을 란 21

瓓 옥무늬 란 22

蘭 난초 란 23

鸞 난새 란 30

剌 어그러질 랄 9

辣 몹시매울 랄 14

嵐 아지랑이, 남기 람 12

擥 잡을 람 19

攬 잡을 람 25

欖 감람나무 람 25

濫 넘칠 람 18

籃 광주리, 바구니 람 20

纜 배닻줄 람 27

藍 쪽 람 20

襤 누더기, 해진옷 람 20

覽 볼 람 21

拉 꺾을 랍 9

臘 납향제 랍 21

蠟 밀 랍 21

廊 월랑 랑 13

朗 달밝을 랑 11

浪 물결 랑 11

狼 이리 랑 11

琅 낭간 랑 12

瑯 법랑 랑 15

螂 버마재미 랑 16

郎 사내 랑 14

來 올 래 8

崍 산이름 래 11

徠 산이름 래 11

来 올 래 7

萊 명아주 래 14

冷 찰 랭 7

掠 노략할 략 12

略 간략할 략 11

亮 밝을 량 9

倆 공교할 량 10

兩 들 량 8

凉 서늘할 량 10

梁 들보 량 11

樑 들보 량 15 　　　　閭 이문 려 15

涼 서늘할 량 12 　　　　驢 나귀 려 26

粮 양식 량 13 　　　　驪 검은말 려 29

梁 기장 량 13 　　　　麗 고을 려 19

糧 양식 량 18 　　　　黎 검을 려 15

良 어질 량 7 　　　　力 힘쓸 력 2

諒 믿을 량 15 　　　　曆 책력 력 16

輛 수레 량 15 　　　　歷 지날 력 16

量 헤아릴 량 12 　　　　礫 조약돌,자갈 력 20

侶 짝 려 9 　　　　瀝 스밀 력 20

儷 짝 려 21 　　　　礰 자갈 력 20

勵 힘쓸 려 17 　　　　轢 삐걱거릴,칠 력 22

呂 음률 려 7 　　　　靂 벼락 력 24

廬 플집 려 19 　　　　憐 사랑할 련 16

慮 생각할 려 15 　　　　戀 생각할 련 23

戾 어그러질 려 8 　　　　攣 맬 련 23

旅 나그네 려 10 　　　　漣 물문채 련 15

欄 종려나무 려 19 　　　　煉 쇠불릴 련 13

濾 거를 려 19 　　　　璉 종묘제기 련 16

礪 숫돌 려 20 　　　　練 익힐 련 15

藜 명아주 려 21 　　　　聯 연할 련 17

蠣 굴 려 21 　　　　蓮 연꽃 련 17

輦 손수레,연 련 15
連 연할 련 14
鍊 쇠불릴 련 17
洌 맵게추을 렬 8
列 베풀, 벌릴 렬 6
劣 용렬할 렬 6
洌 맑을 렬 10
烈 매울 렬 10
裂 찢을 렬 12
廉 청렴할 렴 13
斂 거둘 렴 17
殮 염할 렴 17
濂 엷을 렴 17
簾 발 렴 19
獵 사냥할 렵 19
令 하여금 령 5
伶 영리할, 광대 령 7
囹 옥 령 8
姈 여자이름 령 8
岭 산깊을 령 8
嶺 산고개 령 17
怜 영리할 령 9

昤 날빛영롱할 령 9
玲 옥소리 령 10
笭 종다래끼 령 11
羚 영양 령 11
翎 새깃 령 11
聆 들을 령 11
逞 통할, 쾌할 령 14
鈴 방울 령 13
零 떨어질 령 13
靈 신령 령 24
領 거느릴 령 14
齡 나이 령 20
例 법식, 견줄 례 8
澧 물이름 례 17
礼 예도 례 6
禮 예도 례 18
醴 단술 례 20
隸 종 례 16
隷 종 례 17
勞 수고로울 로 12
撈 건져낼, 잡을 로 16
擄 노략질할, 사로잡을 로 17

櫓 노, 방패 로 19

潞 물이름 로 17

瀘 물이름 로 20

爐 화로 로 20

盧 술집, 검을 로 16

老 늙을 로 6

蘆 갈대 로 22

虜 사로잡을 로 12

路 길 로 13

輅 수레 로 13

露 이슬 로 20

魯 노둔할 로 15

鷺 해오라기, 백로 로 23

鹵 염전 로 11

彔 나무깎을 록 8

碌 푸른돌 록 13

祿 복록 록 13

綠 초록빛 록 14

菉 녹두 록 14

錄 기록할 록 16

鹿 사슴 록 11

麓 산기슭 록 19

論 의논할 론 15

壟 밭두둑 롱 19

弄 희롱할 롱 7

朧 달빛흐릴 롱 20

瀧 적실 롱 20

瓏 환할 롱 21

籠 농 롱 22

聾 귀머거리 롱 22

傀 꼭두각시 뢰 17

瀨 여울 뢰 20

牢 우리 뢰 7

磊 돌첩첩할 뢰 15

賂 뇌물 뢰 13

贅 줄 뢰 15

賴 힘입을 뢰 16

雷 우뢰 뢰 13

了 마칠 료 2

僚 동관 료 14

廖 고요할, 빌 료 14

寮 작은창, 벼슬아치 료 15

料 헤아릴 료 10

燎 비칠, 횃불 료 16

療 병고칠 료 17
瞭 눈밝을 료 17
聊 힘입을, 귀울 료 11
蓼 여뀌 료 17
遼 멀 료 19
竜 용 룡 10
龍 용 룡 16
壘 진 루 18
婁 끌 루 11
屢 여러 루 14
樓 다락 루 15
淚 눈물 루 12
漏 샐 루 15
瘻 곱사이들이 루 16
累 얽힐 루 11
縷 실 루 17
蔞 물쑥 루 17
褸 옷해질 루 17
鏤 새길 루 19
陋 더러울 루 14
劉 성, 죽일 류 15
旒 깃발 류 13

柳 버들 류 9
榴 석류나무 류 14
流 흐를 류 11
溜 처마물 류 14
瀏 물맑을 류 19
琉 유리 류 12
瑠 유리 류 15
留 머무를 류 10
瘤 혹 류 15
硫 유황 류 12
謬 어긋날 류 18
類 무리 류 19
六 여섯 륙 6
戮 죽일 륙 15
陸 뭍 륙 16
侖 뭉치 륜 8
倫 인륜 륜 10
崙 산이름 륜 11
淪 빠질 륜 12
綸 벼리 륜 14
輪 수레바퀴 륜 15
律 법 률 9

慄 두려울 률 14

栗 밤 률 10

率 헤아릴,비율 률 11

隆 높을 륭 17

勒 자갈 륵 11

肋 갈빗대 륵 8

凜 찰 름 15

凌 업신여길 릉 10

楞 모 릉 13

稜 서슬, 모서리 릉 13

綾 비단 릉 14

菱 마름 릉 14

陵 큰언덕 릉 16

俐 영리할 리 9

俚 속될 리 9

利 이할 리 7

厘 리 리 9

吏 아전 리 6

理 다스릴 리 12

唎 가는소리 리 10

履 밟을 리 15

悧 영리할 리 11

李 오얏 리 7

梨 배 리 11

浬 물이수 리 11

犁 얼룩소 리 12

狸 살쾡이 리 11

璃 유리 리 16

痢 설사, 이질 리 12

离 밝을 리 11

籬 울타리 리 25

罹 걸릴 리 17

蠃 파리할 리 19

莉 말리꽃 리 13

裏 속 리 13

裡 옷속 리 13

里 마을 리 7

釐 다스릴 리 18

離 떠날 리 19

鯉 잉어 리 18

吝 아낄 린 7

潾 물맑을 린 16

燐 도깨비불 린 16

璘 옥빛 린 17

萬 일만 만 15
蔓 덩굴 만 17
蠻 오랑캐 만 25
輓 수레끌 만 14
鏋 금 만 19
饅 만두 만 20
鰻 뱀장어 만 22
喦 끗 말 10
抹 바를 말 9
末 끝 말 5
沫 거품 말 9
襪 버선 말 21
靺 오랑캐이름 말 14
亡 망할 망 3
妄 망령될 망 6
忘 잊을 망 7
忙 바쁠 망 7
望 바랄 망 11
網 그물 망 14
罔 그물, 없을 망 9
芒 까끄라기 망 9
茫 아득할 망 12

莽 풀우거지 망 14
輞 바퀴테 망 15
邙 북망산 망 10
埋 묻을 매 10
妹 아래누이 매 8
媒 중매할 매 12
寐 잠잘 매 12
昧 어두울 매 9
枚 줄기 매 8
梅 매화나무 매 11
每 매양 매 7
煤 그을음 매 13
罵 욕할, 꾸짖을 매 16
買 살 매 12
賣 팔 매 15
邁 멀리갈 매 20
魅 도깨비 매 15
脈 맥 맥 12
貊 오랑캐 맥 13
陌 밭두둑길 맥 14
驀 말탈 맥 21
麥 보리 맥 11

孟 맏 맹 8
氓 백성 맹 8
猛 사나울 맹 12
盟 맹세할 맹 13
盲 어둘 맹 8
萌 싹 맹 14
冪 덮을 멱 16
覓 찾을 멱 11
免 면할 면 7
冕 면류관 면 11
勉 힘쓸 면 9
棉 솜 면 12
沔 가득할 면 8
眄 곁눈질할 면 9
眠 잠잘 면 10
綿 솜 면 14
緬 멀 면 15
面 낯 면 9
麵 국수, 밀가루 면 20
滅 멸할 멸 14
蔑 업신여길 멸 17
冥 어두울 명 10

名 이름 명 6
命 목숨 명 8
明 밝을 명 8
暝 날어두울 명 14
榠 홈통 명 12
溟 바다 명 14
皿 그릇 명 5
瞑 눈감을 명 15
茗 차싹 명 12
蓂 책력풀, 명협 명 16
螟 며루명 16
酩 술취할 명 13
銘 새길 명 14
鳴 새소리, 울 명 14
袂 소매메 10
侮 업신여길 모 9
冒 무릅쓸 모 9
募 부를모 13
姆 여스승 모 8
帽 모자 모 12
慕 사모할 모 15
摹 베낄 모 15

摸 본뜰 모 15

暮 저물 모 15

某 아무 모 9

模 법 모 15

母 어미 모 5

毛 터럭 모 4

牟 클 모 6

牡 수컷 모 7

瑁 옥홀, 대모 모 14

眸 눈동자 모 11

矛 세모진창 모 5

耗 덜릴 모 10

芼 나물 모 10

茅 띠 모 11

謀 꾀할 모 16

謨 꾀 모 18

貌 모양 모 14

木 나무 목 4

沐 목욕할 목 8

牧 기를 목 8

目 눈 목 5

睦 화목할 목 13

穆 화할 목 16

鶩 집오리 목 20

歿 죽을 몰 8

沒 빠질 몰 8

夢 꿈 몽 14

朦 풍성할 몽 20

蒙 어릴 몽 16

卯 토끼 묘 5

畝 밭이랑 묘 10

墓 무덤 묘 14

妙 묘할 묘 7

廟 사당 묘 15

描 그릴 묘 13

昴 별이름 묘 9

杳 아득할 묘 8

渺 물질펀할 묘 13

猫 고양이 묘 13

眇 묘할 묘 9

苗 싹 묘 11

錨 닻 묘 17

務 힘쓸 무 11

巫 무당 무 7

憮 어루만질, 예쁠 무 16 　　　們 무리 문 10

懋 힘쓸 무 17 　　　刎 목찌를, 목벨 문 6

戊 천간 무 5 　　　吻 입술 문 7

拇 엄지손가락 무 9 　　　問 물을 문 11

撫 어루만질 무 16 　　　文 글월 문 4

无 없을 무 4 　　　汶 물이름 문 8

楙 성할 무 13 　　　炆 연기날 문 8

武 호반 무 8 　　　紋 무늬 문 10

毋 말 무 4 　　　紊 얽힐 문 10

無 없을 무 12 　　　聞 들을 문 14

珷 무부 무 12 　　　蚊 모기 문 10

畝 밭이랑 무 10 　　　門 문 문 8

繆 실천오리 무 17 　　　雯 구름문채 문 12

舞 춤출 무 14 　　　勿 말 물 4

茂 무성 무 11 　　　沕 아득할 물 8

蕪 거칠 무 18 　　　物 만물 물 8

誣 속일 무 14 　　　味 맛 미 8

貿 무역할 무 12 　　　媚 아첨할 미 12

霧 안개 무 19 　　　媄 빛고울 미 12

鵡 앵무새 무 18 　　　尾 꼬리 미 7

墨 먹 묵 15 　　　嵋 산이름 미 12

默 잠잠할 묵 16 　　　嵄 깊은산 미 12

ㅂ

拍 칠 박 9
撲 부딪칠 박 16
朴 순박할 박 6
樸 질박할 박 16
泊 배댈, 쉴 박 9
珀 호박 박 10
璞 옥덩어리 박 17
箔 발 박 14
粕 지게미 박 11
縛 얽을 박 16
膊 어깨 박 16
舶 큰배 박 11
薄 얇을 박 19
迫 핍박할 박 12
鉑 금박 박 13
雹 우박 박 13
駁 얼룩말 박 14
伴 짝 반 7
半 반 반 5
反 돌이킬 반 4
叛 배반할 반 9
拌 버릴 반 9

搬 운반할 반 14
攀 잡아당길 반 19
斑 얼룩질 반 12
槃 쟁반 반 14
泮 반궁 반 9
潘 물이름 반 16
班 나눌 반 11
畔 밭두둑 반 10
瘢 흠집 반 15
盤 소반 반 15
盼 눈매예쁠, 돌아볼 반 9
磐 반석 반 15
磻 시내이름 반 17
礬 백반 반 20
絆 끈, 옭아맬 반 11
般 돌, 돌아올 반 10
蟠 서릴 반 18
返 돌아올 반 11
頒 반포할 반 13
飯 밥 반 13
勃 변색할 발 9
拔 뺄 발 9

撥 다스릴 발 16

渤 바다이름 발 13

潑 활발할 발 16

發 필, 일어날 발 12

跋 밟을 발 12

醱 술괴일 발 19

鉢 바리때 발 13

髮 터럭 발 15

魃 가물 발 15

倣 본받을 방 10

傍 곁 방 12

坊 동네 방 7

妨 해로울 방 7

尨 삽살개 방 7

幇 도울 방 12

彷 방황할 방 7

房 방 방 8

放 놓을 방 8

方 모질, 방위 방 4

旁 곁, 두루 방 10

昉 밝을 방 8

枋 단목 방 8

榜 방목 방 14

滂 비퍼부을 방 14

磅 소리 방 15

紡 길쌈 방 10

肪 기름 방 10

膀 오줌통 방 16

舫 배연결할 방 10

芳 꽃다울 방 10

蒡 우엉 방 16

蚌 조개 방 10

訪 찾을, 물을 방 11

謗 헐뜯을 방 17

邦 나라 방 11

防 막을 방 12

龐 어수선할 방 19

俳 광대 배 10

倍 갑절 배 10

北 패주할 배 5

培 북돋을 배 11

徘 어정거릴 배 11

拜 절 배 9

排 물리칠 배 12

杯 잔 배 8
湃 물소리 배 13
焙 불에말릴 배 12
盃 잔 배 9
背 등 배 11
胚 아이밸 배 11
裵 치렁치렁할 배 14
裴 치렁치렁할 배 14
褙 배자, 속적삼 배 15
賠 물어줄 배 15
輩 무리 배 15
配 짝 배 10
陪 모실 배 16
伯 맏 백 7
佰 우두머리, 어른 백 8
帛 비단 백 8
柏 잣 백 9
栢 잣 백 10
白 흰 백 5
百 일백 백 6
魄 넋 백 15
幡 기 번 15

樊 새장, 울타리 번 15
煩 번거로울 번 13
燔 구울 번 16
番 차례 번 12
磻 물이름 번 17
繁 성할 번 17
翻 뒤집힐 번 17
蕃 번성할 번 18
藩 울타리 번 21
飜 뒤집힐, 날 번 21
伐 칠 벌 6
筏 떼 벌 12
罰 벌줄 벌 15
閥 가문 벌 14
凡 무릇 범 3
帆 돛 범 6
机 나무이름 범 7
梵 불경 범 11
汎 뜰 범 7
氾 물넘칠 범 6
泛 뜰 범 9
犯 범할 범 6

範 법 범 15
范 벌 범 11
法 법 법 9
琺 법랑 법 13
僻 편벽할 벽 15
劈 쪼갤 벽 15
壁 벽 벽 16
擘 나눌 벽 17
檗 황벽나무 벽 17
璧 둥근옥 벽 18
癖 버릇 벽 18
碧 푸를 벽 14
蘗 황경피나무 벽 23
闢 열 벽 21
霹 벼락 벽 21
便 문득 변 9
卞 법 변 4
弁 고깔 변 5
變 변할 변 23
辨 분별할 변 16
辯 말잘할 변 21
邊 가, 변방 변 22

別 다를 별 7
瞥 언뜻볼 별 17
鼈 자라 별 23
鼊 자라 별 25
丙 남녘 병 5
並 아우를 병 8
倂 나란할 병 10
兵 군사 병 7
屛 병풍 병 11
幷 아우를 병 6
幵 아우를 병 8
昞 밝을 병 9
昺 밝을 병 9
柄 자루 병 9
棅 자루 병 12
炳 밝을 병 9
瓶 병 병 13
病 병들 병 10
秉 잡을 병 8
竝 아우를 병 10
輧 수레 병 15
餠 불린금덩이 병 16

餠 떡 병 17
騈 땅이름 병 18
保 도울 보 9
堡 작은성 보 12
報 갚을 보 12
宝 보배 보 8
寶 보배 보 20
普 넓을 보 12
步 걸음 보 7
洑 보 보 10
湺 물이름 보 13
潽 물이름 보 16
珤 보배 보 11
甫 클 보 7
菩 보살 보 14
補 기울 보 13
褓 포대기 보 15
譜 족보 보 20
輔 도울 보 14
伏 엎드릴 복 6
僕 종 복 14
匐 길 복 11

卜 점칠 복 2
宓 엎드릴 복 8
復 돌아올 복 12
服 입을 복 8
福 복 복 14
腹 배 복 15
茯 복령 복 12
蔔 무우 복 17
複 겹옷 복 15
覆 뒤집힐 복 18
輹 바퀴통 복 16
輻 바퀴살 복 16
鍑 가마솥 복 17
馥 향기 복 18
鰒 전복 복 20
本 근본 본 5
甠 볼 볼 8
俸 녹 봉 10
奉 받들 봉 8
封 봉할 봉 9
峯 산봉우리 봉 10
峰 산봉우리 봉 10

捧 받들 봉 12
棒 몽둥이 봉 12
烽 봉화 봉 11
熢 연기서릴 봉 15
琫 칼집장식 봉 13
縫 꿰맬 봉 17
蓬 쑥 봉 17
蜂 벌 봉 13
逢 만날 봉 14
鋒 칼날 봉 15
鳳 새 봉 14
不 아닌가 부 4
付 줄 부 5
俯 구부릴 부 10
傅 스승 부 12
剖 쪼갤 부 10
副 버금 부 11
否 아닐 부 7
咐 분부할 부 8
埠 선창 부 11
夫 지아비 부 4
婦 며느리 부 11

孚 믿을 부 7
孵 알깔 부 14
富 부자 부 12
府 마을 부 8
復 다시 부 12
扶 붙들 부 8
敷 베풀 부 15
斧 도끼 부 8
浮 뜰 부 11
溥 클 부 14
父 아비 부 4
符 병부 부 11
簿 문서 부 19
缶 장군 부 6
腐 썩을 부 14
腑 장부 부 14
膚 피부 부 17
艀 거룻배 부 13
芙 연꽃 부 10
莩 갈청 부 13
訃 부음 부 9
負 짐질 부 9

賦 구실, 부세부 15
賻 부의부 17
赴 달릴 부 9
趺 책상다리할 부 11
部 나눌 부 15
釜 가마 부 10
阜 언덕 부 8
附 붙일, 붙을 부 13
駙 곁말 부 15
鳧 물오리 부 13
北 북녘 북 5
分 나눌 분 4
吩 분부할 분 7
噴 뿜을 분 15
墳 무덤 분 15
奔 달아날 분 8
奮 떨칠 분 16
忿 분할 분 8
憤 분할 분 16
扮 꾸밀 분 8
盼 날빛 분 8
汾 물이름 분 8

焚 불사를 분 12
盆 동이 분 9
粉 가루 분 10
糞 똥 분 17
紛 어지러울 분 10
芬 향기 분 10
賁 클 분 12
雰 안개 분 12
不 아닐 불 4
佛 부처 불 7
弗 말 불 5
彿 비슷할 불 8
拂 떨칠 불 9
崩 산무너질 붕 11
朋 벗 붕 8
棚 시렁 붕 12
硼 붕사 붕 13
繃 묶을 붕 17
鵬 붕새 붕 19
丕 클 비 5
備 갖출 비 12
匕 비수 비 2

匪 아닐 비 10
卑 낮을 비 8
妃 왕비 비 6
婢 여자종 비 11
庇 덮을 비 7
悲 슬플 비 12
憊 고달플 비 16
扉 사립문 비 12
批 손으로칠 비 8
斐 문채날 비 12
枇 비파 비 8
榧 비자나무 비 14
比 견줄 비 4
毖 삼갈 비 9
毗 도울 비 9
毘 도울 비 9
沸 끓을 비 9
泌 샘물졸졸흐를 비 9
琵 비파 비 13
痺 저릴, 암메추라기 비 13
砒 비상 비 9
碑 비석 비 13
祕 비밀할 비 10
秕 쭉정이 비 9
秘 비밀할 비 10
粃 쭉정이 비 10
緋 붉은빛 비 14
翡 물총새 비 14
肥 살찔 비 10
脾 지라 비 14
臂 팔 비 19
菲 엷을 비 14
蜚 바퀴 비 14
裨 도울 비 14
誹 비방할 비 15
譬 비유할 비 20
費 허비할 비 12
鄙 더러울 비 18
非 아닐 비 8
飛 날 비 9
鼻 코 비 14
儐 인도할 빈 16
嚬 찡그릴 빈 19
嬪 궁녀, 아내 빈 17

彬 빛날 빈 11

斌 빛날 빈 12

檳 빈랑나무 빈 18

殯 염할 빈 18

浜 물가 빈 11

濱 물가 빈 18

瀕 물가 빈 20

牝 암컷 빈 6

玭 진주 빈 9

璸 진주이름, 옥무늬 빈 19

馪 향기 빈 19

貧 가난할 빈 11

賓 손님 빈 14

頻 자주 빈 16

憑 의지할 빙 16

氷 얼음 빙 5

聘 청할 빙 13

騁 달릴 빙 17

人

乍 잠깐 사 5

事 일 사 8

些 적을 사 7

仕 벼슬할 사 5

伺 살필 사 7

似 같을 사 7

使 하여금 사 8

俟 기다릴 사 9

傝 부술 사 15

史 사기 사 5

司 맡을 사 5

唆 부추길 사 10

嗣 이을 사 13

四 넉 사 4

士 선비 사 3

奢 사치할 사 12

娑 춤추는모양 사 10

寫 베낄, 글씨쓸 사 15

寺 절 사 6

射 쏠 사 10

巳 뱀 사 3

師 스승 사 10

徙 옮길 사 11

思 생각할 사9

捨 버릴 사12

斜 비낄 사11

斯 이 사12

査 사실할 사9

柶 숟가락, 윷 사9

梭 북 사11

死 죽을 사6

沙 모래 사8

泗 물이름 사9

渣 찌끼 사13

瀉 쏟을 사19

獅 사자 사14

砂 모래 사9

社 모일 사8

祀 제사 사8

祠 사당 사10

私 사사 사7

篩 체 사16

糸 실 사6

紗 깁 사10

絲 실 사12

肆 방자할 사13

舍 집 사8

莎 사초 사13

蓑 도롱이 사16

蛇 뱀 사11

裟 가사 사13

詐 속일 사12

詞 말씀 사12

謝 사례할 사17

賜 줄 사15

赦 죄사할 사11

辭 말씀 사19

邪 간사할 사11

飼 먹일 사14

駟 사마 사15

麝 사향노루 사21

削 깎을 삭9

數 자주 삭15

朔 초하루 삭10

索 노 삭10

傘 일산 산12

刪 깎을 산7

山 뫼 산 3

散 흩을 산 12

汕 통발 산 7

珊 산호 산 10

産 낳을 산 11

疝 산증 산 8

算 셈놓을 산 14

蒜 마늘 산 16

酸 실 산 14

霰 싸라기눈 산 20

乷 살 살 8

撒 뿌릴, 흩을 살 16

殺 죽일 살 11

煞 죽일 살 13

薩 보살 살 20

三 석 삼 3

參 석 삼 11

杉 삼나무 삼 7

森 나무빽빽할 삼 12

滲 스밀 삼 15

芟 풀을벨 삼 10

蔘 인삼 삼 17

衫 적삼 삼 9

插 꽂을 삽 13

澁 껄그러울, 떫을 삽 16

鈒 창 삽 12

颯 바람소리 삽 14

上 위 상 3

傷 상처 상 13

像 형상 상 14

償 갚을 상 17

商 장사 상 11

喪 망할, 잃을 상 12

嘗 맛볼 상 14

墒 높은땅 상 14

孀 과부 상 20

尚 오히려 상 8

常 항상 상 11

床 평상 상 7

峠 산고개 상 9

庠 태학, 학교 상 9

廂 곁채 상 12

想 생각할 상 13

桑 뽕나무 상 10

橡 상수리나무 상 16
湘 삶을, 물이름 상 13
爽 시원할 상 11
牀 평상 상 8
狀 형상 상 8
相 서로 상 9
祥 상서 상 11
箱 상자 상 15
翔 돌아날 상 12
裳 치마 상 14
觴 술잔 상 18
詳 자세할 상 13
象 코끼리 상 12
賞 상줄 상 15
霜 서리 상 17
塞 변방 새 13
璽 옥새 새 19
賽 굿할, 겨룰 새 17
嗇 인색할 색 13
塞 막을 색 13
穡 거둘 색 18
索 찾을 색 10

色 빛 색 6
牲 희생 생 9
生 날 생 5
甥 생질 생 12
省 덜 생 9
笙 생황 생 11
叙 베풀, 차례 서 9
敍 베풀, 차례 서 11
墅 농막 서 14
壻 사위 서 12
嶼 섬 서 17
序 차례 서 7
庶 뭇 서 11
徐 천천히 서 10
恕 용서할 서 10
惰 지혜 서 13
抒 끄집어낼 서 8
揲 깃들일 서 12
敘 차례 서 11
暑 더울 서 13
曙 새벽 서 18
書 글 서 10

栖 쉴 서 10　　　　　昔 옛 석 8

棲 쉴 서 12　　　　　晳 밝을 석 12

犀 물소 서 12　　　　析 나눌 석 8

瑞 상서 서 14　　　　汐 썰물, 조수 석 7

筮 시초점 서 13　　　淅 쌀일 석 12

絮 헌솜 서 12　　　　潟 개펄 석 16

緖 실마리 서 15　　　石 돌 석 5

署 마을, 관청 서 15　　碩 클 석 14

胥 서로 서 11　　　　祏 섬 석 10

舒 펼 서 12　　　　　釋 해석할 석 20

薯 마 서 20　　　　　蓆 자리, 클 석 16

西 서녘 서 6　　　　　鉐 놋쇠 석 13

誓 맹세할 서 14　　　錫 주석 석 16

諝 슬기 서 16　　　　仙 신선 선 5

逝 갈 서 14　　　　　僊 신선 선 13

鋤 호미, 김맬 서 15　　先 먼저 선 6

黍 기장 서 12　　　　善 착할 선 12

鼠 쥐 서 13　　　　　墡 백토 선 선 15

夕 저녁 석 3　　　　　嬋 고을 선 15

奭 클 석 15　　　　　嫙 예쁠 선 14

席 자리 석 10　　　　宣 베풀 선 9

惜 아낄 석 12　　　　愃 쾌할 선 13

扇 부채 선 10
敾 다스릴 선 16
旋 돌이킬 선 11
渲 물적실 선 13
煽 불붙일 선 14
珗 옥돌 선 11
琁 옥돌 선 12
瑄 둥근옥 선 14
璇 구슬 선 16
璿 아름다운옥 선 19
癬 옴 선 22
禪 전위할 선 17
線 실 선 15
繕 기울 선 18
羨 부러워할 선 13
腺 샘 선 15
膳 반찬 선 18
船 배 선 11
蘚 이끼 선 23
蟬 매미 선 18
詵 많을 선 13
跣 맨발 선 13

選 가릴 선 19
銑 무쇠 선 14
鐥 복자 선 20
饍 반찬 선 21
鮮 생선 선 17
卨 사람이름 설 11
屑 가루 설 10
楔 문설주 설 13
泄 샐 설 9
洩 샐 설 10
渫 칠 설 13
舌 혀 설 6
薛 다북쑥 설 19
褻 더러울, 속옷 설 17
設 베풀 설 11
說 말씀 설 14
雪 눈 설 11
齧 깨물 설 21
剒 고을이름 섭 10
𣸴 해돋을 섭 16
殲 다죽일 섭 21
纖 가늘 섭 23

蟾 두꺼비 섬 19

贍 넉넉할 섬 20

閃 번쩍일 섬 10

陝 고을이름 섭 15

攝 잡을 섭 22

涉 물건널 섭 11

燮 화할, 불꽃 섭 17

葉 고을이름 섭 15

城 재 성 10

姓 성 성 8

娍 아름다울 성 10

宬 서고 성 10

性 성품 성 9

惺 깨달을 성 13

成 이룰 성 7

星 별 성 9

晟 밝을 성 11

晠 밝을 성 11

猩 성성이 성 13

珹 옥이름 성 12

瑆 옥빛 성 14

盛 성할 성 12

省 살필 성 9

筬 바디 성 13

聖 성인 성 13

聲 소리 성 17

腥 날고기 성 15

誠 정성 성 14

醒 술깰 성 16

世 인간 세 5

勢 권세 세 13

歲 해 세 13

洗 씻을 세 10

稅 부세 세 12

笹 가는대 세 11

細 가늘 세 11

說 달랠 세 14

貰 세낼 세 12

召 부를 소 5

嘯 휘파람불 소 16

塑 흙인형 소 13

宵 밤 소 10

小 작을 소 3

少 젊을 소 4

巢 새집 소 11

所 바 소 8

掃 쓸 소 12

搔 긁을 소 14

昭 밝을 소 9

招 나무흔들릴 소 9

梳 빗 소 11

沼 늪 소 9

消 사라질 소 11

溯 거스를 소 14

瀟 빗소리, 강이름 소 20

炤 밝을 소 9

燒 불사를 소 16

玿 아름다운옥 소 10

甦 쉴 소 12

疏 성길 소 12

疎 성길 소 12

瘙 피부병 소 15

笑 웃을 소 10

篠 가는대 소 17

簫 퉁소 소 19

素 흴 소 10

紹 이을 소 11

蔬 풋나물 소 17

蕭 쑥 소 19

蘇 차조기 소 22

訴 하소연할 소 12

逍 노닐 소 14

遡 거스를 소 17

邵 고을이름 소 12

銷 녹일 소 15

韶 순의풍류 소 14

騷 소동할 소 20

俗 풍속 속 9

屬 무리 속 21

束 묶을 속 7

涑 빨 속 11

粟 조 속 12

續 이을 속 21

謖 일어날 속 17

贖 속바칠 속 22

速 빠를 속 14

孫 손자 손 10

巽 부드러울 손 12

損 덜 손 14　　修 닦을 수 10
飧 밥 손 11　　受 받을 수 8
蓀 향초 손 16　　嗽 기침할 수 14
遜 겸손할 손 17　　囚 가둘 수 5
帥 거느릴 솔 9　　垂 드릴 수 8
率 거느릴 솔 11　　壽 목숨 수 14
宋 송나라 송 7　　嫂 형수 수 13
悚 두려울 송 11　　守 지킬 수 6
松 솔 송 8　　寿 목숨 수 7
凇 강이름 송 12　　岫 산구멍 수 8
訟 송사할 송 11　　峀 산구멍 수 8
誦 욀 송 14　　帥 장수 수 9
送 보낼 송 13　　愁 근심 수 13
頌 칭송할 송 13　　戍 수자리 수 6
刷 문지를 쇄 8　　手 손 수 4
殺 감할 쇄 11　　授 줄 수 12
灑 물뿌릴 쇄 23　　搜 찾을 수 14
碎 부슬 쇄 13　　收 거둘 수 6
鎖 자물쇠 쇄 18　　數 셀 수 15
鎖 자물쇠 쇄 18　　樹 나무 수 16
釗 쇠 쇠 10　　殊 다를 수 10
衰 쇠할 쇠 10　　水 물 수 4

洙 물가 수 10
漱 양치질할 수 15
燧 부싯돌 수 17
狩 사냥할 수 10
獸 짐승 수 19
琇 옥돌 수 12
璲 서옥 수 18
瘦 파리할 수 15
睡 졸 수 13
秀 빼어날 수 7
穗 벼이삭 수 15
穟 벼이삭 수 17
竪 세울 수 13
粹 순수할 수 14
綏 편안할 수 13
綬 인끈 수 14
繡 수놓을 수 18
羞 부끄러울 수 11
脩 포, 닦을 수 13
茱 수유 수 12
蒐 식물독즙 수 16
藪 큰늪 수 21

蒐 꼭두서니 수 16
袖 소매 수 11
誰 누구 수 15
讐 원수 수 23
輸 보낼 수 16
遂 마침내 수 16
邃 깊을 수 21
酬 갚을, 술권할 수 13
銖 저울눈 수 14
鏽 동록 수 15
隋 수나라 수 17
隧 길 수 21
隨 따를 수 21
雖 비록 수 17
需 음식 수 14
須 모름지기 수 12
首 머리 수 9
髓 골수 수 23
鬚 수염 수 22
叔 아재비 숙 8
塾 서당 숙 14
夙 일찍 숙 6

孰 누구 숙 11 　珣 옥그릇 순 11
宿 잘 숙 11 　盾 방패 순 9
橚 밋밋할 숙 17 　筍 죽순 순 12
淑 맑을 숙 12 　瞬 눈깜짝할 순 17
潚 성 숙 17 　純 순전할 순 10
熟 익을 숙 15 　脣 입술 순 13
琡 옥이름 숙 13 　舜 순임금 순 12
璹 옥그릇 숙 19 　荀 풀이름 순 12
肅 엄숙할 숙 13 　蓴 순나물 순 17
菽 콩 숙 14 　橓 무궁화 순 18
巡 돌 순 7 　詢 물을 순 13
徇 두루 순 9 　諄 정성스러울 순 15
循 돌 순 12 　醇 진할 순 15
恂 믿을 순 10 　錞 사발종 순 16
旬 열흘 순 6 　順 순할 순 12
栒 순나무 순 10 　馴 길들일 순 13
楯 난간 순 13 　戌 개 술 6
橓 무궁화나무 순 16 　術 재주 술 11
殉 따라죽을 순 10 　述 지을 술 12
洵 믿을 순 10 　鉥 긴바늘 술 13
淳 순박할 순 12 　崇 높을 숭 11
焞 밝을 순 12 　嵩 높을 숭 13

崧 우뚝솟을 숭 11
瑟 비파 슬 14
瑟 푸른진주 슬 18
膝 무릎 슬 17
蝨 이 슬 15
拾 주을 습 10
濕 젖을 습 18
習 익힐 습 11
褶 주름, 사마치 습 17
襲 엄습할 습 22
丞 도울 승 6
乘 탈 승 10
僧 중 승 14
勝 이길 승 12
升 되 승 4
承 이을 승 8
昇 오를 승 8
繩 노 승 19
蠅 파리 승 19
陞 오를 승 15
侍 모실 시 8
匙 숟가락 시 11

嘶 말울 시 15
始 비로소 시 8
媤 시집 시 12
尸 주검 시 3
屍 주검 시 9
屎 똥 시 9
市 저자 시 5
弑 웃사람죽일 시 12
恃 믿을 시 10
施 베풀 시 9
是 이 시 9
時 때 시 10
柿 감 시 9
柴 땔나무 시 9
猜 의심낼 시 12
矢 화살 시 5
示 보일 시 5
翅 날개 시 10
蒔 모종낼 시 16
蓍 시초 시 16
視 볼 시 12
詩 귀글 시 13

試 시험할 시 13   信 믿을 신 9

諡 시호 시 16   呻 끙끙거릴 신 8

豕 돝 시 7   娠 애밸 신 10

豺 승냥이 시 10   宸 대궐 신 10

埴 진흙 식 11   愼 삼갈 신 14

寔 이 식 12   新 새 신 13

式 법 식 6   晨 새벽 신 11

息 쉴 식 10   燼 탄나머지 신 18

拭 씻을 식 10   申 펼 신 5

栻 점판 식 10   神 귀신 신 10

植 심을 식 12   紳 큰띠 신 11

殖 불을 식 12   腎 콩팥 신 14

湜 물맑을 식 13   臣 신하 신 6

熄 꺼질 식 14   莘 약이름 신 13

篒 땅이름 식 15   薪 섶 신 19

蝕 갉아먹을 식 15   蓋 조개풀 신 20

識 알 식 19   蜃 큰조개 신 13

軾 수레앞턱가로나무 식 13   訊 물을 신 10

食 밥 식 9   身 몸 신 7

飾 꾸밀 식 14   辛 매울 신 7

伸 펼 신 7   辰 별 신 7

侁 떼지어갈 신 8   迅 빠를 신 10

失 잃을 실 5

実 열매 실 8

實 열매 실 14

悉 다, 알, 갖출 실 11

審 살필 심 15

尋 찾을 심 12

心 마음 심 4

沁 물이름 심 8

沈 성 심 8

深 깊을 심 12

瀋 즙 심 19

甚 심할 심 9

芯 골풀 심 10

諶 참, 믿을 심 16

什 열사람 십 4

十 열 십 10

拾 열 십 10

雙 쌍 쌍 18

氏 각시 씨 4

ㅇ

亞 버금 아 7

亞 버금 아 8

俄 잠시 아 9

兒 아이 아 7

兒 아이 아 8

啞 벙어리 아 11

妸 고울 아 8

娥 예쁠 아 10

峨 산높을 아 10

我 나 아 7

牙 어금니 아 4

芽 싹 아 10

莪 쑥 아 13

蛾 나방 아 13

衙 마을 아 13

訝 맞을 아 11

阿 언덕 아 13

雅 맑을 아 12

餓 굶을 아 16

鴉 까마귀, 검을 아 15

鵝	거위 아 18	鞍	안장 안 15
堊	백토 악 11	顔	얼굴 안 18
岳	큰산 악 8	鮟	아귀 안 17
嶽	큰산 악 17	鴈	기러기 안 15
幄	휘장 악 12	斡	돌이킬 알 14
惡	악할 악 12	謁	뵈올 알 16
愕	놀랄 악 13	軋	삐걱거릴 알 8
握	쥘 악 13	閼	막을 알 16
樂	풍류 악 15	唵	음켜먹을 암 11
渥	젖을 악 13	岩	바위 암 8
鄂	땅이름 악 16	巖	바위 암 23
鍔	칼날 악 17	庵	암자 암 11
顎	턱 악 18	暗	어두을 암 13
鰐	악어 악 20	癌	암 암 17
齷	악착할 악 24	菴	우거질, 암자 암 14
安	편안할 안 6	闇	어두을 암 17
岸	언덕 안 8	壓	누를 압 17
按	누를 안 10	押	늘러놀 압 9
晏	늦을 안 10	狎	익숙할 압 9
案	책상 안 10	鴨	집오리 압 16
眼	눈 안 11	仰	우러를 앙 6
雁	기러기 안 12	央	가운데 앙 5

怏	원망할 앙 9	額	이마 액 18
昂	밝을 앙 8	櫻	앵두나무 앵 21
殃	재앙 앙 9	罌	항아리 앵 20
秧	모 앙 10	鶯	꾀꼬리 앵 21
鴦	원앙새 앙 16	鸚	앵무새 앵 28
厓	언덕 애 8	也	어조사 야 3
哀	슬플 애 9	倻	나라이름 야 11
埃	티끌 애 10	冶	쇠불릴 야 7
崖	벼랑 애 11	夜	밤 야 8
愛	사랑 애 13	惹	이끌 야 13
曖	날흐릴 애 17	揶	빈정거릴 야 13
涯	물가 애 12	椰	야자나무 야 13
碍	막을 애 13	爺	아비 야 13
艾	쑥 애 8	耶	어조사 야 9
隘	좁을 애 18	若	반야 야 11
靄	아지랑이 애 24	野	들 야 11
厄	재앙 액 4	弱	약할 약 10
扼	누를 액 8	約	맺을 약 9
掖	낄 액 12	若	같을 약 11
液	진액 액 12	葯	약, 어수리 약 15
縊	목맬 액 16	蒻	구약풀 약 16
腋	겨드랑이 액 14	藥	약 약 21

躍 뛸 약 21
佯 거짓 양 8
壤 흙덩이 양 20
孃 아씨 양 20
恙 병 양 10
揚 들날릴 양 13
攘 물리칠 양 21
敭 날릴 양 13
暘 해돋는곳 양 13
楊 버들 양 13
樣 본보기 양 15
洋 큰바다 양 10
漾 출렁거릴 야 15
瀁 물이름 양 19
煬 녹일 양 13
痒 병들 양 11
瘍 종기 양 14
禳 기도할 양 22
穰 벼줄기 양 22
羊 양 양 6
襄 도을 양 17
讓 사양할 양 24

釀 술빚을 양 24
陽 볕 양 17
養 기를 양 15
圄 옥 어 10
御 모실 어 11
於 어조사 어 8
漁 고기잡을 어 15
瘀 어혈질 어 13
禦 막을 어 16
語 말씀 어 14
馭 말부릴 어 12
魚 물고기 어 11
齬 어긋날 어 22
億 억 억 15
憶 기억할 억 17
抑 누를 억 8
檍 감탕나무 억 17
臆 가슴 억 19
偃 자빠질 언 11
堰 방죽 언 12
彦 선비 언 9
焉 어찌 언 11

言 말씀 언 7
諺 상말 언 16
孼 서자 얼 19
蘗 그루터기 얼 23
俺 나 엄 10
儼 근엄할 엄 22
嚴 엄할 엄 20
奄 문득 엄 8
掩 거둘 엄 12
淹 담글 엄 12
業 험준할 업 16
業 업 업 13
円 일본돈 엔 4
予 나 여 4
余 나 여 7
如 같을 여 6
歟 어조사 여 18
汝 너 여 7
璵 보배옥 여 19
礖 여돌 여 19
與 줄 여 14
艅 나룻배 여 13

茹 먹을 여 12
輿 차체, 수레 여 17
轝 수레 여 21
餘 남을 여 16
亦 또 역 6
域 지경 역 11
役 부릴 역 7
易 바꿀 역 8
晹 볕날 역 12
疫 염병 역 9
繹 다스릴 역 19
譯 통변할 역 20
逆 거스를 역 13
驛 역말 역 23
嚥 삼킬 연 19
堧 빈터 연 12
姸 고울 연 9
娟 예쁠 연 10
娫 빛날 연 10
宴 잔치 연 10
延 미칠 연 7
挻 당길 연 11

捐 버릴 연 11

椽 서까래 연 13

沇 물흐를 연 8

沿 물따라내려갈 연 9

涓 물방을 연 11

蜒 침 연 11

淵 못 연 12

演 펼, 흐를 연 15

烟 연기 연 10

然 그럴 연 12

煙 연기 연 13

燃 불탈 연 16

燕 제비 연 16

瑌 옥돌 연 14

硏 갈 연 11

硯 벼루 연 12

筵 대자리 연 13

緣 인연 연 15

縯 길 연 17

衍 넓을 연 9

軟 부드러울 연 11

鉛 납 연 13

鳶 솔개 연 14

咽 목멜 열 9

悅 기쁠 열 11

熱 더울 열 15

說 기쁠 열 14

閱 지낼, 읽을 열 15

厭 싫을 염 14

染 물들 염 9

炎 불꽃 염 8

焰 불꽃 염 12

琰 비취옥 염 13

豓 고울 염 24

艶 고울 염 19

苒 플우거질 염 11

閻 이문 염 16

髥 구렛나루 염 14

鹽 소금 염 24

曄 빛날 엽 16

燁 번쩍거릴 엽 16

葉 잎 엽 15

詠 읊을 영 8

塋 무덤 영 13

嬰 어릴 영 17

嶸 산높을 영 17

影 그림자 영 15

映 비칠 영 9

暎 비칠 영 13

榮 영화 영 14

栄 영화 영 9

楹 기둥 영 13

永 길 영 5

泳 헤엄칠 영 9

渶 물맑을 영 13

潁 물이름 영 15

瀯 물돌아나갈 영 18

瀯 물소리 영 21

瀛 큰바다 영 20

煐 빛날 영 13

營 지을 영 17

瑛 옥광채 영 14

瑩 밝을 영 15

瓔 옥돌 영 22

盈 찰 영 9

穎 이삭 영 16

纓 갓끈 영 23

英 꽃부리 영 11

詠 읊을 영 12

迎 맞을 영 11

鍈 방울소리 영 17

霙 진눈깨비 영 17

乂 다스릴 예 2

倪 어릴 예 10

刈 풀벨 예 4

睿 밝을 예 14

叡 밝을 예 16

曳 끌 예 6

汭 물굽이 예 8

濊 깊을 예 17

猊 사자 예 12

穢 더러울 예 18

芮 물가 예 10

藝 재주 예 21

蘂 꽃술 예 22

裔 후손 예 13

詣 이를 예 13

譽 기릴 예 21

豫 미리 예 16
銳 날카로을 예 15
霓 무지개 예 16
預 미리 예 13
五 다섯 오 5
伍 다섯사람 오 6
俉 맞을 오 9
傲 거만할 오 13
午 낮 오 4
吾 나 오 7
吳 오나라 오 7
嗚 탄식할 오 13
塢 마을 오 13
墺 물가 오 16
奧 깊을 오 13
娛 즐거울 오 10
寤 잠깰 오 14
悟 깨달을 오 11
惡 미워할 오 12
懊 한할 오 17
敖 놀 오 11
旿 대낮 오 8

晤 밝을 오 11
梧 오동나무 오 11
汚 더러울 오 7
澳 깊을 오 17
烏 까마귀 오 10
熬 볶을 오 15
獒 맹견 오 15
珸 옥돌 오 12
箮 버들고리 오 13
蜈 지네 오 13
誤 그릇할 오 14
鰲 큰자라 오 22
鼇 큰자라 오 24
屋 집 옥 9
沃 기름질 옥 8
獄 옥 옥 14
玉 구슬 옥 5
鈺 보배 옥 13
媼 할미 온 13
溫 따뜻할 온 14
瑥 사람이름 온 15
瘟 염병 온 15

穩 편안할 온 19

縕 헌솜 온 16

蘊 쌓을 온 22

兀 우뚝할 올 3

壅 막을 옹 16

擁 안을 옹 17

瓮 독 옹 9

甕 독 옹 18

癰 등창, 종기 옹 23

翁 늙은이 옹 10

邕 막을 옹 10

雍 화할 옹 13

饔 아침밥 옹 22

渦 소용돌이 와 13

瓦 기와 와 5

窩 움 와 14

窪 깊을 와 14

臥 누울 와 8

蛙 개구리 와 12

蝸 달팽이 와 15

訛 그릇될 와 11

垸 바를 완 10

婉 예쁠 완 11

媛 몸예쁠 완 11

完 완전할 완 7

宛 굽을, 완연 완 8

椀 주발 완 12

梡 네발도마 완 11

浣 옷빨 완 11

玩 희롱할 완 9

琓 구슬 완 12

琬 서옥 완 13

碗 그릇 완 13

緩 더딜 완 15

翫 갖고놀 완 15

脘 밥통 완 13

腕 팔목 완 14

莞 빙그레웃을 완 13

豌 완두완 15

阮 완나라, 성 완 12

頑 완고할 완 13

曰 가로되, 말할 왈 4

往 갈 왕 8

旺 왕성할 왕 8

枉 굽을 왕 8

汪 깊고넓을 왕 8

王 임금 왕 5

倭 나라 왜 10

娃 아름다운계집 왜 7

歪 비뚤 왜 9

矮 작을 왜 13

外 바깥 외 5

嵬 높을 외 13

巍 높고클 외 21

猥 더러울, 망녕될 외 13

畏 두려워할 외 9

僥 요행 요 14

凹 오목할 요 5

堯 요임금 요 12

夭 일찍죽을 요 4

妖 아리따울 요 7

姚 예쁠 요 9

嶢 산높을 요 15

拗 꺾을 요 9

搖 흔들 요 14

擾 어지러울 요 19

曜 요일, 빛날 요 18

樂 좋아할 요 15

橈 짧은노 요 16

燿 비칠 요 18

瑤 아름다운옥 요 15

窈 고요할 요 10

窯 가마 요 15

繇 우거질 요 17

繞 얽힐 요 18

耀 빛날 요 20

腰 허리 요 15

蟯 요충요 18

要 구할 요 9

謠 노래 요 17

遙 멀 요 17

邀 맞을 요 20

饒 넉넉할 요 21

慾 욕심 욕 15

欲 하고자할 욕 11

浴 목욕할 욕 11

縟 채색 욕 16

褥 요 욕 16

辱 욕될 욕 10

俑 목인, 인형 용 9

傭 품팔이 용 13

冗 쓸데없을 용 4

勇 날랠 용 9

埇 길돋을 용 10

墉 담 용 14

容 얼굴 용 10

庸 떳떳할 용 11

慂 권할 용 14

榕 용나무 용 14

涌 물솟을 용 11

溶 녹을 용 14

熔 녹일 용 14

瑢 패옥소리 용 14

用 쓸 용 5

甬 길, 휘 용 7

聳 솟을 용 17

茸 풀날, 녹용 용 12

蓉 연꽃 용 16

踊 뛸 용 14

鎔 녹일 용 18

鏞 큰쇠북 용 19

于 어조사 우 3

佑 도울 우 7

偶 우연 우 11

優 넉넉할 우 17

又 또 우 2

友 벗 우 4

右 오른쪽 우 5

堣 모퉁이 우 12

宇 집 우 6

寓 부칠 우 12

尤 더욱 우 4

愚 어리석을 우 13

憂 근심 우 15

旴 해돋을 우 7

牛 소 우 4

玗 옥돌 우 8

瑀 옥돌 우 14

盂 바리 우 8

祐 도울 우 10

禑 복 우 14

禹 우임금씨 우 9

紆 얽힐 우 9

羽 깃 우 6

芋 토란 우 9

藕 연뿌리 우 21

虞 염려할 우 13

迂 굽을 우 10

遇 만날 우 16

郵 우편 우 15

釪 풍류그릇 우 11

隅 모퉁이 우 17

雨 비 우 8

雩 기우제 우 11

霅 물소리 우 14

勗 힘쓸 욱 11

彧 문채날 욱 10

旭 빛날 욱 6

昱 밝을 욱 9

栯 산앵두 욱 10

煜 빛날 욱 13

稶 기장성할 욱 15

郁 문채날 욱 13

頊 사람이름 욱 13

云 이를 운 4

夽 높을 운 7

暈 해와달무리 운 13

橒 나무무늬 운 16

殞 죽을 운 14

沄 끓을 운 8

澐 큰물결 운 16

熉 누런빛 운 14

耘 김맬 운 10

芸 향풀 운 10

蕓 평지 운 18

賱 넉넉할 운 16

運 돌 운 16

隕 떨어질 운 18

雲 구름 운 12

韻 운치 운 19

尢 을 울 4

蔚 고을이름 울 17

鬱 답답할 울 29

熊 곰 웅 14

雄 수컷 웅 12

元 으뜸 원 4

原 근본 원 10
員 관원 원 10
圓 둥글 원 13
園 동산 원 13
垣 낮은담 원 9
婉 순할 원 11
媛 예쁜계집 원 12
嫄 후직의어머니 원 13
冤 원통할 원 11
怨 원망할 원 9
愿 정성 원 14
援 구원할 원 13
沅 물이름 원 8
洹 흐를 원 10
湲 물소리 원 13
源 근원 원 14
爰 이에 원 9
猿 원숭이 원 14
瑗 구멍큰옥 원 14
苑 나라동산 원 11
袁 옷긴모양 원 10
轅 진문 원 17

遠 멀 원 17
阮 나라이름 원 12
院 집, 담 원 15
願 원할 원 19
鴛 원앙새 원 16
月 달 월 4
越 넘을 월 12
鉞 도끼 월 13
位 자리 위 7
偉 클 위 11
僞 거짓 위 14
危 위태할 위 6
圍 둘릴 위 12
委 맡길 위 8
威 위엄 위 9
尉 벼슬이름 위 11
慰 위로할 위 15
暐 빛날 위 13
渭 물이름 위 13
爲 할 위 12
瑋 옥이름 위 14
緯 경위 위 15

胃 밥통 위 11

萎 시들 위 14

葦 갈대 위 15

蔿 애기풀 위 18

蝟 고슴도치 위 15

衛 호위할 위 15

衞 호위할 위 16

幃 장막 위 15

謂 이를 위 16

違 어길 위 16

韋 가죽 위 9

魏 위나라 위 18

乳 젖 유 8

侑 도을 유 8

儒 선비 유 16

兪 그러할 유 9

唯 오직 유 11

喩 깨우칠 유 12

孺 젖먹이 유 17

宥 너그러울 유 9

幼 어릴 유 5

幽 길을 유 9

庾 노적 유 12

悠 멀 유 11

惟 생각할 유 12

愈 나을 유 13

愉 기뻐할 유 10

揄 끌 유 13

攸 바 유 7

有 있을 유 6

柚 유자 유 9

柔 부드러울 유 9

楡 느릅나무 유 13

楢 졸참나무 유 13

油 기름 유 9

洧 물이름 유 10

游 헤엄칠 유 13

濡 젖을 유 18

猷 꾀 유 13

猶 같을 유 13

瑈 옥돌 유 13

瑜 미옥 유 14

由 말미암을 유 5

癒 병이나을 유 18

釉	벼와기장무성할 유	10
維	이을 유	14
臾	잠깐 유	8
萸	수유 유	14
裕	넉넉할 유	13
誘	인도할 유	14
諛	아첨할 유	16
諭	깨우칠 유	16
踰	넘을 유	16
蹂	밟을 유	16
逾	넘을 유	16
遊	놀 유	16
遺	끼칠 유	19
酉	닭 유	7
釉	빛낼 유	12
鍮	놋쇠 유	17
堉	기름진땅 육	11
毓	기를 육	14
肉	고기 육	6
育	기를 육	10
允	진실로 윤	4
侖	물깊고넓을 윤	15

尹	믿을 윤	4
潤	젖을, 윤택할 윤	16
玧	귀막이옥 윤	9
胤	이를 윤	11
贇	예쁠 윤	19
鈗	창 윤	12
閏	윤달 윤	12
阭	높을 윤	12
聿	붓, 마침내 율	6
戎	병장기, 군사 융	6
瀜	깊을 융	20
絨	삶은실 융	12
融	화할 융	16
垠	언덕 은	9
恩	은혜 은	10
慇	은근할 은	14
殷	은나라 은	10
溵	물소리 은	14
珢	옥돌 은	11
闇	화평할 은	15
銀	금은 은	14
隱	숨을 은	22

爾 너 이 14　　仁 어질 인 4

珥 귀고리 이 11　　刃 칼날 인 3

異 다를 이 11　　印 도장 인 6

痍 다칠 이 11　　咽 목구멍 인 9

移 옮길 이 11　　因 인할 인 6

而 말이을 이 6　　姻 혼인할 인 9

耳 귀 이 6　　寅 동방 인 11

肄 익힐 이 13　　引 이끌 인 4

苡 질경이 이 11　　忍 참을 인 7

莧 흰비름 이 12　　湮 빠질 인 13

貽 끼칠 이 12　　絪 자리 인 12

貳 두 이 12　　茵 깔개, 사철쑥 인 12

邇 가까울 이 21　　蚓 지렁이 인 10

頤 턱 이 15　　認 알 인 14

飴 엿 이 14　　靭 질길 인 12

瀷 스며흐를 익 21　　靷 가슴걸이 인 13

益 더할 익 10　　一 한 일 1

翊 다음날 익 11　　佚 편안, 허물 일 7

翌 도을 익 11　　佾 춤추는줄 수효 일 8

翼 날개 익 18　　壹 하나 일 12

謚 웃을 익 17　　日 날 일 4

人 사람 인 2　　溢 넘칠 일 14

逸 편안할 일 15

鎰 스물넉량 일 18

馹 역마 일 14

任 맡길 임 6

壬 북방 임 4

妊 아이밸 임 7

姙 아이밸 임 9

恁 생각할 임 10

稔 곡식익을 임 13

荏 들깨 임 12

賃 품삯, 품팔 임 13

入 들 입 2

卄 스물 입 4

仍 인할 잉 4

剩 남을 잉 12

孕 아이밸 잉 5

芿 묶돋은플 잉 10

ㅈ

仔 자세할 자 5

刺 찌를 자 8

咨 탄식할 자 9

姉 맏누이 자 8

姊 맏누이 자 8

姿 맵시 자 9

子 아들 자 3

字 글자 자 6

孜 부지런할 자 7

恣 방자할 자 10

慈 사랑 자 14

滋 불을 자 13

滋 불을 자 14

炙 고기구을 자 8

煮 삶을 자 13

玆 이 자 12

兹 이 자 10

瓷 오지그릇 자 11

疵 흠 자 10

磁 자석 자 14

磁 자석 자 15

紫 자주빛 자 11

者 놈 자 10

自 스스로 자 6

茨 지붕일, 가시나무 자 12
蔗 사탕수수 자 17
藉 깔 자 20
諮 물을 자 16
作 지을 작 7
勺 구기 작 3
嚼 씹을 작 21
斫 쪼갤 작 9
昨 어제 작 9
灼 구을 작 7
炸 터질 작 9
爵 벼슬 작 18
綽 너그러울 작 14
芍 작약 작 9
酌 술따를 작 10
雀 참새 작 11
鵲 까치 작 19
孱 잔약할 잔 12
棧 사다리 잔 12
殘 쇠잔할 잔 12
潺 물졸졸흐를 잔 16
盞 술잔 잔 13

岑 봉우리 잠 7
暫 잠시 잠 15
潛 잠길 잠 16
潜 잠길 잠 16
箴 경계할 잠 15
簪 비녀 잠 18
蠶 누에 잠 24
雜 섞일 잡 18
丈 어른 장 3
仗 병장기 장 5
匠 장인 장 6
場 마당 장 12
墻 담 장 16
壯 장할 장 7
奘 클 장 10
奬 권면할 장 14
將 장수 장 11
帳 휘장 장 11
庄 전장 장 6
張 베풀 장 11
掌 손바닥 장 12
暲 밝을 장 15

杖 지팡이 장 7
樟 녹나무 장 15
檣 돛대 장 17
欌 장롱 장 22
漿 초 장 15
漳 물이름 장 15
牆 담 장 17
狀 문서 장 8
獐 노루 장 15
璋 서옥 장 16
章 글 장 11
粧 단장할 장 12
腸 창자 장 15
臟 오장 장 24
臧 착할 장 14
莊 씩씩할 장 13
葬 장사지낼 장 15
蔣 과장풀 장 17
薔 장미 장 19
藏 감출 장 20
裝 행장 장 10
贓 장물 장 21

醬 간장 장 18
長 길 장 8
障 막힐 장 19
再 두번 재 6
哉 어조사 재 9
在 있을 재 6
宰 재상 재 10
才 재주 재 4
材 재목 재 7
栽 심을 재 10
梓 노나무 재 11
溨 맑을 재 13
滓 찌끼 재 14
災 재앙 재 7
縡 일 재 16
裁 옷마를 재 12
財 재물 재 10
載 실을 재 13
齋 재계할 재 17
齎 가질 재 21
爭 다툴 쟁 8
箏 쟁 쟁 14

諍 간할 쟁 15
錚 쇳소리, 징 쟁 16
佇 우두커니설 저 7
低 낮을 저 7
儲 쌓을 저 18
咀 씹을 저 8
姐 맏누이 저 8
底 밑 저 8
抵 밀 저 9
杵 절구공이 저 8
楮 닥나무 저 13
樗 가죽나무 저 15
沮 그칠 저 9
渚 물가 저 13
狙 긴팔원숭이 저 9
猪 돼지 저 12
疽 악창, 종기 저 10
箸 젓가락 저 15
紵 모시 저 11
苧 모시 저 11
菹 김치 저 14
著 지을 저 15

藷 마, 고구마 저 22
詛 저주할 저 12
貯 쌓을 저 12
躇 머뭇거릴 저 20
這 이것 저 14
邸 집 저 12
雎 물수리 저 13
齟 이어긋날 저 20
勣 공적 적 13
吊 이를 적 7
嫡 정실 적 14
寂 고요할 적 11
摘 딸 적 15
敵 대적할 적 15
滴 물방울 적 15
炙 고기구울 적 8
狄 북녘오랑캐 적 8
的 과녁, 밝을 적 8
積 쌓을 적 16
笛 피리 적 11
籍 문서 적 20
績 길쌈 적 17

翟 꿩 적 14
荻 물억새 적 13
謫 귀양갈 적 18
賊 도둑 적 13
赤 붉을 적 7
跡 자취 적 13
蹟 사적 적 18
迪 나아갈 적 12
迹 자취 적 13
適 마침 적 18
鏑 살촉 적 19
佃 밭갈 전 7
佺 신선이름 전 8
傳 전할 전 13
全 온전 전 6
典 법 전 8
前 앞 전 9
剪 가위 전 11
塡 메울 전 13
塼 벽돌 전 14
奠 전드릴 전 12
專 오로지 전 11

展 펼 전 10
廛 전방 전 15
悛 고칠 전 11
戰 싸움 전 16
栓 나무못 전 10
殿 대궐 전 13
氈 전 전 17
澱 찌끼 전 17
煎 달일 전 13
畑 밭 전 9
琠 옥이름 전 13
田 밭 전 5
甸 경기 전 7
癲 미칠 전 24
筌 통발 전 12
箋 쪽지 전 14
箭 화살 전 15
篆 전자 전 15
纏 얽을 전 21
荃 향풀 전 12
詮 평론할 전 13
輾 구를 전 17

轉 구를 전 18
鈿 비녀 전 13
錢 돈 전 16
銓 저울질할 전 14
鐫 새길 전 21
儁 살찐고기 전 13
電 번개 전 13
顚 이마, 넘어질 전 19
顫 떨릴 전 22
餞 전송할 전 17
切 끊을 절 4
截 끊을 절 14
折 꺾을 절 8
晢 밝을 절 11
浙 강이름 절 11
癤 부스럼 절 20
竊 훔칠 절 22
節 대마디 절 15
絶 끊을 절 12
占 점칠 점 5
岾 절이름 점 8
店 가게 점 8

漸 점점 점 15
点 점 점 9
粘 끈끈할 점 11
霑 젖을 점 16
鮎 메기 점 16
點 검은점 점 17
接 접할 접 12
摺 접을 접 15
蝶 나비 접 15
丁 장정 정 2
井 우물 정 4
亭 정자 정 9
停 머무를 정 11
偵 염탐할 정 11
呈 나타날 정 7
姃 계집단정할 정 8
婷 예쁠 정 12
定 정할 정 8
幀 그림족자 정 12
庭 뜰 정 10
廷 조정 정 7
征 칠 정 8

情 뜻 정 12 珽 옥이름 정 12

挺 뺄 정 11 町 밭지경 정 7

政 정사 정 8 睛 눈동자 정 13

整 정제할 정 16 碇 배닻돌 정 13

旌 기 정 11 禎 상서 정 14

晶 수정 정 12 程 한도 정 12

晸 해돋을 정 12 穽 함정 정 9

柾 나무바를 정 9 精 정할 정 14

桯 걸상 정 11 綎 인끈 정 13

楨 쥐똥나무 정 13 艇 거룻배 정 13

檉 능수버들 정 17 訂 의논할 정 9

正 바를 정 5 諪 고를 정 16

汀 물가 정 6 貞 곧을 정 9

涏 물찰 정 11 鄭 정나라 정 19

淀 배댈 정 12 酊 술취할 정 9

淨 맑을 정 12 釘 못 정 10

渟 물괴일 정 13 鉦 징 정 13

湞 물이름 정 13 鋌 쇳덩이 정 15

瀞 맑을 정 20. 錠 은화, 정제 정 16

炡 빛날 정 9 鋥 칼날세울 정 15

玎 옥소리 정 7 霆 천둥소리 정 15

珵 패옥 정 12 靖 편안할 정 13

靚 단장할 정 15   諸 모든 제 16

静 고요할 정 14   蹄 굽 제 16

靜 고요할 정 16   醍 맑은술 제 16

頂 이마 정 11   除 덜 제 15

頴 아름다울 정 17   際 사이 제 19

鼎 솥 정 13   霽 갤 제 22

制 억제할, 제도 제 8   題 글제 제 18

劑 약지을 제 16   齊 가지런할 제 14

嚌 맛볼 제 17   俎 제기 조 9

堤 둑, 제방 제 12   兆 조짐 조 6

帝 임금 제 9   凋 시들 조 10

弟 아우 제 7   助 도을 조 7

悌 공경할 제 11   弔 조상할 조 4

提 들 제 13   彫 새길 조 11

梯 사다리 제 11   措 둘 조 12

濟 건널 제 18   操 잡을 조 17

瑅 옥이름 제 14   早 이를 조 6

祭 제사 제 11   晁 아침 조 10

第 차례 제 11   曺 성 조 10

臍 배꼽 제 20   曹 무리 조 11

薺 냉이 제 20   朝 아침 조 12

製 지을 제 14   條 가지 조 11

惊 즐거울 종 12

慫 놀랄 종 15

棕 종려나무 종 12

淙 물소리 종 12

琮 옥홀 종 13

瑽 패옥소리 종 16

種 심을 종 14

終 마침 종 11

綜 모을 종 14

縱 세로 종 17

腫 부스럼 종 15

踪 자취 종 15

鍾 술잔 종 17

鐘 쇠북 종 20

佐 도울 좌 7

坐 앉을 좌 7

左 왼 좌 5

座 자리 좌 10

挫 꺾을 좌 11

罪 허물 죄 14

主 임금 주 5

住 머무를 주 7

侏 난장이 주 8

做 지을 주 11

周 두루 주 8

呪 저주할 주 8

嗾 부추길, 개부릴 주 14

奏 아뢸 주 9

姝 예쁠 주 9

姝 아름다울 주 9

宙 집 주 8

州 고을 주 6

廚 부엌 주 15

晝 낮 주 11

朱 붉을 주 6

柱 기둥 주 9

株 그루 주 10

注 물댈 주 9

洲 물가 주 10

湊 물모일 주 13

澍 적실, 단비 주 16

炷 심지 주 9

珠 구슬 주 11

疇 밭 주 19

籌 산가지 주 20
紂 밀치끈 주 9
紬 명주 주 11
綢 얽을 주 14
胄 맏아들 주 11
舟 배 주 6
蛛 거미 주 12
註 주낼 주 12
誅 벨 주 13
走 달릴 주 7
躊 머뭇거릴 주 21
輳 모일 주 16
逎 닥칠, 다할 주 14
遒 닥칠, 다할 주 16
週 주일 주 15
酎 전국술 주 10
酒 술 주 10
鑄 쇠불릴 주 22
駐 말머무를 주 15
竹 대 죽 6
粥 죽 죽 12
俊 준걸 준 9

儁 영특할 준 15
准 법 준 10
埈 높을 준 10
埻 과녁 준 11
寯 모일 준 16
峻 높을 준 10
晙 밝을 준 11
樽 술통 준 16
浚 깊을 준 11
準 법 준 14
濬 깊을 준 18
畯 농부 준 12
竣 일마칠 준 12
蠢 꿈틀거릴 준 21
逡 머뭇거릴 준 11
遵 좇을 준 19
隼 새매, 송골매 준 10
雋 영특할 준 13
駿 준마 준 17
茁 풀싹 줄 11
中 가운데 중 4
仲 버금 중 6

衆 무리 중 12

重 무거울 중 9

卽 곧 즉 9

即 곧 즉 7

櫛 빗 즐 19

楫 노 즙 13

汁 진액 즙 6

葺 지붕일 즙 15

增 더할 증 15

憎 미워할 증 16

拯 건질 증 10

曾 일찍 증 12

烝 김오를 증 10

甑 시루 증 17

症 병증세 증 10

繒 비단 증 18

蒸 찔 증 16

證 증거 증 19

贈 줄 증 19

之 갈 지 4

只 다만 지 5

咫 여덟치 지 9

地 땅 지 6

址 터 지 7

志 뜻 지 7

持 가질 지 10

指 손가락 지 10

摯 잡을 지 15

支 지탱할 지 4

旨 뜻 지 6

智 지혜 지 12

枝 가지 지 8

枳 탱자 지 9

止 그칠 지 4

池 못 지 7

沚 모래톱 지 8

漬 담글 지 15

知 알 지 8

砥 숫돌 지 10

祉 복 지 9

祗 공경할 지 10

紙 종이 지 10

肢 사지 지 10

脂 기름 지 12

至 이를 지 6
芝 지초 지 10
芷 구리때 지 10
蜘 거미 지 14
誌 기록할 지 14
識 기록할 지 19
贄 폐백 지 18
趾 발 지 11
遲 더딜 지 19
鋕 새길 지 15
直 곧을 직 8
稙 올벼 직 13
稷 메기장 직 15
織 짤 직 18
職 벼슬 직 18
唇 놀랄 진 10
嗔 성낼 진 13
塡 오랠 진 13
塵 티끌 진 14
抮 휘어잡을 진 9
振 떨칠 진 11
搢 꽂을 진 14

晉 진나라, 나갈 진 10
晋 진나라 진, 나갈 진 10
桭 처마 진 11
榛 개암나무 진 14
殄 끊어질 진 9
津 나루 진 10
溱 성할 진 14
珍 보배 진 10
瑱 귀막이옥 진 15
瑨 옥돌 진 15
瑨 옥돌 진 15
璡 옥돌 진 17
畛 두둑 진 10
疹 홍역 진 10
盡 다할 진 14
眞 참 진 10
真 참 진 10
瞋 눈부릅뜰 진 15
禛 복받을 진 15
秦 진나라 진 10
縉 분홍빛 진 16
縝 맺을 진 16

臻 이를 진 16
蓁 사철쑥 진 17
袗 홑옷 진 11
診 볼 진 12
賑 넉넉할 진 14
軫 수레 진 12
辰 별 진 7
進 나아갈 진 15
鎭 진압할 진 18
陣 진칠 진 15
陳 베풀 진 16
震 진동할 진 15
侄 어리석을, 조카 질 8
叱 꾸짖을 질 5
姪 조카 질 9
嫉 투기할 질 13
帙 책갑 질 8
桎 차꼬 질 10
瓆 사람이름 질 20
疾 병 질 10
秩 차례 질 10
窒 막을 질 11

膣 여자음부 질 17
蛭 거머리 질 12
質 바탕 질 15
跌 넘어질 질 12
迭 갈마들 질 12
斟 짐작할 짐 13
朕 나 짐 10
什 세간 집 4
執 잡을 집 11
楫 노 집 13
潗 샘솟을 집 16
潗 샘솟을 집 16
緝 모일 집 15
輯 모을 집 16
鏶 쇳조각 집 20
集 모을 집 12
徵 부를 징 15
懲 징계할 징 19
澄 맑을 징 16

擦 비빌 찰 18
札 패, 편지 찰 5
紮 묶을 찰 11
僭 참람할 참 14
參 참여할 참 11
塹 구덩이 참 14
慙 부끄러울 참 15
慚 부끄러워할 참 15
慘 슬플 참 15
懺 뉘우칠 참 21
斬 벨 참 11
站 우두커니설 참 10
讖 참서 참 24
讒 참소할 참 24
倉 창고 창 10
倡 광대 창 10
創 다칠, 비롯할 창 12
唱 노래부를 창 11
娼 창녀 창 11
廠 헛간 창 15
彰 나타날 창 14
敞 열 창 12

昌 창성할 창 8
昶 밝을 창 9
暢 화창할 창 14
槍 창 창 14
滄 서늘할 창 14
漲 물불을 창 15
猖 미쳐뛸 창 12
瘡 부스럼 창 15
窓 창문 창 11
脹 배부를 창 14
艙 선창 창 16
菖 창포 창 14
蒼 푸를 창 16
債 빚질 채 13
埰 사패지 채 11
寀 동관 채 11
寨 나무우리 채 14
彩 채색 채 11
採 캘 채 12
砦 진터 채 10
綵 채색비단 채 14
菜 나물 채 14

蔡 채나라 채 17
采 캘 채 8
釵 비녀 채 11
冊 책 책 5
册 책 책 5
柵 울타리 책 9
策 꾀 책 12
責 꾸짖을 책 11
凄 찰 처 10
妻 아내 처 8
悽 슬퍼할 처 12
處 곳 처 11
倜 기개있을 척 10
刺 찌를 척 8
剔 뼈발라낼 척 10
坧 기지 척 8
尺 자 척 4
慽 슬플 척 15
戚 겨레 척 11
拓 열 척 9
擲 던질 척 19
斥 내칠 척 5

滌 씻을 척 15
瘠 파리할 척 15
脊 등마루 척 12
蹠 밟을 척 18
陟 오를 척 15
隻 외짝, 하나 척 10
仟 천사람 천 5
千 일천 천 3
天 하늘 천 4
喘 숨찰 천 12
川 내 천 3
擅 제멋대로할 천 17
泉 샘 천 9
淺 얕을 천 12
玔 옥고리 천 8
穿 뚫을 천 9
舛 어그러질 천 6
薦 천거할 천 19
賤 천할 천 15
踐 밟을 천 15
遷 옮길 천 19
釧 팔찌 천 11

闡 열 천 20

阡 밭둑길 천 11

韆 그네 천 24

凸 볼록할 철 5

哲 밝을 철 10

喆 밝을 철 12

徹 관철할 철 15

撤 거둘 철 16

澈 물맑을 철 16

綴 연결할 철 14

轍 바퀴자국 철 19

輟 그칠 철 15

鐵 쇠 철 21

僉 다 첨 13

尖 뾰족할 첨 6

沾 적실 첨 9

添 더할 첨 12

恬 달 첨 11

瞻 쳐다볼 첨 18

簽 쪽지, 농 첨 19

籤 제비, 접대 첨 23

詹 이를 첨 13

諂 아첨할 첩 15

妾 첩 첩 8

堞 성가퀴 첩 12

帖 문서 첩 8

捷 이길 첩 12

牒 서찰, 문서 첩 13

疊 거듭 첩 22

睫 속눈썹 첩 13

諜 염탐할 첩 16

貼 붙일 첩 12

輒 문득 첩 14

廳 관청 청 25

晴 날갤 청 12

清 맑을 청 12

清 맑을 청 12

聽 들을 청 22

菁 우거질 청 14

請 청할 청 15

請 청할 청 15

青 푸를 청 8

青 푸를 청 8

鯖 청어 청 19

切 온통 체 4

剃 깎을 체 9

替 대신할 체 12

涕 눈물 체 11

滯 막힐 체 15

締 맺을 체 15

諦 살필 체 16

逮 미칠 체 15

遞 갈마들 체 17

體 몸 체 23

初 처음 초 7

剿 끊을 초 13

哨 망볼 초 10

憔 수척할 초 16

抄 베낄 초 8

招 부를 초 9

梢 나무끝 초 11

椒 산초나무 초 12

楚 초나라 초 13

樵 땔나무 초 16

炒 볶을 초 8

焦 탈 초 12

硝 초석 초 12

肖 닮을 초 9

艸 풀 초 6

苕 완두 초 11

草 풀 초 12

蕉 파초 초 18

貂 담비 초 12

超 뛰어넘을 초 12

酢 초 초 12

醋 초 초 15

醮 초례제 초 19

促 재촉할 촉 9

囑 부탁할 촉 24

燭 촛불 촉 17

矗 우거질 촉 24

蜀 애벌레, 촉나라 촉 13

觸 닿을, 부딪칠 촉 20

寸 치 촌 3

忖 헤아릴 촌 7

村 마을 촌 7

邨 마을 촌 11

叢 떨기 총 18

塚 무덤 총 13

寵 사랑할 총 19

怱 바쁠 총 11

憁 실심할 총 15

摠 거느릴 총 15

總 거느릴 총 17

聰 귀밝을 총 17

聡 귀밝을 총 14

蔥 파 총 17

銃 총 총 14

撮 집을, 모을 촬 16

催 재촉할 최 13

崔 높을 최 11

最 가장 최 12

墜 떨어질 추 15

抽 뺄 추 9

推 밀 추 12

椎 몽치 추 12

楸 노나무 추 13

樞 지도리 추 15

湫 서늘할 추 13

皺 주름질 추 15

秋 가을 추 9

芻 꼴 추 10

萩 다북쑥 추 15

諏 꾀할 추 15

趨 달아날 추 17

追 쫓을 추 13

鄒 추나라 추 17

酋 우두머리 추 9

醜 추할 추 17

錐 송곳 추 16

錘 저울눈 추 16

鎚 쇠망치 추 18

雛 병아리 추 18

騶 마부 추 20

鰍 미꾸라지 추 20

丑 소 축 4

畜 기를 축 10

祝 빌 축 10

竺 대나무, 나라이름 축 8

筑 비파 축 12

築 쌓을 축 16

縮 오그라들 축 17

蓄 쌓을 축 16

蹙 오그라들 축 18

蹴 찰 축 19

軸 굴대 축 12

逐 쫓을 축 14

春 봄 춘 9

椿 참죽나무 춘 13

瑃 옥이름 춘 14

賰 넉넉할 춘 16

出 날 출 5

朮 삽주 출 5

黜 물리칠 출 17

充 채울 충 6

冲 화할 충 6

忠 충성 충 8

沖 화할 충 8

珫 귀걸이옥 충 11

虫 벌레 충 6

蟲 벌레 충 18

衝 충돌할 충 15

衷 가운데 충 10

悴 야윌, 초췌할 췌 12

膵 췌장 췌 18

萃 모을 췌 14

贅 군더더기, 혹 췌 18

取 취할 취 8

吹 불 취 7

嘴 부리 취 15

娶 장가들 취 11

就 이룰 취 12

炊 불땔 취 8

翠 비취색, 물총새 취 14

聚 모을 취 14

脆 연할 취 12

臭 냄새 취 10

趣 뜻 취 15

醉 취할 취 15

驟 별안간, 달릴 취 24

鷲 수리 취 23

仄 기울 측 4

側 곁 측 11

厠 뒷간 측 11

廁 뒷간 측 12

惻 슬퍼할 측 13

測 헤아릴 측 13

層 층 층 15

侈 사치할 치 8

値 만날 치 10

嗤 웃을 치 13

峙 산우뚝할 치 9

幟 깃대 치 15

恥 부끄러울 치 10

梔 치자나무 치 11

治 다스릴 치 9

淄 검을 치 12

熾 불성할 치 16

痔 치질 치 11

痴 어리석을 치 13

癡 어리석을 치 19

稚 어릴 치 13

穉 어릴 치 17

緇 검을 치 14

緻 고울, 찬찬할 치 15

置 둘 치 14

致 이를 치 10

致 이를 치 9

蚩 어리석을 치 10

輜 짐수레 치 15

雉 꿩 치 13

馳 달릴 치 13

齒 이 치 15

則 법칙 칙 9

勅 신칙할 칙 9

飭 신칙할, 삼갈 칙 13

親 친할 친 16

七 일곱 칠 7

柒 옻칠할 칠 9

漆 옻칠할 칠 15

侵 침노할 침 9

寢 잠잘 침 14

枕 베개 침 8

沈 잠길 침 8

浸 적실 침 11

琛 보배 침 13

砧 다듬이돌 침 10

針 바늘 침 10

鍼 침 침 17

蟄 벌레움추릴 칩 17

憚 꺼릴 탄 16
歎 탄식할 탄 15
灘 여울 탄 23
炭 숯 탄 9
綻 옷솔기터질 탄 14
誕 태어날 탄 14
奪 빼앗을 탈 14
脫 벗을 탈 13
探 더듬을 탐 12
眈 노려볼 탐 9
耽 즐길 탐 10
貪 탐할 탐 11
塔 탑 탑 13
榻 걸상 탑 14
宕 방탕할 탕 8
帑 나라곳집 탕 8
湯 끓을 탕 13
糖 사탕 탕 16
蕩 쓸 탕 18
兌 기쁠 태 7
台 별이름 5
太 클 태 4

怠 게으를 태 9
態 모양 태 14
殆 위태로울 태 9
汰 미끄러질 태 8
泰 클 태 9
笞 볼기칠 태 11
胎 아이밸 태 11
苔 이끼 태 11
跆 밟을 태 12
邰 태나라 태 12
颱 태풍 태 14
垞 언덕 택 9
宅 집 택 6
擇 가릴 택 17
澤 못 택 17
撑 버틸 탱 16
攄 펼 터 19
兎 토끼 토 8
吐 토할 토 6
土 흙 토 3
討 칠 토 10
慟 애통할 통 15

ㅍ

辦 외씨 판 19
販 팔 판 11
辨 힘쓸 판 16
鈑 판금 판 12
阪 산비탈 판 12
八 여덟 팔 8
叭 나팔 팔 5
捌 깨뜨릴 팔 11
佩 찰 패 8
唄 염불소리 패 10
悖 어그러질 패 11
敗 패할 패 11
沛 늪 패 8
浿 물이름 패 11
牌 패 패 12
狽 이리 패 11
稗 피 패 13
霸 으뜸 패 19
貝 조개 패 7
彭 성 팽 12
澎 물소리 팽 16
烹 삶을 팽 11

膨 부를 팽 18
愎 팩할 팩 13
便 편할 편 9
偏 치우칠 편 11
扁 작을 편 9
片 조각 편 4
篇 책 편 15
編 책편 편 15
翩 훌쩍날 편 15
遍 두루 편 16
鞭 채찍 편 18
騙 속일 편 19
貶 덜 폄 12
坪 들 평 8
平 평평할 평 5
枰 바둑판 평 9
泙 물소리 평 9
萍 개구리밥 평 14
評 평론할 평 12
吠 개짖을 폐 7
嬖 사랑할 폐 16
幣 폐백 폐 15

廢 폐할 폐 15　　　　　　浦 물가 포 11

弊 폐단, 해질 폐 15　　　疱 마마 포 10

斃 죽을 폐 18　　　　　　砲 대포 포 10

肺 허파 폐 10　　　　　　胞 태보 포 11

蔽 덮을 폐 18　　　　　　脯 포 포 13

閉 닫을 폐 11　　　　　　苞 딸기 포 11

陛 천자, 섬돌 폐 15　　　葡 포도 포 15

佈 펼 포 7　　　　　　　蒲 부들 포 16

包 쌀 포 5　　　　　　　袍 두루마기 포 11

匍 길 포 9　　　　　　　褒 기릴, 포장할 포 15

匏 박 포 11　　　　　　　逋 달아날 포 14

咆 으르렁거릴 포 8　　　鋪 펼 포 15

哺 먹을 포 10　　　　　　飽 배부를 포 14

圃 채전 포 10　　　　　　鮑 절인어물 포 16

布 베 포 5　　　　　　　幅 폭 폭 12

怖 두려워할 포 9　　　　暴 볕에말릴 폭 15

抛 던질 포 8　　　　　　曝 볕에말릴 폭 19

拋 던질 포 9　　　　　　瀑 폭포 폭 19

抱 안을 포 9　　　　　　爆 터질, 폭발할 폭 19

捕 잡을 포 11　　　　　　輻 바퀴살 폭 16

暴 사나울 포 15　　　　　俵 나누어줄 표 10

泡 거품 포 9　　　　　　剽 표독할 표 13

彪 범 표 11
慓 급할 표 15
杓 북두자루 표 7
標 표할 표 15
漂 뜰 표 15
瓢 박 표 16
票 쪽지, 표 표 11
表 겉 표 9
豹 표범 표 10
飄 회오리바람 표 20
飇 회오리바람 표 21
驃 날쌜 표 21
品 품수 품 9
稟 받을, 사뢸 품 13
楓 단풍나무 풍 13
諷 외울 풍 16
豊 풍년 풍 13
豐 풍년 풍 18
風 바람 풍 9
馮 성 풍 12
彼 저 피 8
披 헤칠 피 9

皮 가죽 피 5
疲 나른할 피 10
被 입을 피 11
避 피할 피 20
陂 기울어질 피 13
佖 점잖을 필 7
匹 짝 필 4
弼 도울 필 12
必 반드시 필 5
泌 스밀 필 9
珌 칼장식옥 필 10
畢 마칠 필 11
疋 필 필 5
筆 붓 필 12
苾 향기날 필 11
鉍 창자루 필 13
馝 향기날 필 14
乏 다할 핍 5
逼 닥칠 핍 16

ㅎ

下 아래 하 3
何 어찌 하 7
夏 여름 하 10
廈 큰집 하 13
厦 큰집 하 12
昰 여름 하 9
河 물 하 9
瑕 옥티 하 14
荷 연꽃 하 13
蝦 새우, 두꺼비 하 15
賀 하례할 하 12
遐 멀 하 16
霞 노을 하 17
鰕 새우 하 20
壑 골 학 17
学 배울 학 8
學 배울 학 16
虐 사나울 학 9
謔 희롱할 학 16
鶴 학, 두루미 학 21

寒 찰 한 12
恨 한될 한 10
悍 사나울 한 11
旱 가물 한 7
汗 땀 한 7
漢 한나라 한 15
澣 빨래할 한 17
瀚 넓고클 한 20
罕 드물 한 7
翰 깃 한 16
閑 한가할, 막을 한 12
閒 편안할 한 12
限 한정 한 14
韓 한나라 한 17
割 벨 할 12
轄 비녀장, 관할할 할 17
函 함 함 8
含 머금을 함 7
咸 다 함 9
啣 재갈, 명함 함 11
喊 소리지를 함 12
檻 우리, 난간 함 18

涵 젖을 함 12
緘 봉할 함 15
艦 싸움배 함 20
銜 재갈 함 14
陷 빠질 함 16
鹹 짤 함 20
合 합할 합 6
哈 마실 합 9
盒 합 합 11
蛤 대합조개 합 12
閤 쪽문 합 14
闔 문짝 합 18
陜 고을이름 합 15
亢 목, 높을 항 4
伉 짝 항 6
姮 계집이름 항 9
嫦 항아 항 14
巷 골목 항 9
恒 항상 항 10
恆 항상 항 10
抗 항거할 항 8
杭 건널 항 8

桁 차꼬 항 10
沆 큰물 항 8
港 항구 항 13
缸 항아리 항 9
肛 똥구멍 항 9
航 배 항 10
行 항렬 항 6
降 항복할 항 14
項 목뒤 항 12
亥 돼지 해 6
偕 함께할 해 11
咳 방긋웃을, 기침 해 9
垓 땅끝 해 9
奚 어찌 해 10
孩 어린아이 해 9
害 해할 해 10
懈 게으를 해 17
楷 본뜰 해 13
海 바다 해 11
瀣 이슬기운 해 20
蟹 게 해 19
解 풀 해 13

該 그 해 13
諧 화합할 해 16
邂 만날 해 20
駭 놀랄 해 16
骸 뼈 해 16
劾 캐물을 핵 8
核 씨 핵 10
倖 요행 행 10
幸 다행 행 8
杏 살구 행 7
荇 마름풀 행 12
行 다닐 행 6
享 드릴 향 8
向 향할 향 6
嚮 지난번 향 19
珦 옥이름 향 11
鄕 시골 향 17
響 소리울릴 향 22
餉 먹일 향 15
饗 잔치할 향 22
香 향기 향 9
噓 불 허 15

墟 옛터 허 15
虛 빌 허 12
許 허락할 허 11
憲 법 헌 16
獻 드릴 헌 20
軒 초헌 헌 10
櫶 나무이름 헌 20
歇 쉴 헐 13
險 험할 험 21
驗 증험할 험 23
奕 클 혁 9
爀 빛날 혁 18
赫 빛날 혁 14
革 가죽 혁 9
俔 엿볼 현 9
呟 소리 현 8
峴 고개 현 10
弦 활시위 현 8
懸 매달 현 20
昡 햇빛 현 10
晛 햇살 현 11
泫 물깊을 현 9

炫 밝을 현 9　　　　協 화합할 협 8

玄 검을 현 5　　　　夾 낄 협 7

玹 옥돌 현 10　　　峽 골짜기 협 10

現 나타날 현 12　　挾 낄 협 11

眩 현란할 현 10　　浹 두루미칠, 사무칠 협 11

睍 붉어질눈, 고을 현12　狹 좁을 협 11

絃 줄풍류 현 11　　脇 겨드랑이 협 12

絢 문채날, 고을 현 12　脅 겨드랑이, 협박할 협 12

縣 고을 현 16　　莢 콩껍질 협 13

舷 뱃전 현 11　　鋏 칼, 집게 협 15

衒 자랑할 현 11　　頰 뺨 협 16

見 뵈올 현 7　　　亨 형통할 형 7

賢 어질 현 15　　兄 맏 형 5

鉉 솥귀 현 13　　刑 형벌 형 6

顯 나타날 현 23　　型 본보기 형 9

顕 나타날 현 18　　形 형상 형 7

孑 고독할 혈 3　　泂 찰 형 9

穴 구멍 혈 5　　　滎 실개천 형 14

血 피 혈 6　　　　瀅 물맑을 형 19

頁 머리 혈 9　　　瀠 이름 형 22

嫌 싫어할 혐 13　　炯 빛날 형 9

俠 협기 협 9　　　熒 등불 형 14

珩 노리개 형 11
瑩 옥돌, 맑을 형 15
荆 모형, 가시형 12
螢 개똥벌레 형 16
衡 저울대 형 16
逈 멀 형 13
邢 나라이름 형 11
鎣 줄 형 18
馨 향기로울 형 20
兮 어조사 혜 4
憲 밝힐 혜 15
彗 비 혜 11
惠 은혜 혜 12
恵 은혜 혜 10
慧 지혜 혜 15
憓 사랑할 혜 16
暳 별반짝일 혜 15
蕙 난초 혜 15
譓 살필 혜 22
蹊 지름길 혜 17
醯 초 혜 19
鞋 신 혜 15

乎 어조사 호 5
互 서로 호 4
呼 부를 호 8
壕 해자 호 17
壺 병 호 12
好 좋을 호 6
岵 초목우거진산 호 8
弧 활 호 8
戶 지게 호 4
扈 호위할 호 11
昊 여름하늘 호 8
晧 해돋을 호 11
毫 가는털 호 11
浩 넓고클 호 11
淏 맑을 호 12
湖 호수 호 13
滸 물가 호 15
滈 채색빛날 호 16
濠 해자 호 18
濩 흘러퍼질 호 18
灝 물줄기멀 호 25
狐 여우 호 9

琥 호박 호 13
瑚 산호 호 14
瓠 표주박 호 11
皓 흴 호 12
祜 복 호 10
糊 풀 호 15
縞 명주,흰깁 호 16
胡 어찌 호 11
芦 지황 호 10
蒿 쑥 호 16
葫 마늘 호 15
虎 범 호 8
號 부르짖을 호 13
蝴 나비 호 15
護 호위할 호 21
豪 호걸 호 14
鎬 호경 호 18
頀 풍류이름 호 23
顥 클 호 21
惑 미혹할 혹 12
或 혹 혹 8
酷 혹독할 혹 14

婚 혼인할 혼 11
昏 어두울 혼 8
混 흐릴 혼 12
渾 흐릴 혼 13
琿 아름다운옥 혼 14
魂 혼 혼 14
忽 문득 홀 8
惚 황홀할 홀 12
笏 홀 홀 10
哄 떠들썩할 홍 9
弘 클 홍 5
汞 수은 홍 7
泓 물깊을 홍 9
洪 넓을 홍 10
烘 불에 쬐어말릴 홍 10
紅 붉을 홍 9
虹 무지개 홍 9
訌 어지러울 홍 10
鈜 쇠뇌고동 홍 14
鴻 기러기 홍 17
化 될 화 4
和 화할 화 8

嬅 탐스러울 화 15
樺 자작나무 화 16
火 불 화 4
畵 그림 화 13
畫 그림 화 12
禍 재화 화 14
禾 벼 화 5
花 꽃 화 10
華 빛날 화 14
話 이야기 화 13
譁 시끄러울 화 19
貨 재물 화 11
靴 가죽신 화 13
廓 클 확 14
擴 넓힐 확 19
攫 움킬 확 24
確 확실할 확 15
碻 확실할 확 15
穫 곡식거둘 확 19
丸 둥글, 탄자 환 3
喚 부를 환 12
奐 클 환 9

宦 벼슬 환 9
幻 변화할 환 4
患 근심 환 11
換 바꿀 환 13
晥 환할 환 11
桓 굳셀 환 10
歡 기뻐할 환 22
渙 흩어질 환 13
煥 빛날 환 13
環 옥고리 환 18
紈 흰깁 환 9
還 돌아올 환 20
鐶 고리 환 21
驩 기뻐할 환 28
鰥 홀아비 환 21
活 살 활 10
滑 미끄러울 활 14
濶 넓을 활 18
猾 교활할 활 14
豁 골짜기 활 17
闊 넓을 활 17
凰 암봉 황 12

堭 벽없는방 황 12

媓 어머니 황 12

幌 휘장 황 13

徨 방황할 황 12

恍 황홀할 황 10

惶 두려워할 황 13

慌 황홀할 황 14

愰 밝을 황 14

晃 빛날, 밝을 황 10

晄 밝을 황 10

榥 책상 황 14

況 하물며 황 9

湟 해자, 빨리흐를 황 13

滉 물깊고넓을 황 14

潢 못, 깊을 황 16

煌 빛날 황 13

熀 빛날 황 14

璜 패옥 황 17

皇 임금 황 9

篁 대이름, 대숲 황 15

簧 피리혀, 피리 황 18

荒 거칠 황 12

蝗 누리, 황충 황 15

遑 한가할, 허둥거릴 황 16

隍 해자 황 17

黃 누를 황 12

匯 물돌아나갈 회 13

回 돌아올 회 6

廻 돌아올 회 9

徊 배회할 회 9

恢 클, 넓을 회 10

悔 뉘우칠 회 11

懷 품을 회 20

晦 그믐 회 11

會 모일 회 13

檜 노송나무 회 17

淮 물이름 회 12

澮 우물도랑 회 17

灰 재 회 6

獪 교활할 회 17

繪 그림 회 19

絵 그림 회 12

膾 회 회 19

茴 회향 회 12

蛔 회충 회 12

誨 가르칠 회 14

賄 뇌물, 재물 회 13

劃 그을, 새길 획 14

獲 얻을 획 18

宖 집울릴 횡 8

橫 비낄, 가로 횡 16

鐄 큰쇠북 횡 20

効 본받을 효 8

效 본받을 효 10

哮 으르렁거릴 효 10

嚆 부르짖을 효 17

孝 효도 효 7

斆 가르칠 효 20

曉 새벽 효 16

梟 올빼미 효 11

涍 물가 효 11

淆 흐릴, 어지러울 효 12

爻 형상, 점괘 효 4

肴 안주 효 10

酵 술괼, 지게미 효 14

驍 날랠 효 22

侯 제후 후 9

候 기후 후 10

厚 두터울 후 9

后 임금 후 6

吼 울부짖을 후 7

喉 목구멍 후 12

嗅 냄새맡을 후 13

垕 두터울 후 9

帿 과녁 후 12

後 뒤 후 9

朽 썩을 후 6

煦 찔 후 13

珛 옥이름 후 11

逅 만날 후 13

勳 공훈 훈 16

勲 공훈 15

勛 공훈 12

塤 질나팔 훈 13

壎 흙풍류 훈 17

暈 해와달무리 훈 13

焄 향내 훈 11

熏 불기운 훈 14

燻 불기운성할 훈 18
薰 향플 훈 20
訓 가르칠 훈 10
鑂 금빛투색할 훈 22
薨 죽을 훙 19
喧 지껄일 훤 12
暄 날따뜻할 훤 13
煊 따뜻할 훤 13
萱 원추리 훤 15
卉 플 훼 5
喙 부리 훼 12
毁 헐 훼 13
毀 헐 훼 13
彙 무리 휘 13
徽 아름다울 휘 17
揮 휘둘릴 휘 13
暉 햇빛 휘 13
煇 빛날 휘 13
諱 꺼릴 휘 16
輝 빛날 휘 15
麾 대장기 휘 15
休 쉴 휴 6

携 끌 휴 14
烋 아름다울 휴 10
畦 밭두둑 휴 11
虧 이지러질 휴 17
恤 근심할, 구휼할 휼 10
譎 속일 휼 19
鷸 도요새, 물총새 휼 23
兇 악할 흉 6
凶 흉할 흉 4
匈 떠들썩할, 가슴 흉 6
洶 용솟음할, 물출렁일 흉 10
胸 가슴 흉 12
黑 검을 흑 12
昕 해돋을 흔 8
欣 기쁠 흔 8
炘 화끈거릴 흔 8
痕 흉터 흔 11
吃 말더듬을, 먹을 흘 6
屹 산모양, 쭈뼛할 흘 6
紇 묶을, 실끝 흘 9
訖 이를 흘 10
欠 하품할 흠 4

欽 공경할 흠 12
歆 흠양할 흠 13
吸 숨들이쉴, 마실 흡 7
恰 흡족할, 마침 흡 10
洽 화할 흡 10
翕 합할 흡 12
興 일어날 흥 15
俙 비슷할 희 9
僖 즐거울 희 14
熙 화할 희 15
喜 기쁠 희 12
噫 슬플 희 16
囍 쌍희 희 22
姬 계집 희 9
嬉 아름다울 희 15
希 바랄 희 7
憙 기쁠 희 16
憘 기쁠 희 16
戲 희롱할 희 16
戱 희롱할 희 17
晞 마를 희 11
曦 햇빛 희 20

樨 나무이름 희 16
熙 빛날 희 13
熹 밝을 희 16
爔 밝을 희 16
爔 불, 햇빛 희 20
犠 희생 희 20
禧 복 희 17
稀 드물 희 12
義 기운 희 16
詰 힐문할 힐 13

성(姓)자의 획수

1획
을(乙)

2획
복(卜) 정(丁) 내(乃) 먀(乜)

3획
천(千) 우(于) 궁(弓) 대(大)
범(凡)

4획
왕(王) 문(文) 모(毛) 방(方)
변(卞) 원(元) 윤(尹) 공(孔)
정(井) 부(夫) 공(公) 편(片)
천(天) 윤(允) 태(太) 근(斤)
수(水) 개(介)

5획
구(丘) 백(白) 사(史) 석(石)
신(申) 옥(玉) 전(田) 피(皮)
현(玄) 포(包) 영(永) 감(甘)
평(平) 좌(左) 점(占)
을지(乙支) 사(司) 홍(弘)

6획
길(吉) 박(朴) 모(牟) 안(安)
이(伊) 임(任) 인(印) 전(全)
주(朱) 곡(曲) 미(米) 후(后)
서(西) 백(百) 수(守)

7획
송(宋) 이(李) 여(呂) 성(成)
신(辛) 오(吳) 차(車) 지(池)
연(延) 여(余) 강(江) 하(何)
군(君) 두(杜) 여(汝) 변(采)
판(判)

8획
김(金) 임(林) 주(周) 맹(孟)
명(明) 봉(奉) 석(昔) 심(沈)
표(表) 구(具) 문(門) 기(奇)
경(京) 탁(卓) 종(宗) 방(房)
상(尚) 야(夜) 승(承) 채(采)
경(庚) 승(昇) 창(昌) 내(奈)
장(長) 고(固)

9획

강(姜) 남(南) 류(柳) 유(兪)
척(拓) 함(咸) 우(禹) 선(宣)
위(韋) 준(俊) 단(段) 하(河)
요(姚) 시(施) 추(秋) 성(星)
편(扁) 시(柴)

10획

고(高) 서(徐) 손(孫) 홍(洪)
계(桂) 마(馬) 예(芮) 원(袁)
은(殷) 진(秦) 하(夏) 조(曹)
진(晉) 옹(邕) 진(眞) 강(剛)
경(耿) 공(貢)

11획

반(班) 강(康) 양(梁) 장(張)
조(曹) 최(崔) 허(許) 장(章)
장(將) 어(魚) 설(卨) 빈(彬)
호(胡) 범(范) 국(國) 마(麻)
형(邢) 방(邦) 호(扈) 견(堅)
매(梅) 낭(浪)

12획

민(閔) 황(黃) 순(舜) 요(堯)
경(景) 구(邱) 소(邵) 순(荀)

정(程) 지(智) 순(順) 삼(森)
운(雲) 풍(馮) 이(異) 팽(彭)
유(庾) 소실(小室) 대실(大
室) 동방(東方) 증(曾)

13획

양(楊) 경(敬) 금(琴) 염(廉)
우(虞) 장(莊) 초(楚) 목(睦)
옹(雍) 돈(頓) 로(路) 뇌(雷)
아(阿) 가(賈) 설(楔)
사공(司空) 영고(令孤)

14획

조(趙) 신(愼) 배(裵) 국(菊)
연(連) 온(溫) 서문(西門) 석
(碩) 기(箕) 봉(鳳) 단(端) 자
(慈) 견(甄) 연(鳶) 제(齊) 공
손(公孫) 석말(石抹) 빈(賓)

15획

묵(墨) 엽(葉) 한(漢) 만(滿)
곽(郭) 경(慶) 갈(葛) 노(魯)
동(董) 유(劉) 만(萬) 구(歐)
탄(彈) 사마(司馬) 증실(仲
室)

16획

도(都) 노(盧) 육(陸) 반(潘) 전(錢) 음(陰) 담(潭) 진(陳) 용(龍) 연(燕) 황보(皇甫) 도(陶) 제(諸) 뢰(賴) 도(道)

17획

한(韓) 채(蔡) 연(蓮) 종(鍾) 양(陽) 추(鄒) 사(謝) 손(遜) 국(鞠) 장(蔣)

18획

위(魏) 번(蕃) 간(簡) 안(顏)

19획

정(鄭) 방(龐) 설(薛) 남궁(南宮) 강(疆) 관(關) 고이(古爾) 재회(再會)

20획

하후(夏候) 라(羅) 엄(嚴) 석(釋) 선우(鮮于)

21획

고(顧)

22획

권(權) 소(蘇) 변(邊) 은(隱) 부정(負鼎)

24획

부여(扶餘)

25획

명림(明臨) 독고(獨孤)

27획

흑치(黑齒) 조미(祖彌) 제초(齊楚)

30획

혁운(赫運)

31획

제갈(諸葛)

41획

장리(墻籬)

쉽게 푼 역학(개정판)
쉽게 배워 적용할 수 있는 생활역학서!
이 책에서는 좀더 많은 사람들이 역학의 근본인 우주의 오묘한 진리와 법칙을 깨달아 보다 나은 삶을 영위하는데 도움이 될 수 있도록 가장 쉬운 언어와 가장 쉬운 방법으로 풀이했다. 역학계의 대가 김봉준 선생의 역작이다.
신비한 동양철학 71 │ 백우 김봉준 저 │ 568면 │ 30,000원 │ 신국판

사주명리학 핵심
맥을 잡아야 모든 것이 보인다
이 책은 잡다한 설명을 배제하고 명리학자에게 도움이 될 비법들만을 모아 엮었기 때문에 초심자가 이해하기에는 다소 어려운 부분도 있겠지만 기초를 튼튼히 한 다음 정독한다면 충분히 이해할 것이다. 신살만 늘어놓으며 감정하는 사이비가 되지말기를 바란다.
신비한 동양철학 19 │ 도관 박흥식 저 │ 502면 │ 20,000원 │ 신국판

물상활용비법
물상을 활용하여 오행의 흐름을 파악한다
이 책은 물상을 통하여 오행의 흐름을 파악하고 운명을 감정하는 방법을 연구한 책이다. 추명학의 해법을 연구하고 운명을 추리하여 오행에서 분류되는 물질의 운명 줄거리를 물상의 기물로 나들이 하는 활용법을 주제로 했다. 팔자풀이 및 운명해설에 관한 명리감정법의 체계를 세우는데 목적을 두고 초점을 맞추었다.
신비한 동양철학 31 │ 해주 이학성 저 │ 446면 │ 34,000원 │ 신국판

신수대전
흉함을 피하고 길함을 부르는 방법
신수는 대부분 주역과 사주추명학에 근거한다. 수많은 학설 중 몇 가지를 보면 사주명리, 자미두수, 관상, 점성학, 구성학, 육효, 토정비결, 매화역수, 대정수, 초씨역림, 황극책수, 하락리수, 범위수, 월영도, 현무발서, 철판신수, 육임신과, 기문둔갑, 태을신수 등이다. 역학에 정통한 고사가 아니면 추단하기 어려우므로 누구나 신수를 볼 수 있도록 몇 가지를 정리했다.
신비한 동양철학 62 │ 도관 박흥식 편저 │ 528면 │ 36,000원 │ 신국판 양장

정법사주
운명판단의 첩경을 이루는 책
이 책은 사주추명학을 연구하고자 하는 분들에게 심오한 주역의 이해를 돕고자 하는 의도에서 시작되었다. 음양오행의 상생상극에서부터 육친법과 신살법을 기초로 하여 격국과 용신 그리고 유년판단법을 활용하여 운명판단에 첩경이 될 수 있도록 했고 추리응용과 운명감정의 실례를 하나하나 들어가면서 독학과 강의용 겸용으로 엮었다.
신비한 동양철학 49 │ 원각 김구현 저 │ 424면 │ 26,000원 │ 신국판 양장

내가 보고 내가 바꾸는 DIY사주
내가 보고 내가 바꾸는 사주비결
기존의 책들과는 달리 한 사람의 사주를 체계적으로 도표화시켜 한 눈에 파악할 수 있고, DIY라는 책 제목에서 말하듯이 개운하는 방법을 제시한다. 초심자는 물론 전문가도 자신의 이론을 새롭게 재조명해 볼 수 있는 케이스 스터디 북이다.
신비한 동양철학 39 │ 석오 전광 저 │ 338면 │ 16,000원 │ 신국판

인터뷰 사주학
쉽고 재미있는 인터뷰 사주학
얼마전만 해도 사주학을 취급하면 미신을 다루는 부류로 취급되었다. 그러나 지금은 하루가 다르게 이 학문을 공부하는 사람들이 폭증하고 있는 것으로 보인다. 젊은 층에서 사주카페니 사주방이니 사주동아리니 하는 것들이 만들어지고 그 모임이 활발하게 움직이고 있다는 점이 그것을 증명해준다. 그뿐 아니라 대학원에는 역학교수들이 점차로 증가하고 있다.
신비한 동양철학 70 │ 글갈 정대엽 편저 │ 426면 │ 16,000원 │ 신국판

술술 읽다보면 통달하는 사주학
술술 읽다보면 나도 어느새 도사

당신은 당신 마음대로 모든 일이 이루어지던가. 지금까지 누구의 명령을 받지 않고 내 맘대로 살아왔다고, 운명 따위는 믿지 않는다고, 운명에 매달리지 않는다고 말하는 사람들이 많다. 그러나 우주법칙을 모르기 때문에 하는 소리다.

신비한 동양철학 28 │ 조철현 저 │ 368면 │ 16,000원 │ 신국판

사주학
5대 원서의 핵심과 실용

이 책은 사주학을 체계적으로 공부하려는 학도들을 위해서 꼭 알아두어야 할 내용들과 용어들을 수록하는데 중점을 두었다. 이 학문을 공부하려고 많은 사람들이 필자를 찾아왔을 깨 여러 가지 질문을 던져보면 거의 기초지식이 시원치 않음을 보았다. 따라서 용어를 포함한 제반지식을 골고루 습득해야 빠른 시일 내에 소기의 목적을 달성할 수 있을 것이다.

신비한 동양철학 66 │ 글갈 정대엽 저 │ 778면 │ 46,000원 │ 신국판 양장

명인재
신기한 사주판단 비법

이 책은 오행보다는 주로 살을 이용하는 비법을 담았다. 시중에 나온 책들을 보면 살에 대해 설명은 많이 하면서도 실제 응용에서는 무시하고 있다. 이것은 살을 알면서도 응용할 줄 모르기 때문이다. 그러나 이 책에서는 살의 활용방법을 완전히 터득해, 어떤 살과 어떤 살이 합하면 어떻게 작용하는지를 자세하게 설명하였다.

신비한 동양철학 43 │ 원공선사 저 │ 332면 │ 19,000원 │ 신국판 양장

명리학 │ 재미있는 우리사주
사주 세우는 방법부터 용어해설 까지!!

몇 년 전 『사주에 모든 길이 있다』가 나온 후 선배 제현들께서 알찬 내용의 책다운 책을 접했다는 찬사를 받았다. 그러나 사주의 작성법을 설명하지 않아 독자들에게 많은 질타를 받고 뒤늦게 이 책 을 출판하기로 결심했다. 이 책은 한글만 알면 누구나 역학과 가까워질 수 있도록 사주 세우는 방법부터 실제간명, 용어해설에 이르기까지 분야별로 엮었다.

신비한 동양철학 74 │ 정담 선사 편저 │ 368면 │ 19,000원 │ 신국판

사주비기
역학으로 보는 역대 대통령들이 나오는 이치!!

이 책에서는 고서의 이론을 근간으로 하여 근대의 사주들을 임상하여, 적중도에 의구심이 가는 이론들은 과감하게 탈피하고 통용될 수 있는 이론만을 수용했다. 따라서 기존 역학서의 아쉬운 부분들을 충족시키며 일반인도 열정만 있으면 누구나 자신의 운명을 감정하고 피흉취길할 수 있는 생활지침서로 활용할 수 있을 것이다.

신비한 동양철학 79 │ 청월 박상의 편저 │ 456면 │ 19,000원 │ 신국판

사주학의 활용법
가장 실질적인 역학서

우리가 생소한 지방을 여행할 때 제대로 된 지도가 있다면 편리하고 큰 도움이 되듯이 역학이란 이와같은 인생의 길잡이다. 예측불허의 인생을 살아가는데 올바른 안내자나 그 무엇이 있다면 그 이상 마음 든든하고 큰 재산은 없을 것이다.

신비한 동양철학 17 │ 학선 류래웅 저 │ 358면 │ 15,000원 │ 신국판

명리실무
명리학의 총 정리서

명리학(命理學)은 오랜 세월 많은 철인(哲人)들에 의하여 전승 발전되어 왔고, 지금도 수많은 사람이 임상과 연구에 임하고 있으며, 몇몇 대학에 학과도 개설되어 체계적인 교육을 하고 있다. 그러나 아직도 실무에서 활용할 수 있는 책이 부족한 상황이기 때문에 나름대로 현장에서 필요한 이론들을 정리해 보았다. 초학자는 물론 역학계에 종사하는 사람들에게 큰 도움이 될 것이라고 믿는다.

신비한 동양철학 94 │ 박흥식 편저 │ 920면 │ 39,000원 │ 신국판

사주 속으로
역학서의 고전들로 입증하며 쉽고 자세하게 푼 책

십 년 동안 역학계에 종사하면서 나름대로는 실전과 이론에서 최선을 다했다고 자부한다. 역학원의 비좁은 공간에서도 항상 후학을 생각하는 마음으로 역학에 대한 배움의 장을 마련하고자 노력한 것도 사실이다. 이 책을 역학으로 이름을 알리고 역학으로 생활하면서 조금이나마 역학계에 이바지할 것이 없을까라는 고민의 산물이라 생각해주기 바란다.

신비한 동양철학 95 │ 김상회 편저 │ 429면 │ 15,000원 │ 신국판

사주학의 방정식
알기 쉽게 풀어놓은 가장 실질적인 역서

이 책은 종전의 어려웠던 사주풀이의 응용과 한문을 쉬운 방법으로 터득하는데 목적을 두었고, 역학이 무엇인가를 알리고자 하는데 있다. 세인들은 역학자를 남의 운명이나 풀이하는 점쟁이로 알지만 잘못된 생각이다. 역학은 우주의 근본이며 기의 학문이기 때문에 역학을 이해하지 못하고서는 우리 인생살이 또한 정확하게 해석할 수 없는 고차원의 학문이다.

신비한 동양철학 18 │ 김용오 저 │ 192면 │ 16,000원 │ 신국판

오행상극설과 진화론
인간과 인생을 떠난 천리란 있을 수 없다

과학이 현대를 설정하여 설명하고 있으나 원리는 동양철학에도 있기에 그 양면을 밝히고자 노력했다. 우주에서 일어나는 모든 일을 과학으로 설명될 수는 없다. 비과학적이라고 하기보다는 과학이 따라오지 못한다고 설명하는 것이 더 솔직하고 옳은 표현일 것이다. 특히 과학분야에 종사하는 신의사가 저술했다는데 더 큰 화제가 되고 있다.

신비한 동양철학 5 │ 김태진 저 │ 222면 │ 15,000원 │ 신국판

스스로 공부하게 하는 방법과 천부적 적성
내 아이를 성공시키고 싶은 부모들에게

자녀를 성공시키고 싶은 마음은 누구나 같겠지만 가난한 집 아이가 좋은 성적을 내기는 매우 어렵고, 원하는 학교에 들어가기도 어렵다. 그러나 실망하기에는 아직 이르다. 내 아이가 훌륭하게 성장해 아름답고 멋진 삶을 살아가는 방법을 소개한다.

신비한 동양철학 85 │ 청암 박재현 지음 │ 176면 │ 14,000원 │ 신국판

진짜부적 가짜부적
부적의 실체와 정확한 제작방법

인쇄부적에서 가짜부적에 이르기까지 많게는 몇백만원에 팔리고 있다는 보도를 종종 듣는다. 그러나 부적은 정확한 제작방법에 따라 자신의 용도에 맞게 스스로 만들어 사용하면 훨씬 더 좋은 효과를 얻을 수 있다. 이 책은 중국에서 정통부적을 연구한 국내유일의 동양오술학자가 밝힌 부적의 실체와 정확한 제작방법을 소개하고 있다.

신비한 동양철학 7 │ 오상익 저 │ 322면 │ 20,000원 │ 신국판

수명비결
주민등록번호 13자로 숙명의 정체를 밝힌다

우리는 지금 무수히 많은 숫자의 거미줄에 매달려 허우적거리며 살아가고 있다. 1분 ·1초가 생사를 가름하고, 1등·2등이 인생을 좌우하며, 1급·2급이 신분을 구분하는 세상이다. 이 책은 수명리학으로 13자의 주민등록번호로 명예, 재산, 건강, 수명, 애정, 자녀운 등을 미리 읽어본다.

신비한 동양철학 14 │ 장충한 저 │ 308면 │ 15,000원 │ 신국판

진짜궁합 가짜궁합
남녀궁합의 새로운 충격

중국에서 연구한 국내유일의 동양오술학자가 우리나라 역술가들의 궁합법이 잘못되었다는 것을 학술적으로 분석·비평하고, 전적과 사례연구를 통하여 궁합의 실체와 타당성을 분석했다. 합리적인 「자미두수궁합법」과 「남녀궁합」 및 출생시간을 몰라 궁합을 못보는 사람들을 위하여 「지문으로 보는 궁합법」 등을 공개하고 있다.

신비한 동양철학 8 │ 오상익 저 │ 414면 │ 15,000원 │ 신국판

주역육효 해설방법(상·하)
한 번만 읽으면 주역을 활용할 수 있는 책

이 책은 주역을 해설한 것으로, 될 수 있는 한 여러 가지 사설을 덧붙이지 않고, 주역을 공부하고 활용하는데 필요한 요건만을 기록했다. 따라서 주역의 근원이나 하도낙서, 음양오행에 대해서도 많은 설명을 자제했다. 다만 누구나 이 책을 한 번 읽어서 주역을 이해하고 활용할 수 있도록 하는데 중점을 두었다.

신비한 동양철학 38 │ 원공선사 저 │ 상 810면·하 798면 │ 각 29,000원 │ 신국판

쉽게 푼 주역
귀신도 탄복한다는 주역을 쉽고 재미있게 풀어놓은 책

주역이라는 말 한마디면 귀신도 기겁을 하고 놀라 자빠진다는데, 운수와 일진이 문제가 될까. 8×8=64괘라는 주역을 한 괘에 23개씩의 회답으로 해설하여 1472괘의 신비한 해답을 수록했다. 당신이 당면한 문제라면 무엇이든 해결할 수 있는 열쇠가 이 한 권의 책 속에 있다.

신비한 동양철학 10 │ 정도명 저 │ 284면 │ 16,000원 │ 신국판

나침반 │ 어디로 갈까요
주역의 기본원리를 통달할 수 있는 책

이 책에서는 기본괘와 변화와 기본괘가 어떤 괘로 변했을 경우 일어날 수 있는 내용들을 설명하여 주역의 변화에 대한 이해를 돕는데 주력하였다. 그러나 그런 내용을 구분할 수 있는 방법을 전부 다 설명할 수는 없기에 뒷장에 간단하게설명하였고, 다른 책들과 설명의 차이점도 기록하였으니 참작하여 본다면 조금이나마 도움이 될 것이다.

신비한 동양철학 67 │ 원공선사 편저 │ 800면 │ 39,000원 │ 신국판

완성 주역비결 │ 주역 토정비결
반쪽으로 전해오는 토정비결을 완전하게 해설

지금 시중에 나와 있는 토정비결에 대한 책들은 옛날부터 내려오는 완전한 비결이 아니라 반쪽의 책이다. 그러나 반쪽이라고 말하는 사람은 없다. 그것은 주역의 원리를 모르기 때문이다. 그래서 늦은 감이 없지 않으나 앞으로 수많은 세월을 생각해서 완전한 해설판을 내놓기로 했다.

신비한 동양철학 92 │ 원공선사 편저 │ 396면 │ 16,000원 │ 신국판

육효대전
정확한 해설과 다양한 활용법

동양고전 중에서도 가장 대표적인 것이 주역이다. 주역은 옛사람들이 자연을 거울삼아 생활을 영위해 나가는 처세에 관한 지혜를 무한히 내포하고, 피흉추길하는 얼과 슬기가 함축된 점서인 동시에 수양·과학서요 철학·종교서라고 할 수 있다.

신비한 동양철학 37 │ 도관 박흥식 편저 │ 608면 │ 26,000원 │ 신국판

육효점 정론
육효학의 정수

이 책은 주역의 원전소개와 상수역법의 꽃으로 발전한 경방학을 같이 실어 독자들의 호기심을 충족시키는데 중점을 두었습니다. 주역의 원전으로 인화의 처세술을 터득하고, 어떤 사안의 답은 육효법을 탐독하여 찾으시기 바랍니다.

신비한 동양철학 80 │ 효명 최인영 편역 │ 396면 │ 29,000원 │ 신국판

육효학 총론
육효학의 핵심만을 정확하고 알기 쉽게 정리

육효는 갑자기 문제가 생겨 난감한 경우에 명쾌한 답을 찾을 수 있는 학문이다. 그러나 시중에 나와 있는 책들이 대부분 원서를 그대로 번역해 놓은 것이라 전문가인 필자가 보기에도 지루하며 어렵다는 느낌이 들었다. 그래서 보다 쉽게 공부할 수 있도록 이 책을 출간하게 되었다.

신비한 동양철학 89 │ 김도희 편저 │ 174쪽 │ 26,000원 │ 신국판

기문둔갑 비급대성
기문의 정수

기문둔갑은 천문지리·인사명리·법술병법 등에 영험한 술수로 예로부터 은밀하게 특권층에만 전승되었다. 그러나 아쉽게도 기문을 공부하려는 이들에게 도움이 될만한 책이 거의 없다. 필자는 이 점이 안타까워 천견박식함을 돌아보지 않고 감히 책을 내게 되었다. 한 권에 기문학을 다 표현할 수는 없지만 이 책을 사다리 삼아 저 높은 경지로 올라간다면 제갈공명과 같은 지혜를 발휘할 수 있을 것이다.

신비한 동양철학 86 | 도관 박흥식 편저 | 725면 | 39,000원 | 신국판

기문둔갑옥경
가장 권위있고 우수한 학문

우리나라의 기문역사는 장구하나 상세한 문헌은 전무한 상태라 이 책을 발간하였다. 기문둔갑은 천문지리는 물론 인사명리 등 제반사에 관한 길흉을 판단함에 있어서 가장 우수한 학문이며 병법과 법술방면으로도 특징과 장점이 있다. 초학자는 포국편을 열심히 익혀 설국을 자유자재로 할 수 있도록 하고, 개인의 이익보다는 보국안민에 일조하기 바란다.

신비한 동양철학 32 | 도관 박흥식 저 | 674면 | 46,000원 | 사륙배판

오늘의 토정비결
일년 신수와 죽느냐 사느냐를 알려주는 예언서

역산비결은 일년신수를 보는 역학서이다. 당년의 신수만 본다는 것은 토정비결과 비슷하나 토정비결은 토정 선생께서 사람들에게 용기와 희망을 주기 위함이 목적이어서 다소 허황되고 과장된 부분이 많다. 그러나 역산비결은 재미로 보는 신수가 아니라, 죽느냐 사느냐를 알려주는 예언서이이니 재미로 보는 토정비결과는 차원이 다르다.

신비한 동양철학 72 | 역산 김찬동 편저 | 304면 | 16,000원 | 신국판

國運 | 나라의 운세
역으로 풀어본 우리나라의 운명과 방향

아무리 서구사상의 파고가 높다하기로 오천 년을 한결같이 가꾸며 살아온 백두의 혼이 와르르 무너지는 지경에 왔어도 누구 하나 입을 열어 말하는 사람이 없으니 답답하다. 불확실한 내일에 대한 해답을 이 책은 명쾌하게 제시하고 있다.

신비한 동양철학 22 | 백우 김봉준 저 | 290면 | 16,000원 | 신국판

남사고의 마지막 예언
이 책으로 격암유록에 대한 논란이 끝나기 바란다

감히 이 책을 21세기의 성경이라고 말한다. 〈격암유록〉은 섭리가 우리민족에게 준 위대한 복음서이며, 선물이며, 꿈이며, 인류의 희망이다. 이 책에서는 〈격암유록〉이 전하고자 하는 바를 주제별로 정리하여 문답식으로 풀어갔다. 이 책으로 〈격암유록〉에 대한 논란은 끝나기 바란다.

신비한 동양철학 29 | 석정 박순용 저 | 276면 | 19,000원 | 신국판

원토정비결
반쪽으로만 전해오는 토정비결의 완전한 해설판

지금 시중에 나와 있는 토정비결에 대한 책들을 보면 옛날부터 내려오는 완전한 비결이 아니라 반면의 책이다. 그러나 반면이라고 말하는 사람이 없다. 그것은 주역의 원리를 모르기 때문이다. 따라서 늦은 감이 없지 않으나 앞으로의 수많은 세월을 생각하면서 완전한 해설본을 내놓았다.

신비한 동양철학 53 | 원공선사 저 | 396면 | 24,000원 | 신국판 양장

나의 천운 | 운세찾기
몽골정통 토정비결

이 책은 역학계의 대가 김봉준 선생이 몽공토정비결을 우리의 인습과 체질에 맞게 엮은 것이다. 운의 흐름을 알리고자 호운과 쇠운을 강조하고, 현재의 나를 조명하고 판단할 수 있도록 했다. 모쪼록 생활서나 안내서로 활용하기 바란다.

신비한 동양철학 12 | 백우 김봉준 저 | 308면 | 11,000원 | 신국판

역점 │ 우리나라 전통 행운찾기
쉽게 쓴 64괘 역점 보는 법
주역이 점치는 책에만 불과했다면 벌써 그 존재가 없어졌을 것이다. 그러나 오랫동안 많은 학자가 연구를 계속해왔고, 그 속에서 자연과학과 형이상학적인 우주론과 인생론을 밝혀, 정치·경제·사회 등 여러 방면에서 인간의 생활에 응용해왔고, 삶의 지침서로써 그 역할을 했다. 이 책은 한 번만 읽으면 누구나 역점가가 될 수 있으니 생활에 도움이 되길 바란다.
신비한 동양철학 57 │ 문명상 편저 │ 382면 │ 26,000원 │ 신국판 양장

이렇게 하면 좋은 운이 온다
한 가정에 한 권씩 놓아두고 볼만한 책
좋은 운을 부르는 방법은 방위·색상·수리·년운·월운·날짜·시간·궁합·이름·직업·물건·보석·맛·과일·기운·마을·가축·성격 등을 정확하게 파악하여 자신에게 길한 것은 취하고 흉한 것은 피하면 된다. 이 책의 저자는 신학대학을 졸업하고 역학계에 입문했다는 특별한 이력을 갖고 있기 때문에 더 많은 화제가 되고 있다.
신비한 동양철학 27 │ 역산 김찬동 저 │ 434면 │ 16,000원 │ 신국판

운을 잡으세요 │ 改運秘法
염력강화로 삶의 문제를 해결한다!
행복과 불행은 누가 주는 것이 아니라 자기 자신이 만든다고 할 수 있다. 한 마디로 말해 의지의 힘, 즉 염력이 운명을 바꾸는 것이다. 이 책에서는 이러한 염력을 강화시켜 삶에서 일어나는 문제를 해결하는 방법을 알려준다. 누구나 가벼운 마음으로 읽고 실천한다면 반드시 목적을 이룰 수 있을 것이다.
신비한 동양철학 76 │ 역산 김찬동 편저 │ 272면 │ 10,000원 │ 신국판

복을 부르는방법
나쁜 운을 좋은 운으로 바꾸는 비결
개운하는 방법은 여러 가지가 있으나, 이 책의 비법은 축원문을 독송하는 것이다. 독송이란 소리내 읽는다는 뜻이다. 사람의 말에는 기운이 있는데, 이 기운은 자신에게 돌아온다. 좋은 말을 하면 좋은 기운이 돌아오고, 나쁜 말을 하면 나쁜 기운이 돌아온다. 이 책은 누구나 어디서나 쉽게 비용을 들이지 않고 좋은 운을 부를 수 있는 방법을 실었다.
신비한 동양철학 69 │ 역산 김찬동 편저 │ 194면 │ 11,000원 │ 신국판

천직 │ 사주팔자로 찾은 나의 직업
천직을 찾으면 역경없이 탄탄하게 성공할 수 있다
잘 되겠지 하는 막연한 생각으로 의욕만 갖고 도전하는 것과 나에게 맞는 직종은 무엇이고 때는 언제인가를 알고 도전하는 것은 근본적으로 다르고, 결과도 다르다. 만일 의욕만으로 팔자에도 없는 사업을 시작했다고 하자, 결과는 불을 보듯 뻔하다. 그러므로 이런 때일수록 침착과 냉정을 찾아 내 그릇부터 알고, 생활에 대처하는 지혜로움을 발휘해야 한다.
신비한 동양철학 34 │ 백우 김봉준 저 │ 376면 │ 19,000원 │ 신국판

운세십진법 │ 本大路
운명을 알고 대처하는 것은 현대인의 지혜다
타고난 운명은 분명히 있다. 그러니 자신의 운명을 알고 대처한다면 비록 운명을 바꿀 수는 없지만 향상시킬 수 있다. 이것이 사주학을 알아야 하는 이유다. 이 책에서는 자신이 타고난 숙명과 앞으로 펼쳐질 운명행로를 찾을 수 있도록 운명의 기초를 초연하게 설명하고 있다.
신비한 동양철학 1 │ 백우 김봉준 저 │ 364면 │ 16,000원 │ 신국판

성명학 │ 바로 이 이름
사주의 운기와 조화를 고려한 이름짓기
사람은 누구나 타고난 운명이 있다. 숙명인 사주팔자는 선천운이고, 성명은 후천운이 되는 것으로 이름을 지을 때는 타고난 운기와의 조화를 고려해야 한다. 따라서 역학에 대한 깊은 이해가 선행함은 지극히 당연하다. 부연하면 작명의 근본은 타고난 사주에 운기를 종합적으로 분석하여 부족한 점을 보강하고 결점을 개선한다는 큰 뜻이 있다고 할 수 있다.
신비한 동양철학 75 │ 정담 선사 편저 │ 488면 │ 24,000원 │ 신국판

작명 백과사전
36가지 이름짓는 방법과 선후천 역상법 수록
이름은 나를 대표하는 생명체이므로 몸은 세상을 떠날지라도 영원히 남는다. 성명운의 유도력은 후천적으로 가공 인수되는 후존적 수기로써 조성 운화되는 작용력이 있다. 선천수기의 운기력이 50%이면 후천수기도의 운기력도50%이다. 이와 같이 성명운의 작용은 운로에 불가결한조건일 뿐 아니라, 선천명운의 범위에서 기능을 충분히 할 수 있다.
신비한 동양철학 81 | 임삼업 편저 | 송충석 감수 | 730면 | 36,000원 | 사륙배판

작명해명
누구나 쉽게 활용할 수 있는 체계적인 작명법
일반적인 성명학으로는 알 수 없는 한자이름, 한글이름, 영문이름, 예명, 회사명, 상호, 상품명 등의 작명방법을 여러 사례를 들어 체계적으로 분석하여 누구나 쉽게 배워서 활용할 수 있도록 서술했다.
신비한 동양철학 26 | 도관 박흥식 저 | 518면 | 19,000원 | 신국판

역산성명학
이름은 제2의 자신이다
이름에는 각각 고유의 뜻과 기운이 있어 그 기운이 성격을 만들고 그 성격이 운명을 만든다. 나쁜 이름은 부르면 부를수록 불행을 부르고 좋은 이름은 부르면 부를수록 행복을 부른다. 만일 이름이 거지같다면 아무리 운세를 잘 만나도 밥을 좀더 많이 얻어 먹을 수 있을 뿐이다. 저자는 신학대학을 졸업하고 역학계에 입문한 특별한 이력으로 많은 화제가 된다.
신비한 동양철학 25 | 역산 김찬동 저 | 456면 | 26,000원 | 신국판

작명정론
이름으로 보는 역대 대통령이 나오는 이치
사주팔자가 네 기둥으로 세워진 집이라면 이름은 그 집을 대표하는 문패라고 할 수 있다. 따라서 이름을 지을 때는 사주의 격에 맞추어야 한다. 사주 그릇이 작은 사람이 원대한 뜻의 이름을 쓰면 감당하지 못할 시련을 자초하게 되고 오히려 이름값을 못할 수 있다. 즉 분수에 맞는 이름으로 작명해야 하기 때문에 사주의 올바른 분석이 필요하다.
신비한 동양철학 77 | 청월 박상의 편저 | 430면 | 19,000원 | 신국판

음파메세지 (氣)성명학
새로운 시대에 맞는 새로운 성명학
지금까지의 모든 성명학은 모순의 극치를 이룬다. 그러나 이제 새 시대에 맞는 음파메세지(氣) 성명학이 나왔으니 복을 계속 부르는 이름을 지어 사랑하는 자녀가 행복하고 아름다운 삶을 살아갈 수 있도록 하는데 도움이 되었으면 한다.
신비한 동양철학 51 | 청암 박재현 저 | 626면 | 39,000원 | 신국판 양장

아호연구
여러 가지 작호법과 실제 예 모음
필자는 오래 전부터 작명을 연구했다. 그러나 시중에 나와 있는 책에는 대부분 아호에 관해서는 전혀 언급하지 않았다. 그래서 아호에 관심이 있어도 자료를 구하지 못하는 분들을 위해 이 책을 내게 되었다. 아호를 짓는 것은 그리 대단하거나 복잡하지 않으니 이 책을 처음부터 끝까지 착실히 공부한다면 누구나 좋은 아호를 지어 쓸 수 있을 것이라고 생각한다.
신비한 동양철학 87 | 임삼업 편저 | 308면 | 26,000원 | 신국판

한글이미지 성명학
이름감정서
이 책은 본인의 이름은 물론 사랑하는 가족 그리고 가까운 친척이나 친구들의 이름까지도 좋은지 나쁜지 알아볼 수 있도록 지금까지 나와 있는 모든 성명학을 토대로 하여 썼다. 감언이설이나 협박성 감명에 흔들리지 않고 확실한 이름풀이를 볼 수 있을 것이다. 그리고 아름답고 멋진 삶을 살아갈 수 있는 이름을 짓는 방법도 상세하게 제시하였다.
신비한 동양철학 93 | 청암 박재현 지음 | 287면 | 10,000원 | 신국판

비법 작명기술
복과 성공을 함께 하려면

이 책은 성명의 발음오행이나 이름의 획수를 근간으로 하는 실제 이용이 가장 많은 기본 작명법을 서술하고, 주역의 괘상으로 풀어 길흉을 판단하는 역상법 5가지와 그외 중요한 작명법 5가지를 합하여 「보배로운 10가지 이름 짓는 방법」을 실었다. 특히 작명비법인 선후천역상법은 성명의 원획에 의존하는 작명법과 달리 정획과 곡획을 사용해 주역 상수학을 대표하는 하락이수를 쓰고, 육효가 들어가 응험률을 높였다.

신비한 동양철학 96 ｜ 임삼업 편저 ｜ 370면 ｜ 30,000원 ｜ 사륙배판

올바른 작명법
소중한 이름, 알고 짓자!

세상 부모들에게 가장 소중한 것이 뭐냐고 물으면 자녀라고 할 것이다. 그런데 왜 평생을 좌우할 이름을 함부로 짓는가. 이름이 얼마나 소중한지, 이름의 오행작용이 일생을 어떻게 좌우하는지 모르기 때문이다.

신비한 동양철학 61 ｜ 이정재 저 ｜ 352면 ｜ 19,000원 ｜ 신국판

호(雅號)책
아호 짓는 방법과 역대 유명인사의 아호, 인명용 한자 수록

필자는 오래 전부터 작명연구에 열중했으나 대부분의 작명책에는 아호에 관해서는 전혀 언급하지 않고, 간혹 거론했어도 몇 줄 정도의 뜻풀이에 불과하거나 일반작명법에 준한다는 암시만 풍기며 끝을 맺었다. 따라서 필자가 참고한 문헌도 적었음을 인정한다. 아호에 관심이 있어도 자료를 구하지 못하는 현실에 착안하여 필자 나름대로 각고 끝에 본서를 펴냈다.

신비한 동양철학 97 ｜ 임삼업 편저 ｜ 390면 ｜ 20,000원 ｜ 신국판

관상오행
한국인의 특성에 맞는 관상법

좋은 관상인 것 같으나 실제로는 나쁘거나 좋은 관상이 아닌데도 잘 사는 사람이 왕왕있어 관상법 연구에 흥미를 잃는 경우가 있다. 이것은 중국의 관상법만을 익히고 우리의 독특한 환경적인 특징을 소홀히 다루었기 때문이다. 이에 우리 한국인에게 알맞는 관상법을 연구하여 누구나 관상을 쉽게 알아보고 해석할 수 있도록 자세하게 풀어놓았다.

신비한 동양철학 20 ｜ 송파 정상기 저 ｜ 284면 ｜ 12,000원 ｜ 신국판

정본 관상과 손금
바로 알고 사람을 사귑시다

이 책은 관상과 손금은 인생을 행복하게 만든다는 관점에서 다루었다. 그야말로 관상과 손금의 혁명이라고 할 수 있다. 여러분도 관상과 손금을 통한 예지력으로 인생의 참주인이 되기 바란다. 용기를 불어넣어 주고 행복을 찾게 하는 것이 참다운 관상과 손금술이다. 이 책이 일상사에 고민하는 분들에게 해결방법을 제시해 줄 것이다.

신비한 동양철학 42 ｜ 지창룡 감수 ｜ 332면 ｜ 16,000원 ｜ 신국판

이런 사원이 좋습니다
사원선발 면접지침

사회가 다양해지면서 인력관리의 전문화와 인력수급이 기업주의 애로사항이 되었다. 필자는 그동안 많은 기업의 사원선발 면접시험에 참여했는데 기업주들이 모두 면접지침에 관한 책이 있으면 좋겠다는 것이다. 그래서 경험한 사례를 참작해 이 책을 내니 좋은 사원을 선발하는데 많은 도움이 될 것이라고 믿는다.

신비한 동양철학 90 ｜ 정도명 지음 ｜ 274면 ｜ 19,000원 ｜ 신국판

핵심 관상과 손금
사람을 볼 줄 아는 안목과 지혜를 알려주는 책

오늘과 내일을 예측할 수 없을만큼 복잡하게 펼쳐지는 현실에서 살아남기 위해서는 사람을 볼줄 아는 안목과 지혜가 필요하다. 시중에 관상학에 대한 책들이 많이 나와있지만 너무 형이상학적이라 전문가도 이해하기 어렵다. 이 책에서는 누구라도 쉽게 보고 이해할 수 있도록 핵심만을 파악해서 설명했다.

신비한 동양철학 54 ｜ 백우 김봉준 저 ｜ 188면 ｜ 14,000원 ｜ 사륙판 양장

완벽 사주와 관상
우리의 삶과 관계 있는 사실적 관계로만 설명한 책

이 책은 우리의 삶과 관계 있는 사실적 관계로만 역을 설명하고, 역에 대한 관심과 흥미를 갖게 하고자 관상학을 추록했다. 여기에 추록된 관상학은 시중에서 흔하게 볼 수 있는 상법이 아니라 생활상법, 즉 삶의 지식과 상식을 드리고자 했다.

신비한 동양철학 55 | 김봉준·유오준 공저 | 530면 | 36,000원 | 신국판 양장

사람을 보는 지혜
관상학의 초보에서 실용까지

현자는 하늘이 준 명을 알고 있기에 부귀에 연연하지 않는다. 사람은 마음을 다스리는 심명이 있다. 마음의 명은 자신만이 소통하는 유일한 우주의 무형의 에너지이기 때문에 잠시도 잊으면 안된다. 관상학은 사람의 상으로 이런 마음을 살피는 학문이니 잘 이해하여 보다 나은 삶을 삶을 영위할 수 있도록 노력해야 한다.

신비한 동양철학 73 | 이부길 편저 | 510면 | 20,000원 | 신국판

한눈에 보는 손금
논리정연하며 바로미터적인 지침서

이 책은 수상학의 연원을 초월해서 동서합일의 이론으로 집필했다. 그야말로 논리정연한 수상학을 정리하였다. 그래서 운명적, 철학적, 동양적, 심리학적인 면을 예증과 방편에 이르기까지 상세하게 기술했다. 이 책은 수상학이라기 보다 바로미터적인 지침서 역할을 해줄 것이다. 독자 여러분의 꾸준한 연구와 더불어 인생성공의 지침서가 될 수 있을 것이다.

신비한 동양철학 52 | 정도명 저 | 432면 | 24,000원 | 신국판 양장

이런 집에 살아야 잘 풀린다
운이 트이는 좋은 집 알아보는 비결

한마디로 운이 트이는 집을 갖고 싶은 것은 모두의 꿈일 것이다. 50평이니 60평이니 하며 평수에 구애받지 않고 가족이 평온하게 생활할 수 있고 나날이 발전할 수 있는 그런 집이 있다면 얼마나 좋을까? 그런 소망에 한 걸음이라도 가까워지려면 막연하게 운만 기대하고 있어서는 안 된다. 좋은 집을 가지려면 그만한 노력이 있어야 한다.

신비한 동양철학 64 | 강현술·박흥식 감수 | 270면 | 16,000원 | 신국판

점포, 이렇게 하면 부자됩니다
부자되는 점포, 보는 방법과 만드는 방법

사업의 성공과 실패는 어떤 사업장에서 어떤 품목으로 어떤 사람들과 거래하느냐에 따라 판가름난다. 그리고 사업을 성공시키려면 반드시 몇 가지 문제를 살펴야 하는데 무작정 사업을 시작하여 실패하는 사람들이 많다. 그래서 이 책에서는 이러한 문제와 방법들을 조목조목 기술하여 누구나 성공하도록 도움을 주는데 주력하였다.

신비한 동양철학 88 | 김도희 편저 | 177면 | 26,000원 | 신국판

쉽게 푼 풍수
현장에서 활용하는 풍수지리법

산도는 매우 광범위하고, 현장에서 알아보기 힘들다. 더구나 지금은 수목이 울창해 소조산 정상에 올라가도 나무에 가려 국세를 파악하는데 애를 먹는다. 따라서 사진을 첨부하니 많은 활용하기 바란다. 물론 결록에 있고 산도가 눈에 익은 것은 혈 사진과 함께 소개하였다. 이 책을 열심히 정독하면서 답산하면 혈을 알아보고 용산도 할 수 있을 것이다.

신비한 동양철학 60 | 전항수·주장관 편저 | 378면 | 26,000원 | 신국판

음택양택
현세의 운·내세의 운

이 책에서는 음양택명당의 조건이나 기타 여러 가지를 설명하여 산 자와 죽은 자의 행복한 집을 만들 수 있도록 했다. 특히 죽은 자의 집인 음택명당은 자리를 옳게 잡으면 꾸준히 생기를 발하여 흥하나, 그렇지 않으면 큰 피해를 당하니 돈보다도 행·불행의 근원인 음양택명당에 관심을 기울여야 한다.

신비한 동양철학 63 | 전항수·주장관 지음 | 392면 | 29,000원 | 신국판

용의 혈 | 풍수지리 실기 100선
실전에서 실감나게 적용하는 풍수의 길잡이

이 책은 풍수지리 문헌인 만두산법서, 명산론, 금랑경 등을 이해하기 쉽도록 주제별로 간추려 설명했으며, 풍수지리학을 쉽게 접근하여 공부하고, 실전에 활용하여 실감나게 적용할 수 있도록 하는데 역점을 두었다.

신비한 동양철학 30 | 호산 윤재우 저 | 534면 | 29,000원 | 신국판

현장 지리풍수
현장감을 살린 지리풍수법

풍수를 업으로 삼는 사람들이 진가를 분별할 줄 모르면서 많은 법을 알았다고 자부하며 뽐낸다. 그리고는 재물에 눈이 어두워 불길한 산을 길하다 하고, 선하지 못한 물)을 선하다 한다. 이는 분수 밖의 것을 바라기 때문이다. 마음가짐을 바로 하고 고대 원전에 공력을 바치면서 산간을 실사하며 적공을 쏟으면 정교롭고 세밀한 경지를 얻을 수 있을 것이다.

신비한 동양철학 48 | 전항수·주관장 편저 | 434면 | 36,000원 | 신국판 양장

찾기 쉬운 명당
실전에서 활용할 수 있는 책

가능하면 쉽게 풀어 실전에 도움이 되도록 했다. 특히 풍수지리에서 방향측정에 필수인 패철 사용과 나경 9층을 각 층별로 설명했다. 그리고 이 책에 수록된 도설, 즉 오성도, 명산도, 명당 형세도 내거수 명당도, 지각형세도, 용의 과협출맥도, 사대혈형 와겸유돌 형세도 등은 국립중앙도서관에 소장된 문헌자료인 만산도단, 만산영도, 이석당 은민산도의 원본을 참조했다.

신비한 동양철학 44 | 호산 윤재우 저 | 386면 | 19,000원 | 신국판 양장

해몽정본
꿈의 모든 것

시중에 꿈해몽에 관한 책은 많지만 막상 내가 꾼 꿈을 해몽을 하려고 하면 어디다 대입시켜야 할지 모르는 경우가 많았을 것이다. 그러나 최대한으로 많은 예를 들었고, 찾기 쉽고 명료하게 만들었기 때문에 해몽을 하는데 어려움이 없을 것이다. 한집에 한권씩 두고 보면서 나쁜 꿈은 예방하고 좋은 꿈을 좋은 일로 연결시킨다면 생활에 많은 도움이 될 것이다.

신비한 동양철학 36 | 청암 박재현 저 | 766면 | 19,000원 | 신국판

해몽 | 해몽법
해몽법을 알기 쉽게 설명한 책

인생은 꿈이 예지한 시간적 한계에서 점점 소멸되어 가는 현존물이기 때문에 반드시 꿈의 뜻을 따라야 한다. 이것은 꿈을 먹고 살아가는 인간 즉 태몽의 끝장면인 죽음을 향해 달려가고 있는 인간이기 때문이다. 꿈은 우리의 삶을 이끌어가는 이정표와도 같기에 똑바로 가도록 노력해야 한다.

신비한 동양철학 50 | 김종일 저 | 552면 | 26,000원 | 신국판 양장

명리용어와 시결음미
명리학의 어려운 용어와 숙어를 쉽게 풀이한 책

명리학을 연구하는 이들은 기초공부가 끝나면 자연스럽게 훌륭하다고 평가하는 고전의 이론을 접하게 된다. 그러나 시결과 용어와 숙어는 어려운 한자로만 되어 있어 대다수가 선뜻 탐독과 음미에 취미를 잃는다. 그래서 누구나 어려움 없이 쉽게 읽고 깊이 있게 음미할 수 있도록 원문에 한글로 발음을 달고 어려운 용어와 숙어에 해석을 달아 이 책을 내게 되었다.

신비한 동양철학 103 | 원각 김구현 편저 |300면 | 25,000원 | 신국판

완벽 만세력
착각하기 쉬운 서머타임 2도 인쇄

시중에 많은 종류의 만세력이 나와있지만 이 책은 단순한 만세력이 아니라 완벽한 만세경전으로 만세력 보는 법 등을 실었기 때문에 처음 대하는 사람이라도 쉽게 볼 수 있도록 편집되었다. 또한 부록편에는 사주명리학, 신살종합해설, 결혼과 이사택일 및 이사방향, 길흉보는 법, 우주천기와 한국의 역사 등을 수록했다.

신비한 동양철학 99 | 백우 김봉준 저 | 316면 | 24,000원 | 사륙배판

정본 │ 완벽 만세력
착각하기 쉬운 서머타임 2도인쇄

시중에 많은 종류의 만세력이 있지만 이 책은 단순한 만세력이 아니라 완벽한 만세경전이다. 그리고 만세력 보는 법 등을 실었기 때문에 처음 대하는 사람이라도 쉽게 볼 수 있다. 또 부록편에는 사주명리학, 신살 종합해설, 결혼과 이사 택일, 이사 방향, 길흉보는 법, 우주의 천기와 우리나라 역사 등을 수록하였다.

신비한 동양철학 99 │ 김봉준 편저 │ 316면 │ 20,000원 │ 사륙배판

원심수기 통증예방 관리비법
쉽게 배워 적용할 수 있는 통증관리법

『원심수기 통증예방 관리비법』은 4차원의 건강관리법으로 질병이 악화되는 것을 예방하여 건강한 몸을 유지하는데 그 목적이 있다. 시중의 수기요법과 비슷하나 특장점은 힘이 들지 않아 어린아이부터 노인까지 누구나 시술할 수 있고, 배우고 적용하는 과정이 쉽고 간단하며, 시술 장소나 도구가 필요 없으니 언제 어디서나 시술할 수 있다.

신비한 동양철학 78 │ 원공 선사 저 │ 288면 │ 16,000원 │ 신국판

운명으로 본 나의 질병과 건강
타고난 건강상태와 질병에 대한 대비책

이 책은 국내 유일의 동양오술학자가 사주학과 정통명리학의 양대산맥을 이루는 자미두수 이론으로 임상실험을 거쳐 작성한 자료다. 따라서 명리학을 응용한 최초의 완벽한 의학서로 질병을 예방하고 치료하는데 활용하면 최고의 의사가 될 것이다. 또한 예방의학적인 차원에서 건강을 유지하는데 훌륭한 지침서로 현대의학의 새로운 장을 여는 계기가 될 것이다.

신비한 동양철학 9 │ 오상익 저 │ 474면 │ 26,000원 │ 신국판

서체자전
해서를 기본으로 전서, 예서, 행서, 초서를 연습할 수 있는 책

한자는 오랜 옛날부터 우리 생활과 뗄 수 없음에도 잘 몰라 불편을 겪는 사람들이 많아 이 책을 내게 되었다. 이 책에서는 해서를 기본으로 각 글자마다 전서, 예서, 행서, 초서 순으로 배열하여 독자가 필요한 것을 찾아 연습하기 쉽도록 하였다.

신비한 동양철학 98 │ 편집부 편 │ 273면 │ 16,000원 │ 사륙배판

모든 질병에서 해방을 1·2
건강실용서

우리나라는 아주 오랜 옛날부터 건강과 관련한 약재들이 산천에 널려 있었고, 우리 민족은 그 약재들을 슬기롭게 이용하며 나름대로 건강하게 살아왔다. 그러나 오늘날 현대의학에 밀려 외면당하며 사라지게 되었다. 이에 옛날부터 내려오는 의학서적인 『기사회생』과 『단방심편』을 바탕으로 민가에서 활용했던 민간요법들을 정리하고, 현대에 개발된 약재들이나 시술방법들을 정리했다.

신비한 동양철학 102 │ 원공 선사 편저 │1권 448면·2권 416면 │ 각 29,000원 │ 신국판

참역학은 이렇게 쉬운 것이다② ― 완결편
역학을 활용하는 방법을 정리한 책

『참역학은 이렇게 쉬운 것이다』에서 미처 쓰지 못한 사주를 활용하는 방법을 정리한다는 의미에서 다시 이 책을 내게 되었다. 전문가든 비전문가든 이 책이 사주라는 학문을 이해하는 데 도움이 되고, 사주에 있는 가장 좋은 길을 찾아 행복하게 살았으면 합니다. 특히 사주상담을 업으로 하는 분들도 참고해서 상담자들이 행복하게 살도록 도와주었으면 한다.

신비한 동양철학 104 │ 청암 박재현 편저 │ 330면 │ 23,000원 │ 신국판

인명용 한자사전
한권으로 작명까지 OK

이 책은 인명용 한자의 사전적 쓰임이 본분이지만 일반적으로 통용되는 기본적인 것 외에 7가지를 간추려 여러 권의 작명책을 대신했기에 이 한 권만으로 작명에 관한 모든 것을 충족하고도 남을 것이다. 그리고 작명하는데 한자에 관해서는 다양하게 활용할 수 있도록 하였고, 일반적인 한자자전의 용도까지 충분히 겸비하도록 하였다.

신비한 동양철학 105 │ 임삼업 편저 │ 336면 │ 24,000원 │ 신국판

바로 내 사주
행복한 인생을 만들어 갈 수 있는 방법을 소개하는 책

역학이란 본래 어려운 학문이다. 수십 년을 공부해도 터득하기 어려운 학문이라 많은 사람이 중간에 포기하는 일이 많다. 기존의 당사주 책도 수백 년 동안 그 명맥을 유지해왔으나 적중률이 매우 낮아 일반인들에게 신뢰를 많이 받지 못했다. 그래서 지금까지 30여 년 동안 공부하며 터득한 비법을 토대로 이 책을 내게 되었다. 물론 어느 역학책도 백 퍼센트 정확하다고 장담할 수는 없다. 이 책도 백 퍼센트 적중률을 목표로 했으나 적어도 80% 이상은 적중할 것이라고 자부한다.

신비한 동양철학 106 | 김찬동 편저 | 242면 | 20,000원 | 신국판

주역타로64
인간사 주역괘 풀이

타로카드는 서양 상류사회의 생활상을 담은 그림으로 되어 있다. 그 속에는 자연과 인간이 겪을 수 있는 경험과 역사가 압축되어 있다. 이러한 타로카드를 점(占) 목적으로 사용하는 것인데, 주역타로64점은 주역의 64괘를 64매의 타로카드에 담아 점 도구로 사용한다. 64괘는 우주의 모든 형상과 형태의 끊임없는 변화의 원리로 나타난 것이다. 그리고 주역타로는 일반 타로의 공통적인 스토리와는 다른 점이 많으나 그 기본 이론은 같다. 주역타로의 추상적이며 미진한 정보에 더해 인간사에 대한 주역 괘풀이를 보탰으니 주역타로64를 점 도구로 활용하는 데 도움이 되었으면 한다.

신비한 동양철학 107 | 임삼업 편저 | 387면 | 39,000원 | 사륙배판

주역 평생운 비록
상수역의 하락이수를 활용한 비결

하락이수의 평생운, 대상운, 유년운, 월운은 주역의 표상인 괘효의 숫자로 기록했고, 그 해석 설명은 원문에 50,000여 한자 사언시구로 구성되어 간혹 어려운 글자, 흔히 쓰지 않는 낯선 글자, 주역의 괘효사를 인용한 것도 있어 한문 문장의 해석은 녹녹치 않은 것이어서 원문 한자 부분은 제외시키고 한글 해석만을 수록했다.

신비한 동양철학 109 | 경의제 임삼업 편저 | 872면 | 49,000원 | 사륙배판

사주 감정요결
세운을 판단하는 방법

사주를 간명하는 데 조금이라도 도움이 되었으면 하는 마음에서 『정법사주』에 이어 이 책을 내게 되었다. 여기서는 사주를 간명하는 데 근간이 되는 오행의 왕쇠강약을 세분해서 설명하고, 대운과 세운, 세운과 월운의 연관성과 십신과 여러 살이 운명에 미치는 암시와 십이운성으로 세운을 판단하는 방법을 설명했다.

신비한 동양철학 110 | 원각 김구현 편저 | 338면 | 36,000원 | 신국판

명리정종 정설(1·2)
명리정종의 완결판

이 책의 원서인 명리정종(命理正宗)은 중국 명대의 신봉(神峰) 장남(張楠) 선생이 저술한 명리서(命理書)다. 명리학(命理學)의 5대 원서는 어느 것 하나 귀하지 않은 것이 없지만 명리정종(命理正宗)은 연해자평(淵海子平)을 깊이 분석하며 비판한 것이 특징이다. 따라서 초학자는 연해자평(淵海子平)을 공부한 후 이 책을 공부하는 것이 좋다.

신비한 동양철학 108 | 역산 김찬동 편역 | 648/400면 | 49,000/39,000원 | 신국판

팔자소관
역학의 대조인 하락(河洛)에서 우주와 사람의 운명이 변하는 원리를 정리한 책

이 책은 역학의 대조인 하락(河洛)에서 우주가 변화는 원리를 정리한 것으로, 이는 만물의 근본과 인간의 운명은 한 치의 오차도 없이 맞물려 돌아간다는 내용을 담았다. 이는 즉 우리가 생활 속에서 흔하게 쓰는 "팔자 못 고친다", "팔자소관이다", "팔자 탓이다" 등등 많은 말로 팔자를 뛰어넘을 수 없다고 하는데, 이는 마지막 체념의 말인가 하여 이 책의 제목도 『팔자소관』으로 했으며, 이를 증명하는 데 주력했다. 운(運)은 시간이요 명(命)은 공간이다. 이를 주제로 누구나 알기 쉽고 이해하기 쉽도록 쓴 글이니 필독을 권하는 바다.

신비한 동양철학 111 | 김봉준·안남걸 공저 | 292면 | 30,000원 | 신국판

실용 인명한자 작명
수준높은 작명과 감명에 손색이 없는 국내 유일의 실용 인명한자 작명

이 책은 이름에 부적당(不適當) 부적정(不適正) 부적절(不適切) 불부합(不符合) 부적격(不適格)한 한자는 한곁에 두고, 작명상 실용적인 한자 4,250자를 인명 한자로 삼았다. 인명 한자마다 구체적인 명세[明細, 음령·천간오행·동속자·한자 부수·세 종류(원획·실획·곡획)의 획수 자원오행]를 붙였다. 인명 한자 외의 한자를 포함한 8,142자는 음별로 작성한 인명용 한자표에 한자마다 원획(原劃)을 넣어 음가(音價)와 성명에 사용하는 원획을 한눈에 볼 수 있게 하여 성명 한자의 길수리를 구성하는 데 편리하게 하였다.

신비한 동양철학 112 | 임삼업 편저 | 448면 | 49,000원 | 사륙배판

사주는 믿어도 사주쟁이는 믿지마라
최고 적중률 70%를 100%로 끌어올리는 방법

사람이 살아가는 데 가장 필요한 것이 음식이고, 그 음식을 사려면 돈이 필요하고, 그 돈을 벌려면 직업이 있어야 합니다. 그래서 사람이 살아가는 데 가장 중요한 직업을 아는 것이 바로 사주이고, 그 직업을 하루라도 빨리 알면 그 직업을 선택하는 데 유리할 것이며, 사주에서 원하는 적성대로 직업을 선택해서 그 길로 가면 한평생 어려움이 없습니다.

신비한 동양철학 113 | 박재현·최지윤 공저 | 300면 | 30,000원 | 신국판

■ 저자 : 도관 박흥식

周易, 命理, 奇門, 六壬, 太乙, 鐵版神數 研究家

저서 : 사주명리학의 핵심

작명해명 | 이름 속에 운명을 바꾸는 비결이 있다

기문둔갑옥경

사주대성

신수대전

육효대전

기문둔갑비급대성

전화 054) 634—1383

作名解名 이름속에 운명을 바꾸는 비결이 있다

1판 1쇄 발행일 | 1998년 4월 15일

2판 2쇄 발행일 | 2009년 3월 16일

발행처 | 삼한출판사
발행인 | 김충호
지은이 | 박흥식

신고년월일 | 1975년 10월 18일
신고번호 | 제305-1975-000001호

411-776 경기도 고양시 일산서구 일산동 1654번지
산들마을 304동 2001호

대표전화 (031) 921-0441
팩시밀리 (031) 925-2647

값 36,000원
ISBN 89-7460-054-4 03180